路桥施工技术与质量控制

栗学平　涂　勇　郝　银　主编

中国石化出版社
·北京·

图书在版编目(CIP)数据

路桥施工技术与质量控制 / 粟学平，涂勇，郝银主编．—北京：中国石化出版社，2023.11(2025.8 重印)
ISBN 978-7-5114-7322-6

Ⅰ．①路… Ⅱ．①粟… ②涂… ③郝… Ⅲ．①道路施工-质量管理②桥梁施工-质量管理 Ⅳ．①U415 ②U445

中国国家版本馆 CIP 数据核字(2023)第 224293 号

中国石化出版社出版发行

地址：北京市东城区安定门外大街 58 号
邮编：100011 电话：(010)57512500
发行部电话：(010)57512575
http://www.sinopec-press.com
E-mail：press@sinopec.com
北京艾普海德印刷有限公司印刷
全国各地新华书店经销
*
787 毫米×1092 毫米 16 开本 17 印张 412 千字
2023 年 12 月第 1 版 2025 年 8 月第 2 次印刷
定价：78.00 元

《路桥施工技术与质量控制》
编 委 会

主　编　粟学平　中交广州航道局有限公司
　　　　涂　勇　抚州市恒通路桥工程有限公司
　　　　郝　银　中交基础设施养护集团有限公司华中分公司

副主编　刘艳军　中交路桥建设有限公司
　　　　张宇航　惠州交投公路建设有限公司

编　委　马　林　中铁十六局集团第三工程有限公司
　　　　景志宏　中交一公局第三工程有限公司
　　　　唐　颖　中电建路桥集团有限公司
　　　　王余廷　中交二航局第三工程有限公司
　　　　马　源　中建铁路投资建设集团有限公司

前言

PREFACE

随着21世纪我国经济的快速发展，交通运输行业的地位越来越重要，而公路桥梁等基础工程建设是交通运输行业的基本保障。路桥作为我国一项基础设施建设工程，其施工技术已日益成熟，并伴随着科学技术的进步，越来越多的新设备已投入公路桥梁的施工，公路桥梁的施工技术得到进一步发展。但是，由于公路与桥梁工程的施工空间较大，外来影响因素较多，并且工程施工内容比较复杂，注意事项较多，因此，施工单位必须精确把握公路及桥梁工程的施工技术。

目前，我国对公路与桥梁工程建设投资的规模越来越大，对公路与桥梁的质量标准要求也越来越高。近年来公路与桥梁建设的新材料、新技术和新工艺不断出现，有关公路与桥梁建设的技术规范、标准、试验检测规程在不断修订和更新，这些都是保障公路与桥梁工程施工质量的必要举措。在公路与桥梁施工过程中，工程建设人员必须提高施工质量意识，依照国家相关规范和标准，加强对工程质量的管理和控制，当然，建设单位也不能置身事外，也要时刻关注工程建设的情况，对工程质量进行整体把控。

本书共八章，主要包括绪论、路基施工技术、路面施工技术、桥梁下部结构施工技术、桥梁上部结构施工技术、路桥工程施工质量控制、建设单位路桥工程项目管理、建设单位高速公路建设管理等，先重点介绍了路桥工程施工技术及其质量控制措施，然后从建设单位(业主)的角度分析了路桥工程项目管理和高速公路建设管理等内容。

由于时间仓促、编者水平有限，书中难免存在错误与疏漏，恳请读者提出宝贵意见，以利适时进行修订。

目录

CONTENTS

第1章 绪　论

1.1 公路工程施工概述

1.1.1 公路的分类与分级

1. 公路的分类

公路是指连接城市、乡村，主要供汽车行驶的道路。根据公路的作用及使用性质，又将公路划分为以下几种。

国家干线公路(简称国道)，是指具有全国性政治、经济、文化以及国防意义的公路，包括重要的国际公路、国防公路以及连接各省(自治区、直辖市)、重要大中城市、港口枢纽、工农业基地等的主要干线公路。

省级干线公路(简称省道)，在省公路网中，具有全省性的政治、经济、国防意义，并经确定为省级干线的公路。

县级公路(简称县道)，具有全县性的政治、经济意义，并经确定为县级干线的公路。

乡级公路(简称乡道)，主要为乡村生产、生活服务，并经确定为乡级的公路。

专用公路，由工矿、农林部门等投资修建，主要供部门使用的公路。

2. 公路的分级

公路根据使用任务、功能和适应的交通量分为高速公路、一级公路、二级公路、三级公路、四级公路共5个等级，如表1.1所示。

表1.1　公路分级

等级	高速	一级	二级	三级	四级
设计年限/年	20	15	15	15	10
设计速度/(km/h)	80，100，120	60，80，100	40，60，80	30，40	20，30
AADT/(pcu/d)	>15000	>15000	5000~15000	2000~6000	400~2000
出入口控制	完全控制	部分控制	部分控制或不控制	—	—

注：AADT为标准车的年均日交通量(双向)，四级公路为双向单车道交通量，标准车辆一律用小客车。

高速公路为专供汽车分方向、分车道行驶，全部控制出入的多车道干线公路。高速公路应能适应按各种汽车折合成小客车的平均值设计交通量，约为15000辆。其他公路是除高速公路以外的干线公路、集散公路、地方公路，分4个等级。

一级公路为供汽车分方向、分车道行驶，可根据需要控制出入的多车道公路。一级公路应能适应按各种汽车折合成小客车的年平均值设计交通量，宜在15000辆以上。

二级公路为供汽车行驶的双车道公路，一般能适应按各种车辆折合成小客车的年平均值设计交通量，宜为5000~15000辆。

三级公路为供汽车、非汽车交通混合行驶的双车道公路。一般能适应按各种车辆折合成小客车的年平均值设计交通量，宜为2000~6000辆。

四级公路为供汽车、非汽车交通混合行驶的双车道或单车道公路。一般能适应按各种车辆折合成小客车的年平均值设计交通量，宜为双车道2000辆以下、单车道400辆以下。

1.1.2 公路工程施工特点与施工机械

1. 公路工程的组成

公路是一种主要承受汽车荷载反复作用的一种线形带状工程结构物。公路工程基本组成包括：路基、路面、桥涵、隧道、防护工程、排水系统及交通服务设施的建设。

路基　路基是由土、石材料按一定的技术要求填筑压实而成的结构物，它承受路面传递的行车荷载，是支承路面的基础部分。

路面　路面是用各种材料或混合料分层修筑在路基顶面供车辆行驶的层状结构物，其性能应能满足车辆安全、迅速、舒适的行驶要求。

桥涵　桥梁是为道路跨越河流、山谷或人工障碍物而建造的构造物。涵洞是为宣泄地面水流而设置的横穿路堤的小型排水构造物。

隧道　隧道是道路穿越山岭、地下和水底而修筑的构造物。

防护工程　防护工程是为加固路基边坡，确保路基稳定的结构物。在路基边坡修建的填石边坡、砌石边坡、挡土墙、护脚和护面墙等构造物。此外，在雪害路段设置的防雪栅、防雪棚；在沙害路段的道路两侧设置的防护林、格状沙障；在沿河路基设置的导流结构物(如顺水坝、丁坝、拦水坝等)。上述这些构造物统称防护工程。

排水系统　排水系统是为了排除地面水及地下水而设置的排水构造物。除桥涵外，还有由边沟、截水沟、排水沟、急流槽、盲沟、渗井和渡槽等路基排水构造物和路面排水构造物组成的道路排水系统。

交通服务设施　交通服务设施是为了确保行车安全、顺畅、舒适，在道路沿线设置的交通安全、养护管理、服务和环境保护的设施，如交通标志、标线、护栏、护墙、护柱、中央分隔带、隔音墙、隔离墙、照明设备、加油站、停车场、养护管理房屋和绿化美化设施等。

2. 公路工程施工特点

(1) 建设规模大、投资额大、建设周期长

一般的公路新建、扩建项目，投资动辄几百万元，高速公路更是几亿、十几亿元。在公路工程建设以及使用过程中，要消耗大量的人力、物力和财力。公路建设是一项系统工程，建设工期包括预可行性研究报告、工程可行性研究报告、初步测设、施工图测设以及必要的科研等前期工作时间和施工时间。一般项目需要2~4年，有的更长。合理工期应根据工程规模、建设难度、地形地质特点和气候条件等因素综合确定。

根据规定，平原微丘区的高速公路，前期工作周期应不少于24个月，施工工期一般应在36个月以上；对于一般的山岭重丘区高速公路和技术复杂的特大桥梁，前期工作周期应

不少于36个月，施工工期一般应在48个月以上。

（2）户外作业环境复杂，不可控因素多

公路工程本身的特点要求施工建设采用全野外作业方式，加上施工的路线一般较长，所以无论是其面临的气候、地质水文条件，还是社会经济环境，乃至风土人情都是有差异的。其中任何一项因素的变化都会影响公路工程建设的顺利进行。另外，对于不同施工项目，影响因素又有所不同，不可控制因素的增多也会使项目管理在施工中变得尤为重要。

（3）施工组织与施工工艺复杂

公路是固定在土地上的构筑物，而施工生产是流动的，所以公路工程施工组织是复杂的，这是区别于工业生产的最根本特点。由于公路工程的固定性，需要把众多的劳动力、施工机具、材料，在时间和空间上加以合理组织，从而使它们在施工现场按照科学的施工顺序流动，不致互相妨碍而影响施工。

公路工程是根据具体的设计来建造的，构成公路的各项工程功能要求和施工方法各有不同，使得各项工程具有各自不同的结构和造型。由于其施工生产的单件性和工程结构的多样性，施工组织是多变的，因而一般不能采用固定不变的施工模式，要按照不同的工程对象，采用不同的施工工艺和施工组织方法进行。

综上所述，公路工程施工条件复杂多变，给施工生产活动带来很大困难。故要求针对道路工程的不同对象、不同的施工条件，从实际出发，充分做好施工管理和组织计划等准备工作。施工中实行流水作业，严格施工管理，健全岗位责任制，加强质量保证体系工作，每道工序都要严格把关，前一道工序未经验收不得进行下道工序，要稳妥而科学地做好施工组织工作。

3. 公路工程施工机械

（1）土方石机械

① 推土机

推土机是一种在履带式拖拉机上装有推土铲刀等工作装置的土方机械。

按行走装置的类型可分为履带式和轮胎式；按推土铲刀的操作方式可分为液压式和索式。推土机操纵灵活、运转方便、所需工作面较小，行驶速度快，易于转移，并能爬30°左右的缓坡。它是最为常见的一种土方机械，多用于场地清理和平整、开挖深度1.5m以内的基坑，填平沟坑，以及配合挖土机和铲运机工作。推土机可以推挖一至三类土，经济运距100m，效率最高的运距为40~60m。

为提高推土机的生产率、缩短推土时间、减少土的散失，常采用下列施工方法。

下坡推土法　推土机顺下坡方向切土与推运，借助机械本身的重力作用，以增加推土能力和缩短推土时间，一般可提高生产效率30%~40%，但坡度宜不超过15°。

并列推土法　平整场地面积较大时，可采用两台或三台推土机并列推土。一般采用两机并列推土可增加推土量15%~30%，三机并列推土可增加推土量30%~40%。

槽形推土法　推土机连续多次在一条作业线上切土和推运，使地面形成一条浅槽，以减少土在铲刀两侧散失，一般可增加推土量10%~30%。槽的深度在1m左右，土埂宽约为500mm。

多铲集运法　当推土土质比较坚硬时，切土深度不大，应采用多次铲运、分批集中、一次推运的方法，使铲刀前保持满载，缩短运土时间，一般可提高生产效率15%左右。

② 铲运机

铲运机也是一种挖土兼运土的机械设备，它可以在一个工作循环中独立完成挖土、装土、运输和卸土等工作，还兼有一定的压实和平地作用。铲运机运土距离较远，铲斗容量较大，是公路工程中应用最广泛的机种之一，主要用于大土方量的填挖和运输作业。

拖式铲运机由拖把、辕架、工作液压缸、机架、前轮、后车轮和铲斗等组成。铲斗由斗体、斗门和卸土板组成。斗体底部的前面装有刀片，用于切土。斗体可以升降，斗门可以相对斗体转动，即打开或关闭斗门，以适应铲土、运土和卸土等不同作业的要求。拖式铲运机本身不带动力，工作时由履带式或轮胎式拖拉机牵引。这种铲运机的特点是牵引车的利用率高、接地比压小、附着能力大、爬坡能力强，在短距离和松软潮湿地带工程中普遍使用，工作效率低于自行式铲运机。

自行式铲运机多为轮胎式，一般由单轴牵引车和单轴铲斗两部分组成。有的在单轴铲斗后还装有一台发动机，铲土工作时可用两台发动机同时驱动。采用单轴牵引车驱动铲土工作时，有时需要推土机助铲。轮胎式自行铲运机均采用低压宽基轮胎，以改善机器的通过性能。自行式铲运机本身具有动力，结构紧凑、附着力大、行驶速度快、机动性好、通过性好，在中距离土方转移施工中应用较多，效率比拖式铲运机高。

③ 单斗挖掘机

单斗挖掘机是一个刚性或挠性连续铲斗，以间歇重复式循环进行工作，是一种周期作业自行式土方机械。

当场地起伏高差较大、土方运输距离超过1000m，工程量大而集中时，可采用单斗挖掘机挖土，配合自卸汽车运土，并在卸土区配备推土机平整土堆。单斗挖掘机有内燃驱动、电力驱动、复合驱动的装置，挖斗有正铲挖掘机、反铲挖掘机、拉铲挖掘机、抓铲挖掘机等形式。

正铲挖掘机的特点是前进向上，强制切土，能开挖停机面以上的Ⅰ～Ⅳ级土，适用于地质较好、无地下水的地区；反铲挖掘机的特点是后退向下，强制切土，能开挖停机面以下的Ⅰ～Ⅲ级土，适宜开挖深度4m以内的基坑，对地下水位较高处也适用；拉铲挖掘机的特点是后退向下，自重切土，能开挖停机面以下的Ⅰ～Ⅱ级土，适宜大型基坑及水下挖土；抓铲挖掘机的特点是直上直下，自重切土，特别适于水下挖土。

④ 装载机

装载机是用铲斗装载物料的机械。铲斗装在机械前部，机械向前运行并铲装物料后，油缸将铲斗顶起，行驶到卸料地点卸料。

按行走装置，装载机分为履带式和轮胎式两种。前者接地压力小、重心低、行走平稳，适宜在崎岖不平或较松软的场地工作。后者制造成本低，运行灵活，应用较广。按工作性能，分装载型和挖掘型两种。前者一般为单轴驱动，功率较小，用于装载散状材料。后者为双轴驱动，功率较大，有一定挖掘能力，可进行土方开挖和装载工作。它们都可兼作短距离的运输工具。

⑤ 平地机

平地机是用装在机械中央的铲土刮刀进行土壤切削、刮送和整平连续作业，并配有其他多种辅助作业装置的轮胎式土方施工机械。

平地机有拖式和自行式两种。

拖式平地机由拖拉机来牵引，以人力操纵其工作装置；自行式平地机在其机架上装有发动机供给动力，以驱动机械行驶和各种工作装置进行工作。前者因机动性差、操作费力，故目前已被后者所取代。

平地机的主要工作装置是装有刀片的刮刀，它具有高度的灵活性，可以根据工作需要随时形成与行驶方向不同的各种夹角；可以在垂直面上形成必要的倾斜角度；也可以横向伸出机体。铲刀的这些特点使平地机成为公路工程中整形和平整作业的专用机械。

平地机的主要用途：平整路基和场地；修整路基的横断面和边坡；开挖三角形或梯形断面的边沟；从两侧取土填筑不高于1m的路堤。此外，平地机还可以用来在路基上拌和路面材料并将其铺平、修整和养护土路、清除杂草和扫雪等。

(2) 压实机械

压路机是最常见的压实机械，根据工作原理不同，压路机可以分为光轮压路机、轮胎压路机和振动压路机三种。

光轮压路机的自重可以在一定范围内调整以改变单位线压力，一般用于整理性压实工作。对于容重要求较低的黏性土、沙砾料、风化料，冲击砾质土较为适合。

轮胎压路机具有弹性，在碾压时与土体同时变形，其碾压作用力主要取决于轮胎的内压力。接触面积与压实深度有着密切关系，为了得到较大的接触面积，又要增加压实深度，在轮胎允许范围内尽可能增加轮胎碾的负荷。一般地，刚性碾轮由于受到土壤极限强度的限制，机重不能太大，而轮胎碾则没有这个缺点，所以轮胎碾适合压实黏性土及非黏性土，如壤土、沙壤土、沙土、沙砾料等土质，在路面施工中也常常采用。

振动压路机俗称振动碾，其主要优点有：一是单位面积压力大，可适当增加压实厚度，碾压遍数也可适当减少；二是结构重力小，外形尺寸小。其最大缺点是振动及噪声大，易使机械手过度疲劳。

1.1.3 公路工程施工的重点

1. 路基施工

(1) 路基施工的基本工作

路基施工主要包括测量放线、路基施工以及小型人工建筑物施工三个环节。

测量放线的工作内容：利用测量仪器和工具，以设计要求为基准，采取适当方法，把设计图纸上已经设计好的路线位置转移到施工作业面上，进而为后期施工环节提供正确依据。

路基施工工作内容：利用施工机械开挖路堑、填筑路堤、路基压实，整平路基表面、整修边坡、修筑排水沟渠和加固防护设施等。

小型人工建筑物包括小桥、涵洞及挡土墙等。

(2) 路基工程的质量控制与检查验收

为了保证工程质量符合要求，在路基施工环节必须加强工程质量管理，并且按照施工标准以及相关技术规范，对施工质量进行控制，施工完成后进行检查验收。

除在一阶段施工完成后需要进行检查外，在其每一小部分完工时，都需要进行细致检查，尤其是一些重要工程，必须严格按照设计图纸、设计文件和技术规范的要求进行检查与验收。进行中间检查的目的，主要是检查每一分步的工程质量，及时发现上一分步在施工过程中存在的问题，及时采取措施进行补救，以便下一步工程顺利进行。

路基工程的验收项目主要包括：路基有关工程的位置、标高、断面尺寸、压实度等要在规定允许误差范围内。在全部工程完工后，还要由施工单位会同设计、监理、建设、使用和养护等单位进行施工验收。

2. 路面施工

路面是公路的重要组成部分，不仅直接承受行车载荷，还受外界自然因素(温度、水、阳光和空气等)的影响。因此，路面工程的施工工艺与施工质量会直接影响公路的行车速度、行车安全及营运效率，是保证公路整体服务水平的关键。

路面必须具备下列基本要求。

(1) 足够的强度

路面的整体结构和各组成部分必须具有一定的强度，以防止路面在各种力的综合作用下出现磨损、开裂、坑槽、波浪和沉陷等破坏现象。

(2) 足够的稳定性

路面在外界各种影响因素作用下，强度的变化幅度越小，其稳定性就越好。路面的稳定性主要有水稳定性、温度稳定性和时间稳定性等。

(3) 足够的平整度

路面的平整度，对行车速度、安全和舒适程度有较大影响。不平整的路面还会产生积水，加速路面的损坏。路面等级越高，对平整度的要求也越高。

(4) 足够的抗滑性能

车辆在路面上正常行驶时，路面与车辆的车轮之间需要足够的摩擦力，尤其是在雨天或者冰滑的路面上。为了保障行车安全，路面应具有足够的抗滑性能，即要有足够的粗糙度。

路面施工的程序与路基施工相同，主要包括：施工前准备工作，路面施工过程，施工管理(进度控制、质量控制、资金控制、施工安全管理等)以及路面工程质量的检查与验收。

1.2 桥梁工程施工概述

1.2.1 桥梁的组成和分类

1. 桥梁的组成

一般来说，桥梁由四个基本部分组成，即上部结构、下部结构、支座和附属设施。

(1) 上部结构

上部结构也称桥跨结构，是在线路中断时跨越障碍的主要承重结构。通常直接承受桥上的荷载。桥梁跨越幅度越大，桥上车辆荷载越大，则桥跨结构越复杂，施工也越困难。

① 主体大梁

主体大梁是承重桥上载荷的主要构件，常由许多根梁组成(拱桥是拱圈，吊桥则是主缆索)，这些梁沿桥的纵向(行车方向)首尾相接，沿桥的横向(河水流向)依次排列，共同组成主体大梁。为了使各梁之间连接坚固，用多种横梁、系杆、盖板等，使纵横两个方向互相联系结成整体。

② 桥面部分

大多数桥面是铺筑在主体大梁之上的，通常设有中央车道和两侧的人行道以及栏杆、栏板等。

(2) 下部结构

下部结构是由桥墩、桥台和基础组成的。桥墩和桥台是支撑上部结构并将其恒载和车辆等活荷载传至基础的结构物。

一座桥梁的桥台只有两个，设在桥的两端；而桥墩可以不设或在两桥台之间设一个或数个。桥墩两侧均为桥跨结构，而桥台一侧为桥跨结构，另一侧为路堤。桥台除支撑桥跨结构外，还起到衔接桥梁与路堤的作用，并抵御路堤的土压力，防止其滑坡坍落。桥梁墩台底部与地基相接触的结构部分称为墩台基础。墩台基础是桥梁结构的根基，对桥梁结构的使用安全起着举足轻重的作用。这部分是桥梁施工中最复杂、难度最大的环节之一。大量事实证明，许多桥梁的毁坏都是由墩台基础的强度或稳定性出现问题引起的。

(3) 支座

一座桥梁中在桥跨结构与桥墩或桥台的支撑处所设置的传力装置，称为支座。支座设在墩台顶，它不仅要传递很大的荷载，并且要保证桥跨结构能根据受力需要产生一定的变位。支座一般多用于梁式桥，在拱桥、刚架桥等形式桥梁中使用较少。目前，桥梁支座大致分为简易垫层支座、橡胶支座、弧形钢板支座和钢筋混凝土摆柱式支座等，应该根据桥梁的用途、跨径、结构物的高度等因素，视具体情况选用。

(4) 附属设施

附属设施主要包括：桥面铺装(或行车道辅装)、伸缩装置、排水与防水系统、灯光照明、栏杆(或防撞护栏)等几部分。

桥面铺装(或行车道铺装)　桥面铺装的平整性、耐磨性、不翘曲、不渗水是保证行车舒适的关键。特别在钢箱梁上铺设沥青路面的技术要求更加严格。

伸缩装置　在桥跨上部结构之间，或桥跨上部结构与桥台端墙之间，设有缝隙保证结构在各种因素作用下的变位。为使桥面上行驶顺直，无不适颤动，此缝隙间要设置伸缩装置，特别是大桥的伸缩装置，不但要结构牢固，外观光洁，而且需要经常扫除渗入伸缩装置中的垃圾泥土，以保证它的功能作用。

排水与防水系统　应迅速排除桥面上积水，并使渗水降至最低限度。对于非冰冻地区的桥梁需做适当的防水时，可在桥面板上铺筑 8～10cm 厚的防水混凝土作为铺装层，防水要求高时，往往采用柔性贴纸或涂料防水层。

栏杆(或防撞护栏)　它既是保证安全的构造措施，也是有利于观赏的装饰件。

桥梁附属设施在桥梁建设中往往得不到重视，导致桥梁服务功能低、外观粗糙、美观性不足，对桥梁结构也产生不利影响。随着人们生活水平的提高，人们对桥梁行车的舒适性和结构物的观赏水平要求越来越高。因而，桥梁设计和施工中要特别重视这些附属设施，这不但是外观包装，而且影响着桥梁的服务功能。

2. 桥梁的分类

(1) 按桥梁的受力体系划分

按桥梁的受力体系，可以划分为梁式桥、拱桥、刚架桥、吊桥和组合体系桥等。

① 梁式桥

梁式桥包括梁桥和板桥，主要承重构件是梁(板)，在竖向荷载作用下承受弯矩而无水平推力，墩台也仅承受竖向压力。

实腹式和空腹式是梁式桥体系的两种形式，实腹式梁的截面形式多为T形、工字形和箱形等；空腹式梁指主要由拉杆、压杆、拉压杆以及连接件组成的桁架式桥跨结构。

② 拱式桥

拱式桥的主要承重结构是主拱圈或拱肋(拱圈横截面设计成分离形式时称为拱肋)，在竖向荷载作用下，桥墩和桥台将承受水平推力。同时，墩台向拱圈或拱肋提供水平反力，这将大大抵消在拱圈或拱肋中由荷载引起的弯矩。

因此，与同跨径的梁式桥相比，拱桥的弯矩、剪力和变形却要小得多，拱圈或拱肋以受压为主。拱桥对墩台有水平推力，结构以受压为主，这是拱桥的主要受力特点。因此，通常可采用抗压能力强的圬工材料(如砖、石、混凝土等)和钢筋混凝土建筑。但应当注意，由于拱桥往往有较大的水平推力，为了确保拱桥安全，下部结构(特别是桥台)和地基必须有承受很大水平推力的能力，一般选择地质条件较好的地域修建拱桥。

当然，在地质条件不适合于修建具有很大水平推力拱桥的情况下，也可采用无水平推力的系杆拱桥，其水平推力由系杆承受，系杆可由预应力混凝土、钢等制成。

另外，也可修建近年发展起来的水平推力很小的“飞雁式”三跨自锚式系杆拱桥，即在边跨两端施加强大的水平预加力，通过边跨拱传至拱脚，以抵消主跨拱脚处的水平推力。拱桥不仅跨越能力大且外形也较美观，在条件允许的情况下，修建拱桥往往是经济合理的。

③ 刚架桥

刚架桥也称刚构桥，是上部结构和下部结构连成整体的框架结构。根据基础连接条件不同，刚架桥分为有铰和无铰两种。刚架桥结构是超静定体系，在垂直荷载作用下，框架底部除了产生竖向反力外，还产生力矩和水平反力。

常见的刚架桥有门式刚架桥、T形刚架桥、连续刚架桥和斜腿刚架桥等。

门式刚架桥，简称门架桥，其腿和梁垂直相交呈门架形。腿所受的弯矩将随腿和梁的刚度比率的提高而增大。用钢或钢筋混凝土制造的门架桥，多用于跨线桥。至于T形刚架桥(特点是在跨中有铰)及连续刚架桥，其外形与多跨的门架桥相近，但内力分布规则不同。

斜腿刚架桥的钢架腿是斜置的，两腿和梁中部的轴线大致呈拱形，腿和梁所受的弯矩比同跨度的门式刚架桥显著减小，而轴向压力有所增加，同上承式拱桥相比，这种桥不需要拱上结构，构件数目较少，当桥面较窄(单线铁路桥)而跨度较大时，可将其斜腿在桥的横向放坡，以保证桥的横向稳定。

④ 悬索桥

悬索桥也称为吊桥。悬索桥是指以主缆索受拉为主要承重构件的桥梁结构，其结构包括基础、桥塔、锚碇、主缆索、吊索、加劲梁及桥面结构等。设计桥梁时，当桥梁跨径在600m及以上时，一般首选悬索桥这一经典桥型。

以高强钢丝作为主要承拉结构的悬索桥具有跨越能力大、受力合理、最能发挥材料强度优势和造价经济等特点。同时，还以其整体造型流畅美观和施工安全快捷等优势备受推崇。桥跨上的荷载由加劲梁承受，并通过吊索将其传至缆索。主缆索的拉力通过对桥塔的压力和锚碇结构的拉力传至基础和地基。这种桥型充分发挥了高强钢缆的抗拉性能，使其结构自重较轻，能以较小的建筑高度，跨越其他任何桥型都无法比拟的特大跨度。

然而，相对于上述其他体系而言，悬索桥的自重轻、结构刚度较差，在车辆动荷载作用下会产生较大的变形。例如，跨度1000m的悬索桥，在车辆动荷载作用下，1/4区域的最大挠度可达3m。另外，悬索桥在风荷载作用下导致的振动以及稳定性的问题，在设计和施工中也要给予高度重视。

⑤ 斜拉桥

斜拉桥是由承压的塔、受拉的索与受压弯的梁体组合起来的一种结构体系。主要承重的主梁，由于斜拉索将主梁吊住，使主梁变成多点弹性支承的连续梁，并承受斜拉索水平分力施加的压力，因此减小了主梁截面，桥梁具有很大的跨越能力。

斜拉桥概念起源于19世纪，受材料与技术水平限制，建成不久即被淘汰。直到20世纪中期，出现了高强钢丝、正交异性钢板梁，计算机在结构分析中广泛应用，斜拉桥又蓬勃发展起来。斜拉桥刚度大、造价低，很快在世界范围内得到推广。斜拉桥跨度越来越大，目前世界上建成的最大跨径的斜拉桥为俄罗斯的俄罗斯岛大桥，主跨径为1104m，于2012年7月完工。我国正在建设中的常泰长江大桥主跨1176m，建成后将是世界上最大跨度的斜拉桥，大桥于2019年1月开工建设，计划于2024年建成投用。

斜拉桥是一种自锚体系，与悬索桥相比，它不需要昂贵的锚碇防腐技术，要求比吊桥低，从而降低索的防腐费用；斜拉桥刚度比悬索桥好，抗风能力也比吊桥好；斜拉桥施工可用悬臂施工工艺，施工不妨碍通航；钢材用量比悬索桥少。

(2) 按桥梁全长和跨径划分

按全长和跨径不同，桥梁可以划分为特大桥、大桥、中桥和小桥，其划分标准见表1.2。

表1.2 桥梁按照总长或跨径分类

桥梁分类	多孔跨径总长 L/m	单孔跨径 L_k/m
特大桥	$L>1000$	$L_k>150$
大桥	$100\leqslant L\leqslant 1000$	$40\leqslant L_k\leqslant 150$
中桥	$30<L<100$	$20\leqslant L_k<40$
小桥	$8\leqslant L\leqslant 30$	$5\leqslant L_k<20$

注：单孔跨径系指标准跨径。

(3) 其他分类方式

① 按用途划分

桥梁按用途分类，可分为公路桥、城市桥、铁路桥、公铁两用桥、人行桥，以及管道桥、水路桥、机场跑道桥等。

② 按跨越障碍的性质划分

桥梁按跨越障碍的性质不同可分为跨河桥、跨线桥(立体交叉)、高架桥和栈桥。高架桥一般指跨越深沟峡谷以代替高路堤的桥梁。为将车道升高至周围地面以上并使下面空间可以通行车辆或做其他用途(如堆栈、码头、店铺等)而修建的桥梁，称为栈桥。

③ 按上部结构的行车位置划分

桥梁按上部结构的行车位置不同可分为上承式桥、下承式桥和中承式桥。

桥面布置在主要承重结构之上的称为上承式桥；桥面布置在承重结构之下的称为下承式桥；桥面布置在桥跨结构高度中间的称为中承式桥。上承式桥结构简单、施工方便，主梁和拱肋的数量及间距可按需调整，且宽度可做得小一些，因而可节省墩台圬工数量。并且，在上承式桥上行车时，人的视野开阔，视觉舒适。不足之处是桥梁的建筑高度较大。在建筑高度受严格限制的情况下，则应采用下承式桥或中承式桥。由于桥跨结构在桥面之上，故横向结构宽度相对较大，墩台尺寸也相应有所增加。

④ 按特殊使用条件划分

桥梁按特殊使用条件的不同可分为开启桥、浮桥、漫水桥等。除上述桥梁分类方法外，还有按桥梁使用时间长短划分的永久性桥梁和临时性桥梁，以及按平面形状划分的直线桥、斜桥、弯桥等。

1.2.2 桥梁工程施工特点与施工机械

1. 桥梁工程施工特点

(1) 施工生产组织协作较为复杂

桥梁工程施工涉及工程力学、地基基础、工程地质、水文水力学、土力学、工程材料、工程机械设备、施工组织管理等学科的专业知识。施工涉及面较广，需要在不同时期、不同地点上组织多专业、多工种的综合作业。此外，桥梁工程施工还涉及不同种类的专业施工队伍，以及规划与征用土地、勘察设计五通一平、科研试验、质量监督、交通运输、电水热供应、劳务等社会各领域的外部协作配合，使得桥梁工程施工生产的组织协作关系错综复杂。

(2) 施工周期长、占用流动资金多

桥梁工程的建造要消耗大量的人力、物力和财力，施工过程中还要受到工艺流程和生产程序的制约，所以各专业、各工种间必须按照合理的施工顺序进行配合和衔接。而建造地点的固定性，又使得施工活动的空间具有一定的局限性，从而导致桥梁施工具有生产周期长、占用流动资金多的特点。

(3) 露天作业和高空作业多

桥梁工程的地点固定性和体形庞大的特征，决定了其施工具有露天作业和高空作业多的特点。随着社会和经济的发展以及现代化交通运输的需要，各种大型、特大型桥梁的施工任务越来越多，使得桥梁工程高空作业的特点日益明显。

(4) 桥梁工程施工单一

对于一座具体的桥梁，往往是在统一规划内，根据它的实用功能，在选定的地点进行单独设计和单独施工。由于桥梁所在地区的自然、技术和经济条件不同，即便在设计中选用标准设计的通用构件，其建筑材料、施工方法和施工组织等也要因地制宜加以修改，以适应桥梁建设的需要。因此，桥梁工程的施工具有单一性。

(5) 流动性、地域性

桥梁工程施工生产不同于一般的工业生产：前者由于建造地的不同，其施工是在不同地区，或同一地区的不同现场，或同一现场的不同单位工程，或同一单位工程的不同部位进行的。因此，其生产是在地区与地区之间、现场之间和部位之间流动，而后者都是在固定工厂、车间内进行生产。桥梁工程施工受地区条件的影响，其结构、构造、造型、材料和施工方案等方面均不同，具有地域性。

2. 桥梁工程施工常备式结构

(1) 脚手架

脚手架是桥梁工程施工作业中不可缺少的手段和设备工具，是为施工现场工作人员生产和堆放部分建筑材料所提供的操作平台，它既要满足施工需要，又要为保证工程质量和提高工作效率创造条件。其主要作用有以下几方面。

要保证工程作业面的连续性施工；能满足施工操作所需要的运料和堆料要求，并方便操作；对高处作业人员能起到防护作用，以确保施工人员的人身安全；操作不影响工效和工程质量；能满足多层作业、交叉作业、流水作业和多工种之间配合作业的要求。

脚手架可分为很多种类，属于超危大工程和参超危大工程的模板支撑架工程，不得采用扣件式钢管支撑体系，必须选用碗扣式、承插盘扣式等定型化工具式支撑体系。

(2) 拼装式常备模板

常用的模板一般有钢模、木模和钢木结合模板。各种模板结构基本相同，通常由底模、侧模和端模三部分组成。常备拼装式模板主要为钢模板，按照模板块件的大小可分为小钢模和整体式钢模。小钢模主要用在对表面质量要求不高的施工位置，优点是造价低。整体式模板常用于桥梁预制工厂的一些标准定型构件的生产中，是预制工的常备式结构。目前，为提高混凝土的表面质量，墩台结构中也大量采用整体式钢模板。

(3) 万能杆件

钢制万能杆件可以组拼成桁架、墩架、塔架和龙门架等形式，作为桥梁墩台或索塔的施工脚手架，必要时还可以作为临时桥梁墩台或桁架。万能杆件拆装容易、运输方便、利用率高，可大量节省辅助结构所需的木料、劳动力和工期，适用范围较广。

目前，我国使用的万能杆件有铁道部门生产的甲型(M型)、乙型(NH型)和西安筑路机械厂生产的乙型(西乙型)。三者在结构、拼装形式上基本相同，仅弦杆角铁尺寸、部分缀板的大小和螺栓直径稍有差异。万能杆件以边长为2m的正方形为基本单元，可以扩展成各种形式的结构物，因此杆件的理论长度总以2m的倍数或2m边长正方形对角线长度来确定。

用万能杆件组拼成桁架时，其高度可为2m、4m、6m及以上。

当高度为2m时，腹杆为三角形；当高度为4m时，腹杆为菱形；高度超过5m时，则可做成多斜杆的形式。用万能杆件组拼成墩架、塔架时，其柱与柱之间的距离可以和桁架完全一样，按2m一节变更。

(4) 贝雷(贝雷梁)

贝雷是一种由桁架拼装而成的钢桁架结构。贝雷常拼成导梁作为承载移动支架，再配置部分起重设备与移动机具来实现架梁。贝雷主要构件有：桁架、加强弦杆、横梁、桁架销、螺栓、支撑构件等。

3. 桥梁工程常用机具设备

（1）扒杆

扒杆是一种简单的起重吊装工具，一般由施工单位根据工程的需要自行设计和加工制作。扒杆可以用来升降重物、移动和架设简支梁等。常用的扒杆种类有：独脚扒杆、人字扒杆、摇臂扒杆和悬臂扒杆等。扒杆与一些简易机械配套，可组成各种轻型起吊机。

（2）龙门架

龙门架是一种最常用的垂直起吊设备。在龙门架顶横梁上设行车，可横向运输重物、构件；在龙门架两脚下设有缘滚轮并置于铁轨上，可在轨道上纵向运输；如在两脚下设能转向的滚轮，可进行任何方向的水平运输。

龙门架通常设于构件预制场吊移构件，或设在桥墩顶、墩旁安装大梁构件。常用龙门架种类有钢木混合构造龙门架、拐脚龙门架和装配式钢桥桁架(贝雷架)拼装龙门架。

除了利用贝雷架、军用梁或万能杆件拼装成的装配式龙门架以外，还有专用龙门吊。这种龙门吊一般采用三角桁架或箱梁作为主要承载受力构件(如主横梁)。构件间采用销轴和螺栓副连接，也易于拆装、运输、转移。

（3）缆索起重机

缆索起重机适用于高差较大的垂直吊装和架空纵向运输，吊运量在几吨至几十吨范围内变化，纵向运距从几十米至几百米。它由主索、循环索、起重索、起重小车、地锚、塔架、风缆、平衡重、电动卷扬机及各种滑轮等部件组成。在吊装拱桥时，缆索吊装系统除了上述各部件外，还有扣索、扣索排架、扣索地锚、扣索绞车等部件。

（4）浮吊

浮吊船是在通航河流上建桥的重要工作船。常用的浮吊有铁驳轮船浮吊和用木船、型钢及人字扒杆等拼成的简易浮吊。我国目前使用的最大浮吊船“振华 30 号”起重量已达 12000t。通常简易浮吊可以利用两只民用木船组拼成门船，用木料加固底舱，舱面上安装型钢组成底板构架，上铺木板，其上安装人字扒杆制成。

起重动力可使用双筒电动卷扬机，安装在门船后部中线上。制作人字扒杆的材料可用钢管或圆木，并用两根钢丝绳分别固定在民船尾端两舷旁的钢构件上，吊物平面位置的变动由门船移动来调节。另外，还需配备电动卷扬机绞车、钢丝绳、锚链、铁锚用于移动及固定船位。

（5）架桥机

架桥机是架设预制梁(构件)的专用设备。铁路常用 32m 以下、公路常用 50m 以下的混凝土简支 T 梁，通常采用预制安装法施工，为此需要专用架桥机。如今，大型预制箱梁也经常采用架桥机架设。不同型号的架桥机结构特点、功能及架梁工序有所不同。

目前，新型的可架设多片简支 T 梁的公路架桥机，在架梁方面一般都具有如下特点：自行过孔；可实现一次落边梁到位，全幅机械化横移梁片；采用微调控制，动作平稳精确；采用可编程序控制器，系统安全性高；结构简单、重量轻、运输组装方便；摆头灵活，便于在复杂工况如直桥、斜桥、小曲线桥下工作。

第2章 路基施工技术

2.1 填方路基施工

填方路基又称路堤，是指路基设计高程大于原地面高程的路基。根据填方路基的高度不同，可分为低路堤、一般路堤和高路堤。根据其边坡挡土墙的设置情况，又可分为不设挡土墙路堤与设挡土墙路堤。根据其材料的不同，又可分为土质路堤、填石路堤和土石路堤。

填方路基的施工的主要工作程序：拟订路基填筑方法、选择路基填筑机械、路基填筑试验及正式施工。

2.1.1 土质路堤施工技术

土质路堤是指石料的含量占总质量30%以内的路堤。土质路堤施工是公路路基施工的一项重要内容，其详细的工艺流程见图2.1。

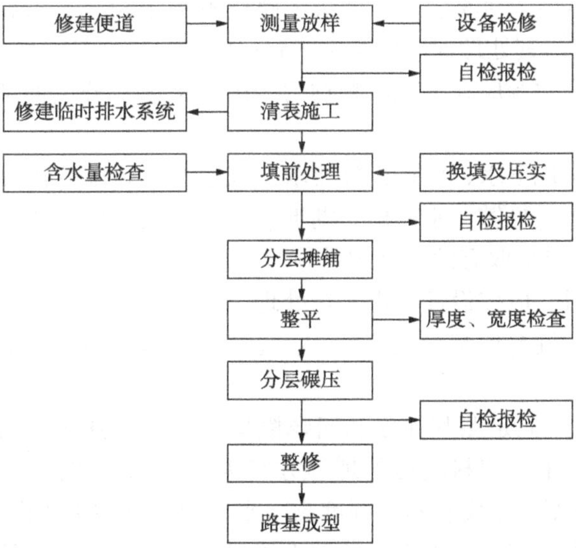

图2.1 土方路堤施工工艺流程

(1) 施工准备

① 路基开工前，应在全面理解设计要求和设计交底的基础上，进行现场调查和核对。

② 在详尽的现场调查后，应根据设计要求、合同、现场情况等，编制实施性施工组织设计，并按管理规定报批。

③ 路基开工前必须建立健全质量、环保、安全管理体系和质量检测体系，并对各类施

工人员进行岗位培训和技术、安全交底。

④ 临时工程应满足正常施工需要，应保证路基施工影响范围内原有道路、结构物及农田水利等设施的使用功能。

（2）测量放样

① 路基施工前，应对原地面进行复测，核对或补充横断面，发现问题时应进行处理。

② 路基施工前，按设计逐桩坐标恢复路线中桩，计算坡脚位置并在两侧各加宽30～50cm撒出路基边线，作为填土边缘控制线。同时应设置标识桩，对路基用地界、路堤坡脚、取土坑、护坡道、弃土堆等具体位置进行标识。

③ 对高填路段，每填3～5m或一个边坡平台应复测中线和断面。

④ 施工过程中，应保护好所有控制桩点，并及时恢复被破坏的桩点。每项测量成果必须进行复核，原始记录应存档。

（3）原地面处理

路基范围内的原地基应在路基施工前按下列要求进行处理：

① 稳定的斜坡上，地面横坡缓于1∶5时，清除地表草皮、腐殖土后，可直接填筑路堤；地面横坡为1∶5～1∶2.5时，原地面应挖台阶，台阶宽度应不小于2m。当基岩面上的覆盖层较薄时，宜先清除覆盖层再挖台阶；当覆盖层较厚且稳定时，可予保留。

② 陡坡地段、土石混合地基、填挖界面、高填方地基等都应按设计要求进行处理。

③ 地基表层应碾压密实。对于一般土质地段，高速公路、一级公路和二级公路路堤基底的压实度（重型）应不小于90%，三、四级公路应不小于85%。低路堤应对地基表层土进行超挖、分层回填压实，其处理深度应不小于路床深度。

④ 原地面坑、洞、穴等应在清除沉积物后，用合格填料分层回填分层压实，压实度符合规定。

⑤ 对于泉眼或露头地下水，应按设计要求，采取有效导排措施后方可填筑路堤。

⑥ 地基为耕地、土质松散、水稻田、湖塘、软土、高液限土等时，应按设计要求进行处理，局部软弹部分也应采取有效的处理措施。

⑦ 地下水位较高时，应按设计要求进行处理。

⑧ 陡坡地段、土石混合地基、填挖界面、高填方地基等都应按设计要求进行处理。

（4）填料的选择

公路路基填料首先应满足路基强度和回弹模量的要求，其次应结合土石方调配设计对移挖作填、集中取（弃）土、填料改良处理等方案进行技术经济比较，充分利用挖方材料，节约土地，选择挖取方便、压实容易、强度高、水稳定性好的土体作为路基填料。

① 宜优先选用级配较好的砾类土、砂类土等粗粒土作为填料，填料的最大粒径应符合规定。

② 含草皮、生活垃圾、树根、腐殖质的土严禁作为填料。

③ 泥炭、淤泥、冻土、强膨胀土、有机质土及易溶盐超过允许含量的土，不得直接用于填筑路基；确需使用时，必须采取技术措施进行处理，经检验满足设计要求后方可使用。

④ 季节性冻土地区路床及浸水部分路堤不应直接采用粉质土填筑。

⑤ 液限大于50%、塑性指数大于26、含水量不适宜直接压实的细粒土，不得直接作为

路堤填料；需要使用时，必须采取技术措施进行处理，经检验满足设计要求后方可使用。

⑥ 粉质土不宜直接填筑于路床，不得直接填筑于冰冻地区的路床及浸水部分的路堤。

⑦ 浸水路堤、桥涵台背和挡土墙背宜采用渗水性良好的填料。在渗水材料缺乏的地区，采用细粒土填筑时，可采用无机结合料进行稳定处治。

（5）土方运输

土方运输采用挖掘机装车，自卸车运输。为防止运输途中水分散失、扬尘及遗撒，应对运输车辆进行覆盖，并及时对便道进行洒水，减少环境污染。

（6）分层摊铺

路基分层摊铺须严格实行“划格上土，挂线施工，平地机整平”。

① 放线和标高控制　沿线路方向每 20m 采用全站仪放出线路中桩和填筑边线（宽度按设计宽度每侧加宽 30~50cm），用石灰或旗杆进行标识。用水准仪测出该层填铺厚度控制桩的标高，在路基两侧边缘沿纵向每 20m 打一长 70cm 边桩，并用红白漆每 10cm 交错标注，按设定的松铺厚度挂线，以控制标高。

② 画网格，控制虚铺厚度　根据运输车每车的方量和设定的松铺厚度，通过计算确定单车的卸土面积，按照卸土面积用石灰在下承层上画网格，以便运输车辆按照顺序倾倒填料。

③ 上料　运输车辆到达现场后，由现场施工员进行指挥，严格按照标识卸放，每网格内倾倒 1 车填料以控制填料厚度。若按设计图纸，路堤结构中有土工格栅、土工布等土工织物，应先按照设计及规范要求在上料前铺设土工织物，并在上料过程中注意保护土工织物的完整性。

④ 控制填料含水量　按照填料室内试验，填料施工含水量控制在最佳含水量±2%以内。填料含水量较低时，采用洒水措施；填料含水量较高时，翻松晾晒。

⑤ 粗平　填料上足后，采用推土机进行摊铺，纵向 50~60m 为一个摊铺段，同时人工配合机械对局部进行找平和补料。

⑥ 精平　粗平完成后，采用平地机精平作业。

⑦ 集料窝、带处理　在每摊铺段完成后由压路机静压一遍，人工查找集料窝并进行处理，对局部级配较差的填料进行现场拌和。

（7）分层碾压

① 按碾压方法（式）分为重力压实（静压）和振动压实两种。

② 按照试验段成果完善后的路基填筑方案确定的压实机械及其组合、压实遍数及压实速度进行碾压。碾压应坚持初压（静压 1~2 遍）、复压（振动 2~6 遍）及终压（静压 1~2 遍）的步骤，遵循“先轻后重、先慢后快、先两边后中间，弯道地段先内侧后外侧”的原则，轮迹重叠 1/3~1/2，直到达到规范规定的压实度。压实机械对土进行碾压时，一般以慢速效果最好，除羊足碾或凸块式碾外，压实速度以 2~4km/h 最为适宜。羊足碾的速度可以快些，在碾压黏土时最高可达 12~15km/h。

③ 碾压应在路基全宽范围内，纵向分行进行。纵向分段压好后，进行第二段压实时，其在纵向接头处的碾压范围宜重叠 1~2m，以确保接头处平顺过渡。

④ 碾压一段终了时，宜采取纵向退行方式继续第二遍碾压，不宜采用掉头方式，以免因机械掉头时搓挤土，使压实的土被翻松。故压路机始终要以纵向进退方式进行压实作业。

⑤ 碾压应从路基边缘向中央进行，压路机轮外缘距路基边应保持安全距离。

⑥ 碾压不到的部位应采用小型夯实机夯实，防止漏夯，要求夯击面积重叠 1/4~1/3。

（8）分层检验

路基填土压实质量检测随分层填筑碾压施工分层检测，每一压实层压实度检验合格后方可填筑上一层，否则应查明原因，采取措施进行补压。

① 用灌砂法、灌水(水袋)法检测压实度时，取土样的底面位置为每一压实层底部；用环刀法试验时，环刀中部处于压实层厚的 1/2 深度；用核子仪试验时，应根据其类型，按说明书要求进行。

② 检测频率为每 $1000m^2$ 至少检验 2 点，不足 $1000m^2$ 时检验 2 点，必要时可根据需要增加检验点。

（9）路床精加工

当路堤填筑接近于路床高程时，要逐步控制填土厚度，并使顶面最后一层的压实厚度不小于 10cm。

精平时采用平地机精平，光轮振动压路机压实，反复进行，直到检测数据全部满足技术规范要求为止。

对已精平、完工的路基进行交通管理，避免在雨季车辆行驶造成路基表面破坏。

（10）路基整修

每填筑完一段路堤并稳定后，及时进行边坡清理，削去超宽填筑部分，并进行防护工程以及排水沟砌筑，避免路堤坡脚受雨水冲刷。雨天施工时，随挖、随运、随铺、随压。每层填土筑成 2%~4% 排水横坡，当天填筑的土层当天完成压实。路堤表层及边坡应加以整理，不得有积水存在。路堤表层含水量接近正常时，方可继续填筑。在整个路堤施工期间，如路基填筑周期较长，应做好临时路基排水设施，保证排水畅通。

2.1.2 填石路堤施工技术

填石路堤是指用粒径大于 40(37.5)mm、含量超过总质量 70% 石料填筑的路堤。

1. 填料的选择

（1）山区填石路堤最为常见，石料来源主要是路堑和隧道爆破后的石料。

（2）硬质岩石、中硬岩石可用作路床、路堤填料；软质岩石可用作路堤填料，不得用于路床填料；膨胀性岩石、易溶性岩石、易风化崩解性岩石和盐化岩石等不得用于路堤填筑。现行《公路路基设计规范》(JTG D30—2015)根据填石料的饱和抗压强度指标进行分类(见表 2.1)。

表 2.1 岩石分类表

岩石类型	单轴饱和抗压强度/MPa	代表性岩石
硬质岩石	≥60	1. 花岗岩、闪长岩、玄武岩等岩浆岩类；2. 硅质、铁质胶结的砾岩及砂岩、石灰岩、白云岩等沉积岩类；3. 片麻岩、石英岩、大理岩、板岩、片岩等变质岩类
中硬岩石	30~60	
软质岩石	5~30	1. 凝灰岩等喷出岩类；2. 泥砾岩、泥质砂岩、泥质页岩、泥岩等沉积岩类；3. 云母片岩或千枚岩等变质岩类

风化岩石和软质岩石填筑路堤时，路床应采用硬质岩碎石或其他符合要求的材料填筑，并应采取路堤边部包边封闭或加筋、底部设置排水垫层、顶部设置防渗层等措施，防止填石路堤产生湿化变形。

软弱地基上填石路堤，应与软土地基处理设计综合考虑。

（3）填石路堤填料粒径应满足表2.2的要求。填石路堤顶部最后一层填料铺筑层厚不得大于0.4m，填料粒径不得大于150mm，其中小于5mm细料含量应不小于30%，且铺筑层表面应无明显孔隙、空洞。填石路堤上部采用其他材料填筑时，可视需要设置土工布作为隔离层。

表2.2　填石路堤填料的粒径要求

岩石类型	路基部位	路面底面以下深度/m	摊铺层厚/mm	最大粒径/mm
硬质石料	上路堤	0.8~1.5(1.2~1.9)	≤400	小于层厚2/3
	下路堤	>1.5(>1.9)	≤600	小于层厚2/3
中硬石料	上路堤	0.8~1.5(1.2~1.9)	≤400	小于层厚2/3
	下路堤	>1.5(>1.9)	≤500	小于层厚2/3
软质石料	上路堤	0.8~1.5(1.2~1.9)	≤300	小于层厚
	下路堤	>1.5(>1.9)	≤400	小于层厚

注：“路面底面以下深度”列，括号中数字分别为特重、极重交通的上路堤、下路堤深度范围。

（4）路床范围应用符合要求的土填筑，填料粒径应小于100mm。

2. 填筑方法

（1）分层压实法

自下而上水平分层，逐层填筑，逐层压实，是普遍采用并能保证填石路堤质量的方法。二级及以上公路的填石路堤应分层填筑压实。高速公路、一级公路和铺设高级路面的其他等级公路的填石路堤均应采用此方法。

（2）竖向填筑法（倾填法）

以路基一端按横断面的部分或全部高度自上而下倾卸石料，逐步推进填筑。其主要用于三、四级公路且铺设低等级路面的公路，也可用于陡峻山坡施工特别困难或大量以爆破方式开挖填筑的路段，以及无法自下而上分层填筑的陡坡、断岩、泥沼地区和水中作业的填石路堤。

（3）冲击压实法

利用冲击压实机的冲击碾周期性、大振幅、低频率地对路基填料进行冲击，压密填方。它具有分层法连续性的优点，又具有强力夯实法压实厚度深的优点。其缺点是在周围有建筑物时，使用受到限制。

（4）强力夯实法

用起重机吊起夯锤从高处自由落下，利用强大的动力冲击，迫使岩土颗粒位移，提高填筑层的密实度和地基强度。该方法机械设备简单，击实效果显著，施工中不需铺撒细粒料，施工速度快，有效解决了大块石填筑地基厚层施工的夯实难题。对强夯施工后的表层松动层，采用振动碾压法进行压实。

3. 填石路堤施工工艺流程

在公路工程施工中，水平分层填筑是填石路堤的常用方法。限于篇幅，本书仅介绍采用水平分层填筑法施工填石路堤的工艺流程(见图 2.2)。

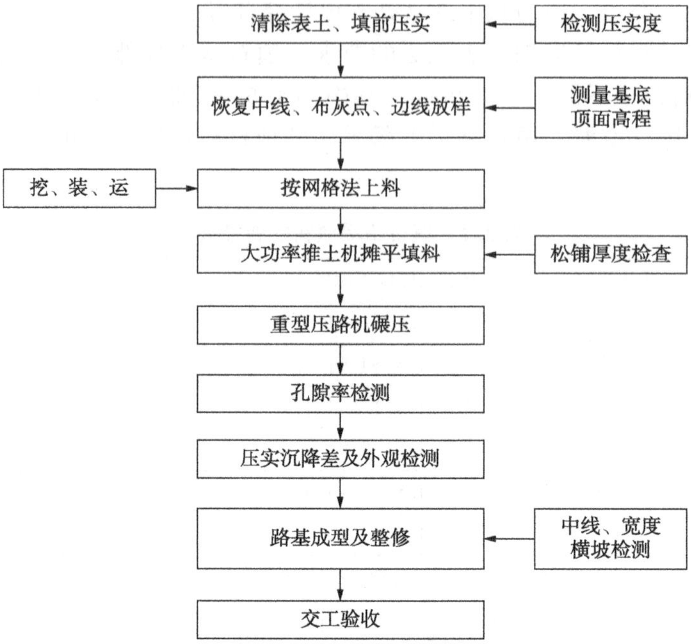

图 2.2　填石路堤施工工艺流程

(1) 施工准备

填石路堤施工前，应先修筑试验路段，确定满足孔隙率标准的松铺厚度、压实机械型号及组合、压实速度及压实遍数、沉降差等参数。

路床施工前，应先修筑试验路段，确定能达到最大压实干密度的松铺厚度、压实机械型号及组合、压实速度及压实遍数、沉降差等参数。

(2) 测量放样

按照设计图纸及施工工艺要求，采用全站仪或 GPS(Global Positioning System，全球定位系统)放样道路中线及边线，并钉设边桩及中桩，以此作为控制上料厚度及宽度。

(3) 分层摊铺

采用方格网法上料，按水平分层、先低后高、先两侧后中央卸料，并采用大功率推土机摊平。个别不平处应配合人工用细石块石屑找平。

岩性相差较大的填料应分层或分段填筑。严禁将软质与硬质石料混合使用。

(4) 边坡码砌

中硬、硬质石料填筑路堤时，应进行边坡码砌，码砌边坡的石料强度、尺寸及码砌厚度应符合设计要求。设计无要求时，码砌厚度宜为 1~2m，码砌石块最小尺寸应不小于 300mm。边坡码砌与路基填筑宜基本同步进行。

(5) 碾压

填石路堤碾压应采用重型压实机(建议 18t 以上)进行碾压。碾压程序及碾压方法应参照试验段获得的相关数据执行。

2.1.3 土石路堤与高路堤施工技术

1. 土石路堤施工技术

土石路堤是指石料含量占总质量30%~70%的土石混合材料修筑的路堤。

(1) 填料要求

① 膨胀岩石、易溶性岩石等不宜直接用于路堤填筑，崩解性岩石和盐化岩石等不得直接用于路堤填筑。

② 天然土石混合填料中，中硬、硬质石料的最大粒径不得大于压实层厚的2/3；石料为强风化石料或软质石料时，其CBR(California Bearing Ratio，加州承载比)值应符合规范规定，石料最大粒径不得大于压实层厚。

(2) 施工技术

土石路堤施工技术及工艺流程与填石路堤施工技术及工艺流程相类似，只是在个别细节处理有特殊要求，具体如下：

① 基底处理

土石路堤基底处理，除满足土质路堤基底处理的要求外，在斜、陡坡地段，土石路堤靠山一侧应按设计要求做好排水和防渗处理。

② 摊铺碾压

a. 施工前，应根据土石混合材料的类别分别进行试验路段施工，确定能达到最大压实干密度的松铺厚度、压实机械型号及组合、压实速度及压实遍数、沉降差等参数。

b. 土石路堤不得采用倾填，应分层填筑压实。

c. 土石混合材料来自不同料场，其岩性或土石比例相差较大时，宜分层或分段填筑。

d. 压实后透水性差异大的土石混合材料，应分层或分段填筑，不宜纵向分幅填筑；如确需纵向分幅填筑，应将压实后渗水良好的土石混合材料填筑于路堤两侧。

e. 碾压前应使大粒径石料均匀分散在填料中，石料间孔隙应填充小粒径石料、土和石渣。

f. 压实机械宜选用自重不小于18t振动压路机。

g. 中硬、硬质石料的土石路堤应进行边坡码砌，码砌边坡的石料强度、尺寸及码砌厚度应符合设计要求。边坡码砌与路堤填筑宜基本同步进行。软质石料土石路堤边坡按土质路堤边坡处理。

h. 填料由土石混合材料变化为其他填料时，土石混合材料最后一层压实厚度应小于300mm，该层填料最大粒径宜小于150mm。压实后，该层表面应无孔洞。

2. 高路堤施工技术

高路堤是指填土的边坡高度大于20m的路基。

(1) 填料选择

高路堤填料宜优先采用强度高、水稳性好的材料，或采用轻质材料。受水淹、浸的部分，应采用水稳性和透水性均好的材料。

(2) 基底处理

① 基底承载力应满足设计要求。特殊地段或承载力不足的地基应按设计要求进行处理。

② 覆盖层较浅的岩石地基，宜清除覆盖层。

(3) 填筑施工

高填方路堤填筑应符合下列规定：

① 施工中应按设计要求预留路堤高度与宽度，并进行动态监控。

② 施工过程中宜进行沉降观测，按照设计要求控制填筑速率。

③ 高填方路堤宜优先安排施工。

2.2 挖方路基施工

挖方路基又称路堑，是指路基设计高程低于原地面高程的路基，通过对原有山体土石方的开挖而形成。

挖方路基是由天然地层构成的。天然地层在生成和演变的长期过程中，一般具有复杂的地质结构。处于地壳表层的挖方路堑边坡施工破坏了原有山体的平衡且施工过程受到各种自然和人为因素，包括水文、地质、气候、地貌、设计与施工方案等影响，比路堤边坡更容易发生变形和破坏，施工风险性更高。

2.2.1 土质挖方路基施工技术

1. 开挖方法

(1) 横向挖掘法

横向挖掘法分为单层横向全宽挖掘法和多层横向全宽挖掘法(见图 2.3)。

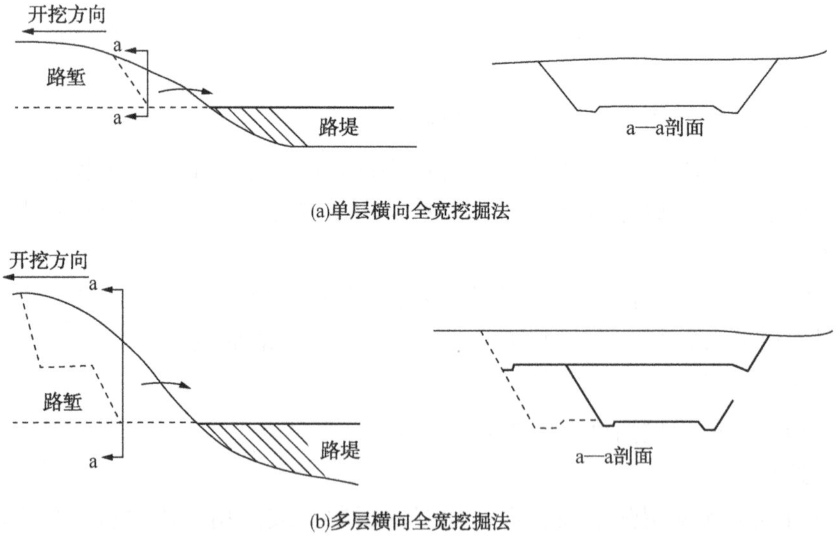

图 2.3 横向挖掘法施工示意图

采用单层横向全宽挖掘法时，需利用一台挖掘机，使其位于道路中心位置，左、右分别挖土，按断面全宽一次性挖掘至设计高程，边挖边沿中线移动，使路堑一次成型。这种方法适用于挖掘深度小、工程量较小、工作面较窄且较短的路堑。

多层横向全宽挖掘法和单层横向挖掘法基本相同，一层挖完后再挖下层，分层挖掘至设计高程。该方法主要适用于深、短且较窄的路堑。

（2）纵向挖掘法

对于土方比较集中的深路堑，可采用多层纵向挖掘法。先沿路堑挖一通道，然后将该通道向两侧拓宽扩大工作面，该通道可作为运土路线和场内排水的出路。该层拓宽至路堑边坡后，再开挖下层，直至挖至设计高程。该法适用于较长、较深且两端纵坡较小的路堑开挖。当路堑过长时，也可分段纵挖，即将路堑分成两段或数段，各段分别安排多个施工队伍，同时按上述方法组织纵向开挖。纵向挖掘法可以使用推土机、铲运机施工，也可使用装载机或挖掘机配合自卸汽车施工。

（3）混合式挖掘法

混合式挖掘法是将横向挖掘法与纵向挖掘法相结合，适用于路堑纵向长度和挖深都很大时，先将路堑纵向挖通后，然后沿横向坡面挖掘，以增加开挖坡面。

2. 施工工艺流程

施工前根据设计文件，首先恢复中线并进行现场调查，根据地形、路堑断面及长度，确定合理的开挖方式。然后结合现场实际与设计要求，修建临时排水设施，并考虑与永久排水设施相结合。

填料路堑在雨季施工时，集中力量快速施工，工作面随时保持大于4%坡度。路堑边坡不得受水浸泡、冲刷。

土质路堑施工工艺流程见图2.4。

（1）施工准备

① 现场核对　工程开工前，根据现场调查资料对设计文件进行核对，内容主要包括地形地貌、挖方数量、取弃土场位置、土方利用等。

② 分析土体的稳定性　土体的稳定与否直接关系到路堑边坡的稳定。因此，施工前必须做好土体稳定性分析，如土体结构和构造、土的密实度、潮湿程度等。对土体进行分析后，根据既有施工经验复核设计边坡是否满足稳定性要求，最后确定施工方案。

③ 布置施工便道　根据现场地形确定机械进出便道路线并修筑。便道修筑应满足施工机械和运土车辆转弯半径及会车、正常行驶要求。

（2）测量放线

根据复测资料放出开挖边线桩，放线时定位准确，两侧各预留0.2~0.3m不开挖，待开挖后进行

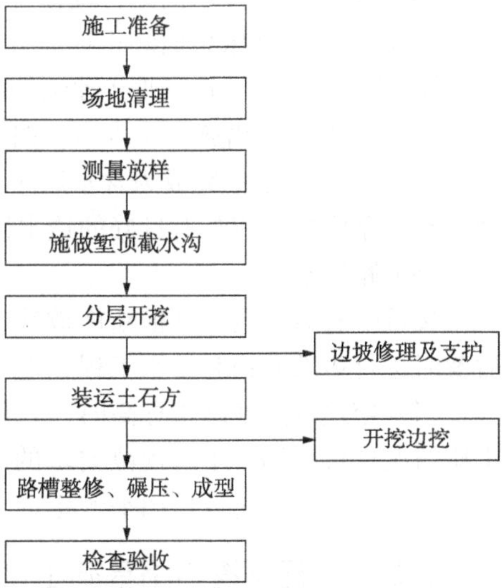

图2.4　土质路堑施工工艺流程

人工刷坡。

路堑边坡开挖边线放线必须在对原地面复测后进行，否则会造成开挖后路槽宽度不满足设计要求的情况。

(3) 施工排水系统

开挖前，首先按设计位置做好堑顶排水系统(如截水沟、天沟)，待排水系统完善后再进行路堑开挖。截水沟与边沟应从下游向上游开挖。截水沟通过地面坑凹处时，应将凹处填平夯实。截水沟及边沟开挖后，应及时进行防渗处理，不得渗漏、积水和冲刷边坡及路基。

(4) 开挖

① 可作为路基填料的土方，应分类开挖分类使用。

② 根据土石方调配方案和施工顺序，选择最佳挖方作业面，优先选用横向全宽挖掘法、逐层顺坡自上而下开挖的办法施工，不得乱挖、超挖，严禁掏底开挖。

③ 以机械施工为主，运土距离较近时，采用推土机作业；运距较远时，采用推土机配合挖掘机、装载机挖土装车，自卸汽车运至路基填方路段或弃土点。

④ 当机械开挖至靠近边坡 0.2~0.3m 时，改为人工修坡。需设圬工防护工程的边坡，在防护工程开工前留置保护层，待防护圬工施工时刷坡。对于不设圬工防护的边坡，每 10m 边坡范围插杆挂线、人工刷坡。

⑤ 开挖过程中，应采取措施保证边坡稳定。开挖至边坡线前，应预留一定宽度，预留宽度应保证刷坡过程中设计边坡线外的土层不受扰动。

⑥ 路基开挖中，基于实际情况，如需修改设计边坡坡度、截水沟和边沟位置及尺寸时，应及时按规定报批。边坡上稳定的孤石应保留。

⑦ 开挖至零填、路堑路床部分后，应尽快进行路床施工；如不能及时进行，宜在设计路床顶标高以上预留至少 300mm 厚保护层。

⑧ 应采取临时排水措施，确保施工作业面不积水。

⑨ 挖方路基路床顶面终止标高，应考虑因压实而产生的下沉量，其值通过试验确定。

⑩ 挖方路基施工遇到地下水时应按下列规定处理：

a. 应采取排导措施，将水引入路基排水系统。不得随意堵塞泉眼。

b. 路床土含水量高或为含水层时，应采取设置渗沟、换填、改良土质、土工织物等处理措施，路床填料应具有良好的透水性能。

(5) 路槽整修

接近堑底时，按设计横断面放线，开挖修整压实，并挖好侧沟、疏通排水。边坡刷好后及时进行边坡防护和排水工程施工。

当开挖接近路基施工标高时，采用人工配合推土机施工。到达设计标高后及时对基底土质情况进行检测，不合规范要求的应换填。路堑施工要做到路基表面平整、密实，曲线圆顺、边线顺直，边坡坡面平顺稳定、无亏坡，边沟整齐、沟底无积水或阻水现象。

2.2.2 石质挖方路基施工技术

石方路堑是公路工程中一种常见的情况，通常其具有开挖工程量大、施工作业条件困难及周围环境复杂等特点，常常成为公路工程项目施工的关键性及控制性工程。因此，石方路堑施工应根据实际工程地质条件及作业环境合理地选择施工方法。

石方路堑通常采用机械开挖法、静态破碎法和爆破开挖法进行施工。

(1) 机械开挖法　使用带有松土器的重型推土机破碎岩石，一次破碎深度为0.6~1.0m。该法适用于施工场地开阔、大方量的软岩石方工程。优点是没有钻爆工序作业，不需要风、水、电辅助设施，简化了场地布置，加快了施工进度，提高了生产能力。缺点是不适于破碎坚硬岩石。

(2) 静态破碎法　将膨胀剂放入炮孔内，利用产生的膨胀力，缓慢地作用于孔壁，经过数小时至24h达到300~500MPa压力，使介质裂开。该法适用于在设备附近、高压线下以及开挖与浇筑过渡段等特定条件下的开挖。优点是安全可靠，没有爆破产生的公害。缺点是爆破效率低，开裂时间长。

(3) 爆破开挖法　当前广泛采用的开挖施工方法，有薄层开挖、分层开挖、全断面一次开挖和特高梯段开挖等方式。

机械开挖法和静态破碎法施工方法简单，工艺成熟，施工安全风险较小，在此不做详细介绍。下文主要介绍施工危险性较大的爆破开挖法。

1. 基本要求

根据岩石条件、开挖尺寸、工程量和施工技术要求，通过方案比较拟定合理的方式。其基本要求如下：

(1) 保证开挖质量和施工安全。

(2) 符合施工工期和开挖强度的要求。

(3) 有利于维护岩体完整和边坡稳定性。

(4) 可以充分发挥施工机械的生产能力。

(5) 辅助工程量少。

2. 爆破器材

爆破器材主要包括工业炸药和起爆器材两大类。

工业炸药又称为民用炸药，是由氧化剂、可燃剂和其他添加剂等组分按照氧平衡的原理配制，并均匀混合制成的爆炸物。通常采用的工业炸药有硝化甘油炸药、铵梯炸药、铵油炸药、乳化炸药、水胶炸药及其他工业炸药。

起爆器材是能够受外界很小能量激发，即能按设定要求发火或爆炸的元件、装置或制品。它的作用是产生热冲能或爆炸冲能，同时伴有高温高速气体、灼热颗粒、金属飞片等，并能够传给火药或炸药，将其点燃或引爆，特殊场合也可作为独立能源对外做功。起爆器材分为起爆材料和传爆材料两大类。火雷管(已禁用)、电雷管、磁电雷管、导爆管雷管、继爆管及其他雷管属于起爆材料；导火索、导爆索、导爆管等属传爆材料。

电雷管是在火雷管中架设发电火装置而成。它是用电线传输电流，使装在雷管中的电阻发热而引起雷管爆炸。

3. 爆破方法及其分类

(1) 按药包形状分

按照药包形状，分为集中药包法、延长药包法、平面药包法、异形药包法。

① 集中药包法　从理论上讲，这种药包的形状应该是球形体，起爆点从球体中心开始，爆轰波按辐射状以球面形式向外扩张，爆炸以均匀的分布状态作用到周围的介质上。长方体的最长边不超过最短边的 2 倍。

② 延长药包法　炸药包做成长条形，可以是圆柱状，也可以是方柱状，通常药包长度要大于 17~18 倍药包直径。

③ 平面药包法　直接将炸药敷设在介质表面，因此爆炸作用只是在介质接触药包及附近表面上，大多数能量散失在空气中，产生的爆轰波可看作平面波。

④ 异形药包法　将药包做成特定形状，以达到特定的爆破作用。

（2）按装药方式与空间形状

按装药方式与装药空间形状不同，分为药室法、药壶法、炮孔法、裸露药包法。

① 药室法　是指在山体内开挖坑道、药室，装入大量炸药的爆破方法，一次能爆破下的土石方数量几乎是不受限制的，在每个药室里装入的炸药可达千吨以上。

② 药壶法　是指在深 2.5~3.0m 以上的炮眼底部用小量炸药经一次或多次烘膛，使眼底呈葫芦形，将炸药集中装入药壶中进行爆破。

③ 炮孔法　根据钻孔孔径和深度不同，把孔深大于 5m、孔径大于 75mm 的炮孔称为深孔爆破，反之称为浅眼爆破。

④ 裸露药包法　不需钻孔，直接将炸药包贴放在被爆物体表面进行爆破的方法。它在清扫地基的破碎大孤石和对爆下的大块石做二次爆破等方面具有独特作用，仍然是常用的有效方法。

（3）按爆破效果

按爆破效果，分为定向爆破、预裂爆破、光面爆破、微差控制爆破。

① 定向爆破是一种加强抛掷爆破技术，它利用炸药爆炸能量的作用，在一定条件下，可将一定数量的土岩经破碎后，按预定的方向抛掷到预定地点，形成具有一定质量和形状的建筑物或开挖成一定断面。

定向爆破主要是使抛掷爆破最小抵抗线方向符合预定的抛掷方向，并且在最小抵抗线方向事先造成定向坑，利用空穴聚能效应集中抛掷，这是保证定向的主要手段。在大多数情况下，造成定向坑的方法都是利用辅助药包，让它在主药包起爆前先爆，形成一个起走向坑作用的爆破漏斗。如果地形有天然的凹面可以利用，也可不用辅助药包。

② 预裂爆破是进行石方开挖时，在主爆区爆破之前沿设计轮廓线先爆出一条具有一定宽度的贯穿裂缝，以缓冲、反射开挖爆破的震动波，控制其对保留岩体的破坏影响，使之获得较平整的开挖轮廓。预裂爆破可以广泛地运用在垂直、倾斜、规则的曲面及扭曲面上。

③ 光面爆破也是控制开挖轮廓的爆破方法之一，它与预裂爆破的不同之处在于光爆孔的爆破是在开挖主爆孔的药包爆破之后进行。它可以使爆裂面光滑平顺，超欠挖均很少，能近似形成设计轮廓要求的爆破。光面爆破一般多用于地下工程开挖，露天开挖工程中用得比较少，只是在一些有特殊要求或者条件有利的地方使用。光面爆破的要领是孔径小、孔距密、装药少、同时爆。

④ 微差控制爆破是一种应用特制的毫秒延期雷管，以毫秒级时差顺序起爆各个(组)药包的爆破技术。其原理是把普通齐发爆破的总炸药能量分割为多数较小的能量，采取合理

的装药结构、最佳的微差间隔时间和起爆顺序，为每个药包创造多面临空条件，将齐发大量药包产生的地震波变成一长串小幅值的地震波，同时各药包产生的地震波相互干涉，从而降低地震效应，把爆破振动控制在给定水平之下。爆破布孔和起爆顺序有成排顺序式、排内间隔式(又称V形式)、对角式、波浪式、径向式等，或由它组合变换成的其他形式，其中以对角式效果最好、成排顺序式最差。

微差控制爆破能有效地控制爆破冲击波、震动、噪声和飞石；操作简单、安全、迅速；可近火爆破而不造成伤害；破碎程度好，可提高爆破效率和技术经济效益。但该网路设计较为复杂；需特殊的毫秒延期雷管及导爆材料。微差控制爆破适用于开挖岩石地基、挖掘沟渠、拆除建筑物和基础，以及用于工程量与爆破面积较大，对截面形状、规格、减震、飞石、边坡坡面等有严格要求的控制爆破工程。

4. 爆破设计

(1) 爆破设计原则

① 有利于降低成本消耗。

② 有利于施工作业安全和确保周围被保护对象的安全。

③ 选择参数合理，确保工程质量，提高爆破效果。

(2) 爆破设计程序

① 爆破设计工艺流程　爆破部位→基本情况→确定基本参数→计算孔网参数→绘制图表→形成设计文件。

② 明确爆破部位　爆区所在工程名称、爆破部位、爆破方量、炸药用量、爆破时间等。

③ 掌握基本情况　熟悉施工图技术要求、掌握爆区地形地质条件、掌握爆区周围环境情况，以及所有安全、质量保护对象的控制标准和控制措施。

④ 确定基本参数　确定梯段高度(H)、钻孔直径(D)、钻孔倾角(α)、爆破器材品种、炸药单耗(q)、单响起爆药量(Q_1)等。

⑤ 计算孔网参数　计算孔深(H)、孔距(a)、排距(b)、底盘抵抗线(W)、装药直径(d)、单孔药量(Q_2)、堵塞长度(L_c)、装药结构、布孔形式、网络结构、延时顺序、段间时差(t)、起爆总持续时间(T)、起爆方式、安全距离(R)、爆破地震安全震动速度(V)等参数。

⑥ 绘制相关图表　爆区位置平面图、爆破参数有关示意图、爆破参数汇总表、爆破器材用量表等。

⑦ 爆破设计文件　将上述爆破设计内容汇集，加上目录、封面和报审单等，汇编成爆破设计文件。

(3) 爆破设计审批程序

爆破设计文件→项目爆破责任工程师审签→项目总工程师审定或审批→监理人审批。

项目总工程师审定或审批　对报监理人审批的爆破设计进行审定，对规定由项目部审批的爆破设计进行审批。

监理人审批　规定监理人审批范围的爆破设计。

5. 路基爆破施工工艺

路基爆破施工工艺流程见图 2.5。

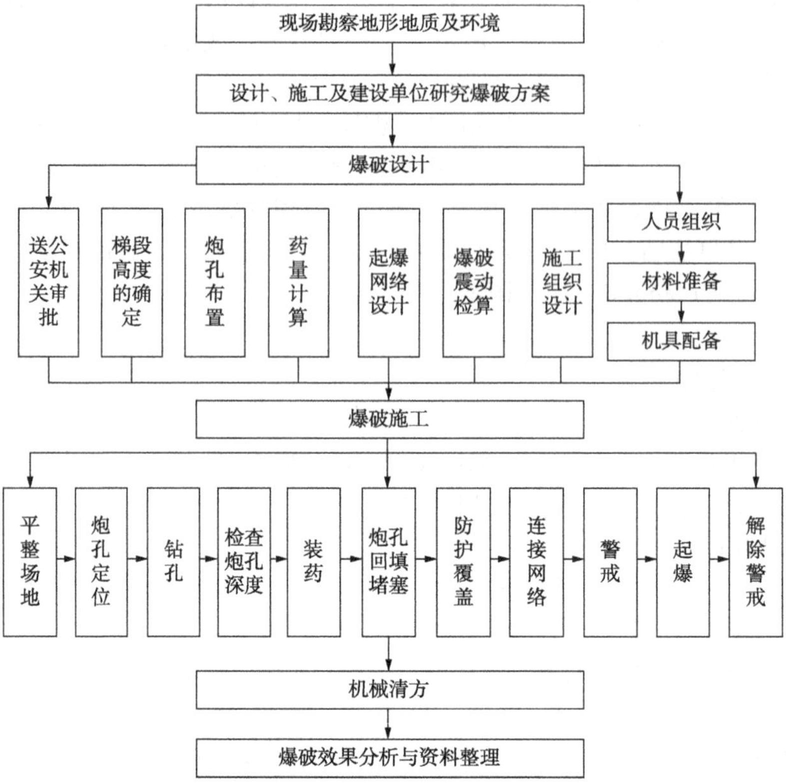

图 2.5 路基爆破施工工艺流程

(1) 测量放样及定开口线

根据设计资料，复核路基中桩，根据实际地面标高确定开口线位置，用白灰撒开口线。经驻地监理工程师核查、审批后方可施工。

(2) 布设炮孔

炮孔标定必须按照设计好的爆破参数准确地在爆破体上进行标识，不能随意变动设计位置。布孔前应先清除爆破体表面积土和破碎层，根据施工测量确定的边坡线，从边坡光面爆破孔开始标定，然后进行其他孔位布置。布孔完成后，应认真进行校核，实际的最小抵抗线应与设计的最小抵抗线基本相符。

(3) 钻制炮孔

在钻孔过程中，应严格控制钻孔的方向、角度和深度，特别是边坡光面爆破孔的倾斜度应严格符合设计要求。孔眼钻进时应注意地质的变化情况，并做好记录。遇到夹层或与表面石质有明显差异时，应及时同技术人员进行研究处理，调整孔位及孔网参数。钻孔完成后，及时清理孔口浮渣，清孔直接采用胶管向孔内吹气。吹净后，应检查炮孔有无堵孔、卡孔现象，以及炮孔的间距、眼深、倾斜度是否与设计相符。若和设计相差较多，应对参数适当调整；如果可能影响爆破效果或危及安全生产，应重新钻孔。先行钻好的炮孔用编织袋将孔口塞紧，防止杂物堵塞炮孔。

(4) 装药

装药前，要仔细检查炮孔情况，清除孔内积水、杂物。装药过程中应严格控制药量，把炸药按每孔的设计药量分好，边装药边测量，以确保线装药密度符合要求。为确保能完全起爆，起爆体应置于炮孔底部并反向装药。

(5) 堵塞

堵塞物用黏土和细砂拌和，其粒度不大于 30mm，含水量为 15%～20%(一般以手握紧能使之成型，松手后不散开，且手上不沾水迹为准)。药卷安放后立即堵塞，首先塞入纸团或塑料泡沫，以控制堵塞段长度(光爆孔口预留 1～1.5m，主爆孔口预留 2～2.5m)，然后用木炮棍分层压紧捣实，每层以 10cm 左右为宜，堵塞中应注意保护好导爆索。

(6) 爆破覆盖

它是控制飞石的重要手段，施工中采用两层草袋覆盖，先在草袋内装入砂土，覆盖后将排间草袋用绳子连成一片。草袋覆盖时要注意保护好起爆网络。爆破石方表面是土或风化砂砾时，必须保留表土或风化砂砾 10～50cm，以减少草袋覆盖。

(7) 链接起爆网络

根据设计的起爆网络图进行起爆电雷管、火雷管起爆网络连接，连接好后，进行网络检查。检查完全无问题后进入起爆程序。

(8) 起爆

整个起爆过程中由专人统一指挥，起爆前对整个警戒区内进行全面安全检查。确保无安全隐患后，由指挥员发出三次预警，在第三次预警哨声发出时，爆破员立即进行起爆工作。应由专人清点爆破雷管数量，以便检查雷管是否全部起爆。

(9) 检查和解除警戒

起爆完成 15min 后，由专业技术人员进入爆破现场进行检查，主要检查雷管和炸药是否全部爆炸。如果出现哑炮、拒爆、盲爆等情况，要采取措施进行处理。在确认无安全隐患后，报告指挥人员发出指令解除警戒。

(10) 爆破石方清运

每次爆破完毕后，组织人员和机械进行爆破石方清运工作。挖掘机把石方清除后，测量标高，高出设计标高的要进行铲出，无法用挖掘机挖掉的大块石方必须再进行布孔二次爆破，直到符合设计要求为止。低于标高的要进行回填碾压，碾压到施工规范的压实度，达到设计标高为止。边坡表面的破碎岩石要全部清除掉，按设计要求进行刷坡。

2.3 路基排水施工

2.3.1 地表排水

路基地表排水可采用边沟、截水沟、排水沟、跌水与急流槽、渡槽、拦水带、蒸发池等设施。其作用是将可能停滞在路基范围内的地面水迅速排出，防止路基范围内的地面水流入路基内。

1. 边沟

（1）设置

挖方地段和填土高度小于边沟深度的填方地段均应设置边沟。路堤靠山一侧的坡脚应设置不渗水的边沟。

为了防止边沟漫溢或冲刷，在平原区和重丘山岭区，边沟应分段设置出水口。多雨地区梯形边沟每段长度宜不超过300m，三角形边沟宜不超过200m。

（2）施工要求

边沟应从下游向上游开挖，边沟沟底纵坡应衔接平顺。平曲线处边沟施工时，沟底纵坡应与曲线前后沟底纵坡平顺衔接，不允许曲线内侧有积水或外溢现象发生。曲线外侧边沟应适当加深，其增加值等于超高值。

边沟的加固：当土质地段沟底纵坡大于3%时，应采取加固措施；采用干砌片石对边沟进行铺砌时，应选用有平整面的片石，各砌缝要用小石子嵌紧；采用浆砌片石铺砌时，砌缝砂浆应饱满，沟身不漏水；若沟底采用抹面时，抹面应平整压光。

2. 截水沟

（1）设置

截水沟的边缘离路堑坡顶的距离视土质而定，以不影响边坡稳定为原则。若为一般土质至少应距离5m，对黄土地区应不小于10m，并应进行防渗加固。截水沟挖出的土，可在路堑与截水沟之间修成土台并夯实，台顶应筑成2%倾向截水沟的横坡，如图2.6所示。

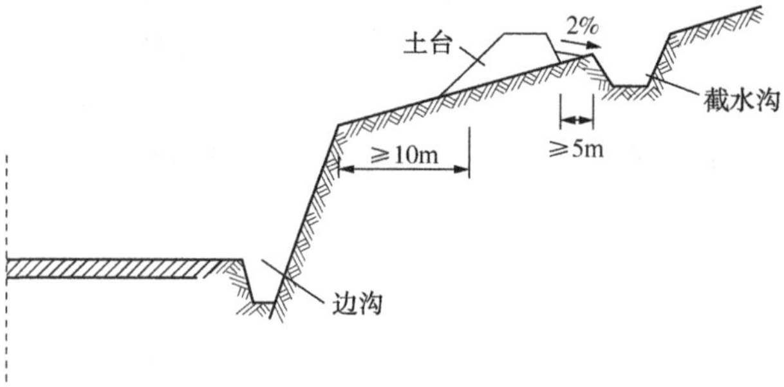

图2.6　挖方段截水沟示意图

山坡上的路堤截水沟距离路堤坡脚至少2.0m，并用挖截水沟的土填在路堤与截水沟之间，修筑向沟倾斜坡度为2%的护坡道或土台，使路堤内侧地面水流入截水沟排出，如图2.7所示。

（2）施工要求

截水沟应先行施工，与其他排水设施应衔接平顺，纵坡宜不小于0.3%。截水沟长度超过500m时应选择适当的地点设出水口，将水引至山坡侧的自然沟中或桥涵进水口。截水沟必须有牢靠的出水口，必要时须设置排水沟、跌水或急流槽。截水沟的出水口必须与其他排水设施平顺衔接。

截水沟应按设计要求进行防渗及加固处理。地质不良地段、土质松软路段、透水性大或岩石裂隙多地段，截水沟沟底、沟壁、出水口都应进行防渗及加固处理，防止水流渗漏和冲刷。截水沟在使用过程中应经常检查和清理，防止堵塞。

3. 排水沟

（1）排水沟线形应平顺，转弯处宜为弧线形，其半径宜不小于10m。排水沟长度根据实际需要而定，通常宜不超过500m。

（2）排水沟沿路线布设时，距路基坡脚宜不小于3～4m。排水沟的出水口，应设置跌水或急流槽，将水流引出路基或引入排水系统。

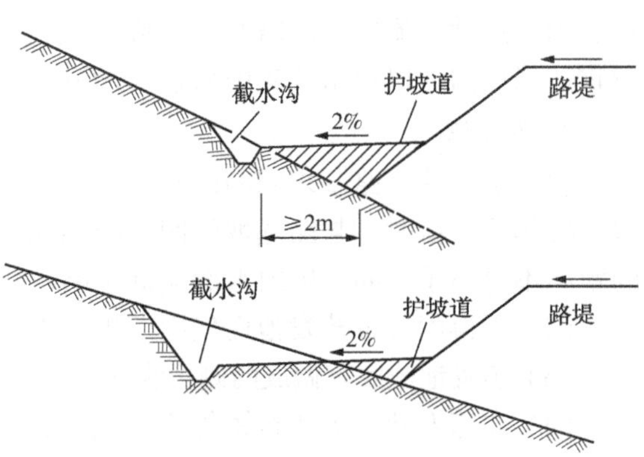

图2.7　填方路段截水沟示意图

4. 跌水

跌水的台阶高度可根据地形、地质等条件决定，多级台阶的各级高度可以不同，其高度与长度之比应与原地面坡度相协调。无消力池的跌水，其台阶高度应小于600mm；有消力池的基底应采取防渗措施。

5. 急流槽

（1）急流槽基础应嵌入稳固的基面内，底面应按设计要求砌筑抗滑平台或凸榫。对超挖、局部坑洞，应采用相同材料与急流槽同时施工。

（2）急流槽的纵坡宜不超过1∶1.5，同时应与天然地面坡度相配合。当急流槽较长时，槽底可用几个纵坡，一般是上段较陡，向下逐渐放缓。浆砌片石砌体应砂浆饱满，砌缝应不大于40mm，槽底表面应粗糙。急流槽应分节砌筑，分节长度宜为5～10m，接头处应采用防水材料填缝。混凝土预制块急流槽，分节长度宜为2.5～5.0m，接头应采用榫接。

（3）急流槽进水口的喇叭形水簸箕应与排水设施衔接平顺，汇集路面水流的水簸箕底口不得高于接口的路肩表面，路缘石开口及流水进入路堤边坡急流槽的过渡段应连接圆顺。急流槽在使用过程中应注意检查和清理，保证水流畅通。

6. 渡槽

当农田水利灌溉沟渠水流需要上跨路基或横穿通过，沟渠底高程与路基设计高程相差较大，能够同时满足行车净高和结构物高度的要求时，可以采用渡槽排(过)水。可设简易桥梁，架设水槽或管道，从路基上部跨越，以沟通路基两侧的水流。渡槽主要用砌石、混凝土及钢筋混凝土等材料建成。渡槽除了应满足沟渠排水通过流量的要求，还应满足自身结构强度和稳定性的要求。

渡槽由进出水口、槽身和下部支承结构3部分组成。为降低工程造价，槽身过水横断面一般比两端的沟渠横断面要小，槽中水流速度相应有所提高，因此进出口段应注意防止冲刷和渗漏，进出水口处设置过渡段，过渡段的平面收缩角为10°～15°。如果槽身与沟渠的横断面相同，沟槽可直接衔接而不设过渡段。与槽身连接的土质沟渠，应予以防护加固，其加固长度至少是沟渠水深的4倍。

7. 拦水带

为避免高路堤边坡被路面水冲毁，可在路肩上设置拦水带，将水流拦截至挖方边沟或在适当地点设急流槽排离路基。与高路堤急流槽连接处应设喇叭口。设置拦水带路段的路肩宜适当加固，以免水流集中后造成冲刷。

8. 蒸发池

（1）蒸发池与路基之间的距离应满足路基稳定要求，底面与侧面应采取防渗措施。用取土坑作蒸发池时，与路基坡脚间的距离应不小于5~10m。面积较大的蒸发池至路堤坡脚的距离不得小于20m，坑内水面应低于路基边缘至少0.6m。

（2）不得因设置蒸发池而使附近地基泥沼化或对周围生态环境产生不利影响。

（3）蒸发池池底宜做成两侧边缘向中部倾斜0.5%的横坡，入口处应与排水沟平顺连接。

（4）在蒸发池应远离村镇等人口密集区，四周应采用隔离栅进行围护，高度应不低于1.8m，并设置警示牌。

2.3.2 地下排水

路基地下水排水设施有暗沟(管)、渗沟、渗井等。其作用是将路基范围内的地下水位降低或拦截地下水并将其排至路基范围以外。

1. 暗沟(管)

（1）暗沟(管)作用

暗沟(管)的主要作用是把路基工作区范围内和以下较浅的集中泉眼或渗沟所拦截、汇集的水流，排到路基范围之外。高速公路、一级公路中央分隔带有雨水浸入时，通过雨水口将水流引入地下暗沟，然后排到路基范围之外。

（2）暗沟(管)施工

① 沟底应埋入不透水层内，沟壁最低一排渗水孔应高出沟底至少200mm。进口应采取截水措施。

② 暗沟、暗管设在路基侧面时，宜沿路线方向布置；设在低洼地带或天然沟谷时，宜沿沟谷走向布置。沟底纵坡应大于0.5%，出水口处应加大纵坡，并高出地表排水沟常水位200mm。

③ 寒冷地区的暗沟应按照设计要求做好防冻保温处理，出水口坡度宜不小于5%。

④ 暗沟采用混凝土或浆砌片石砌筑时，在沟壁与含水层接触面以上高度，应设置一排或多排向沟中倾斜的渗水孔，沟壁外侧应填筑粗粒透水性材料或土工合成材料形成反滤层。沿沟槽底每隔10~15m或在软硬岩层分界处应设置沉降缝和伸缩缝。

⑤ 暗沟顶面应设置混凝土盖板或石料盖板，板顶上填土厚度应不小于500mm。

⑥ 暗管宜使用钢筋混凝土圆管、PVC(Polyvinyl Chloride，聚氯乙烯)管、钢波纹管等材料，在管壁与含水层接触面应设置渗水孔，沟壁外侧应填筑粗粒透水性材料或设置土工合成材料形成反滤层。

⑦ 暗沟、暗管及检查井应采用透水性材料分层回填，层厚宜不大于150mm，材料粒径宜不大于50mm。

2. 渗沟

（1）设置

为降低地下水位或拦截地下水，可在地面以下设置渗沟。常用渗沟有填石渗沟、管式渗沟和洞式渗沟 3 种形式，3 种渗沟均应设置排水层、反滤层和封闭层。

(2) 施工要求

① 一般要求

a. 渗沟基底埋入不透水层内应不小于 0.5m，沟壁的一侧应设反滤层汇集水流，另一侧用黏土夯实或浆砌片石拦截水流。如渗沟沟底不能埋入不透水层时，两侧沟壁均应设置反滤层。

b. 渗沟顶部应设置封闭层，封闭层宜采用浆砌片石或干砌片石水泥砂浆沟缝。寒冷地区应设保温层，并加大出水口附近纵坡。保温层可采用炉渣、砂砾、碎石或草皮等。

c. 渗沟宜从下游向上游开挖，开挖作业面应根据土质选用合理的支撑形式，并应边挖边支撑，渗水材料应及时回填。

② 填石渗沟

填石渗沟一般用于流量不大、渗沟不长的路段，是目前公路上常用的一种渗沟，施工要求如下：

a. 石料应采用水稳性好的石料，应洁净、坚硬、不易风化，其饱水抗压强度应不小于 30MPa，粒径应为 100~300mm。砂宜采用中砂，含泥量应小于 2%，严禁用粉砂、细砂。

b. 渗水材料的顶面(指封闭层以下)不得低于原地下水位。当用于排除层间水时，渗沟底部应埋置在最下面的不透水层。在冰冻地区，渗沟埋置深度不得小于当地最小冻结深度。

c. 填石渗沟纵坡宜不小于 1%。出水口底面标高应高出渗沟外最高水位 200mm。

d. 填石渗沟通常为矩形或梯形，在渗沟的底部和中间用较大碎石或卵石(粒径 3~5cm)填筑，在碎石或卵石的两侧和上部，按一定比例分层(层厚约 15cm)。填较细颗粒的粒料(中砂、粗砂、砾石)，做成反滤层；顶部做封闭层，用双层反铺草皮或其他材料(如土工合成的防渗材料)铺成，并在其上夯填厚度不小于 0.5m 的黏土防水层。

③ 管式渗沟

a. 管式渗沟适用于地下水引水较长、流量较大的地区。管式渗沟宜间隔一定距离设置疏通井和横向泄水管，分段排出地下水。

b. 管式渗沟的泄水管可用陶瓷、混凝土、石棉、水泥或塑料等材料制成。管壁应设渗水孔，渗水孔应在管壁上交错布置，间距宜不大于 200mm。渗沟顶标高应高于地下水位。管节宜用承插式柔性接头连接。

④ 洞式渗沟

a. 洞式渗沟适用于地下水流量较大的地段。洞壁宜采用浆砌片石砌筑，洞顶应用盖板覆盖。盖板之间应留有空隙，使地下水流入洞内。洞式渗沟填料顶面宜高于地下水位。

b. 洞式渗沟顶部应设置封闭层，厚度应不小于 500mm。

⑤ 反滤层

a. 在渗沟的迎水面设置粒料反滤层时，粒料反滤层应用颗粒大小均匀的碎、砾石，分层填筑。

b. 土工布反滤层采用缝合法施工时，土工布的搭接宽度应大于 100mm。铺设时应紧贴保护层，但不宜拉得过紧。土工布破损后应及时修补，修补面积应大于破坏面积的 4~5 倍。

c. 坑壁土质为黏性土或粉细砂土，采用无砂混凝土板作反滤层时，在无砂混凝土板外侧应加设 100~150mm 厚的中粗砂或渗水土工织物反滤层。

3. 渗井

(1) 设置

当路基附近的地面水或浅层地下水无法排出，影响路基稳定时，可设置渗井，将地面水或地下水经渗井通过下透水层中的钻孔流入下层透水层中排出(见图 2.8)。

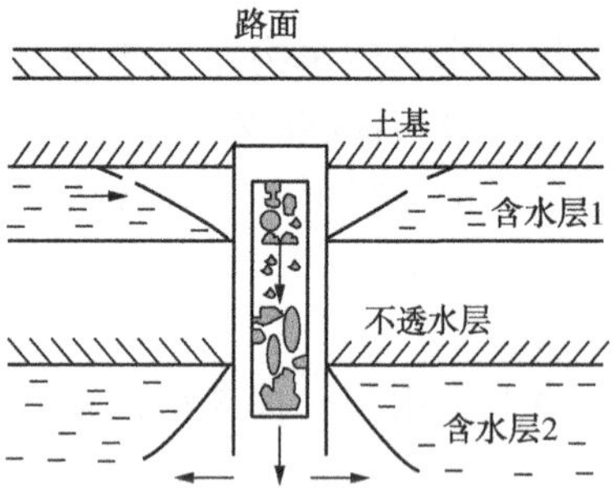

图 2.8　渗井布置示意图

(2) 施工要求

① 渗井开挖应根据土质选用合理的支撑形式，应边开挖边支撑，并采取照明、通风、排水措施。

② 填充料应在开挖完成后及时回填。不同区域的填充料应采用单一粒径分层填筑，小于 2mm 的颗粒含量不得大于 5%。透水层范围宜填碎石或卵石，不透水范围宜填粗砂或砾石。井壁与填充料之间应设反滤层，填充料与反滤层应分层同步施工。

③ 渗井顶部四周应采用黏土填筑围护，井顶应加盖封闭，严防渗井淤塞。

2.3.3　公路路基防排水施工创新案例

1. 工程概况

某高速公路所处区域属中亚热带温暖湿润季风气候，年平均气温约 16.3~19.5℃，春季雨水丰富，夏季高温多雨，冬季温和湿润，地质条件大部分为砂性土，因此路基填料基本选用含砂率高达 85%以上的砂性土。该土质颗粒间无黏聚力，性质松散，遇水极易冲刷，极易造成路基边坡坍塌等问题。为了克服砂性土易冲刷的缺陷，达到良好的路基边坡防冲刷效果，保证路基边坡质量，减少土方冲刷，通过综合分析路基地质条件、路基填土高度及填料情况，最终确定采用路堤拦水埂结合路基边坡急流槽的方案，具体如图 2.9 和图 2.10 所示。

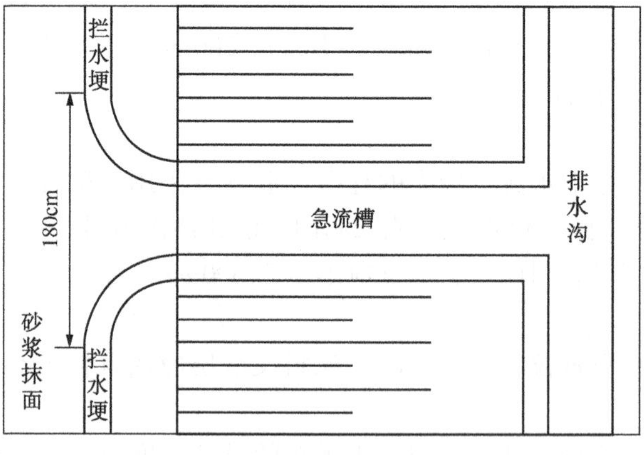

图 2.9　拦水埂设计平面图

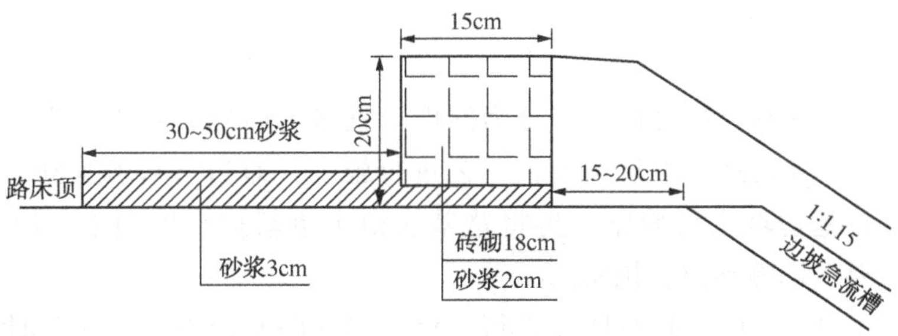

图 2.10　拦水埂设计断面图

质量控制要点如下：

(1) 在路堤填至 96 区顶(0~80cm 范围内压实度达到 96%的路床顶面)后，测定路基边桩，为了保证拦水埂线型流畅，边桩间距为 20m。

(2) 拦水埂采用红砖砌(见图 2.11)。拦水埂沿路堤边桩砌筑，为了保证拦水埂自身的稳定性，在拦水埂外侧预留 15~20cm 的宽度，红砖采用纵向水平砌筑，砌筑双层砖，即拦水埂高度约 18cm，宽度为 15cm，砌筑工艺为：先在路基顶铺 2cm 厚砂浆并找平，然后将红砖纵向铺好，红砖面与面相接处均用砂浆砌筑，为了防止拦水埂渗水，红砖外露面均用细砂浆抹面。

(3) 为了防止拦水埂内侧水会沿拦水埂底部渗漏，因此在拦水埂内侧 30~50cm 宽度范围内下挖 3cm，并铺筑厚度为 3cm 砂浆垫层(见图 2.12)。

图 2.11　拦水埂

图 2.12　拦水埂的内侧砂浆垫层

(4) 为了保证路面水能顺利进入路堤坡脚排水沟，因此在路堤段边坡设置浆砌片石急流槽，急流槽与拦水埂连接，急流槽断面尺寸按照设计图纸尺寸施工，为了方便检查，急流槽沟底做成台阶式。

(5) 相邻边坡急流槽纵向间距一般为 40m，在超高段，由于边坡水量不大，因此高边坡急流槽间距可以相应加大为 50~60m 一处；在低边坡，由于路面排水量大，因此边坡急流槽应加密，一般间距为 30m；在填挖交界处，拦水埂同样应与边沟急流槽连接，防止在填挖交界处拦水埂被水冲毁。

2. 施工创新工艺

（1）路堤填筑

路堤填筑时，考虑到填筑材料大部分为砂性土且多为高填方施工，为避免雨季冲刷造成路基边坡不稳定，采用路堤填筑微创新工艺进行施工，即当路基填筑到一定高度时，就按照设计坡度对路基边坡进行修整，再将路基表植土重新护在坡面上，厚度控制在20～30cm，并按边坡要求修整到位、拍实。

路堤每填筑3～4m时应及时对坡面进行整修，确保路基边坡不陡于设计值。修整后路基边坡应整齐圆顺，顶面每侧应宽于设计路基宽度50cm。上路堤以下路基填筑过程中设置从中间向两侧不小于4%的横坡，以保证排水。填方路基填筑高度大于4m后应在路基两侧边缘设置挡水埝以防冲刷路基，挡水埝高约20cm；路基边坡每间隔15～20m设置临时泄水槽一道，与坡脚排水沟相接。临时泄水槽宽约40cm，深约15cm，采用砂浆抹面，或用不透水材料铺底，确保雨水通过挡水捻和临时泄水槽排出路基。实践证明，该新工艺不仅能有效地防止雨水冲刷边坡，还能起到边坡绿化作用。

（2）路堑开挖

在路堑边坡开挖后，由于表植土破坏后，砂性土质边坡很易被雨水冲刷，不仅影响边坡外观，而且对边坡稳定性造成一定隐患。为了保证边坡稳定及外观，故在实施过程中采用路堑开挖微创新工艺进行施工，即路堑边坡逐级开挖、逐坡绿化、逐坡防护，同时为方便后续的截水沟、平台沟、急流槽的施工，及时将防排水材料运至指定位置。该工艺可以有效防止施工过程中雨水对路堑边坡的冲刷，进而保证边坡的稳定性和外观。特别是对于高路堑边坡施工，不仅能有效减少后期的材料运输费用，还有利于加快工程进度。

（3）盖板涵防水处理

盖板涵台背回填前，涵洞的防水处理是一个困扰已久的工程难题，导致后期维护时需要整改处理。其原因是目前盖板涵的盖板设计通常是每米板预制或每米板现浇，产生了很多盖板顶缩缝，进而加大了涵洞防水处理的难度，也增大了涵洞顶漏水、渗水的可能性。为了能有效防止盖板涵漏水、渗水，采用新型工艺及材料进行防水处理。首先，由于涂涮的沥青干缩快，涵洞沉降缝外贴牛毛毡经常会出现脱落，因此改用自黏性的防水牛毛毡进行粘贴；其次，由于盖板顶缩缝多，采用防水土工布（两布一膜）对盖板顶全部进行覆盖处理。

（4）台背回填

台背回填作为路基施工质量控制的关键部位，高速公路通车后经常出现该位置路基下沉的隐患。为了确保台背回填质量，首先应该将台背垃圾及废弃土清除干净，并按设计要求将台背基底宽度修整到位，然后按设计坡度将台背路基筑成阶梯式。台背回填时，严格控制每层填筑压实厚度不超过15cm，每层必须检验，合格后再填筑下一层。但由于压路机无法压实台背30cm处位置，为了避免该台背30cm位置出现质量隐患，因此采用小型夯实机进行振动压实。

2.4 防护与支挡工程施工

2.4.1 挡土墙与抗滑桩

1. 挡土墙

挡土墙是承受土体侧压力的墙式构造物，因施工方便，可就地取材，适应性强，在公路上得到广泛的使用。

挡土墙施工一般规定如下：

① 挡土墙施工前，应做好截、排水及防渗措施。

② 在岩体破碎、土质松软或地下水丰富地段修建挡土墙，宜避开雨季施工。

③ 挡土墙与桥台、隧道洞门连接处应协调施工，必要时可设置临时支撑，确保与墙相接的填方或山体稳定。

(1) 重力式挡土墙

重力式挡土墙是以挡土墙自身重力来维持挡土墙在土压力作用下的稳定。它是我国目前常用的一种挡土墙。在重力式挡土墙横断面中，与被支承土体直接接触的部位称为墙背；与墙背相对、临空的部位称为墙面；与地基直接接触的部位称为基底；与基底相对、墙的顶面称为墙顶；基底的前端称为墙趾；基底的后端称为墙踵。

重力式挡土墙按墙背形式可分为仰斜、垂直、俯斜、凸形折线和衡重式5种，其断面形式如图2.13所示。重力式挡土墙多用浆砌片(块、料)石砌筑，也可用混凝土或片石混凝土浇筑。当用混凝土或片石混凝土浇筑时，混凝土的强度应符合设计要求，片石的质量和掺量及掺入方式应符合设计和相关规范要求。缺乏石料地区，有时可用混凝土预制块作为砌体。

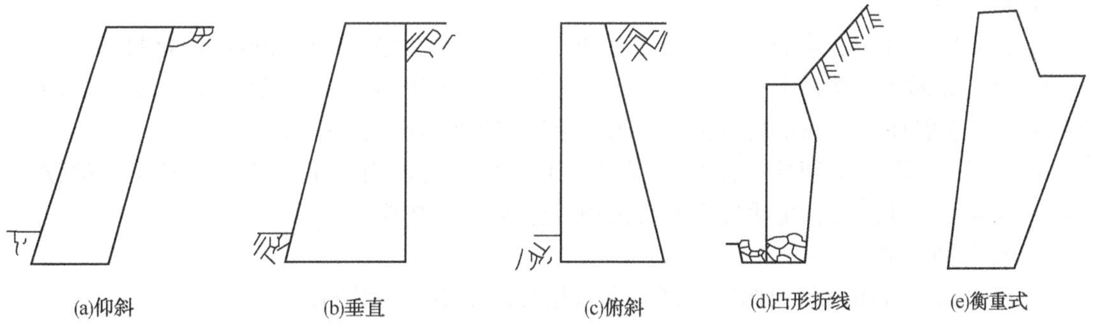

图2.13 重力式挡土墙

砌体挡土墙施工要点如下：

① 基坑开挖

a. 基坑开挖宜分段跳槽进行，分段位置宜结合伸缩缝、沉降缝等设置确定。

b. 挡土墙基底设计为倾斜面时，应严格控制基底高程，不得超挖填补。

c. 对于土质或易风化软质岩石，雨期开挖基坑时，应在基坑开挖好后及时封闭坑底。

d. 开挖完成后应及时进行检验，检验合格后应及时进行下一道工序施工。

② 基础施工

a. 施工前应检查基础底面，清除基底表面风化、松软的土石和杂物。

b. 硬质岩石上的浆砌片石基础宜满坑砌筑。浆砌片石底面应卧浆铺砌，立缝要填浆补实，不得有空隙和立缝贯通现象。

c. 采用台阶式基础时，台阶宜与墙体连续砌筑，基底及墙趾台阶转折处不得砌成垂直通缝，砌体与台阶壁间的缝隙砂浆应饱满。

d. 基础应在基础砂浆强度达到设计强度的75%后及时分层回填夯实。回填应在表面留3%的向外斜坡。

③ 墙身施工

a. 砌石墙身要分层错缝砌筑，咬缝应不小于砌块长度的1/4，且不得出现贯通竖缝。

b. 片石、砌块应大面朝下砌筑，砌块不应直接接触，间距宜不小于20mm。

c. 混凝土墙身应水平分层浇筑，分层振捣。分层厚度应不超过300mm。

d. 混凝土浇筑应连续进行。如间断，间断时间应小于前层混凝土的初凝时间，否则按施工缝处理。

e. 浇筑过程中应有专人检查模板及支撑工作情况，发现问题及时处理。

f. 挡土墙端部伸入路堤或嵌入挖方部分应与墙体同时砌筑。挡土墙顶应找平抹面或勾缝，其与边坡间的空隙应采用黏土或其他材料夯填封闭。

g. 墙身施工完毕后应及时养护。

h. 伸缩缝与沉降缝内两侧壁应竖直、平齐，无搭叠；缝中防水材料应按设计要求施工。

i. 挡土墙混凝土或砂浆强度达到设计强度的75%时，应及时进行墙背回填。距墙背0.5~1.0m内，不得使用重型振动压路机碾压。

j. 墙身泄水孔应在砌筑过程中按设计施工，确保排水畅通。

④ 墙背填料

a. 宜采用砂性土、卵石土、砾石土或块石土等透水性好、抗剪强度高的材料。

b. 采用黏质土作为填料时，应在墙背设置厚度不小于300mm的砂砾或其他透水性材料排水层。排水层顶部应采用黏质土层封闭，土层厚度宜不小于500mm。

c. 填料中不得含有机物、冰块、草皮、树根及生活垃圾。不得使用腐殖土、盐渍土、淤泥、白垩土、硅藻土、生活垃圾及有机物等作为墙背填料。

⑤ 浸水挡土墙

a. 浸水挡土墙用石料应选用坚硬、未风化且浸水不崩解的石块。

b. 施工过程中应处理好浸水挡土墙与岸坡的衔接部位。

c. 砌筑时应保证砂浆饱满、勾缝密实，避免水流冲刷墙身。

（2）悬臂式和扶壁式挡土墙

① 基坑开挖应从上至下分层分段依次进行。开挖过程中应做好临时排水设施，并随时排水，保证工作面干燥及基底不被水浸。基坑开挖后应及时施工挡土墙，不得长期放置。

② 凸榫部分应与基坑同时开挖，并与墙底板一起浇筑混凝土。

③ 采用装配法施工时，基础部分应整体一次性浇筑，并设置好预埋钢筋。在基础混凝土达到设计强度75%前，不得安设预制墙板。预制墙板与基础必须按设计要求连接牢固。

④ 混凝土浇筑后应及时进行养护，养护时间宜不少于7d。

⑤ 墙背回填应在墙体混凝土达到设计强度的75%后进行。回填应分层填筑并压实；扶壁式挡土墙回填时应按先墙趾、后墙踵的顺序进行。

(3) 锚杆挡土墙

① 锚杆应按设计尺寸下料、调直、除污、加工。

② 施工时应针对地层和岩石特点，采用与其相适配并能斜孔钻进的钻机，并根据岩质选择钻头。

③ 锚孔直径应满足设计要求，钻孔时宜保持孔壁粗糙。

④ 挡土板和锚杆的施工应逐层由下向上同步进行，挡土板之间的安装缝应均匀，缝宽宜小于10mm。同一肋柱上两相邻跨的挡土板搭接处净间距宜不小于30mm，并应按施工缝处理。

⑤ 挡土板安装时应防止与肋柱相撞，避免损坏角隅或开裂。

⑥ 挡土板后的防排水设施及反滤层应与挡土板安装同步进行。

(4) 锚定板挡土墙

① 螺丝杆、锚头等应进行防锈处理和防水封闭。

② 锚定板应采用钢筋混凝土板。肋柱式锚定板面积应不小于0.5m^2，无肋柱式锚定板面积应不小于0.2m^2。

③ 肋柱安装应符合设计的位置和倾角。安装锚定板时板面应竖直，且在同一高程。

④ 锚定板应采用反开槽法施工，先填土，后挖槽就位。挖槽时，锚定板宜比设计位置高30~50mm。

⑤ 施工槽口与上层填土应同步碾压，不得直接碾压拉杆和锚定板。

⑥ 分级平台应按设计要求进行封闭，并设2%的外倾排水坡。

(5) 加筋土挡土墙

① 施工前，应按设计要求进行基底处理。有地下水影响基底稳固时，应拦截或排除地下水到墙身之外。

② 加筋土挡土墙的拉筋应按设计采用抗拉强度高、延伸率和蠕变小、抗老化、耐腐蚀和化学稳定性好的材料，表面应有足够的粗糙度。钢拉筋应按设计进行防腐处理。

③ 加筋土挡土墙墙身施工应符合下列规定：

a. 墙背拉筋锚固段填料宜采用具有一定级配、透水性好的砂类土或碎砾石土，土中的粗颗粒不应含有在压实过程中可能破坏拉筋的带尖锐棱角的颗粒。

b. 拉筋应按设计位置水平铺设在已经整平、压实的土层上，单根拉筋应垂直于面板，多根拉筋应按设计扇形铺设。聚丙烯土工带拉筋安装应平顺，不得打折、扭曲，不得与硬质、棱角填料直接接触，其他要求应符合《土工合成材料应用技术规范》(GB/T 50290—2014)的相关规定。

c. 墙面板安设应根据高度和填料情况设置适当的倾斜，斜度宜为1∶0.02~1∶0.05。安设好的面板不得外倾。

d. 拉筋与面板之间的连接应牢固，连接部位强度应不低于拉筋强度。拉筋贯通整个路基时，宜采用单根拉筋拉住两侧面板。

e. 填料摊铺、碾压应从拉筋中部开始，平行于墙面进行，不得平行于拉筋方向碾压。应先向拉筋尾部逐步摊铺、压实，然后再向墙面方向进行。

f. 路基施工分层厚度及每层碾压遍数，应根据拉筋间距、碾压机具和密实度要求，通过试验确定，不得使用羊足碾碾压。靠近墙面板 1m 范围内，应使用小型机具夯实或人工夯实，不得使用重型压实机械压实。严禁车辆在未经压实的填料上行驶。

g. 施工过程中应加强对墙身变形的观测，发现异常变化应及时处理。

2. 抗滑桩

抗滑桩施工一般规定如下：

① 施工前，应详细了解工程地质资料。

② 施工前，应采取卸载、反压、排水等措施使滑坡体保持基本稳定，严禁在滑坡急剧变形阶段进行抗滑桩施工。

③ 施工期间，应根据实际地质情况考虑开挖时的预加固措施。

④ 应整平孔口地面，设置地表截、排水及防渗设施。

⑤ 应设置滑坡变形、移动监测点，并进行连续观测。

⑥ 雨期施工时，应在孔口搭设雨棚，做好锁口；孔口地面上应加筑适当高度的围埂。

⑦ 施工过程中，应对地下水位、滑坡体位移和变形进行监测。

⑧ 应加强坡体排水，定期疏导排水管，防止地下水赋存于坡体内部。

⑨ 锚固桩上部设有多排锚索时，应在上一排锚索施工完成后再开挖下一层的桩前土体。

（1）开挖及支护

① 相邻桩不得同时开挖，开挖桩群应从两端沿滑坡主轴间隔开挖，桩身强度达到设计强度的 75%后方可开挖邻桩。

② 开挖应分节进行，分节不宜过长，每节宜为 0.5～1.0m。不得在土石层变化处和滑动面处分节。

③ 应开挖一节、支护一节。灌注前应清除孔壁上的松动石块、浮土。围岩松软、破碎、有水时，护壁宜设泄水孔。

④ 开挖应在上一节护壁混凝土终凝后进行，护壁混凝土模板的支撑应在混凝土强度达到能保持护壁结构不变形后方可拆除。

⑤ 在围岩松软、破碎和有滑动面的节段，应在护壁内顺滑动方向设置临时横撑加强支护，并观察其受力情况，及时进行加固。

⑥ 开挖时应采取照明、排水等措施，保证施工安全。

⑦ 挖除的渣土弃渣不得堆放在滑坡范围内。

⑧ 桩基开挖过程中，应随时核对滑动面情况，及时进行岩性资料编录。其实际情况与设计不符时，应及时反馈处理。

（2）桩身混凝土施工

① 灌注前，应检查断面净空，清洗混凝土护壁。

② 钢筋笼搭接接头不得设在土石分界和滑动面处。钢筋保护层厚度应满足设计要求。

③ 灌注应连续进行，不得中断。

(3) 桩板式抗滑挡墙

① 桩间支挡结构及与桩相邻的挡土、排水设施等，均应按设计要求与抗滑桩正确连接，配套完成。

② 挡土板应在桩身混凝土达到设计强度后安装。挡土板安装时，应边安装边回填，并做好挡土板后排水设施。

③ 桩间采用土钉墙或喷锚支护时，桩间土体应分层开挖、分层加固。

④ 应严格控制墙背填土的压实度，压实时应保护好锚索。

2.4.2 边坡锚固防护

边坡锚固防护施工一般规定如下：

(1) 边坡开挖和钻孔过程中，应对岩性及构造进行编录和综合分析。与设计出入大时，应及时反馈处理。

(2) 施工前应检查地质情况，清除坡面松散的浮石，用浆砌片石、混凝土填补空洞、凹槽、缝隙，不得采用沙袋填补。边坡修整后应平整、密实，无溜滑体、蠕变体和松动岩体。

1. 锚杆施工

(1) 锚杆成孔

① 孔位应放样准确，钻孔过程中应严格控制孔轴线偏差。终孔深度应不小于设计孔深。

② 钻孔过程中应根据不同的岩土条件，选用适宜的钻孔机具和方法。钻孔直径应满足设计要求。

③ 对砂土、粉土、卵石、有机质土和高塑性黏质土，宜采用套管护壁成孔护壁工艺。

④ 在地下水位以下时，不宜采用干成孔工艺。

⑤ 在高塑性指数的饱和黏质土层成孔时，不宜采用泥浆护壁成孔工艺。

⑥ 成孔过程中遇不明障碍物时，应停止钻进，查明障碍物性质。

⑦ 成孔后应及时清净孔内残渣。成孔后不宜立即插入锚杆或锚索时，宜在孔口采取临时封堵措施，避免水或其他杂物进入孔内。

⑧ 成孔后应及时插入杆体并注浆。

(2) 钢绞线锚杆和普通钢筋锚杆杆体制作

① 钢绞线锚杆杆体绑扎时，钢绞线应平行、间距均匀。杆体插入孔内时，应避免钢绞线在孔内弯曲或扭转。

② 当锚杆杆体采用钢筋连接时，其连接宜采用机械连接、双面搭接焊、双面帮条焊。采用双面焊时，焊缝长度应不小于 $5d$(d 为钢筋直径)。

③ 杆体制作和安放时，应除锈、除油污，避免杆体弯曲。

(3) 锚杆安装

① 施工前应按设计要求进行抗拉拔力验证试验。

② 锚杆应安装在孔位中心。

③ 地下水发育地段安装锚杆，安装前应将孔内的水排出。

④ 采用套管护壁工艺成孔时，应在拔出套管前将杆体插入孔内；采用非套管护壁工艺成孔时，杆体应匀速推送至孔内。

(4) 注浆

① 采用水泥砂浆时，灰砂比宜取 1∶1~1∶2，水灰比宜取 0.38~0.45，且砂子粒径不得大于 2mm。

② 砂浆应随拌随用，放置超过初凝时间的砂浆不得使用。

③ 宜先插入锚杆然后注浆，注浆宜采用孔底注浆法。注浆管应插至距孔底 50~100mm，随水泥砂浆的注入逐渐拔出，注浆压强宜不小于 0.2MPa。

④ 注浆管端部至孔底的距离宜不大于 200mm。注浆及拔管过程中，注浆管口应始终埋入注浆液面内，并在水泥浆液从孔口溢出后停止注浆。注浆后当浆液液面下降时，应进行孔口补浆。

⑤ 采用二次压力注浆工艺时，终止注浆的压力应不小于 1.5MPa。

⑥ 锚杆长度小于 3m 时，可采用先注浆后插锚杆的工艺施工。

⑦ 锚杆安装后，不得敲击、摇动。普通砂浆锚杆在灌浆后 3d 内不得扰动。

2. 预应力锚索施工

(1) 锚索制作

① 不得使用有机械损伤、电弧烧伤和严重锈蚀的钢绞线。制作前应对钢绞线进行清污、除锈处理。不得将钢绞线及锚索直接堆放在地面或露天储存，避免受潮、受腐蚀。

② 锚索束制作宜在现场厂棚内进行，应随制作随安装，避免长期存放。

③ 锚索的长度应根据钻孔的实际深度确定，钢绞线应采用机械切割下料，不允许接长。

④ 制作好的锚索应按设计进行编号。

(2) 锚索安装

① 施工前应按设计要求进行锚索的锚固性能试验，确定施工工艺。

② 锚固段锚索束应按设计安装。安装过程中钢绞线应均匀排列、平直。

③ 锚索入孔前，应校对锚索编号与孔号是否一致。

④ 锚索束应顺直地安放在钻孔中心。

⑤ 锚索安装后应及时注浆。注浆后 3d 内不得在锚索端部放置重物。

(3) 锚索张拉

① 张拉设备应按规定进行标定，标定间隔期宜不超过 6 个月或张拉 200 次。拆卸检修的张拉设备或压力表经受强烈撞击后，必须重新标定。

② 砂浆强度达到设计规定的允许张拉强度前不得进行张拉。

③ 张拉应采用张拉应力、伸长量双控。当实际伸长值大于设计伸长值的 10%或小于 5%时应停止张拉，进行锁定。

④ 锚索锁定后，在注浆锚固前若发现有明显的预应力松弛时，应查找原因，并进行补偿张拉。

(4) 封锚

注浆完成后，应及时对锚固端按设计要求进行封闭保护或防腐处理。封锚应采用与结构或构件同强度的混凝土。长期外露的锚具应采取防锈措施。

2.4.3 坡面防护

1. 植物防护

(1) 坡面植物防护施工

① 在坡面成型后，应清理坡面，并及时进行坡面植物防护。

② 回填土宜采用土、肥料及腐殖质土的混合物。种植土层厚度规定如下：草木花卉的土层厚度≥30mm，草坪地被的土层厚度≥30mm，小灌木的土层厚度≥45mm，大灌木的土层厚度≥60mm，浅根乔木的土层厚度≥90mm，深根乔木的土层厚度≥150mm。检查方法是用尺量，每50m测一点。

③ 种草施工时，草籽应撒布均匀，同时做好保护措施。草皮应选用带状或块状，草皮厚度宜为100mm。铺设时，应由坡脚自下向上铺设。

④ 铺、种植物后，应适时进行洒水、施肥等养护管理，直到植被成活，灌木(树木)应在适宜季节栽植。

⑤ 养护用水应不含油、酸、碱、盐等有碍草木生长的成分。

(2) 湿法客土喷播施工

① 喷播前应检查作业面的粗糙度，平均粗糙度宜为±100mm，最大不超过±150mm。若岩石边坡本身不稳定，需要采用预应力锚杆锚索进行加固处理。

② 喷播植草混合料植生土、土壤稳定剂、水泥、肥料、混合草籽、水等应按配合比组成。

③ 客土喷播前浇水湿润坡面，喷播植草混合料的配合比应根据边坡坡度、地质情况和当地气候条件确定，喷播混合材料厚度应为20~80mm，种子喷播应均匀。

④ 客土喷播施工锚杆和锚钉宜按1m×1m间距、梅花形布置。挂网施工时应自上而下放卷，相邻两卷铁丝网分别用绑扎铁丝连接固定，两网交接重叠处宽度应不小于100mm，锚钉每平方米应不少于5个。

⑤ 挂网与作业面应保持一定间隙，且均匀一致。

⑥ 湿法喷播施工后，应及时进行补种、洒水、施肥、清除杂草等养护管理，成活率应达到90%以上。

(3) 三维植物网防护施工

① 施工前应先清除杂草、石块、树根等杂物，坡面土质疏松的应进行夯实。

② 铺设三维网应自上而下平铺到坡脚，并向坡顶、坡脚各延伸500mm。

③ 三维网应用木桩、锚钉锚固于坡面，四周用U形钉固定。网间搭接长度应满足设计要求，且应不小于100mm。三维网应紧贴坡面，无皱褶和悬空现象。

④ 施工时应避开阴雨天气。

(4) 骨架防护植物

① 应选取适应性好、根系发达、耐干旱贫瘠、耐破坏、再生能力强的植物。

② 应以乡土植物为主、外来植物为辅，不同植物应具有互补性且与周围环境自然植被相适应。

③ 骨架内植草草皮下宜铺设50~100mm厚的种植土，草皮应与坡面和骨架密贴。

④ 铺设草皮后，应及时进行养护。

2. 坡面工程防护

(1) 坡面喷浆防护施工

① 喷射顺序应自下而上进行。

② 砂浆初凝后，应立即开始养护，养护期宜不少于5d。

③ 施工结束后，应及时对喷浆层顶部进行封闭处理。

(2) 坡面喷射混凝土防护施工

① 混凝土强度应满足设计要求。

② 作业前应进行试喷，选择合适的水灰比和喷射压力。

③ 混凝土喷射厚度应符合设计规定，且临时支护厚度宜不小于60mm，永久支护厚度宜不小于80mm。永久支护面钢筋的喷射混凝土保护层厚度应不小于50mm。

④ 混凝土喷射每一层应自下而上进行。混凝土厚度大于100mm时，宜分两次喷射。第二次喷射混凝土作业前，应清除结合面上的浮浆和松散碎屑。

⑤ 层面表面应抹平、压实修整。

⑥ 喷射混凝土面层应在长度方向上每30m设伸缩缝，缝宽10~20mm。

⑦ 喷射混凝土初凝后，应立即开始养护。养护期宜不少于7d。

⑧ 喷射混凝土表面应密实、平整，无裂缝、脱落、漏喷、漏筋、空鼓和渗漏水等。

(3) 锚杆挂网喷射混凝土防护施工

① 锚杆应嵌入稳固基岩内，锚固深度根据设计要求结合岩体性质确定。锚杆孔深应比锚固长度大200mm。

② 钢筋网应与锚杆连接牢固，钢筋网与岩面的间隙宜为30~50mm。

③ 喷射混凝土宜分层施工，铺设钢筋网前喷射一层混凝土，铺设后再喷射混凝土至设计厚度。

④ 喷射混凝土厚度应均匀，钢筋网及锚杆不得外露。钢筋保护层厚度宜不小于20mm。

(4) 干砌片石护坡施工

干砌片石护坡适用于坡度缓于1：1.25的土质路堑边坡或边坡易受地表水冲刷以及有少量地下水渗出的地段。

① 干砌片石护坡垫层应密实，厚度应满足设计要求。边坡为粉质土、松散的砂或粉砂土等易被冲蚀的土时，碎石或砂砾垫层厚度宜不小于100mm。

② 石料选择应符合要求。片石的厚度应不小于150mm，卵形和薄片不得使用。镶面石料应选择尺寸大且具有平整表面的石料，且应稍加粗凿。在角隅处应使用大石料，大致粗凿方正。

③ 石料按层砌筑。分段砌筑时相邻段高差应不大于1.2m，段与段间应设伸缩缝或沉降缝，各段水平砌缝应一致。

④ 砌筑应彼此镶紧，接缝要错开，缝隙间应用小石块填满塞紧。护坡基础宜选用大石块砌筑。

⑤ 基础与排水沟相连时，基础应设在排水沟底以下。

（5）浆砌片石护坡施工

① 路堤边坡采用浆砌片石护坡，宜在路堤沉降稳定后施工。砌筑前应整平坡面，按设计完成垫层施工。对受冻胀影响的土质边坡，护坡底面的碎石或砂砾垫层厚度应不小于100mm。

② 片石砌体应分层砌筑，2~3层组成的工作面宜找平。

③ 所有石块均应坐于新拌砂浆之上。

④ 每10~15m应设置一道伸缩缝，缝宽宜为20~30mm。在基底地质有变化处，应设沉降缝，可将伸缩缝与沉降缝合并设置。

⑤ 砂浆初凝后，应立即进行养护。砂浆终凝前，砌体应覆盖。

⑥ 泄水孔的位置和反滤层的设置应满足设计要求。如设计无要求，应符合下列规定：

a. 泄水孔宜为50mm×100mm、100mm×100mm、150mm×200mm的矩形或直径为ϕ50~ϕ100mm的圆形。

b. 泄水孔间距宜为2~3m，干旱地区可适当加大，渗水量大时应适当加密。上下排泄水孔应交错布置，左右排泄水孔应避开伸缩缝与沉降缝，与相邻伸缩缝间距宜不小于500mm。

c. 泄水孔应向外倾斜，最下一排泄水孔出口应高出地面或边沟、排水沟及积水地区的常水位0.3m。

d. 最下面一排泄水孔进水口周围500mm×500mm范围内应设置具有反滤作用的粗粒料，反滤层底部应设置厚度不小于300mm的黏土隔水层。

（6）水泥混凝土预制块护坡施工

① 宜在路堤沉降稳定后施工。铺设前应整平坡面，按设计铺设碎石或砂砾垫层，垫层厚度应不小于100mm。

② 预制块应错缝砌筑，砌筑坡面应平顺，并与相邻坡面顺接。受冰冻影响的地区，预制块混凝土强度宜不低于C25。

③ 护坡每10~15m应设置一道伸缩缝，缝宽宜为20~30mm。在基底地质有变化处，应设沉降缝。伸缩缝与沉降缝可合并设置。

④ 泄水孔的位置应满足设计要求，并保证畅通。如设计无要求，应按上文“（5）浆砌片石护坡施工”要求设置。

（7）浆砌片石护面墙施工

① 修筑护面墙前，应清除边坡风化层至新鲜岩面。对风化迅速的岩层，清挖到新鲜岩面后应立即修筑护面墙。

② 基础施工前应核实地基承载力和埋深。地基承载能力不足时，应采取加固措施。冰冻地区应埋置在冰冻深度以下至少250mm。

③ 护面墙背面应与路基坡面密贴，边坡局部凹陷处，应挖成台阶后用与墙身相同的圬

工砌补，不得回填土石或干砌片石。坡顶护面墙与坡面之间应按设计要求做好防渗处理。

④ 应按设计要求做好伸缩缝。当护面墙基础修筑在不同岩层上时，应在变化处设置沉降缝。

⑤ 泄水孔的位置和反滤层的设置应满足设计要求。

⑥ 护面墙防滑坎应与墙身同步施工。

(8) 勾缝施工

① 浆砌片石施工应在砂浆凝固前将外露缝勾好，勾缝深度应不小于 20mm。

② 片石施工时，相邻竖缝应错开。对平缝与竖缝宽度，用水泥砂浆砌筑时应不大于 40mm，用小石子混凝土砌筑时应为 30~70mm。可用厚度比缝宽小的石片填塞宽的竖缝，且片石应被砂浆包裹。

③ 块石施工时，砂浆砌筑缝宽应不大于 30mm，勾缝应均匀饱满、美观，坡面应平顺。

④ 勾好缝或灌好浆的砌体在完工后，视水泥种类及气候情况在 7~14d 内应加强养护。

2.4.4 沿河路基防护

沿河路基防护工程施工前，应复核基础埋深。基础埋设在局部冲刷线以下 1m 且未嵌入基岩内时，应及时反馈处理。导流构造物施工前，应根据现场具体情况，采取相应措施，避免施工过程中水流冲刷农田、村庄、公路和下游路基。

(1) 沿河路基边坡植物防护施工

① 经常浸水或长期浸水的路堤，不宜采用植物防护。

② 沿河路堤边坡铺草皮防护，应按设计采用平铺、叠铺草皮等铺砌方法，基础部分铺置层的表面应与地面齐平。

③ 植树防护宜采用带状或条形布设。防护河岸路基或防御风浪侵蚀，宜采用横行带状；防护桥头引道路堤，宜采用纵行带状。

④ 植树应选用喜水性树种，林带应由多行树木组成，乔灌木应密植。

⑤ 种植后，应采取有效措施加以保护。

(2) 沿河砌石或混凝土防护施工

砌石或混凝土防护施工除应符合上文 2.4.1 的“2. 坡面工程防护”中的有关规定外，还应符合下列规定：

① 石料应选用未风化的坚硬岩石。采用干砌、浆砌片石时，不得大面积平铺。干砌护坡砌块应交错嵌紧，严禁浮塞。

② 采用干砌、浆砌河卵石时，应以长方向垂直坡面，横向栽砌牢固。

③ 就地浇筑混凝土板时，混凝土表面应平整、光滑。可采取措施提高早期强度。

(3) 抛石防护施工

① 抛石石料应选用质地坚硬、耐冻且不易风化崩解的石块，石料粒径应大于 300mm，宜用大小不同的石块掺杂抛投。

② 抛石体边坡坡率和石料粒径应根据水深、流速和波浪情况确定，坡度应不陡于抛石石料浸水后的天然休止角。抛石体边坡坡率和抛石粒径应符合表 2.3 和表 2.4 的规定。

表 2.3　抛石体边坡坡率与水文条件关系

水文条件	采用边坡	水文条件	采用边坡
水深不大于 2m，流速小	1∶1.2～1∶2.5	水深大于 6m，在急流中施工	缓于 1∶2
水深 2～6m，流速大，波浪汹涌	1∶2～1∶3		

表 2.4　抛石粒径与水深、流速关系

抛石粒径/mm	水深/m				
	0.4	1.0	2.0	3.0	5.0
	容许流速/(m/s)				
150	2.70	3.00	3.40	3.70	4.00
200	3.15	3.45	3.90	4.20	4.50
300	3.50	3.95	4.25	4.45	5.00
400	—	4.30	4.45	4.80	5.05
500	—	—	4.85	5.00	5.40

③ 抛石厚度宜为粒径的 3～4 倍；用大粒径时，不得小于 2 倍。

④ 除特殊情况外，宜在枯水季节施工。

(4) 石笼防护施工

① 应根据设计要求或不同情况和用途，合理选用石笼形状。

② 石笼网箱的制作应符合下列规定：

a. 石笼可采用重镀锌钢丝、镀锌铁丝、普通铁丝编制。永久工程应采用重镀锌钢丝。使用年限为 8～12 年时，可采用镀锌铁丝；使用年限为 3～5 年时，可采用普通铁丝石笼。

b. 组装网箱时，绑扎用的组合丝、螺旋固定丝应与网丝同材质。

c. 网箱的间隔网片与网身应呈 90°，方可进入绑扎工序，组装绑扎成网箱。

d. 组装网箱时，组合丝绑扎应为双股线并绞紧。螺旋组合丝绑扎应绞绕收紧。

e. 组装完成的网箱位置应依次安放到位。

③ 连接单元网箱的制作应符合下列规定：

a. 组装完成的单元网箱，应按设计挡土墙长度方向位置依次安放，调整网箱位置后将每个单元网箱依次连接。

b. 填料前，应在网箱外露面绑钢管或面板固定网箱位置，防止网箱移动。

c. 网箱裸露部分的网片，应设置拉力丝。

④ 石笼填充应符合下列规定：

a. 石笼填充物应采用质地坚硬、不易崩解和水解的片石或块石，石料粒径宜为 100～300mm。粒径小于 100mm 的石料应不超过 15%，且不得用于网格的外露面，孔隙率不得超过 30%。

b. 应采用人工或机械填料，填料应均匀分批投料，保证填料均匀充满箱体。

c. 同一层网箱未能一次性施工完毕的，应在箱体接头处进行处理，相邻网箱石料高差不得超过 350mm，保证网箱不发生侧向变形。

d. 外露面填充料应整平，填充料间应相互搭接。

e. 应在石料填充高度达到要求后进行网箱封盖。

⑤ 网箱安装应在每层网箱高度符合要求后，施工上层网箱。层与层间的网箱应纵横交错或丁字形叠砌，上下连接，不得出现通缝。

（5）土工模袋防护施工

① 应按设计要求整平坡面，放线定位，挖好边界处理沟。

② 模袋铺展后应拉紧固定，防止充填时下滑。

③ 充填材料应根据设计要求和实际情况合理选用，充填应连续。

④ 对需要排水的边坡，应在模袋适当位置开孔设置排水管。

⑤ 模袋顶部宜采用浆砌块石封闭。在有地面径流处，坡顶应采取防护措施，防止地表水侵蚀模袋底部。

⑥ 岸坡模袋底端应设压脚或护脚棱体，有冲刷处应采取防冲措施。

⑦ 模袋护坡的侧翼宜设压袋沟。

⑧ 模袋与坡面间应按设计要求铺设好土工织物滤层。

⑨ 模袋厚度应通过抗浮稳定分析和抗冰推移稳定分析确定。模袋的主要技术指标应符合表 2.5 的规定。

表 2.5　模袋主要技术指标

检查项目		质量标准
单层质量/(g/m²)		200
拉伸强度/(N/50mm)	经	1500
	纬	1300
延伸率/%	经	14
	纬	12
撕裂强度/(N/50mm)	经	600
	纬	400
顶破强度/N		800
渗透系数/(mm/s)		0.28
单层厚度/mm		0.45

（6）丁坝防护施工

① 施工前应合理安排工期，避免因工期过长引起农田、村庄、上下游路基冲刷。

② 丁坝坝头应按设计进行平面防护。

③ 应处理好坝根与相连接的地层或其他防护设施的衔接。

④ 完工后应检查丁坝间的河岸或路基边坡处的水流流速。若所承受的容许流速小于水流靠岸回流流速时，应及时反馈处理。

（7）顺坝防护施工

① 顺坝与上下游河岸的衔接处应水流顺畅。

② 坝根嵌入稳定河岸内的距离应满足设计要求，坝根附近河岸应按设计防护加固至上游不受水流冲击处。

(8) 改移河道施工

① 改移河道工程宜在枯水时期施工。一个旱季不能完成时，应采取防洪措施。

② 河道开挖应先挖好中段，然后再开挖两端，确认新河床工程符合要求后，再挖通其上游河段。

③ 利用开挖新河道的土石填平旧河道时，在新河道通流前，旧河道应保持适当的流水断面。

④ 通流时，改河上游进口河段的河床纵坡宜稍大于设计坡度。

⑤ 河床加固设施及导流构造物的施工应合理安排，及时配套完成。

2.4.5 公路路基工程挡土墙施工案例

1. 工程概况

某高速公路工程总长度为64km，路基宽度为24m，设计速度为80km/h。其中，K12+800~K17+200段左半幅路基所在位置为沟渠，同时施工单位是在当地雨季进行施工，在临时用地、工程征地方面存在比较大的难度，如何在现有用地条件下，保证公路路基稳定、不破坏现有沟渠，成为了施工难点。为有效解决以上施工难点，施工单位决定选用公路路基工程挡土墙施工技术。

2. 公路路基工程挡土墙施工技术要点

(1) 施工前期准备

① 针对公路路基挡土墙，施工技术人员需要对其进行测量放样，通过利用测量仪器设备，如全站仪，对挡土墙边线进行精准确定，将挡土墙的具体开挖施工范围划出来，同时在合理位置处确定桩位，并根据施工要求与施工方案在施工场地的周边对控制桩进行合理布设；②如果公路路基基层与基底的土质比较差，施工单位一定要彻底清理或处置这些不良的土质，然后才能根据提前确定的施工范围与设计深度进行开挖施工。对于挡土墙的墙基，应尽可能选择在可靠性比较高的岩层上，埋入基础的岩层深度应控制在1~2m，如果存在地基设计与设计要求不相符的现象，施工单位一定要及时向监理单位进行反馈，变更设计方案；③在安装模板过程中，施工单位需要尽可能选用高质量的钢结构模板，然后进行拼装与连接，与此同时，为避免出现模板倾覆现象，施工单位需要对组合模板的拼装质量进行随时检查；④重视挡土墙施工材料的应用，在山区中对公路路基挡土墙结构进行施工过程中，要加入适量的钢筋混凝土，提高挡土墙施工材料凝固的速度，所以施工单位一定要对材料的运输效率进行合理确定。

(2) 施工方案的合理确定

在进行公路路基工程施工中，要想合理运用挡土墙施工技术，首先要合理确定施工方案。因为不同的公路工程位于不同的施工地点，其路基具有不同的边坡环境，假如路基边坡坡度比较大，边坡稳定性比较差，在这种情况下，在进行边坡防护施工过程中，宜选用挡土墙技术。另外，在制定挡土墙施工方案过程中，一定要结合施工地点的实际情况。为保证挡土墙施工方案的合理性，要详细调研施工地点的边坡情况与施工路基地质情况。

(3) 施工放样

在合理确定挡土墙施工方案以后，需要进行施工放样。进行施工放样作业主要是为了满足挡土墙施工的数据要求，根据施工方案对挡土墙的具体尺寸进行有效掌握，并将其尺寸数据提供给挡土墙的施工单位，利用全站仪测量相关数据信息，同时对挡土墙基础的深度与底座的宽度进行控制，进而保证施工放样的精准度，促使全站仪测绘数据更加全面、有效、精准，提高施工测量数据的精准性，保证公路路基的施工质量。

（4）基槽的开挖

在进行施工放样以后，施工单位需要开始开挖基槽。在对基槽进行开挖之前，施工单位需要清理干净施工场地，然后方可开挖基槽，在开挖基槽过程中，要确保基槽防水坡的施工质量，需要对部分地下结构进行排水处理，在排除基槽中的全部地下水以后，才能对基槽进行施工。在挖掘过程中，宜选用挖掘机进行施工，结合使用人工挖掘法与挖掘机挖掘法，能够有效提高基槽的清理效果与挖掘速度，满足基槽的尺寸要求。

（5）模板的安装

在开挖完成基槽以后，应安装模板，在对模板进行安装过程中，需要对连接钢进行拼装，应严格控制结构的质量。

在连接钢拼装完成以后，需要加入适量的混凝土，合理控制混凝土的浇筑速度，确保所有混凝土的参数均满足施工要求，使混凝土在比较短的时间内就可以快速凝结，保证后续施工的顺利开展。在浇筑混凝土的过程中，需要对混凝土的浇筑速度进行有效控制，保证混凝土的浇筑速度满足施工要求。

（6）锚杆挡土墙的施工

在模板安装结束以后，施工单位需要根据公路路基的地段特点，选取合理的挡土墙支护技术。在挡土墙中，锚杆挡土墙是一个非常重要的构成部分，即选用锚杆支撑的方法对挡土墙进行施工。选用该施工方法对挡土墙进行建设，能够提高挡土墙的整体强度，同时利用锚杆来支持挡土墙的内部，将锚杆插入定点位置，能够提高挡土墙的稳定性与强度。因此，在对特殊路基部分的挡土墙进行施工时，宜选用锚杆挡土墙施工技术，如图 2.14 所示。

图 2.14　锚杆挡土墙

（7）混凝土挡土墙的施工

混凝土挡土墙是一种重要的施工技术，即在路基边坡位置浇筑混凝土，有助于挡土墙强度的提高。利用混凝土填充挡土墙结构，能够提高挡土墙的载荷能力与强度。所以，为避免出现混凝土质量问题，对混凝土挡土墙的施工造成影响，应在对混凝土挡土墙进行施工的过程中，选用满足质量要求的混凝土，严格控制混凝土的浇筑速度。

第3章 路面施工技术

3.1 路面基层(底基层)施工

3.1.1 级配碎(砾)石类基层(底基层)施工

级配碎(砾)石基层是由各种粗细集料(碎石和石屑或砾石和砂)按最佳级配原理修筑而成。级配碎(砾)石是用大小不同的材料按一定比例配合，逐级填充空隙，并借黏土黏结、经过压实后能形成密实的结构。级配碎(砾)石基层的强度是由摩阻力和黏结力构成，具有一定的水稳性和力学强度。

1. 级配碎(砾)石基层(底基层)材料要求

(1)级配碎石

粗、中、小碎石集料和石屑各占一定比例的混合料，当其颗粒组成符合规定的密实级配要求时，称作级配碎石。级配碎石可用未筛分碎石和石屑组成，缺乏石屑时，也可以添加细砂砾或粗砂，但其强度和稳定性不如添加石屑的级配碎石。也可以用颗粒组成合适的含细集料较多的砂砾与未筛分碎石配合成级配碎砾石，但其强度和稳定性不如级配碎石。

级配碎石可用于各级公路的基层和底基层。当级配碎石用于二级和二级以下公路的基层时，其最大粒径应控制在37.5mm以内，其颗粒组成和塑性指数应满足表3.1中1号级配的规定；当级配碎石用于高速公路和一级公路的基层以及半刚性路面的中间层时，其最大粒径宜控制在31.5mm以下，其颗粒组成和塑性指数应满足表3.1中2号级配的规定。同时，级配曲线宜为圆滑曲线。在塑性指数偏大的情况下，塑性指数与0.5mm以下细土含量的乘积应符合下列规定：①在年降雨量小于600mm的地区，地下水位对土基没有影响时，乘积应不大于120；②在潮湿多雨地区，乘积应不大于100。粒径过大，石料易离析，也不利于机械摊铺、拌和及平整。

表3.1 级配碎石基层的集料级配范围

序号	通过下列筛孔(mm)的质量百分率/%								液限/%	塑性指数
	37.5	31.5	19.0	9.5	4.75	2.36	0.6	0.075		
1		100	85~100	52~74	29~54	17~37	8~20	0~7	<28	<6(9)
2	100	90~100	73~88	49~69	29~54	17~37	8~20	0~7	<28	<6(9)

注：(1)潮湿多雨地区的基层塑性指数不大于6，其他地区的基层塑性指数不大于9；(2)对于无塑性的混合料，小于0.075mm的颗粒含量应接近高限，使压实后的基层透水性小。

轧制碎石的材料可以是各种类型的岩石(软质岩石除外)、圆石或矿渣。圆石的粒径应是碎石最大粒径的3倍以上；矿渣应是已崩解稳定的，其干密度和质量应比较均匀，干密度不小于960kg/m^3。碎石中针片状颗粒的总含量应不超过20%。碎石中不应有黏土块、植物等有害物质。石屑或其他细集料可以使用一般碎石场的细筛余料，也可以利用轧制沥青表面处治和贯入式用石料时的细筛余料，或专门轧制的细碎石集料，也可以用天然砂砾或粗砂代替石屑。天然砂砾的颗粒尺寸应该合适，必要时应筛除其中的大尺寸颗粒。天然砂砾或粗砂应有较好的级配。

级配碎石或级配碎砾石所用石料的压碎值应满足下列规定：

① 基层

高速公路和一级公路：不大于26%；

二级公路：不大于30%；

二级以下公路：不大于35%。

② 底基层

高速公路和一级公路：不大于30%；

二级公路：不大于35%；

二级以下公路：不大于40%。

未筛分碎石用于二级和二级以下公路的底基层时，其颗粒组成和塑性指数应符合表3.2中1号级配的规定；用于高速公路和一级公路的底基层时，其颗粒组成和塑性指数应符合表3.2中2号级配的规定。

表3.2 未筛分碎石底基层级配范围

序号	通过下列筛孔(mm)的质量百分率/%									液限/%	塑性指数
	53	37.5	31.5	19.0	9.5	4.75	2.36	0.6	0.075		
1	100	85~100	69~88	40~65	19~43	10~30	8~25	6~18	0~10	<28	<6(9)
2		100	83~100	54~84	29~59	17~45	11~35	6~21	0~10	<28	<6(9)

注：潮湿多雨地区的基层塑性指数不大于6，其他地区的基层塑性指数不大于9。

（2）级配砾石

粗、中、小砾石和砂各占一定比例的混合料，当其颗粒组成符合规定的密实级配要求且塑性指数和承载比均符合规定要求时，称为级配砾石。当天然砂砾符合规定的级配要求，而且塑性指数在6或9以下时，可以直接用于基层。塑性指数偏大的砂砾，可加少量石灰降低其塑性指数，也可以用无塑性的砂或石屑进行掺配，使其塑性指数降低到符合要求，或塑性指数与细土(粒径小于0.5mm的颗粒)含量的乘积符合要求。为提高混合料的强度和稳定性，可在天然砂砾中掺加部分碎石或轧碎砾石。天然砂砾掺加部分未筛分碎石组成的混合料的强度和稳定性介于级配碎石和级配砾石之间。级配砾石适用于轻交通(设计车道在设计基准期内所承受的设计轴载累计作用次数小于3万次时为轻交通等级)的二级和二级以下公路的基层以及各级公路的底基层。

级配砾石用于基层时，砾石的最大粒径应不超过37.5mm；用于底基层时，砾石的最大粒径应不超过53mm。砾石颗粒中细长及扁平颗粒的含量应不超过20%。级配砾石基层的颗粒组成和塑性指数应满足表3.3的规定，同时级配曲线应为圆滑曲线。

表 3.3　级配砾石基层的集料级配范围

序号	通过下列筛孔(mm)的质量百分率/%									液限/%	塑性指数
	53	37.5	31.5	19.0	9.5	4.75	2.36	0.6	0.075		
1	100	90~100	81~94	63~81	45~66	27~51	16~35	8~20	0~7	<28	<6(9)
2		100	90~100	73~88	49~69	29~54	17~37	8~20	0~7	<28	<6(9)
3			100	85~100	52~74	29~54	17~37	8~20	0~7	<28	<6(9)

在塑性指数偏大的情况下，塑性指数与0.5mm以下细土含量的乘积的有关规定与级配碎石相同。

当级配砾石试件的干密度(在最佳含水量下制备)与工地规定达到的压实干密度相同时，浸水4d的承载比值应不小于60%，压碎值大于30%。

用于底基层的砂砾、砂砾土或其他粒状材料的级配，应符合表3.4规定的范围。液限应小于28%，塑性指数应小于9。

表 3.4　砂砾底基层集料级配范围

通过下列筛孔(mm)的质量百分率/%						液限/%	塑性指数
53	37.5	9.5	4.75	0.6	0.075		
100	80~100	40~100	28~85	8~45	0~15	<28	<6(9)

当用于底基层的在最佳含水量下制备的级配砾石试件的干密度与工地规定达到的压实干密度相同时，浸水4d的承载比值在轻交通道路上应不小于40%，在中等交通道路上应不小于60%。

2. 级配碎(砾)石基层(底基层)施工

级配碎(砾)石可采用路拌法和中心站集中厂拌法进行施工。其路拌法施工工艺流程应符合图3.1的顺序。

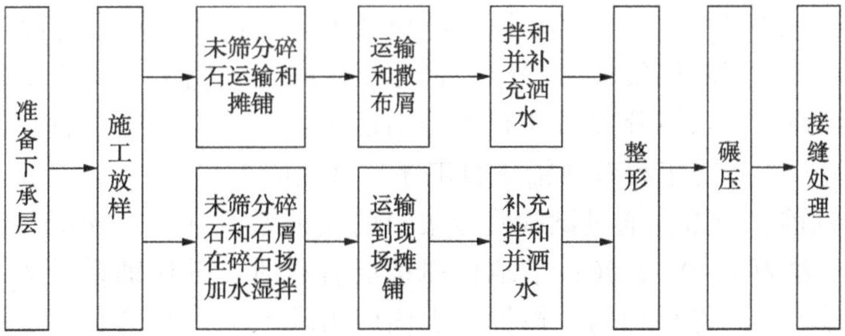

图3.1　级配碎石路拌法施工工艺流程图

(1) 路拌法施工

① 准备下承层

a. 基层的下承层是底基层及其以下部分，底基层的下承层可能是土基也可能还包括垫层。下承层表面应平整、坚实，具有规定的路拱，没有任何松散的材料和软弱地点。

b. 下承层的平整度和压实度应符合《公路路面基层施工技术细则》(JTG/T F20—2015)中的规定。

c. 土基不论是路堤还是路堑，必须用12~15t三轮压路机或等效的碾压机械进行3~4遍碾压检验。在碾压过程中，若发现土过干、表层松散，应适当洒水；若土过湿，发生“弹簧”现象，应采用挖开晾晒、换土、掺石灰或水泥等措施进行处理。

d. 对于底基层，应进行压实度检查，对于柔性底基层，还应进行弯沉值检验。凡不符合设计要求的路段，必须根据具体情况，分别采用补充碾压、加厚底基层、换填好的材料、挖开晾晒等措施，以达到规范规定的标准。

e. 底基层或老路面上的低洼和坑洞，应仔细填补及压实；搓板和辙槽应刮除；松散处应耙松、洒水并重新碾压，达到平整密实。

f. 新完成的底基层或土基，必须按规范规定进行验收。凡验收不合格的路段，必须采取措施。

② 施工放样

a. 在下承层上恢复中线，直线段每15~20m设一桩，平曲线段每10~15m设一桩，并在两侧路肩边缘外0.3~0.5m设指示桩。

b. 在两侧指示桩上用明显标记标出基层或底基层的边缘的设计高程。

③ 备料

a. 计算材料用量。根据各路段基层或底基层的宽度、厚度和规定的压实干密度，以及按确定的配合比分别计算各段需要的未筛分碎石和石屑的数量或不同粒级碎石和石屑的数量，并计算每车料的堆放距离。

b. 未筛分碎石的含水量较最佳含水量宜大1%左右。

c. 未筛分碎石和石屑可按预定比例在料场混合，同时洒水加湿，使混合料的含水量超过最佳含水量约1%，以减轻施工现场的拌和工作量以及运输过程中的离析现象(级配碎石的最佳含水量为5%)。

④ 运输和摊铺集料

a. 运输　集料装车时，应控制每车料的数量基本相等。在同一料场供料的路段内，宜由远到近卸置集料。卸料距离应严格掌握，避免料不够或过多，料堆每隔一定距离应留一缺口，以便施工。当采用两种集料时，应先将主要集料运到路上，待主要集料摊铺后，再将另一种集料运到路上。未筛分碎石和石屑分别运送时，应先运送碎石。集料在下承层上的堆置时间不应过长。运送集料较摊铺集料工序只宜提前1~2d。

b. 摊铺　摊铺前，应事先通过试验确定集料的松铺系数并确定松铺厚度。人工摊铺混合料时，其松铺系数为1.40~1.50；平地机摊铺混合料时，其松铺系数为1.25~1.35。用平地机或其他合适的机具将料均匀地摊铺，表面应力求平整，并具有规定的路拱。应同时摊铺路肩用料。检查松铺材料层的厚度，看其是否符合预计要求。必要时，应进行减料或补料工作。级配碎(砾)石基层设计厚度一般为8~16cm。当厚度大于16cm时，应分层铺筑。下层厚度为总厚度的60%，上层厚度为总厚度的40%。

⑤ 拌和及整形

对二级及二级以上公路，应采用专用稳定土拌和机进行拌和并设专人跟随拌和机；对二级以下公路的级配碎石，可采用平地机或多铧犁与缺口圆盘耙相配合拌和。

a. 用稳定土拌和机拌和时，应拌和两遍以上。拌和深度应直到级配碎石层底。在进行最后一遍拌和之前，必要时先用多铧犁紧贴底面翻拌一遍。

b. 采用平地机或多铧犁与缺口圆盘耙相配合拌和，应符合下列规定：(a)用稳定材料拌和设备时，应拌和两遍以上，拌和深度应直到级配碎石层底。(b)用平地机拌和时，宜翻拌5~6遍，使石屑均匀分布于碎石料中。平地机拌和的作业长度，每段宜为300~500m。(c)用缺口圆盘耙与多铧犁相配合拌和级配碎石时，多铧犁在前面翻拌，圆盘耙紧跟在后面拌和，共翻耙4~6遍，应随时检查调整翻耙的深度。(d)拌和结束时，混合料拌和均匀后应色泽一致，没有灰条、灰团和花面，以及无明显粗细集料离析现象。

无论采用哪种拌和方法，在拌和的过程中应保持足够的水分，拌和结束时，混合料的含水量应均匀，同时应没有粗细颗粒离析现象。使用在料场已拌和均匀的级配碎石混合料时，摊铺后混合料若有粗细颗粒离析现象，应用平地机进行补充拌和。

用平地机将拌和均匀的混合料按规定的路拱进行整平和整形。在整形过程中，应注意消除粗细集料离析现象，然后用拖拉机、平地机或轮胎压路机在已初平的路段上快速碾压一遍，以暴露潜在的不平整，再用平地机进行整平和整形。在整形过程中，必须禁止任何车辆通行。

⑥ 碾压

整形后，当混合料的含水量等于或略大于最佳含水量时，立即用8t以上三轮压路机(每层压实厚度应不超过15~18cm)或轮胎压路机(每层压实厚度可达20cm)进行碾压。直线和不设超高的平曲线段，由两侧路肩开始向路中心碾压；在设超高的平曲线段，由内侧路肩向外侧路肩进行碾压。碾压时，后轮应重叠1/2轮宽，后轮必须超过两段的接缝处。后轮压完路面全宽时，即为一遍。碾压一直进行到要求的密实度为止。一般需碾压6~8遍，应使表面无明显轮迹。为保证压实质量，压路机的碾压速度必须恒定。

级配碎石、砾石基层在碾压中还应注意以下几点：

a. 路面的两侧应多压2~3遍。

b. 凡含土的级配碎石层，都应进行滚浆碾压，一直压到碎石层中无多余细土泛到表面为止。

c. 碾压全过程均应根据情况随时洒水，使其保持最佳含水率。

d. 开始时，应用轻型的压路机初压，初压两遍后，及时检测、找补，同时，若发现沙窝或梅花现象应将多余的砂或砾石挖出，分别掺入适量的碎石、砾石或砂，彻底翻拌均匀，并补充碾压，不能采用粗砂或砾石覆盖处理。

e. 碾压中局部有“软弹”“翻浆”现象，应立即停止碾压，待翻松晒干后换含水率合适的材料后再碾压。

f. 严禁压路机在已完成的或正在碾压的路段上调头或急刹车。

⑦ 横缝的处理

两作业段的衔接处，应搭接拌和。第一段拌和后，留5~8m不进行碾压，第二段施工时，前段留下未压部分与第二段一起拌和整平后进行碾压。

⑧ 纵缝的处理

应避免纵向接缝。在必须分两幅铺筑时，纵缝应搭接拌和。前一幅全宽碾压密实，在后一幅拌和时，应将相邻的前幅边部约30cm搭接拌和，整平后一起碾压密实。

(2) 中心站集中拌和(厂拌)法施工

级配碎石混合料除上述介绍的路拌法外，还可以在拌和中心站用稳定土长拌设备进行集中拌和。

① 材料

宜采用不同粒径的单一尺寸碎石和石屑按预定配合比在拌和机内拌制级配碎石混合料。

② 拌制

在正式拌制级配碎石混合料之前，必须先调试所用的厂拌设备，使混合料的颗粒组成和含水量都能达到规定的要求。

③ 摊铺

对于用于高速公路和一级公路的级配碎石施工，应用沥青混凝土摊铺机或其他碎石摊铺机摊铺碎石混合料，用于二级和二级以下公路时，若没有摊铺机，也可用自动平地机(或摊铺箱)摊铺混合料。根据摊铺层的厚度和要求达到的压实干密度，计算每车混合料的摊铺面积。将混合料均匀地卸在路幅中央，路幅宽时，也可将混合料卸成两行，并用平地机将混合料按松铺厚度摊铺均匀。用平地机进行摊铺时，应设一个三人小组跟在平地机后面，及时消除粗细集料离析现象。

④ 碾压

用振动压路机、三轮压路机进行碾压，碾压方法和要求与路拌法相同。

⑤ 接缝处理

a. 横向接缝　用摊铺机摊铺混合料时，对于摊铺机当天未压实的混合料，可与第二天摊铺的混合料一起碾压，但应注意此部分混合料的含水量。必要时，应人工补充洒水，使其含水量达到规定的要求。用平地机摊铺混合料时，每天工作缝的处理与路拌法相同。

b. 纵向接缝　应避免纵向接缝。当摊铺机的摊铺宽度不够，必须分两幅摊铺时，宜采用两台摊铺机一前一后，相隔约 5~8m 同步向前摊铺混合料。在仅有一台摊铺机的情况下，可先在一条摊铺带上摊铺一定长度后，再开到另一条摊铺带上摊铺，然后一起进行碾压。

在不能避免纵向接缝的情况下，纵缝必须垂直相接，不应斜接，并按下述方法处理：在摊铺前一幅时，在靠后一幅的一侧应用方木或钢模板做支撑，方木或钢模板的高度与级配碎石层的压实厚度相同；在摊铺后一幅之前，将方木或钢模板除去；若在摊铺前一幅时未用方木或钢模板支撑，靠边缘的 30cm 左右难以压实，而且形成一个斜坡，在摊铺后一幅时，应先将未完全压实部分和不符合路拱要求部分挖松并补充洒水，待后一幅混合料摊铺后一起进行整平和碾压。

3.1.2 无机结合料稳定土基层(底基层)施工

无机结合料稳定基层又称为半刚性基层或整体型基层，它包括水泥稳定类、石灰稳定类和综合稳定类。它的显著特点是：整体性强、承载力高、刚度大、水稳性好，而且较为经济，半刚性材料已广泛用于修建高等级公路路面基层或底基层。

1. *石灰稳定土基层施工*

在粉碎或原来松散的土(包括各种粗、中、细粒土)中，掺入足量的石灰和水，经拌和、压实及养生后得到的混合料，当其抗压强度符合规定的要求时，称为石灰稳定土。

用石灰稳定细粒土(颗粒最大粒径小于10mm，且其中小于2mm的颗粒含量不小于90%)得到的强度符合要求的混合料，称为石灰土。用石灰稳定中粒土(颗粒最大粒径小于30mm，且其中小于20mm的颗粒含量不小于85%)和粗粒土(颗粒最大粒径小于50mm，且其中小于20mm的颗粒含量不小于85%)得到的强度符合要求的混合料，视所用原材料而定，原材料为天然砂砾土或级配砂砾时，称为石灰砂砾土；原材料为碎石土或级配碎石时，称为石灰碎石土。

用石灰稳定土铺筑的路面基层和底基层，分别称为石灰稳定土基层和石灰稳定土底基层，或分别简称石灰稳定基层和石灰稳定底基层，也可在基层或底基层前标以具体简名，如石灰土碎石基层、石灰土底基层等。

石灰稳定土具有良好的力学性能，并有较好的水稳性和一定的抗冻性，它的初期强度和水稳性较低，后期强度较高；但由于干缩、冷缩易产生裂缝。石灰稳定土适用于各类路面的基层和底基层，但不宜用作高级路面的基层，而只能用作底基层。在冰冻地区的潮湿路段，以及其他地区的过分潮湿路段，不宜采用石灰土做基层。当只能采用石灰土时，应采取措施防止水分浸入石灰土层。

在石灰稳定土基层施工中，为避免该层受弯拉而断裂，并使在施工碾压时能压稳而不起皮，其层厚宜不小于100mm。为便于拌和均匀和碾压密实，用12~15t压路机碾压时，压实厚度宜不大于150mm；用15~20t压路机碾压时，压实厚度应不大于200mm，且采用先轻后重进行碾压(分层铺筑时，下层宜稍厚)。碾压后的压实度要求见表3.5。石灰稳定土基层施工在最低气温0℃之前完成，并尽量避免在雨季施工。

表3.5　石灰基层(底基层)压实度要求

层次		高速公路和一级公路/%	其他公路/%
基层	石灰稳定中、粗粒土		≥97
	石灰稳定细粒土		≥93
底基层	石灰稳定中、粗粒土	≥96	≥95
	石灰稳定细粒土	≥95	≥93

(1) 路拌法施工

① 准备工作

a. 准备下承层　按规范规定对拟施工的路段进行验收，凡验收不合格的路段，必须采取措施，使其达到标准后，方能在上铺筑石灰稳定土层。

b. 测量　在底基层或土基上恢复中线，直线段每15~20m设一桩，平曲线段每10~15m设一桩，并在对应断面的路肩外侧设指示桩。在两侧指示桩上用红漆标出石灰稳定土层边缘的设计高程。

c. 备料　集料：采备集料前，应先将树木、草皮和杂土清除干净，并在预定采料深度范围内自上而下采集集料，不宜分层采集，不应将不合格材料采集在一起。若分层采集集料，则应将集料分层堆放在一场地上，然后从前到后(上下层一起装入汽车)，将料运到施工现场。料中的超尺寸颗粒应予筛除。石灰：石灰堆放在拌和场时，宜搭设防雨棚。石灰应在使用前7~10d充分消解。每吨石灰消解需用水量一般为500~800kg。消解后的石灰应保持一定的湿度，以免过于飞扬，但也不能过湿成团，应尽快使用。材料用量：根据各段石灰稳定土层的宽度、厚度及预定的压实度(换算为压实密度)，计算各路段需要的干集料量。根据料场集料的含水量和运料车辆的吨位，计算每车料的堆放距离。根据石灰稳定土层的厚度和预定的干容重及石灰剂量，计算每平方米石灰稳定土需用的石灰数量，并计算每车石灰的摊铺面积，若使用袋装生石灰粉，则计算每袋石灰的摊铺面积。

② 运输与摊铺

a. 运料　预定堆料的下层在堆料前应先洒水，使其湿润，但不应过分潮湿而造成泥泞。集料装车时，应控制每车料的数量基本相等。在同一料场供料的路段，由远到近将料按计算的距离(间距)卸置于下承层中间或上侧。卸料距离应严格掌握，避免料不够或过多；料堆每隔一定距离应留一缺口；集料在下承层上的堆置时间不应过长。运送集料较摊铺集料工序宜提前1~2d。

b. 摊铺集料　通过试验确定集料的松铺系数，也可参考表3.6。在摊铺集料前，应先在下承层上洒水使其湿润，但不应过分潮湿而造成泥泞。摊铺集料应在摊铺石灰的前一天进行，摊料长度应与施工日进度相同，以够次日摊铺石灰、拌和、碾压成型为准。

表3.6　混合料松铺系数参考值

材料名称	松铺系数	说明
石灰土	1.53~1.58	现场人工摊铺土和石灰，机械拌和，人工整平
石灰土	1.65~1.70	路外集中拌和，运到现场人工摊铺
石灰土、砂砾	1.52~1.56	路外集中拌和，运到现场人工摊铺

用平地机将集料均匀摊铺在预定的宽度上，表面应保证平整，并有规定的路拱。摊铺过程中，应注意将土块、超尺寸颗粒及其他杂物去除。

c. 摊铺石灰　摊铺石灰时，如黏性土过干，应事先洒水闷料，使土的含水量略小于最佳值。细粒土宜闷料一夜；中粒土和粗粒土，视细土含量的多少，可闷1~2h，在人工摊铺的集料层上，用6~8t两轮压路机碾压1~2遍，使其表面平整，并有一定密实度。然后，按计算的每车石灰的纵横间距，将卸置的石灰均匀摊开。石灰摊铺完后，表面应没有空白位置。测量石灰的松铺厚度，根据石灰的含水量和松密度，校核石灰用量是否合适。

③ 拌和与洒水

a. 集料应采用稳定土拌和机拌和，拌和深度应达到稳定层底。应设专人跟随拌和机，随时检查拌和深度并配合拌和机操作员调整拌和深度。拌和应适当破坏下承层的表面(约10mm，不应过多)，以利上、下层黏结。通常应拌和两遍以上。

b. 在拌和过程中，及时检查含水量。用喷管式洒水车补充洒水，使混合料的含水量等于或大于最佳值1%左右，洒水段应长些。拌和机械应紧跟在洒水车后面进行拌和，尤其在纵坡大的路段上更应配合紧密以减少水分流失。拌和完成的标志是混合料色泽一致，水分合适、均匀。

c. 拌和石灰加黏土的稳定碎石或砂砾时，应先将石灰土拌和均匀，然后均匀地摊铺在碎石或砂砾层上，再一起进行拌和。用石灰稳定塑性指数大的黏土时，由于黏土难以粉碎，宜采用两次拌和法。即第一次加70%~100%预定剂量的石灰进行拌和，闷放一夜，然后补足石灰用量，再进行第二次拌和。

④ 整形与碾压

a. 整形　混合料拌和均匀后，先用平地机初步整平和整形。在直线段，平地机由两侧路肩向路中心进行刮平；在平曲线段，平地机由内侧向外侧进行刮平。需要时，再返回刮一遍。用平地或轮胎压路机快速碾压1~2遍，然后根据测量结果整平，最后用平地机进行精平，每次整形都要按照规定的坡度和路拱进行，特别要注意接缝处的整平，接缝必须顺直、平整。

b. 碾压　整形后，当混合料含水量处于最佳含水量1%左右范围时(若表面水分不足，应适当洒水)，立即用12t以上压路机、重型轮胎压路机或振动压路机在路基全宽内进行碾压。直线段由两侧路肩向路中心碾压；平曲线段，由内侧路肩向外侧路肩进行碾压。碾压一直进行到要求的密实度为止。在碾压过程中，石灰稳定土的表面应始终保持湿润。若表面水蒸发得快，应及时补洒少量的水。若有松散、起皮等现象，应及时翻开重新拌和，或用其他方法处理，使其达到质量要求。

⑤ 养生

a. 石灰稳定土在养生期间应保持一定的湿度，不应过湿。养生期一般不少于7d。在养生期间石灰土表层不应忽干忽湿，每次洒水后，应用两轮压路机将表面压实。

b. 若石灰稳定土分层施工，下层石灰稳定土碾压完后，可以立即在其上铺筑另一层石灰稳定土，不需专门的养生期。

c. 养生期结束后，应立即喷洒透层沥青，并在5~10d内铺筑沥青面层。

⑥ 施工中应注意的问题

a. 接缝和“调头”处的处理　同日施工的两工作段的衔接处，应采用搭接形式。前一段拌和整形后，留5~8m不进行碾压，后一段施工时，应与前段留下未压部分一起再进行拌和。拌和机械及其他机械不宜在已压成的石灰稳定土层上“调头”。若必须“调头”，应采取措施保护“调头”部分，使石灰稳定土表层不受破坏。

b. 纵缝的处理　石灰稳定土层的施工应该避免纵向接缝，在必须分两幅施工时，纵缝必须垂直相接，不应斜接。一般情况下，纵缝应按下述方法处理：在施工前一幅时，在靠中央一侧用方木或钢模板做支撑，方木或钢模板的高度与稳定土层的压实厚度相同。混合料拌和结束后，靠近支撑木(或板)的一部分，应人工进行补充拌和，然后整形和碾压。养生结束后，在铺筑另一幅之前，拆除支撑木(或板)，第二幅混合料拌和结束后，在靠近第一幅的部分，应人工进行补充拌和，然后进行整形和碾压。

(2) 中心站集中拌和(厂拌)法施工

石灰稳定土集中拌和有利于保证配料的准确性和拌和的均匀性。

① 备料

集料的最大粒径和级配都应符合要求，必要时，应先筛除集料中不符合要求的颗粒。配料应准确，在潮湿多雨地区施工时，还应采取措施保护集料，特别是保护细集料(含土)和石灰免遭雨淋。

② 拌制

在正式拌制稳定土混合料之前，必须先调试所用的厂拌设备，使混合料的颗粒组成和含水量都达到规定的要求。当集料的颗粒组成发生变化时，应重新调试设备，应根据集料和混合料的含水量，及时调整向拌和室中添加的水量，拌和要均匀。

③ 运输

已拌和的混合料应尽快运送到铺筑现场。若运距远、气温高，则车上的混合料应加以覆盖，以防水分过多蒸发。

④ 摊铺及碾压

下承层为石灰稳定土时，应先将下承层顶面拉毛，再摊铺混合料。摊铺应采用稳定土摊铺机、水泥混凝土摊铺机摊铺混合料。在没有以上摊铺机的情况下，可以用地机摊铺混合料。用摊铺机摊铺时，拌和机与摊铺机的生产能力要相互协调。摊铺后应用压路机及时进行碾压。

⑤ 横向接缝处理

a. 用摊铺机摊铺混合料时，每天的工作缝应做成横向接缝。摊铺机应驶离混合料末端。

b. 人工将末端混合料处理整齐，紧靠混合料放两根方木，方木的高度与混合料的压实厚度相同，整平紧靠方木的混合料。

c. 方木的另一侧用砂砾或碎石回填约 3m 长，其高度应高出方木几厘米。

d. 将混合料碾压密实。

e. 在重新开始摊铺混合料之前，将砂砾(碎石)和方木除去，并将下承层顶面清扫干净和拉毛。

f. 摊铺机返回到已压实层的末端，重新开始摊铺混合料。

g. 若压实层末端未用方木做支撑处理，在碾压后末端成一斜坡，则在第二天开始摊铺新混合料之前，应将末端斜坡挖除，并挖成一横向垂直向下(与路中心线垂直)的断面。挖出的混合料洒水到最佳含水量拌匀后仍可使用。

⑥ 纵向接缝

应避免纵向接缝，如果摊铺机的摊铺宽度不够，必须分两幅摊铺时，宜采用两台摊铺机一前一后，相隔 8~10m 同步向前摊铺混合料，一起进行碾压。在仅有一台摊铺机的情况下，可先在一条摊铺带上摊铺一定长度后，再开到另一条摊铺带上摊铺，然后一起进行碾压，在不能避免纵向接缝的情况下，纵缝必须垂直相接，严禁斜接。

2. 水泥稳定土基层施工

在粉碎或原来松散的土(包括各种粗、中、细粒土)中，掺入足量水泥和水，经拌和得到的混合料，在压实及养生后，其抗压强度符合规定的要求时，称为水泥稳定土。用水泥稳定土铺筑的路面基层和底基层，分别称为水泥稳定(土)基层和水泥稳定(土)底基层。也可以在基层或底基层前标以具体名称，如水泥碎石基层、水泥土底基层等。

水泥稳定土具有良好的力学性能和板体性，它的水稳性和抗冻性都较石灰稳定土好。稳定土的初期强度高并且强度随龄期增长而增加，它的力学强度还可视需要进行调整。它适用于各种交通类别道路的基层和底基层。

水泥稳定土施工时，必须采用流水作业法，使各工序紧密衔接。特别是要尽量缩短从拌和到完成碾压之间的延迟时间。所以，在施工时应做延迟时间对强度影响的试验以确定合适的延迟时间。

水泥稳定土基层的施工方法主要有路拌法和中心站集中拌和(厂拌)法两种，厂拌法较为普遍使用。水泥稳定土基层施工与石灰稳定土基层的施工相似，在此不再赘述。但应该注意的是：在摊铺过程中，若中断时间已超过2~3h，又未按横向接缝方法处理，则应将摊铺机附近及其下面未经压实的混合料铲除，并将已碾压密实且高程和平整度符合要求的末端，挖成一横向垂直向下(与路线垂直)的断面，然后再摊铺新的混合料。

水泥稳定土基层每一段碾压完成并经压实度检查合格后，应立即开始养生，不应延误，但若水泥稳定土分层施工，下层水泥稳定土碾压完后，过一天就可以铺筑上层水泥稳定土，则不需经过7d养生期。但在铺筑上层稳定土之前，应始终保持下层表面湿润。为增加上、下层之间的黏结性，在铺筑上层稳定土时，宜在下层表面撒少量水泥或水泥浆。此外，若水泥稳定土用作水泥混凝土路面的基层，且面层是用小型机械施工的，则基层完成后不需养生就可铺筑混凝土面层。

水泥稳定土基层的养生方法有：

(1) 用不透水薄膜或湿砂进行养生。用砂覆盖时，砂层厚70~100mm，砂铺匀后应立即洒水，并保持在整个养生期间砂的潮湿状态。也可以用潮湿的帆布、粗麻布、草帘或其他合适的材料覆盖，但不得用湿黏土覆盖。养生结束后，必须将覆盖物清除干净。

(2) 采用沥青乳液进行养生，乳液应采用沥青含量约35%的慢裂沥青乳液，使其能透入基层几毫米深度。沥青乳液的用量为1.2~1.4kg/m^2，宜分两次喷洒。乳液分裂后，宜撒粒径为3~8mm或5~10mm的小碎(砾)石，小碎石约撒60%的面积(不完全覆盖，露黑)。养生结束后，沥青乳液相当于透层沥青。也可以在完成基层上立即做下封层，利用下封层进行养生。

(3) 无上述条件时，可用洒水车经常洒水进行养生，每天洒水的次数应视气候而定。整个养生期间应始终保持稳定土层表面潮湿，不应时干时湿。洒水后，应注意表层情况，必要时，用两轮压路机压实。

除采用沥青养生外，养生期宜不少于7d，若养生期少于7d就已做上承层，则应注意勿使重型车辆通行。若养生期间未采用覆盖等措施，除洒水车外，应封闭交通。

养生期结束后，应立即喷洒透层沥青或做下封层，并在5~10d内铺筑沥青面层。在喷洒透层沥青后，应撒粒径为3~8mm或5~10mm的碎(砾)石。若喷洒的透层沥青能透入基层，且运料车辆和面层混合料摊铺机在其上行驶时不会破坏沥青膜，可以不撒粒径小的碎(砾)石。若面层为水泥混凝土，也不宜让基层长期曝晒开裂。

3. 工业废渣基层施工

可利用的工业废渣包括：粉煤灰、煤渣、高炉矿渣、钢渣(已经过崩解达到稳定)，以及其他冶金矿渣、煤矸石等。

路用工业废渣一般用石灰进行稳定，故通常称为石灰稳定工业废渣(简称石灰工业废渣)。它包括两大类：一类是石灰粉煤灰类，又可分为石灰粉煤灰、石灰粉煤灰土、石灰粉煤灰砂、石灰粉煤灰砂砾、石灰粉煤灰碎石、石灰粉煤灰矿渣及石灰粉煤灰煤矸石等。这些材料分别简称二灰、二灰土、二灰砂、二灰砂砾、二灰碎石、二灰矿渣及二灰煤矸石等。另一类是石灰其他废渣类，可分为石灰煤渣、石灰煤渣土、石灰煤渣碎石、石灰煤渣砂砾、石灰煤渣矿渣及石灰煤渣碎石土等。用石灰工业废渣铺筑的路面基层和底基层，分别称为石灰工业废渣基层和石灰工业废渣底基层。也可以在基层或底基层前标以具体简名，如二灰砂砾基层、二灰土底基层等。石灰工业废渣，特别是二灰材料，具有良好的力学性能、板体性、水稳性和一定的抗冻性，其抗冻性较石灰土高得多。石灰工业废渣的初期强度低，但随龄期的增加，其增长幅度大，二灰土中粉煤灰用量越多，初期强度越低。在二灰中加入粒料、少量水泥或其他外加剂可提高其早期强度。石灰工业废渣由于干缩、冷缩，易产生裂缝。石灰工业废渣适用于各种交通类别道路的基层和底基层，但二灰和二灰土不宜用作高级沥青路面的基层，而只能作底基层。

(1) 路拌法施工

① 施工准备

a. 准备下承层　当石灰工业废渣用作基层时，要准备底基层；当石灰工业废渣用作底基层时，要准备土基。对下承层总的要求是平整、坚实，具有规定的路拱，没有任何松散的材料和软弱地点。因此，对底基层或土基，必须按规范规定进行验收，达到标准后方能在其上铺筑石灰工业废渣层。

b. 测量　测量的主要内容是在底基层或土基上恢复中线。直线段每 15~20m 设一桩；平曲线段每 10m 设一桩，并在两侧边缘外 0.3~0.5m 设指示桩，然后进行水平测量；在两侧指示桩上用红漆标出石灰工业废渣边缘的设计高程。

c. 备料　运到现场的粉煤灰，应含有足够的水分，防止扬尘。在干燥和多风季节，应使料堆表面保持湿润，或者覆盖。若在堆放过程中，部分粉煤灰凝结成块，使用时应将灰块打碎。场地集中堆放的粉煤灰，应予覆盖，避免雨淋而过分潮湿。采备集料前，应先将树木、草皮和杂土清除干净。集料中的超尺寸颗粒应予以筛除。应在预定采料深度范围内自上而下采集集料，不应分层采集，不应将不合格的集料采集在一起。对于黏性土，可视土质和机械性能确定土是否需要过筛。石灰宜选在公路两侧宽敞而邻近水源且地势较高的场地集中堆放。预计堆放时间较长时，应用土或其他材料覆盖封存。石灰应在使用前 7~10d 充分消解。消解后的石灰应保持一定的湿度，以免过于飞扬，但也不能过湿成团。

d. 其他准备　若路肩用料与石灰工业废渣层用料不同，应采取路肩培护措施，先将两侧路肩培好。路肩料层的压实厚度应与稳定土层的压实厚度相同。在路肩上，每隔 5~10m 应交错开挖临时泄水沟。计算材料用量。根据各路段石灰工业废渣稳定土层的宽度、厚度及预定的干密度，计算各路段需要的干混合料质量；根据混合料的配合比、材料的含水量以及所用运料车辆的吨位，计算各种材料每车料的堆放距离。

② 运输和摊铺集料

集料运输和摊铺的方法和步骤如下：

a. 在预定堆料的下承层上，在堆料前应先洒水，使其表面湿润。

b. 材料装车时，应控制每车料的数量基本相等。

c. 采用二灰混合料时，先将粉煤灰运到路上；采用二灰土时，先将土运到路上；采用二灰粒料时，先将粒料运到路上。在同一料场供料的路段内，由远到近按计算的距离卸置于下承层中间或一侧。卸料距离应严格掌握，避免料不够或过多。

d. 料堆每隔一定距离应留一缺口。材料在下承层上的堆置时间不应过长。

e. 应通过试验确定各种材料及混合料的松铺系数。

f. 采用机械路拌时，应采用层铺法，即每种材料摊铺均匀后，宜先用两轮压路机碾压1~2遍，然后再运送并摊铺下一种材料，摊铺每层材料时应力求平整，并具有规定的路拱。集料应较湿润，必要时先洒少量水。

③ 拌和及洒水

a. 应采用稳定土拌和机拌和。具体拌和方法是：用稳定土拌和机拌和两遍以上，拌和深度应达到稳定层底，宜侵入下承层5~10mm(不应过多)，以加强上下层黏结。应设专人跟随拌和机，随时检查拌和深度。

b. 用洒水车将水均匀地喷洒在干拌后的混合料上，洒水距离应长些。水车起洒处和另一端调头处都应超出拌和段2m以上。洒水车不应在正进行拌和或当天计划拌和的路段上调头或停留，防止局部水量过大。

c. 拌和机械应紧跟在洒水车后面进行拌和，尤其在纵坡大的路段上应配合紧密，以减少水分流失。在洒水拌和过程中，应及时检查混合料的含水量。水分宜大于最佳含水量1%~2%。拌和过程中，要及时检查拌和深度，要使石灰工业废渣层全深都拌和均匀。拌和完成的标志是混合料色泽一致，水分合适和均匀。对于二灰级配集料，应先将石灰和粉煤灰拌和均匀，然后均匀地摊铺在集料层上，再一起进行拌和。

④ 整形与碾压

a. 整形　混合料拌和均匀后，先用平地机初步整平和整形。在直线段，平地机由两侧向路中心进行刮平；在平曲线段，平地机由内侧向外侧进行刮平。需要时，再返回刮一遍。平地机或轮胎压路机快速碾压1~2遍，以暴露潜在的不平整。再用平地机如前述那样进行整形，并用上述机械再碾压一遍。用新拌的二灰混合料进行找补整平，再用平地机整形一次。每次整形都要按照规定的坡度和路拱进行，特别要注意接缝处的整平。在整形过程中，必须禁止任何车辆通行。初步整形后，检查混合料的松铺厚度。必要时应进行补料或减料。机械拌和及机械整形时，松铺系数为1.2~1.4。

b. 碾压　整形后，当混合料的含水量等于或略大于最佳含水量时，立即进行碾压，其压实方法、压实厚度与压实度要求与水泥稳定土相同。

⑤ 其他

a. 接缝处理　接缝处理与水泥稳定土相同。

b. 养生及交通管理　石灰工业废渣层在碾压完成后的第二天或第三天开始养生，通常采用洒水养生法。每天洒水的次数视气候条件而定，应始终保持表面潮湿或湿润。养生期一般为7d。也可借用透层沥青或下封层进行养生。在养生期间，除洒水车外，应封闭交通。养生期结束，应立即铺筑面层或做下封层。其要求与石灰稳定土相同。石灰工业废渣分层施工时，下层碾压完毕后，可以立即在其上铺筑另一层，不需专门的养生期。

(2) 中心站集中拌和(厂拌)法施工

石灰工业废渣混合料可以在中心拌和站用厂拌法进行集中拌和。集中拌和时，必须掌握下列各个要点：土块、粉煤灰块要粉碎；配料要准确；含水量要略大于最佳含水量值，使混合料运到现场、摊铺后碾压时的含水量能接近最佳含水量值；拌和要均匀等。混合料的拌和、摊铺、碾压、养生及其他问题的处理与石灰稳定土相同。

3.2 沥青路面面层施工

沥青路面是在矿质材料中掺入路用沥青材料铺筑的各种类型的路面，是道路建设中一种被最广泛采用的高级路面(包括次高级路面)，因其路面呈黑色，又称黑色路面。沥青结合料提高了铺路用粒料抵抗行车和自然因素对路面损害的能力，使路面平整，少尘，不透水，经久耐用，行车舒适，施工期短，养护维修简便，易于分期修建。沥青路面广泛应用于公路干线路面面层结构，成为目前我国铺筑面积最多的一种路面形式。

沥青路面施工必须有详细的施工组织设计，并保证合理工期。由于在寒冷的气候条件下施工，会严重影响沥青路面的压实质量，从而造成路面早期损坏。一般来说，沥青路面不得在气温低于10℃(高速公路和一级公路)或5℃(其他等级公路)，以及雨天、路面潮湿的情况下施工。

沥青面层一般应连续施工，避免与可能污染沥青层的其他工序交叉干扰，以杜绝施工和运输污染。沥青路面的层间污染，导致沥青层形不成整体是沥青路面早期损坏的重要原因。在没有特殊情况下，沥青面层和基层最好在一年内施工完毕。对不能保证连续施工、跨年度施工或层间的铺筑间隔较长时，要特别强化黏层油的作用及洒布质量控制，确保沥青层能成为一个整体，改善路面内部的受力状态，从而延长路面疲劳寿命。

沥青路面施工应有良好的劳动保护，确保安全。沥青拌和厂应具备防火设施，配制和使用液体石油沥青的全过程严禁烟火。使用煤沥青时，应采取措施防止工作人员吸入煤沥青或避免皮肤直接接触煤沥青造成身体伤害。

沥青路面试验检测试验室应通过认证，取得相应的资质，试验人员持证上岗，仪器设备必须检定合格。在有条件的情况下，沥青路面工程应积极采用经试验和实践证明有效的新技术、新材料、新工艺。

3.2.1 沥青混合料拌和、运输与摊铺

1. 沥青混合料拌和

沥青混合料必须在沥青拌和厂(场、站)采用拌和机械拌制。拌和厂的设置必须符合国家有关环境保护、消防、安全等规定。拌和厂与工地现场距离应充分考虑交通堵塞的可能，确保混合料的温度下降不超过要求，且不致因颠簸造成混合料离析。拌和厂应具有完备的排水设施。各种集料必须分隔储存，细集料场应设防雨顶棚，料场及场内道路应做硬化处理，严禁泥土污染集料。

沥青混合料可采用间歇式拌和机或连续式拌和机拌制。由于我国目前使用的材料品种较杂，变异性大，再加上拌和厂大都是露天料场，材料含水量受天气影响较大，所以高速公路和一级公路应采用间歇式拌和机拌和。连续式拌和机使用的集料必须稳定不变，一个工程从多处进料、料源或质量不稳定时不得采用连续式拌和机。沥青混合料拌和设备的各种传感器必须定期检定，周期不少于每年一次。冷料供料装置需经标定得出集料供料曲线。拌和机的总拌和能力满足施工进度要求。拌和机除尘设备完好，能达到环保要求。冷料仓

的数量满足配合比需要，通常宜不少于5~6个。具有添加纤维、消石灰等外掺剂的设备。

集料与沥青混合料取样应符合现行试验规程的要求。从沥青混合料运料车上取样时必须设置取样台，分几处采集一定深度下的样品。集料进场应在料堆顶部平台卸料，经推土机推平后，铲运机从底部按顺序竖直装料，减小集料离析。

高速公路和一级公路施工及生产SMA沥青混合料用间歇式拌和机必须配备计算机设备，拌和过程中逐盘采集并打印各个传感器测定的材料用量和沥青混合料拌和量、拌和温度等各种参数。每个台班结束时打印出一个台班的统计量，按动态控制与管理的方法进行沥青混合料生产质量及铺筑厚度的总量检验。总量检验的数据有异常波动时，应立即停止生产，分析原因。

沥青混合料的生产温度应符合表3.7的要求。烘干集料的残余含水率不得大于1%。每天开始的几盘集料应提高加热温度，并干拌几锅集料废弃后，再正式加沥青拌和混合料。

拌和机的矿粉仓应配备振动装置，以防止矿粉起拱。添加消石灰、水泥等外掺剂时，应增加粉料仓，也可由专用管线和螺旋升送器直接加入拌和锅，若与矿粉混合使用时应注意二者因密度不同发生离析。拌和机必须有二级除尘装置，经一级除尘部分可直接回收使用，二级除尘部分可进入回收粉仓使用(或废弃)。对因除尘造成的粉料损失，应补充等量的新矿粉。

沥青混合料拌和时间根据具体情况经试拌确定，以沥青均匀裹覆集料为度。间歇式拌和机每盘的生产周期宜不小于45s(其中干拌时间不小于5~10s)。改性沥青和SMA混合料的拌和时间应适当延长。

间歇式拌和机的振动筛规格应与矿料规格相匹配，最大筛孔应略大于混合料的最大粒径，其余筛的设置应考虑混合料的级配稳定，并尽量使热料仓大体均衡，不同级配混合料必须配置不同的筛孔组合。间歇式拌和机应备有保温性能的成品储料仓，储存过程中混合料温降不得大于10℃，且不能有沥青滴漏。普通沥青混凝土的储存时间不得超过72h；改性沥青混合料的储存时间宜不超过24h；SMA混合料只限当天使用；OGFC(Open Graded Friction Course，开级配抗滑磨耗层)混合料应随拌随用。

SMA沥青混合料拌和机应配备专用的纤维稳定剂投料装置，直接将纤维自动加入拌和机的拌和锅或称量斗中。根据纤维品种和形状的不同，可采取不同的添加方式。添加纤维应与拌和机的拌和周期同步进行。松散的絮状纤维应采用风送设备自动打散上料，并在集料投入后立即加入干拌及喷入沥青的同时一次性喷入拌和机内。颗粒纤维应在集料投入后立即加入，经5~8s干拌，再投入矿粉，总干拌时间比普通沥青混合料增加5~10s。喷入沥青后的湿拌时间，应根据拌和情况适当增加，通常不得少于5s，以保证纤维能充分均匀地分散在混合料中。应在计算拌和能力时充分考虑增加拌和时间、投放矿粉时间加长、废弃回收粉尘等原因而降低拌和机生产率，以保证不影响摊铺速度，造成停顿。

2. *沥青混合料运输*

热拌沥青混合料应采用较大吨位的运料车运输，但不得超载运输或急刹车、急弯掉头，使透层、封层造成损伤。运料车的运力应稍有富余，施工过程中摊铺机前方应有运料车等候。高速公路和一级公路，应待等候的运料车多于5辆后才开始摊铺。

运料车每次使用前后必须清扫干净，在车厢板上涂一薄层防止沥青黏结的隔离剂或防黏剂，但不得有余液积聚在车厢底部。从拌和机向运料车上装料时，应多次挪动汽车位置，平衡装料，以减少混合料离析。运料车运输混合料应用苫布覆盖保温、防雨、防污染。

运料车进入摊铺现场时，轮胎上不得沾有泥土等可能污染路面的脏物，否则应设水池洗净轮胎后进入工程现场。沥青混合料在摊铺地点凭运料单接收，若混合料不符合施工温度要求或已经结成团块，已遭雨淋，不得铺筑。

摊铺过程中运料车应在摊铺机前100~300mm处停住，空挡等候，由摊铺机推动前进开始缓缓卸料，避免撞击摊铺机。有条件时，运料车可将混合料卸入转运车经二次拌和后向摊铺机连续均匀地供料。运料车每次卸料必须倒净，尤其是对改性沥青或SMA混合料。如有剩余，应及时清除，防止硬结。

近年来，一种称为转运机的装置已经越来越多地出现在沥青路面施工中，我国有的地方已经开始使用。它介于运料车与摊铺机之间，运料车将混合料卸在转运车上，转运车一边对混合料进行二次拌和，一边与摊铺机完全同步前进，向摊铺机供料。运料车的混合料不直接卸在摊铺机上，可有效地改善混合料的离析和温度不均的问题。在国外，随着运转车的出现，对摊铺机也在改进，—些摊铺机加设了再次拌和的功能，这些都是为减少离析、提高沥青路面综合质量的重要措施。

SMA应采用大吨位运料车运输。运料车在开始运输前，应在车厢及底板上涂刷一层油水混合物，使混合料不致与车厢黏结。无论任何情况下，运料车在运输过程中都应加盖苫布，以防止混合料表面降温结成硬壳。运料车在运输途中，不得随意停歇。运料车卸料必须倒净，如发现有剩余的残留物，应及时清除。运料车到达现场后，应严格检查SMA混合料的温度，不得低于摊铺温度的要求。

3. 沥青混合料摊铺

热拌沥青混合料应采用沥青摊铺机摊铺，在喷洒有黏油层的路面上铺筑改性沥青混合料或SMA时，宜使用履带式摊铺机。摊铺机的受料斗应涂刷薄层隔离剂或防黏结剂。

铺筑高速公路和一级公路沥青混合料时，一台摊铺机的铺筑宽度一般宜不超过6m(双车道)~7.5m(3车道以上)，可采用两台或更多台数的摊铺机前后错开10~20m，呈梯队方式同步摊铺，两幅之间应有30~60mm宽的搭接，并避开车道轮迹带，上、下层的搭接位段宜错开200mm以上。

摊铺机开工前应提前0.5~1h预热熨平板且不低于100℃。铺筑过程中，应选择熨平板的振捣或夯锤压实装置具有适宜的振动频率和振幅，以提高路面的初始压实度。熨平板加宽连接应仔细调节至摊铺的混合料没有明显的离析痕迹。为提高重载路面的压实度，首要的因素是利用摊铺机进行初始压实。这就要求摊铺机的速度要慢，摊铺宽度要窄，这是铺筑重载路面的重要措施。

摊铺机必须缓慢、均匀、连续不间断地摊辅，不得随意变换速度或中途停顿，以提高平整度，减少混合料的离析。摊铺速度应控制在2~6m/min，对改性沥青混合料及SMA混合料宜放慢至1~3m/min。当发现混合料出现明显的离析、波浪、裂缝、拖痕时，应分析原因，予以消除。提高铺筑时的平整度，首先要做到摊铺时的两个不要：不要停下摊铺机、不要碰撞摊铺机。

平整度是沥青路面的重要指标之一。每铺筑一层能使平整度减小标准差0.2~0.3mm，但分层多了会影响沥青层的整体性，得不偿失。因此，为提高平整度而增加分层是不可取的。

摊铺机应采用自动找平方式，下面层或基层可采用钢丝绳引导的高程控制方式，上面层应采用平衡梁或雪橇式摊铺厚度控制方式，中面层可根据情况选用找平方式。直接接触式平衡梁的轮子不得黏附沥青，特别是当采用很长的平衡梁且太重时会黏结沥青，形成压痕和凹陷。近年来，在高等级道路上越来越多地使用非接触式的平衡梁，这种非接触式的平衡梁是利用声纳系统检测路面高程，调整摊铺层厚度，实践证明有良好的使用效果。铺筑改性沥青或SMA路面时宜采用非接触式平衡梁。

沥青路面施工的最低气温不得低于10℃(高速公路和一级公路)或5℃(其他等级公路)，寒冷季节遇大风降温，不能保证迅速压实时不得铺筑沥青混合料。热拌沥青混合料的最低摊铺温度根据铺筑层厚度、气温、风速及下卧层表面温度按上文3.2.1中的“2. 施工温度控制”的要求执行，且不得低于表3.7的要求。每天施工开始阶段应采用较高温度的混合料。在雨季铺筑沥青路面时，应加强与气象台(站)的联系，已摊铺的沥青层因遇雨未进行压实的应予铲除。

表3.7　沥青混合料的最低摊铺温度

下卧层的表面温度/℃	相应于下列不同摊铺层厚度的最低摊铺温度/℃					
	普通沥青混合料			改性沥青混合料或SMA沥青混合料		
	<50mm	50~80mm	>80mm	<50mm	50~80mm	>80mm
<5	不允许	不允许	140	不允许	不允许	不允许
5~10	不允许	140	135	不允许	不允许	不允许
10~15	145	138	132	165	155	150
15~20	140	135	130	158	150	145
20~25	138	132	128	153	147	143
25~30	132	130	126	147	145	141
>30	130	125	124	145	140	139

沥青混合料的松铺系数应根据混合料类型由试验段的试铺试压确定。摊铺过程中，应随时检查摊铺层厚度及路拱、横坡，并按总量控制及动态质量管理的方法控制使用的混合料总量与面积校验平均厚度。

摊铺机的螺旋布料器应相应于摊铺速度调整到保持一个稳定的速度均衡地转动，两侧应保持有不少于送料器2/3高度的混合料，以减少在摊铺过程中混合料的离析。用机械摊铺的混合料，不宜用人工反复修整。当不得不由人工做局部找补或更换混合料时，需仔细进行，特别严重的缺陷应整层铲除。

在路面狭窄部分、平曲线半径过小的匝道或加宽部分，以及小规模工程不能采用摊铺机铺筑时可用人工摊铺混合料。人工摊铺沥青混合料应符合下列要求：

① 半幅施工时，路中一侧宜事先设置挡板。

② 沥青混合料应卸在铁板上，摊铺时应扣锹布料，不得扬锹远甩。铁锹等工具可涂防黏结剂或加热使用。

③ 边摊铺边用刮板整平，刮平时应轻重一致，控制次数，严防集料离析。

④ 摊铺不得中途停顿，并加快碾压。如因故不能及时碾压时，应立即停止摊铺，并对已卸下的沥青混合料覆盖苫布保温。

⑤ 低温施工时，每次卸下的混合料应覆盖苫布保温。

3.2.2 沥青路面的压实与接缝处理

1. 沥青路面的压实

沥青路面发生早期损坏，经常是压实度不足造成的。改善压实工艺、保证混合料充分压实是提高沥青路面建设质量的关键。尤其是当沥青层层厚较薄，采用的混合料中的粗集料含量较多时，混合料温度下降更快，可供碾压的时间更短，对压实度的要求更高。

在沥青路面施工工序中，压实度、厚度和平整度是 3 个最重要的指标。需要特别摆正平整度和压实度的关系，一定要在确保压实度的前提下努力提高平整度。如果只是片面追求平整度，造成压实不足，会导致路面早期损坏。对高等级公路来说，平整度是十分重要的，提高路面平整度的关键及正确措施如下：

① 从基层做起，逐层提高平整度。

② 保证充分供料，摊铺机均匀、连续地摊铺，避免间隙和停顿。

③ 采用比较长的平衡梁控制方式的自动找平装置，有条件时尽量采用非接触式平衡梁。

④ 控制摊铺宽度，避免全幅摊铺，做好摊铺机接缝。

⑤ 科学地安排压路机，均衡地跟在摊铺机后面及时碾压。碾压时保持直线方向、均衡慢速，折返时关闭振动，渐渐地改变方向，折返点错开，不得在同一个断面上。对轮胎压路机和振动压路机要采取合理的组合排序，通常是轮胎压路机在前，压实效果好，平整度通过振动压路机弥补。

⑥ 压路机对桥涵、通道等构造物的接头以及各种特殊部位，特别要注意接缝的平整度，要仔细操作以避免造成跳车。

⑦ 除迫不得已的情况外，要避免摊铺后人工修整。

⑧ 所有机械不能在未冷却结硬的路面上停留。

沥青路面压实成型的关键在于，保证满足压实度及平整度的技术要求。热拌沥青混合料压实层的最大厚度，与压路机的类型及吨位有密切的关系，最大厚度一般应不大于 100mm。沥青稳定碎石混合料的压实层厚度宜不大于 120mm，但当采用大功率压路机且经试验段证明能达到压实度时，允许增大到 150mm。

沥青路面施工应配备足够数量的压路机，选择合理的压路机组合方式及初压、复压、终压(包括成型)的碾压步骤，以达到最佳碾压效果。高速公路铺筑双车道沥青路面的压路机数量宜不少于 5 台。施工气温低、风大、碾压层薄时，压路机数量应适当增加。压路机应以慢而均匀的速度碾压。压路机的碾压速度应符合表 3.8 的规定。

表 3.8 压路机碾压速度 km/h

压路机类型	初压		复压		终压	
	适宜	最大	适宜	最大	适宜	最大
钢筒式压路机	2~3	4	3~5	6	3~6	6
轮胎式压路机	2~3	4	3~5	6	4~6	8
振动式压路机	2~3(静压或振动)	3(静压或振动)	3~4.5(振动)	5.0(振动)	3~6(静压)	6.0(静压)

压路机的碾压路线及碾压方向不应突然改变而导致混合料推移。碾压区的长度应大体稳定，两端的折返位置应随摊铺机前进而推进，横向不得在相同的断面上。压路机的碾压温度应符合表 3.7 的要求，并根据混合料种类、压路机、气温、层厚等情况经试验段试压确定。在不产生严重推移和裂缝的前提下，初压、复压、终压都应在尽可能高的温度下进行。同时，不得在低温状况下进行反复碾压，使石料棱角磨损、压碎，破坏集料嵌挤。

(1) 初压

沥青混合料的初压应符合下列要求：

① 初压应在紧跟摊铺机后碾压，并保持较短的初压区长度，以尽快使表面压实，减少热量散失。摊铺后初始压实度较大，实践证明采用振动压路机或轮胎压路机直接碾压无严重推移而有良好效果时，可免去初压，直接进入复压工序。

② 通常可采用钢轮压路机静压 1~2 遍。碾压时应将压路机的驱动轮面向摊铺机，由外侧向中心碾压，在超高路段则由低向高碾压，在坡道上应将驱动轮从低处向高处碾压。

③ 初压后应检查平整度、路拱，有严重缺陷时进行修整乃至返工。

SMA 路面的初压宜采用刚性碾静压。每次碾压应直至摊铺机跟前，初压区长度通过计算确定，以便与摊铺机的速度匹配，一般宜不大于 20m。高等级道路可采用两台压路机同时进行，初压遍数一般为 1 遍，以保证尽快进入复压。摊铺机的铺筑宽度越宽，摊铺机自身的碾压效果越差，初压的要求也越高。

(2) 复压

沥青混合料的复压应紧跟在初压后进行，并应符合下列要求：

① 复压应紧跟在初压后开始，且不得随意停顿。压路机碾压段的总长度应尽量缩短，一般不超过 60~80m。采用不同型号的压路机组合碾压时，应安排每一台压路机做全幅碾压，防止不同部位的压实度不均匀。

② 密级配沥青混凝土的复压应优先采用重型轮胎压路机进行搓揉碾压，以增加密水性，其总质量宜不小于 25t，吨位不足时可附加重物，使每一个轮胎的压力不小于 15kN。冷态时的轮胎充气压力不小于 0.55MPa，轮胎发热后不小于 0.6MPa，且各个轮胎的气压大体相同，相邻碾压带应重叠 1/3~1/2 的碾压轮宽度，碾压至要求的压实度为止。

③ 以粗集料为主的较大粒径的混合料，尤其是大粒径沥青稳定碎石基层，应优先采用振动压路机复压。厚度小于 30mm 的薄沥青层宜不采用振动压路机碾压。振动压路机振动频率一般为 35~50Hz，振幅宜为 0.3~0.8mm，层厚较大时可选用高频率大振幅，以产生较大的激振力，厚度较薄时应采用高频率低振幅，以防止集料破碎。相邻碾压带重叠宽度为 100~200mm。振动压路机折返时应先停止振动。

④ 采用三轮钢筒式压路机时，总质量一般不小于12t，相邻碾压带应重叠后轮1/2宽度，且应不少于200mm。

⑤ 对路面边缘、加宽及港湾式停车带等大型压路机难于碾压的部位，宜采用小型振动压路机或振动夯板进行补充碾压。

SMA路面的复压应紧跟在初压后进行。大量的工程实践表明，直接使用振动压路机初碾不造成"推拥"，也可直接用振动压路机初压。如发现初压有明显"推拥"，应检查混合料的集料级配及油石比是否合适。压路机的吨位以不压碎集料，又能达到压实度为准。复压应采用重型振动压路机进行，碾压遍数不少于3~4遍；也可用刚性碾静压，复压遍数不少于6遍。

(3) 终压

终压应紧接在复压后进行。如经复压后已无明显轮迹时可免去终压。终压可选用双轮钢筒式压路机或关闭振动的振动压路机碾压，终压一般不少于2遍，并至无明显轮迹为止。

通常情况下，SMA不宜采用轮胎压路机碾压，以防搓揉过度造成沥青玛蹄脂挤到表面而达不到压实效果。在极易造成车辙变形的路段等特殊情况下，由于减少沥青用量必须使用轮胎压路机碾压时，必须通过试验论证，确定压实工艺，但不得发生沥青玛蹄脂上浮或挤出等现象。振动压路机碾压SMA路面应遵循"紧跟、慢压、高频(率)、低(振)幅"的原则。即压路机必须紧跟在摊铺机后面碾压，碾压速度要慢，要均匀，并采取高频率、低振幅的方式碾压。如发现SMA混合料高温碾压有"推拥"现象，应复查其级配是否合适。

压路机不得在未碾压成型路段上转向、调头、加水或停留。在当天成型的路面上，不得停放各种机械设备或车辆，不得散落矿料、油料等杂物。

2. 接缝处理及其他注意事项

(1) 接缝处理

沥青路面施工必须接缝紧密、连接平顺，不得产生明显的接缝离析。上、下层的纵缝应错开150mm(热接缝)或300~400mm(冷接缝)以上。相邻两幅及上、下层的横向接缝均应错位1m以上。接缝施工应用3m直尺检查，确保平整度符合要求。

① 纵向接缝

纵向接缝部位施工应符合下列要求：

a. 摊铺时，采用梯队作业的纵缝应采用热接缝，将已铺部分留下100~200mm宽暂不碾压，作为后续部分的基准面，然后进行跨缝碾压以消除缝迹。

b. 当半幅施工或因特殊原因而产生纵向冷接缝时，宜加设挡板或加设切刀切齐，也可在混合料尚未完全冷却前用镐刨除边缘留下毛茬的方式，但不宜在冷却后采用切割机进行纵向切缝。加铺另半幅前，应在接缝处涂洒少量沥青，重叠在已铺层上50~100mm，再铲走铺在前半幅上面的混合料，碾压时由边向中碾压，留下100~150mm，再跨缝挤紧压实。或者先在已压实路面上行走碾压新铺层150mm左右，然后压实新铺部分。

② 横向接缝

沥青路面的横向接缝是一个薄弱环节，接缝跳车或开裂是常见病害。横向接缝常用平接缝与斜接缝两种形式。平接缝容易保证平整度，但连续性较差，易在此开裂；斜接缝不易搭接得好，容易形成接头跳车。高速公路和一级公路的表面层横向接缝可采用垂直的平接缝，以下各层应采用自然碾压的斜接缝，沥青层较厚时也可做阶梯形接缝，如图 3.2 所示。其他等级公路的各层均可采用斜接缝。斜接缝的搭接长度与层厚有关，宜为 0.4~0.8m。搭接处应洒少量沥青，混合料中的粗集料颗粒应予剔除，并补上细料，搭接平整，充分压实。阶梯形接缝的台阶经铣刨而成，并洒黏层沥青，搭接长度一般应不小于 3m。

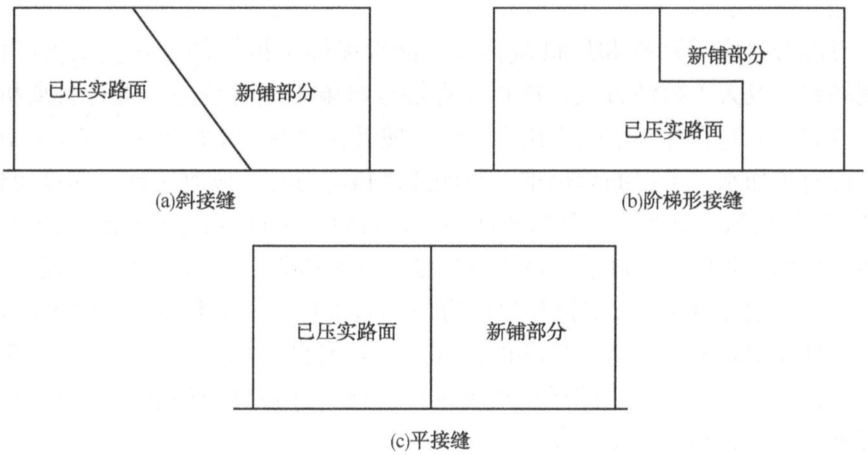

图 3.2　横向接缝的 3 种形式

平接缝应趁尚未冷透时用凿岩机或人工垂直刨除端部层厚不足的部分，使工作缝成直角连接。采用切割机制作平接缝时，应在铺设当天混合料冷却但尚未结硬时进行。刨除或切割不得损伤下层路面。切割时留下的泥水必须冲洗干净，待干燥后涂刷黏层油。铺筑新混合料接头应使接茬软化，压路机先进行横向碾压，再纵向碾压成为一体，充分压实，连接平顺。

（2）开放交通

热拌沥青混合料路面应待摊铺层完全自然冷却，混合料表面温度低于 50℃后，方可开放交通。需要提前开放交通时，可洒水冷却降低温合料温度。铺筑好的沥青层应严格控制交通，做好保护，保持整洁，不得造成污染。严禁在沥青层上堆放施工产生的土或杂物，严禁在已铺沥青层上制作水泥砂浆。

3.2.3　其他沥青路面施工

1. 冷拌沥青混合料路面

冷拌沥青混合料是用乳化沥青或液体沥青与一定级配的矿料拌和而成的沥青混合料，适用于三级及三级以下公路的沥青面层、二级公路的罩面层施工，以及各级公路沥青路面的基层、联结层或整平层。冷拌改性沥青混合料可用于沥青路面的坑槽冷补。冷拌沥青混合料宜采用密级配沥青混合料，当采用半开级配的冷拌沥青碎石混合料路面时应铺筑上封层。

冷拌沥青混合料因乳化沥青所用乳化剂的不同而分为阳离子乳化沥青、阴离子乳化沥青和两性离子乳化沥青。由于阳离子乳化沥青在使用时能够与潮湿石料黏附结合，因而即使在阴湿天气或低温季节仍然可以照常施工。在性能上，阳离子乳化沥青比阴离子乳化沥青更有优越性。

然而，乳化沥青混合料的应用也受到一定的限制，这主要是由于乳化沥青碎石混合料在路上铺筑后，需要经过一段时间的行车压实，才能逐渐成型，因此初期强度较低，故不适用于交通量较大的道路，通常在中、低交通量道路上应用较多。

（1）拌和

冷拌沥青混合料应采用拌和厂机械拌和及沥青摊铺机摊铺的方式。缺乏厂拌条件时，也可采用现场路拌及人工摊铺方式。冷拌沥青混合料施工应注意防止混合料离析。采用阳离子乳化沥青时，矿料在拌和前需先用水湿润，使其含水率达4%~5%。气温较高时可多加水，低温潮湿时少加水。若湿润后仍难于与乳液拌和均匀时，应改用破乳速度更慢的乳液，或用1%~3%浓度的氯化钙水溶液代替水润湿集料表面。矿料与乳液应充分拌和均匀，适宜的拌和时间应根据集料级配情况、乳液裂解速度、拌和机性能、气候条件等通过试拌确定。机械拌和时间宜不超过30s，人工拌和时间宜不超过60s。若在上述时间内不能拌和均匀，则应考虑使用性能更好的拌和机。拌和的混合料应具有良好的施工和易性，以免在摊铺时出现离析。已拌好的混合料应立即运至现场进行摊铺，并在乳液破乳前结束。在拌和与摊铺过程中已破乳的混合料，应予废弃。

（2）摊铺

冷拌沥青混合料拌和完毕，宜采用沥青混合料摊铺机摊铺。若采用人工摊铺，则应防止混合料离析。机械摊铺的松铺系数为1.15~1.20，人工摊铺的松铺系数为1.20~1.45。拌和、运输和摊铺应在乳液破乳前结束，摊铺前已破乳的混合料不得使用。

（3）碾压

混合料摊铺完毕，厚度、平整度、路拱横坡等符合设计和规范要求，即可进行碾压。通常先采用6t左右的轻型压路机匀速初压1~2遍，使混合料初步稳定，然后用轮胎压路机或轻型钢筒式压路机碾压1~2遍。当乳化沥青开始破乳，混合料由褐色转变为黑色时，改用12~15t轮胎压路机碾压，将水分挤出，复压2~3遍后停止，待晾晒一段时间水分基本蒸发后，再补充复压至密实。压实过程中出现推移现象时，应立即停止碾压，待稳定后再碾压。碾压时，若出现松散或开裂、应立即挖除并换新料，整平后继续碾压。当天不能完全压实时，可在较高气温状态补充碾压。当缺乏轮胎压路机时，也可采用钢筒式压路机或较轻的振动压路机碾压。

乳化沥青混合料路面的上封层应在压实成型、路面水分完全蒸发后加铺。

乳化沥青混合料路面施工结束后宜封闭交通2~6h，并注意做好早期养护。开放交通初期，应设专人指挥，车速不得超过20km/h，不得制动或掉头。

冷拌沥青混合料施工遇雨应立即停止铺筑，以防雨水将乳液冲走。

（4）冷补沥青混合料

用于修补沥青路面坑槽的冷补沥青混合料应采用适宜的改性沥青结合料，并具有良好的耐水性。

冷补沥青混合料的矿料级配可参照表3.9的要求执行。沥青用量通过试验并根据实际使用效果确定，通常宜为4%~6%。其级配应符合补坑的需要，粗集料级配必须具有充分的嵌挤能力，以便在未经充分碾压的条件下可开放通车碾压而不松散。

表3.9　冷补沥青混合料的矿料级配

类型	通过下列筛孔(mm)的百分率/%											
	26.5	19.0	16.0	13.2	9.50	4.75	2.3	1.18	0.60	0.30	0.15	0.075
细粒式LB-10	—	—	—	100	80~100	30~60	10~40	5~20	0~15	0~12	0~8	0~5
细粒式LB-13	—	—	100	90~100	60~95	30~60	10~40	5~20	0~15	0~12	0~8	0~5
中粒式LB-16	—	100	90~100	50~90	40~75	30~60	10~40	5~20	0~15	0~12	0~8	0~5
粗粒式LB-19	100	95~100	80~100	70~100	60~90	30~70	10~40	5~20	0~15	0~12	0~8	0~5

注：(1)黏聚性试验方法：将冷补材料800g装入马歇尔试模中，放入4℃恒温室中2~3h，取出后双面各击实5次制作试件，脱模后放在标准筛上，将其直立并使试件沿筛框来回滚动20次，破损率不得大于40%。(2)冷补沥青混合料马歇尔试验方法：称混合料1180g在常温下装入试模中，双面各击50次，连同试模一起以侧面竖立方式置于110℃烘箱中养生24h，取出后再双面各击实25次，再连同试模在室温中竖立放置24h，脱模后在60℃恒温水槽中养生30min，进行马歇尔试验。

冷补沥青混合料应有良好的低温操作和易性。用于冬季寒冷季节补坑的混合料，应在松散状态下经-10℃的冰箱保持24h无明显的凝聚结块现象，且能用铁铲方便地拌和操作。冷补沥青混合料应具有足够的黏聚性，马歇尔试验稳定度宜不小于3kN。

2. 沥青表面处治路面

(1) 沥青表面处治路面的适用条件

沥青表面处治是我国早期沥青路面的主要类型，广泛应用于砂石路面提高等级，解决晴雨通车问题，作为简易式沥青路面。现在除了三级公路以下的地方性公路上仍然继续使用外，已逐渐为更高等级的沥青路面类型所代替。

沥青表面处治路面是用拌和法或层铺法施工的路面薄层，厚度不大于3cm，主要用于改善行车条件，适用于较低等级沥青路面的面层，也可作为旧沥青路面的罩面和防滑磨耗层。采用拌和法施工时，可热拌热铺，也可冷拌冷铺。热拌热铺施工时，可按热拌沥青混合料路面的施工方法进行，冷拌冷铺时可按乳化沥青碎石混合料路面的施工方法进行。采用层铺法施工时，分为单层式、双层式及三层式3种。沥青表面处治应选择在干燥和较热的季节施工，并在最高温度低于15℃时期到来之前半个月及雨期前结束。

(2) 材料规格和用量

沥青表面处治面层可采用道路石油沥青、煤沥青或乳化沥青作结合料。沥青用量根据气温、沥青标号、基层等情况按表3.10确定。在寒冷地区、施工气温较低、沥青针入度较小、基层空隙较大时，沥青用量宜采用高限。

沥青表面处治路面所用集料的最大粒径与处治层厚度相等，其规格和用量按表3.10确定。沥青表面处治施工后，应在路侧另备S12(5~10mm)碎石或S14(3~5mm)石屑、粗砂或小砾石(2~3)m^3/1000m^2作为初期养护用料。

表 3.10　沥青表面处治材料规格和用量(方孔筛)表

沥青种类	类型	厚度/mm	集料/(m^3/1000m^2)						沥青或乳液用量/(kg/m^2)			
			第一层		第二层		第三层		第一次	第二次	第三次	合计用量
			规格	用量	规格	用量	规格	用量				
石油沥青	单层	1.0	S12	7~9					1.0~1.2			1.0~1.2
		1.5	S10	12~14					1.4~1.6			1.4~1.6
	双层	1.5	S10	12~14	S12	7~8			1.4~1.6	1.0~1.2		2.4~2.8
		2.0	S9	16~18	S12	7~8			1.6~1.8	1.0~1.2		2.6~3.0
		2.5	S8	18~20	S12	7~8			1.8~2.0	1.0~1.2		2.8~3.2
	三层	2.5	S8	18~20	S10	12~14	S12	7~8	1.6~1.8	1.2~1.4	1.0~1.2	3.8~4.4
		3.0	S6	20~22	S10	12~14	S12	7~8	1.8~2.0	1.2~1.4	1.0~1.2	4.0~4.6
乳化沥青	单层	0.5	S14	7~9					0.9~1.0			0.9~1.0
	双层	1.0	S12	9~11	S14	4~6			1.8~2.0	1.0~1.2		2.8~3.2
	三层	3.0	S6	20~22	S10	9~11	S12 S14	4~6 3.5~4.5	2.0~2.2	1.8~2.0	1.0~1.2	4.8~5.4

注：(1)煤沥青表面处治的沥青用量可较石油沥青用量增加15%~20%。(2)表中的乳液用量按乳化沥青的蒸发残留物含量60%计算，如沥青含量不同应予折算。(3)在高寒地区及干旱、风沙大的地区，可超出高限，再增加5%~10%。

(3) 施工方法及要点

在清扫干净的碎(砾)石路面上铺筑沥青表面处治路面时，应喷洒透层油。在旧沥青路面、水泥混凝土路面、块石路面上铺筑沥青表面处治路面时，可在第一层沥青用量中增加10%~20%，不再另洒透层油或黏层油。

层铺法沥青表面处治路面应采用沥青洒布车及集料撒布机联合作业。沥青洒布车喷洒沥青时应保持稳定速度和喷洒量，并保持整个洒布宽度喷洒均匀。

沥青表面处治喷洒沥青材料时应对道路人工构造物、路缘石等外露部分进行防污染遮盖。沥青表面处治施工应确保各工序紧密衔接，每个作业段长度应根据施工能力确定，并在当天完成。人工撒布集料时应等距离划分段落备料。三层式沥青表面处治施工工艺应按下列步骤进行：

① 清扫基层，洒布第一层沥青。沥青的洒布温度根据气温及沥青标号选择，石油沥青宜为130~170℃，煤沥青宜为80~120℃，乳化沥青在常温下洒布，加温洒布的乳液温度不得超过60℃。前后两车喷洒的接茬处用铁板或建筑纸铺1~1.5m，使搭接良好。分几幅浇洒时，纵向搭接宽度宜为100~150mm。洒布第二、三层沥青的搭接缝应错开。

② 洒布主层沥青后应立即用集料撒布机或人工撒布一层主集料。撒布集料后应及时扫匀，达到全面覆盖、厚度一致，集料不重叠，也不露出沥青的要求。局部有缺料时适当找补，积料过多的将多余集料扫出。两幅搭接处，第一幅洒布沥青应暂留100~150mm宽度不撒布石料，待第二幅一起撒布。

③ 撒布主料后，不必等全段撒布完，立即用6~8t钢筒双轮压路机从路边向中心碾压3~4遍，每次轮迹重叠约300mm。碾压速度开始宜不超过2km/h，以后可适当增加。

④ 第二、三层的施工方法和要求应与第一层相同，但可以采用8t以上的压路机碾压。

双层式或单层式沥青表面处治浇洒沥青及撒布集料的次数相应减少，其施工程序和要求可参照三层式方法进行。

除乳化沥青表面处治应待破乳、水分蒸发并基本成型后方可通车外，沥青表面处治在碾压结束后即可开放交通，并通过开放交通补充压实，成型稳定。在通车初期应设专人指挥交通或设置障碍物控制行车，限制行车速度不超过 20km/h，严禁畜力车及铁轮车行驶，使路面全部宽度均匀压实。

沥青表面处治应注意初期养护。当发现有泛油时，应在泛油处补撒与最后一层石料规格相同的嵌缝料并扫匀，过多的浮料应扫出路外。

3. 沥青贯入式路面

(1) 沥青贯入式路面的适用条件

沥青贯入式路面在我国的使用已经越来越少。它的优点是当缺乏沥青拌和机及摊铺机等设备时，可以施工沥青路面。而且，沥青贯入式路面充分利用粗集料之间的嵌挤，所以它的抗车辙能力较强。但是，相比起热拌沥青混合料来说，它的渗水性较大，且沥青用量也大，尤其是施工质量管理较困难，一般作为简易路面看待。由于各地的经济条件相差比较大，尤其是在经济相对不够发达的地区，简易公路、乡村道路使用沥青贯入式或乳化沥青贯入式路面仍然是可行的。

沥青贯入式路面是在初步压实的碎石(砾石)层上，分层浇洒沥青、撒布嵌缝料后经压实而成的路面。沥青贯入式路面适用于较低等级沥青路面的面层，还可用作热拌沥青混凝土路面的基层，厚度一般为 4~8cm，但用乳化沥青时，厚度宜不超过 5cm。沥青贯入式路面上部加铺热拌沥青混合料面层时，总厚度宜为 6~10cm，其中拌和层厚度为 2~4cm。沥青贯入式路面宜在较干燥或气温较高时施工，在雨季前或日照气温低于 15℃到来前半个月结束，通过开放交通靠行车碾压来进一步成型。

(2) 材料规格和用量

沥青贯入式路面的集料应选择有棱角、嵌挤性好的坚硬石料，其规格和用量应根据贯入层厚度按表 3. 11 或表 3. 12 选用。使用破碎砾石时，其破碎面应符合相关要求。沥青贯入层主层集料中大于粒径范围中值的数量宜不少于 50%。表面不加铺拌和层的贯入式路面在施工结束后每 1000m^2 应另备 2~3m^3 与最后一层嵌缝料规格相同的细集料等供初期养护使用。

沥青贯入层的主层集料最大粒径应与贯入层厚度相当。采用乳化沥青时，主层集料最大粒径可采用厚度的 0. 8~0. 85 倍，数量宜按压实系数 1. 25~1. 30 计算。

沥青贯入式路面的结合料可采用道路石油沥青、煤沥青或乳化沥青，用量应按表 3. 11 或表 3. 12 选用。

贯入式路面各层分次沥青用量应根据施工气温及沥青标号等在规定范围内选用。在寒冷地带或当施工季节气温较低、沥青针入度较小时，沥青用量宜用高限；在低温潮湿气候下用乳化沥青贯入时，应按乳液总用量不变的原则进行调整，上层较正常情况适当增加，下层较正常情况适当减少。

表 3.11 沥青贯入式的材料规格和用量(集料单位：$m^3/1000m^2$，沥青及沥青乳液单位：kg/m^2)

沥青品种	石油沥青										乳化沥青			
厚度/cm	4		5		6		7		8		4		5	
规格和用量	规格	用量	规格	用量	规格	用量	规格	用量	规格	用量	规格	用量	规格	用量
封层料	S14	3~5	S14	3~5	S13	4~6	S13	4~6	S13	4~6	S14	4~6	S14	4~6
第五遍沥青														0.8~1.0
第四遍嵌缝料													S14	5~6
第四遍沥青												0.8~1.0		1.2~1.4
第三遍嵌缝料											S14	5~6	S12	7~9
第三遍沥青		1.0~1.2		1.0~1.2		1.0~1.2		1.0~1.2		1.0~1.2		1.4~1.6		1.5~17
第二遍嵌缝料	S12	6~7	S11	10~12	S11	10~12	S10	11~13	S10	11~13	S12	7~8	S10	9~11
第二遍沥青		1.6~1.8		1.8~2.0		2.0~2.2		2.4~2.6		2.6~2.8		1.6~1.8		1.6~1.8
第一遍嵌缝料	S10	12~14	S8	16~18	S8	16~18	S6	18~20	S6	20~22	S9	12~14	S8	10~12
第一遍沥青		1.8~2.1		2.4~2.6		2.8~3.0		3.3~3.5		4.0~4.2		2.2~2.4		2.6~2.8
主层石料	S5	45~50	S4	55~60	S3	66~76	S3	80~90	S1	95~100	S5	40~45	S4	50~55
沥青总用量		4.4~14.1		14.2~14.8		14.8~6.4		6.7~7.3		7.6~8.2		6.0~6.8		7.4~8.5

注：(1)煤沥青贯入式的沥青用量可较石油沥青用量增加 15%~20%。(2)表中乳化沥青是指乳液的用量，并适用于乳液浓度约为 60%的情况，如果浓度不同，用量应予换算。(3)在高寒地区及干旱、风沙大的地区，可超出高限，再增加 5%~10%。

表 3.12 上拌下贯式路面的材料规格和用量(集料单位：$m^3/1000m^2$，沥青及沥青乳液单位：kg/m^2)

沥青品种	石油沥青								乳化沥青			
厚度/cm	4		5		6		7		5		6	
规格和用量	规格	用量	规格	用量	规格	用量	规格	用量	规格	用量	规格	用量
第四遍嵌缝料											S14	4~6
第四遍沥青												1.3~1.5
第三遍嵌缝料									S14	4~6	S12	8~10
第三遍沥青										1.4~1.6		1.4~1.6
第二遍嵌缝料	S12	5~6	S12	7~9	S12	7~9	S10	8~10	S12	9~10	S9	8~12
第二遍沥青		1.4~1.6		1.6~1.8		1.6~1.8		1.7~1.9		1.8~2.0		1.5~1.7
第一遍嵌缝料	S10	12~14	S8	16~18	S8	16~18	S6	18~20	S8	15~17	S6	24~26
第一遍沥青		2.0~2.3		2.6~2.8		3.2~3.4		4.0~4.2		2.5~2.7		2.4~2.6
主层石料	S5	45~50	S4	55~60	S3	66~76	S2	80~90	S4	50~55	S3	50~55
沥青总用量		3.4~3.9		4.2~4.6		4.8~5.2		5.7~6.1		14.9~6.2		6.7~7.2

注：(1)煤沥青贯入式的沥青用量可较石油沥青用量增加 15%~20%。(2)表中乳化沥青是指乳液的用量，并适用于乳液浓度约为 60%的情况。(3)在高寒地区及干旱、风沙大的地区，可超出高限，再增加 5%~10%。(4)表面加铺拌和层部分的材料规格及沥青(或乳化沥青)用量按热拌沥青混合料(或乳化沥青碎石混合料路面)的有关规定执行。

(3) 沥青贯入式路面施工

① 施工准备

沥青贯入式路面施工前，基层必须清扫干净。需要安装路缘石时，应在路缘石安装完成后施工。路缘石应予遮盖。乳化沥青贯入式路面必须浇洒透层或黏层沥青。沥青贯入式路面厚度小于或等于5cm时，也应浇洒透层或黏层沥青。

② 施工方法

沥青贯入式路面的施工应按下列步骤进行：

a. 采用碎石摊铺机、平地机或人工摊铺主层集料。铺筑后严禁车辆通行。

b. 碾压主层集料。集料撒布后应采用6~8t轻型钢筒式压路机自路两侧向路中心碾压，碾压速度一般为2km/h，每次轮迹重叠约30cm，碾压一遍后检验路拱和纵向坡度。不符合要求时，应调整找平后再压。然后用重型钢轮压路机碾压，每次轮迹重叠1/2左右，碾压4~6遍，直至主层集料嵌挤稳定，无明显轮迹为止。

c. 浇洒第一层沥青。浇洒方法可参照沥青表面处治进行。采用乳化沥青贯入时，为防止乳液下漏过多，可在主层集料碾压稳定后，先撒布一部分上一层嵌缝料，再浇洒主层沥青。

d. 采用集料撒布机或人工撒布第一层嵌缝料。撒布后尽量扫匀，不足处应找补。使用乳化沥青时，石料撒布必须在乳液破乳前完成。

e. 立即用8~12t钢筒式压路机碾压嵌缝料，轮迹重叠轮宽的1/2左右，碾压4~6遍，直至稳定为止。碾压时随压随扫，使嵌缝料均匀嵌入。因气温较高使碾压过程中发生较大推移现象时，应立即停止碾压，待气温稍低时再继续碾压。

f. 按上述方法浇洒第二层沥青、撒布第二层嵌缝料，然后碾压，再浇洒第三层沥青。

g. 按撒布嵌缝料方法撒布封层料。

h. 采用6~8t压路机做最后碾压，宜碾压2~4遍，然后开放交通。

沥青贯入式路面开放交通后，应按沥青表面处治的要求控制交通，做初期养护。

铺筑上拌下贯式路面时，贯入层不撒布封层料，拌和层应紧跟贯入层施工，使上下成为一整体。贯入部分采用乳化沥青时应待其破乳、水分蒸发且成型稳定后方可铺筑拌和层。当拌和层与贯入部分不能连续施工，且要在短期内通行施工车辆时，贯入层部分的第二遍嵌缝料应增加用量2~3m^3/1000m^2。在摊铺拌和层沥青混合料前，应做补充碾压，并浇洒黏层沥青。

4. 其他沥青铺装工程

(1) 水泥混凝土桥面沥青铺装层

近年来，我国建设了大量的大跨径桥梁，非常雄伟、美观，许多桥梁是当地的标志性建筑。但是，无论水泥混凝土桥梁还是钢桥，其桥面铺装往往都不能令人满意，成为早期损坏的通病。而且，至今仍然缺乏有效的措施来确保桥面铺装的使用年限。

水泥混凝土桥面的沥青铺装层基本上都是水危害造成的水损坏。主要原因有：

① 桥面水泥混凝土层(防水层、三角层、整平层等)的施工质量不高。桥面水泥混凝土与桥面铺装分别由两个承包商施工，要求脱节，施工水泥混凝土层的单位盲目要求表面光滑平整，整平时挤出很多浮浆，表面甚至洒水泥，低洼处也用水泥浆填补，交活时只注重表面是否好看，不管与上部沥青铺装层的连接问题，由此造成的后患在铺筑桥面铺装时很难弥补。所以，现在有些工程已经改变承包方式，将水泥混凝土板的整平及铺筑防水层、三角层的任务交于沥青路面铺筑单位一起完成，这样就能综合考虑如何黏结成为一体的问题。

② 桥面水泥混凝土板施工的平整度不好，高差有时能达数厘米，沥青层本来就不厚，使得沥青层厚度很不一致，有的地方会很薄，混合料的离析比厚的层次更严重。桥面铺装施工时不敢按照正常方法碾压，压实度难以保证。混凝土表面的凹陷部分在使用过程中很容易成为积水的地方，渗入的水排不出来，在高温时化成水汽，使沥青层与混凝土板脱离。

③ 铺装层与桥面板的黏结不好是导致铺装层损坏的最根本的原因。设置防水黏结层的目的除防水外，更重要的是使沥青铺装层与水泥桥面板黏结成为一个总体。防水黏结层破损、漏空、脱离，会使水渗入防水黏结层与水泥混凝土板的界面上，影响与桥面板的黏结强度，甚至成为滑动的界面。桥面铺装成为一个单独受力的层次，就会出现很大的水平剪应力和底部的弯拉应力，就必然导致桥面铺装迅速破坏。从现在的情况看，防水黏结层的损坏主要是施工质量问题。无论哪一种防水黏结层，都能做好，但如果不认真施工，都有可能造成损坏。

④ 桥面铺装层内部的排水不畅，被侧面的栏杆路缘石阻挡。桥面的泄水孔不能排走沥青层内部的水。有相当一部分桥面在雨后有积水现象，导致沥青层长时间处于被水浸泡的状态下。

⑤ 铺筑前，桥面混凝土没有处于完全干燥的状态，在潮湿和有水汽的情况下铺设防水黏结层和沥青混合料，可能在施工或使用过程中遇热变成水汽使防水黏结层产生鼓包脱离。

⑥ 桥面沥青混合料的空隙率过大，残余空隙率超过 6%~8%，在汽车荷载作用下产生很强的动水压力，加速了铺装层的水损害破坏。

⑦ 桥梁的受力结构是水泥混凝土构件和桥面板，其局部变形本来是非常小的，沥青层不可能有大的应变，但是当沥青层与桥面板脱开成为滑动的界面条件时，沥青层的层底拉应力和剪应力大幅度增加，尤其在重载车的作用下将造成迅速的破坏。

因此，桥面铺装要做好，首先要有一定的厚度，混凝土板的表面要平整但不要光滑，一定要除净浮浆，彻底干燥，使沥青层与桥面板黏结得非常好，保证桥面铺装与混凝土桥面板协同变形，不成为独立的受力结构层。

大中型水泥混凝土桥桥面铺筑的沥青铺装层，应满足与混凝土桥面的黏结、防止渗水、抗滑及有较高抵抗振动变形的能力等功能性要求，并设置有效的桥面排水系统。铺装沥青层的下卧层必须符合平整、粗糙、整洁的要求，桥面纵横坡符合要求。水泥混凝土桥面板表面应做铣刨拉毛处理，清除浮浆，除去过高的突出部位。

铺设桥面铺装必须确保混凝土完全干燥，严禁在潮湿条件下铺设防水黏结层及摊铺沥青混合料，防止混凝土中的水分在施工或使用过程中遇热变成水汽，使防水黏结层产生鼓包。

喷洒沥青或改性沥青类桥面防水黏结层的施工应符合下列要求：

① 整个铺筑过程直至铺设石屑保护层前，严禁包括行人在内的一切交通工具通行。

② 不洒黏层油，直接分 2~3 层喷洒或人工涂刷热沥青、热融或溶剂稀释的改性沥青、改性乳化沥青的防水黏结层，必须均匀一致，且达到要求的厚度。

③ 喷洒防水层黏结后应立即撒布一层洁净、尺寸为 3~5mm 的石屑作保护层，并用 6~8t 轻型压路机以较慢的速度碾压。

防水卷材防水层的铺筑应符合下列要求：

① 防水卷材应符合相关质量要求，无破洞、不漏水，内部有金属或聚合物纤维，表面有均匀的石屑撒布层。铺筑的防水黏结层不得有漏铺、破漏、脱开、翘起、皱褶等现象。

② 铺设前应喷洒黏层油和涂刷黏结剂，铺筑时边加热边滚压。黏结后必须检查确认任何部位都不能被人工或铁锹撕、揭开。

③ 铺设卷材后不得通行任何车辆或堆放杂物，防止卷材污染。

④ 防水卷材防水层不得在摊铺机或运料车作用下遭到损坏。

桥面铺装复压应采用轮胎压路机或钢筒式压路机进行，经试验或经验证明不致损坏桥梁结构时，也可采用振动压路机碾压。沥青面层所用的沥青应符合规范要求，必要时采用改性沥青。

桥面铺装和土石方路基和桥头搭板上的路面应连接平顺，采取措施预防桥头跳车。高速公路桥头跳车是路面使用质量不好的一个通病，主要原因是设计问题与路基、桥头搭板的问题等。从理论上讲，桥头填土的不均匀沉降是不可避免的，桥头应该有一个预留量，但沥青面层经常是连续施工，很难在沥青层施工时考虑。这些应主要在路基和桥头搭板施工过程中采取措施解决。

（2）钢桥面铺装

近年来，大跨径钢桥越来越多，钢桥面铺装的问题也受到了普遍关注。我国已经铺筑了世界上普遍使用过的浇筑式沥青混凝土结构、环氧沥青混凝土结构，以及我国自行研制的双层 SMA 结构的钢桥面铺装，都取得了长足的进步，有了一定的经验；但也有许多失败的教训，一些钢桥面铺装在超载超限车辆作用下，影响了使用寿命，发生了早期损坏。现行的沥青路面施工技术规范仅提出对钢桥面沥青铺装的一般功能性要求，各个结构层的作用及共性的技术要求，更详细的内容还有待编制专门的钢桥面铺装技术指南。

钢桥面铺装必须具有以下功能性要求：

① 能与钢板紧密结合成为整体，变形协调一致；

② 防水性能良好，防止钢桥面生锈；

③ 具有足够的耐久性和有较小的温度敏感性，满足使用条件下的高温抗流动变形能力、低温抗裂性能、水稳定性、抗疲劳性能、表面抗滑的要求。

④ 与钢板黏结良好，具有足够的抗水平剪切重复荷载及蠕变变形的能力。

钢桥面铺装结构通常由防锈层、防水黏结层、沥青面层等组成。涂刷防水层前应对钢板焊缝和吊钩残留物仔细平整，彻底除锈，清扫干燥。钢桥面铺装的防水黏结层必须紧跟防锈层后涂刷，宜采用高黏度的改性沥青、环氧沥青、防水卷材。当采用浇筑式沥青混凝土铺筑桥面铺装时，可不设防水黏结层。

钢桥面铺装使用的改性沥青，宜单独提出相应的技术要求。沥青层的压实设备和压实工艺，应通过力学验算并经试验验证，防止钢桥面主体受损。铺设过程中必须保持桥面整洁，不得堆放与施工无关的材料、机械、杂物。钢桥面铺装应在无雨少雾季节、干燥状态下施工。

（3）隧道沥青路面

我国目前已有相当数量的公路隧道，隧道长度较短时，采用沥青路面是适宜的。隧道沥青路面的特点是施工过程中地方狭窄，使用过程中维修困难，需要照明等，尤其是隧道开挖经常会使底部产生涌水而产生水损害破坏。但是隧道内的温度要比外部均匀，这是有利的一面。在隧道内铺筑沥青路面时，应充分考虑隧道沥青路面施工和维修养护工作的困难、隧道内外光线变化显著、隧道有可能漏水、冒水，以及隧道防火安全等特点，选择适宜的材料与结构。

隧道沥青路面施工前应对隧道底部的地下水采取疏导方式，设置完善的排水系统。施工过程中需确保通风良好，采取防火措施，制订切实可行的消防和疏散预案。各种施工机械应符合隧道净空的要求，选用宽度较窄的摊铺机铺筑，运料车应能完全卸料，具有足够的行车通道。

(4) 路缘石与拦水带

沥青路面外侧边缘应设置深度深入基层的纵向渗水沟，且留置横向的排水孔。渗水沟可采用多孔水泥混凝土或单粒径碎石，表面层铺筑沥青混凝土。

路缘石应有足够的强度和耐久性、表面平整，与路线线形一致。行车道与中央分隔带之间设置埋置式路缘石时，应防止中央分隔带的雨水进入路面结构层。

沥青混凝土拦水带应采用专用设备连续铺设。沥青用量宜在正常试验的基础上增加0.5%~1.0%，双面击实50次的设计空隙率宜为1%~3%。基底需洒布0.25~0.5kg/m^2的黏层油。

埋置式路缘石宜在沥青层施工全部结束后安装，严禁在两层沥青层施工间隙中因开挖、埋设路缘石导致沥青层污染。

3.2.4 新型生态沥青混凝土路面施工案例

1. 工程概况

某公路路面工程道路长约47km，桩号为KM337+960—KM384+900，路面分上面层和下面层两层，下面层为9cm厚AC-20沥青混凝土，上面层为6cm厚SMA沥青混凝土，总拌和量约16.8×10^4t，基层为20cm厚的级配碎石柔性基层，新型生态沥青混凝土路面配合比要求见表3.13，在此重点介绍沥青混凝土路面摊铺施工的过程。

表3.13 新型生态沥青混凝土路面配合比要求

试验项目	标准要求	试验项目	标准要求
击实次数/次	两面各50	空隙率/%	3~6
稳定度/kW	≥5	沥青饱和度/%	65~75
留置/0.1mm	20~45		

2. PAC(Porous Asphalt Concrete，排水性沥青混凝土)路面施工技术

部分路段使用PAC路面，重点对其混合料拌制混合料摊铺压实技术进行研究。在混合料拌制过程中，通过机械投放装置控制投放量，其整体投放误差控制在2%以内。在拌和过程中需注意投放TPS(TAFPACK-Super)高黏度沥青改性剂。本工程在投料拌和过程中选择的拌和锅每次投料量为13.9kg。温度控制方面，基质沥青加热温度、矿料温度以及混合料出料温度分别为163℃、195℃和180℃。在摊铺过程中其摊铺机间距距离为9m，平均摊铺速度为2m/min，温度控制为160℃。在压实过程中根据路宽选择三台12t钢轮压路机进行

初压和复压，最终采取胶轮压路机进行最终压实，压实施工过程中的温度控制为165℃。根据本工程压实要求以及压实设备的具体参数，复压操作需进行4次。

3. PVA(Polyvinyl Alcohol，聚乙烯醇)纤维水泥稳定碎石基层施工技术

基层施工选择PVA纤维水泥稳定碎石基层。此基层在施工过程中注意选择集中场拌方式来进行混合料处理，同时注意控制纤维束的分散质量。该基层施工过程中留出225m试验路段。在拌和过程中PVA和集料应注意控制配比，通过预拌和、加入水泥和水以集中拌和的方式完成整个拌和过程。在预拌和过程中注意控制拌和时间，根据相关工程的实际情况，本次预拌时间5s。另外，在湿拌过程中，其时间控制为35s。摊铺和碾压过程根据《公路路面基层施工技术细则》(JTG/T F20—2015)标准执行，摊铺过程中注意消除结团的部分。

4. SMA(Stone Mastic Asphalt，沥青玛蹄脂碎石)施工技术

主要分析SMA施工技术拌和技术以及摊铺压实技术。在拌和过程中注意改性沥青混合料的不同阶段温度控制，集料加热阶段应注意将温度控制在180~200℃之间，而出厂温度则应该控制在170~185℃之间。拌和过程中对于成料应进行相应的模拟摊铺实验，保障其整体性能达到预设标准。在抽检过程中，主要抽检内容包括级配以及孔隙率。SMA混合料在实际使用过程中需注意拌和完毕后尽快使用，如不能及时使用很可能因放置而发生变形。通常情况下，放置时间不应超过4h。摊铺压实过程中必须保障基础面整洁，同时注意遵照相应的摊铺压实标准落实施工作业。

3.3 水泥混凝土路面面层施工

普通水泥混凝土是由水泥、细集料(砂)、粗集料(碎石)、水和外加剂组成，必要时掺加掺合料，经拌和、摊铺、振捣(或压实)和养生而成的。水泥混凝土路面根据对材料的要求及组成成分分为素混凝土路面、钢筋混凝土路面、连续配筋混凝土路面、预应力水泥混凝土路面、钢纤维混凝土路面、装配式混凝土路面等。其中素混凝土路面只在接缝处和局部范围配置钢筋，是使用最广泛的一种水泥混凝土路面，本节提到的水泥混凝土路面即是此种路面。水泥混凝土路面具有刚度大、强度高、稳定性好、养护维修费用低等优点。在荷载重和交通量大的道路上，宜用水泥混凝土路面，特别是在土基软弱时，水泥混凝土路面更显优越性。同时，水泥混凝土的水稳定性和热稳定性均较好。在过水路面、冰冻地区和炎热地区，宜用水泥混凝土路面。此外，水泥混凝土路面粗糙度好、抗滑，适用纵坡大或小半径平曲线道路。致命缺点是受到地震等剧烈影响或地基变形等，路面板块翘曲变形，影响行车，翻建难度较大。另外，水泥混凝土路面还有接缝较多，养生期较长的弱点。

3.3.1 水泥混凝土路面施工工艺

下文主要介绍就地浇筑的水泥混凝土路面。

1. 施工准备

施工的准备工作主要包括施工机械选择、材料要求、技术准备、任务条件等方面。

(1) 施工机械选择

常见的水泥混凝土路面的摊铺机械有滑模摊铺机、轨道摊铺机、三辊轴机组、小型机具和碾压混凝土摊铺机等。

(2) 材料要求

① 水泥混凝土宜使用商品混凝土，水泥、粗集料、细集料、外加剂、水、钢筋、钢纤维、传力杆(拉杆)、滑动套、胀缝板、填缝料等原材料要求详见《公路水泥混凝土路面施工技术细则》(JTG/T F30—2014)。

② 混凝土配合比应保证混凝土的设计强度、耐磨、耐久和混凝土拌合物和易性的要求，在冰冻地区还应符合抗冻性要求。混凝土配合比设计的具体要求详见《公路水泥混凝土路面施工技术细则》(JTG/T F30—2014)。

(3) 施工机具与设备

包括混凝土运输机具(混凝土运输车、翻斗车、手推车、洒水车等)、振捣机具(平板振动器、插入式振动器、振动梁等)、其他机具(地面磨光机、真空吸水装置、混凝土切割机等)。

(4) 技术准备

① 当采用自拌混凝土时，应选择合适的拌和场地，要求运送混合料的运距尽量短，水、电等方便，有足够面积的场地，能合理布置拌和机和砂、石堆放点，并能搭建水泥库房等。

② 有碍施工的建筑物、灌溉渠道和地下管线等，均应在施工前拆迁完毕。

③ 混凝土摊铺前，对基层进行整修，检测基层的宽度、路拱、标高、平整度、强度和压实度等各项指标达到设计和规范要求，并经监理工程师同意后进行。混凝土摊铺前，基层表面应洒水润湿，以免混凝土底部水分被干燥基层吸去。

(5) 作业条件

① 施工前应按设计规定划分混凝土板块，板块划分应从路口开始，避免出现锐角。曲线段分块，应使横向分块线与该点法线方向一致。直线段分块线应与面层涨缩缝结合，分块距离均匀。分块线距检查井盖的边缘，宜大于1m。同时根据设计文件及施工条件，确定施工方案，编制施工组织设计。

② 施工前必须对混凝土路面原材料进行试验分析，并应提供混凝土配合比试验数据。

③ 施工前根据设计文件，复测平面和高程控制桩，并据此定出路面中线、宽度、纵横高程等样桩。

2. 混凝土面层的施工工艺

1) 工艺流程

混凝土面层的施工工艺流程主要如下：模板安装→钢筋设置→混凝土摊铺→接缝处理→抹面拉毛→养护→拆模。

2) 操作工艺

(1) 模板安装

根据设计图纸放出路线中心线及路面边线；在路线两旁布设临时水准点，以便施工时就近对路面进行标高复核。在处理好的基层或做好的调平层上，清扫杂物及浮土，然后再支立模板，模板高度与路面高度相齐平。模板宜采用钢模板，模板的制作与立模应符合下列规定。

① 模板应与混凝土的摊铺机械相匹配，模板的高度与混凝土板厚度一致；钢模板应平直、平整，每1m设置1处支撑装置。木模板应选用质地坚实、变形小，无腐朽、扭曲、裂纹的木料。木模板直线部分板厚宜不小于5cm，每0.8~1m设1处支撑装置。弯道部分板厚宜为1.5~3cm，每0.5~0.8m设1处支撑装置，模板与混凝土接触面及模板顶面应刨光。其高度应与混凝土板厚一致。模板内侧面、顶面要刨光，拼缝紧密牢固，边角平整无缺。

② 模板制作允许偏差应符合表3.14规定。

表3.14 模板制作允许偏差

施工方式检测项目	三辊轴机组	轨道推铺机	小型机具
高度/mm	±1	±1	±2
局部变形/mm	±2	±2	±3
两垂直边夹角/(°)	90±2	90±1	90±3
顶面平整度/mm	±1	±1	±2
侧面平整度/mm	±2	±2	±3
纵向直顺度/mm	±2	±1	±3

③ 立模的平面位置与高程，应符合设计要求。模板按预定位置安放在基层上，两侧用铁钎打入基层以固定位置，模板顶面用水准仪核查其标高，不符合时予以调整，施工时应经常校验，严格控制模板标高和平面位置。模板接头紧密平顺，不得有离缝、前后错茬高低不平等现象。模板接头和模板与基层接触处均不得漏浆。模板与混凝土接触的表面应涂隔离剂。

④ 混凝土拌合物摊铺前，应对模板进行检验，合格后方可使用。模板安装质量应符合表3.15的规定。

表3.15 模板安装允许偏差

施工方式检测项目	允许偏差			检测频率		检验方法
	三辊轴机组	轨道推铺机	小型机具	范围	点数	
中线偏位/mm	≤10	≤5	≤15	100m	2	用经纬仪、钢尺量
宽度/mm	≤10	≤5	≤15	20m	1	用钢尺量
顶面高程/mm	±5	±5	±10	20m	1	用水准仪测量
横坡/%	±0.10	±0.10	±0.20	20m	1	用钢尺量
相邻板高差/mm	≤1	≤1	≤2	每缝	1	用水平尺、塞尺量
模板接缝宽度/mm	≤3	≤2	≤3	每缝	1	用钢尺量
侧面垂直度/mm	≤3	≤2	≤4	20m	1	用水平尺、卡尺量
纵向顺直度/mm	≤3	≤2	≤4	40m	1	用20m线盒钢尺量
顶面平整度/mm	≤1.5	≤1	≤2	每两缝间	1	用3m直尺，塞尺量

（2）钢筋设置

钢筋混凝土板钢筋网片的安放应符合下列规定：

① 不得踩踏钢筋网片。

② 安放单层钢筋网片时，应在底部先摊铺一层混凝土拌合物，摊铺高度应在钢筋网片设计位置预加一定的沉落度。待钢筋网片安放就位后，再继续浇筑混凝土。

③ 安放双层钢筋网片时，对厚度不大于25cm的板，上下两层钢筋网片可事先用架立筋扎成骨架后一次安放就位。厚度大于25cm的，上下两层钢筋网片应分两次安放。安放角隅钢筋时，应先在安放钢筋的角隅处摊铺一层混凝土拌合物。摊铺高度应高于设计高度，以抵消一定的沉落度。角隅钢筋就位后，用混凝土拌合物压住。安放边缘钢筋时，应先沿边缘铺筑一条混凝土拌合物，拍实至钢筋设置高度，然后安放边缘钢筋，在两端弯起处，用混凝土拌合物压住。

④ 传力杆安装应牢固、位置准确。胀缝传力杆应在胀缝板、提缝板以前安装。

⑤ 钢筋加工允许偏差应符合表3.16的规定。

表3.16 钢筋加工允许偏差

项目	焊接钢筋网及骨架允许偏差/mm	绑扎钢筋网及骨架允许偏差/mm	检验频率		检验方法
			范围	点数	
钢筋网的长度与宽度	±10	±10	每检验批	抽查10%	用钢尺量
钢筋网眼尺寸	±10	±20			用钢尺量
钢筋骨架宽度与高度	±5	±5			用钢尺量
钢筋骨架的长度	±10	±10			用钢尺量

⑥ 钢筋安装允许偏差应符合表3.17的规定。

表3.17 钢筋安装允许偏差

项目		允许偏差/mm	检验频率		检验方法
			范围	点数	
受力钢筋	排距	±5	每检验批	抽查10%	用钢尺量
	间距	±10			用钢尺量
钢筋弯起点位置		20			用钢尺量
箍筋、横向钢筋间距	绑扎钢筋网及钢筋骨架	±20			用钢尺量
	焊接钢筋网及钢筋骨架	±10			用钢尺量
钢筋预埋位置	中心线位置	±5			用钢尺量
	水平高差	±3			用钢尺量
钢筋保护层	距表面	±3			用钢尺量
	距底面	±5			用钢尺量

⑦ 混凝土抗压强度达到8.0MPa及以上方可拆模。当缺乏强度实测数据时，侧模允许最早拆模时间宜符合表3.18的规定。

表 3.18　混凝土侧模的允许最早拆模时间　　h

昼夜平均气温	-5℃	0℃	5℃	10℃	15℃	20℃	25℃	≥30℃
硅酸盐水泥、R 型水泥	240	120	60	36	34	28	24	18
道路、普通硅酸盐水泥	360	168	72	48	36	30	24	18
矿渣硅酸盐水泥	—	—	120	60	50	45	36	24

注：允许最早拆模时间从混凝土面板精整成形后开始计算。R 型水泥即早强型水泥。

(3) 混凝土摊铺、搅拌与运输

混凝土铺筑前应检查基层或砂垫层表面、模板位置、高程等符合设计要求。模板支撑接缝严密、模内洁净、隔离剂涂刷均匀。钢筋、预埋胀缝板的位置正确，传力杆等安装符合要求。运输、搅拌、摊铺设备状况良好。

① 人工小型机具施工水泥混凝土路面层，应符合下列规定：

a. 混凝土松铺系数宜控制在 1.10~1.25 之间。

b. 摊铺厚度达到混凝土板厚度的 2/3 时，应拔出模内钢钎，并填实钎洞。

c. 混凝土面层分两次摊铺时，上层混凝土的摊铺应在次下层混凝土初凝前完成，且下层厚度宜为总厚度的 3/5。

d. 混凝土摊铺应与钢筋网、传力杆及边缘角隅钢筋的安放相配合。

e. 一块混凝土板应一次连续浇筑完毕。

f. 混凝土采用插入式振捣器振捣时，不应过振，且振动时间宜不少于 30s，移动间距宜不大于 50cm。使用平板振捣器振捣时应重叠 10~20cm，振捣器行进速度应均匀一致。

② 三辊轴机组铺筑应符合下列规定：

a. 三辊轴机组铺筑混凝土面层时，辊轴直径应与摊铺层厚度匹配，且必须同时配备一台安装插入式振捣器组的排式振捣机，振捣器的直径宜为 50~100mm，间距应不大于其有效作用半径的 1.5 倍，且不得大于 50cm。

b. 当面层铺装厚度小于 15cm 时，可采用振捣梁。其振捣频率宜为 50~100Hz，振捣加速度宜为 4g~5g(g 为重力加速度)。

c. 当一次摊铺双车道面层时，应配备纵缝拉杆插入机，并配有插入深度控制和拉杆间距调整装置。

d. 铺筑作业应符合下列要求：卸料应均匀，布料应与摊铺速度相适应；设有接缝拉杆的混凝土面层，应在面层施工中及时安设拉杆；三辊轴整平机分段整平的作业单元长度宜为 20~30m，振捣机振实与三辊轴整平工序之间的时间间隔宜不超过 15min；在一个作业单元长度内，应采用前进振动、后退静滚方式作业，最佳滚压遍数应经过试铺确定。

③ 采用轨道摊铺机铺筑时，最小摊铺宽度宜不小于 3.75m，并应符合下列规定：

a. 应根据设计车道按表 3.19 技术参数选择摊铺机。

表 3.19　轨道摊铺机基本技术参数表

项目	发动机功率/kW	最大摊铺宽度/m	摊铺厚度/m	摊铺速度/(m/min)	整机质量/t
三车道轨道摊铺机	33~45	11.75~18.3	250~600	1~3	13~38
双车道轨道摊铺机	15~33	7.5~9.0	250~600	1~3	7~13
单车道轨道摊铺机	8~22	3.5~4.5	250~450	1~4	≤7

b. 坍落度宜控制在20~40mm。不同坍落度时的松铺系数K可参考表3.19和表3.20确定，并按此计算出松铺高度。

表3.20 松铺系数K与坍落度S_L的关系

坍落度S_L/mm	5	10	20	30	40	50	60
松铺系数K	1.30	1.25	1.22	1.19	1.17	1.15	1.12

c. 当施工钢筋混凝土面层时，宜选用两台箱型轨道摊铺机分两层两次布料。下层混凝土的布料长度应根据钢筋网片长度和混凝土凝结时间确定，且宜不超过20m。

d. 轨道摊铺机振实作业应符合下列要求：轨道摊铺机应配备振捣器组，当面板厚度超过15cm、坍落度小于30mm时，必须插入振捣；轨道摊铺机应配备振动梁或振动板对混凝土表面进行振捣和修整，使用振动板振动提浆饰面时，提浆厚度宜控制在(4±1)mm，面层表面整平时，应及时清除余料，用抹平板完成表面修整。

（4）接缝处理

① 胀缝的设置视情况而定，普通混凝土路面、钢筋混凝土路面和钢纤维混凝土路面的胀缝间距视集料的温度膨胀性大小、当地年温差和施工季节综合确定。高温施工，可不设胀缝；常温施工，集料稳缩系数和年温差较小时，可不设胀缝；集料稳缩系数或年温差较大，路面两端构造物间距大于等于500m时，宜设一道中间胀缝；低温施工，路面两端构造物间距大于等于350m时，宜设一道胀缝。邻近构造物、平曲线或与其他道路相交的胀缝应按《公路水泥混凝土路面设计规范》(JTG D40—2011)的规定设置。胀缝施工，应符合下列规定：

a. 胀缝应与路面中心线垂直，缝壁必须垂直，缝隙宽度必须一致；缝中不得连浆。缝隙上部应浇灌填缝料，下部应设置胀缝板。

b. 胀缝传力杆的活动端，可设在缝的一边或交错布置，固定后的传力杆必须平行于板面及路面中心线，其误差不得大于5mm，传力杆的固定，可采用顶头模板固定或支架固定安装的方法。

② 缩缝的施工，应采用切缝法。当受条件限制时，可采用压缝法。

当混凝土达到设计强度25%~30%时，应采用切缝机进行切割。切缝用水冷却时，应防止切缝水渗入基层和土基。切缝深度当设传力杆时，应不小于面层厚的1/3，且不小于70mm；当不设传力杆时，应不小于面层厚的1/4，且不小于60mm。

当混凝土拌合物成活后，立即用振动压缝刀压缝。当压至规定深度时，应提出压缝刀，用原浆修平缝槽，严禁另外调浆。然后放入铁制或木制嵌条，再次修平缝槽，待混凝土拌合物初凝前泌水后，取出嵌条，形成缝槽。

③ 施工缝的位置应与缩缝设计位置吻合。施工缝应与路面中心线垂直；多车道路面及民航机场道面的施工缝应避免设在同一横断面上。施工缝传力杆长度的一半锚固于混凝土中，另一半应涂沥青，允许滑动。传力杆必须与缝壁垂直。

④ 当一次铺筑宽度小于路面和硬路肩总宽度时，应设纵向施工缝，位置应避开轮迹，并重合或靠近车道线。纵缝施工方法，应按纵缝设计要求确定，并应符合下列规定：

a. 对于平缝纵缝，对已浇混凝土板的缝隙应涂刷沥青，并应避免涂在拉杆上。浇筑邻板时，缝的上部应压成规定深度的缝槽。

b. 对于企口缝纵缝，宜先浇筑混凝土板凹榫的一边；缝壁应涂刷沥青。浇筑邻板时应靠缝壁浇筑。

c. 整幅浇筑纵缝的切缝或压缝，应符合前面缩缝的施工方法。

纵缝设置拉杆时，拉杆应采用螺纹钢筋，并应设置在板厚中间。设置拉杆的纵缝模板，应预先根据拉杆的设计位置放样打眼。

⑤ 混凝土板养护期满后，缝槽应及时填缝，在填缝前必须保持缝内清洁，防止砂石等杂物掉入。

⑥ 填缝采用灌入式填缝的施工，应符合下列规定：

a. 灌注填缝料必须在缝槽干燥状态下进行，填缝料应与混凝土缝壁黏附紧密不渗水。

b. 填缝料的灌注深度宜为3~4cm。当缝槽大于3~4cm时，可填入多孔柔性衬底材料。填缝料的灌注高度，夏天宜与板面相平；冬天稍低于板面。

c. 热灌填缝料加热时，应不断搅拌均匀，直至规定温度。当气温较低时，应用喷灯加热缝壁。施工完毕，应仔细检查填缝料与缝壁黏结情况，有开脱处，应用喷灯小火烘烤，使其黏结紧密。

⑦ 填缝采用预制嵌缝条的施工，应符合下列规定：

a. 预制胀缝板嵌入前，缝壁应干燥，并清除缝内杂物，使嵌缝条与缝壁紧密结合。

b. 缩缝、纵缝、施工缝的预制嵌条缝，可在缝槽形成时嵌入。嵌缝条应顺直整齐。

(5) 抹面拉毛、整平饰面及抗滑构造

① 水泥混凝土路面抹面及拉毛操作的好坏，可直接影响到平整度、粗糙度和抗磨性能，混凝土终凝前必须收水抹面。抹面前，先清边整缝，清除黏浆，修饰掉边、缺角。抹面一般用小型电动磨面机，先装上圆盘进行粗光，再装上细抹叶片精光。操作时来回抹平，操作人员来回抹面重叠一部分，初步抹面需在混凝土整平10min后进行，冬季施工还应延长时间。抹面机抹平后，有时再用拖光带横向轻轻拖拉几次。抹面后，当用食指稍微加压按下能出现2mm左右深度的凹痕时，即为最佳拉毛时间，拉毛深度1~2mm。

② 拉毛时，拉纹器靠住模板，顺横坡方向进行，一次进行中，中途不得停留，这样拉毛纹理顺畅美观且形成沟通的沟槽而利于排水。也可采用压痕机械进行压痕。特重和重交通混凝土路面宜采用硬刻痕，凡使用圆盘、叶片式抹面机精平后的混凝土路面、钢纤维混凝土路面必须采用硬刻痕方式制作抗滑沟槽。

(6) 养护

当混凝土表面有相当硬度时，一般用手指轻压无痕迹，就可用湿草垫或湿麻袋覆盖，洒水养护时应注意水不能直接浇在混凝土表面上，当遇到大雨或大风时，要及时覆盖润湿草垫。每天用洒水车勤洒水养护，保持草垫或麻袋湿润。加入减水剂的混凝土强度5d可达80%以上，此时可撤掉草垫或湿麻袋，放行通车后，仍需洒水养护2~3d。机械摊铺的各种混凝土路面、桥面及搭板宜采用喷洒养护剂同时保湿覆盖的方式养护。不宜采用围水养护的方式。

混凝土养护时间根据混凝土弯拉强度增长情况而定，宜不小于设计弯拉强度的80%，应特别注重前7d的保湿(温)养护。一般养护天数宜为14~21d，高温宜不小于14d，低温宜不小于21d。掺粉煤灰的混凝土路面，最短养护时间宜不少于28d，低温适当延长。混凝土在养护期间和填缝前，应禁止车辆通行，在达到设计强度的40%后，方可允许上人。在面层混凝土弯拉强度达到设计强度，且填缝完成前不得开放交通。

（7）拆模

拆模时先取下模板支撑、铁钎等，然后用扁头铁撬棍棒插入模板与混凝土之间，慢慢向外撬动，切勿损伤混凝土板边，拆下的模板应及时清理保养并放平堆好，防止变形，以便转移他处使用。

3.3.2 滑模式摊铺机施工

滑模摊铺技术具有施工质量最高、施工速度最快、装备现代化的高新成熟技术的特点。目前，我国已经将滑模摊铺技术规定为高速、一级公路水泥混凝土路面施工必须采用的装备和工艺技术。

1. 滑模摊铺机械施工工艺流程

滑模摊铺机械化程度较高，其施工工艺较为复杂，每一个流程都要求做到充分、精确，整个施工工艺大致可分为：施工前准备、混凝土拌和、混凝土运输、滑模摊铺、整修养护、灌填缝料、验收及开放交通。滑模摊铺水泥混凝土施工工艺流程如图3.3所示。

2. 滑模摊铺施工准备

（1）基准线设置

滑模摊铺混凝土路面的拉线设置与沥青路面非常接近，可以有几种摊铺基准设置方式：拉线、滑靴、铝方管和多轮支架等，一般多使用拉线方式。沥青路面摊铺上面层和摊铺中面层不同的是：若上基层的平整度达不到路面的严格要求，可采用除拉线以外的方式。有条件的，基层必须经过精整机洗刨过3mm。基层施工，一是用精整机，二是基层规范规定的平整度为8mm。在这种条件下，要保证滑模水泥混凝土路面的高平整度，原则上不得采用其他简易设置方式。

① 基准线的组成与分类

滑模摊铺混凝土路面的施工应设置基准线。基准线由铁立杆、钢丝绳、测力计、张紧器等组成。

基准线设置形式有单向坡双线式、单向坡单线式和双向坡双线式三种。

a. 单向坡双线式　所摊铺的混凝土面板横向坡度为单向坡，而拉线位于摊铺机两侧（双线），这种拉线形式称为单向坡双线式。拉线间距反映路面横坡。顺直段平面上拉线相等并平行。

b. 单向坡单线式　所摊铺的混凝土面板横向坡度为单向坡，拉线仅位于摊铺机其中一侧（单线），筑好的一侧不拉线，这种拉线形式称为单向坡单线式。这种拉线形式在路面分多幅（或两幅）摊铺的情况下，于后幅摊铺时采用。这时修筑好的路面、边沟或路缘石可作为摊铺机的不拉线一侧的平面参考系。

c. 双向坡双线式　所摊铺的混凝土面板横向坡为双向坡，而拉线位于摊铺机两侧（双线），这种拉线形式为双向坡双线式。顺直段上拉线完全平行，并对应高层相等，拉线上没有横坡。

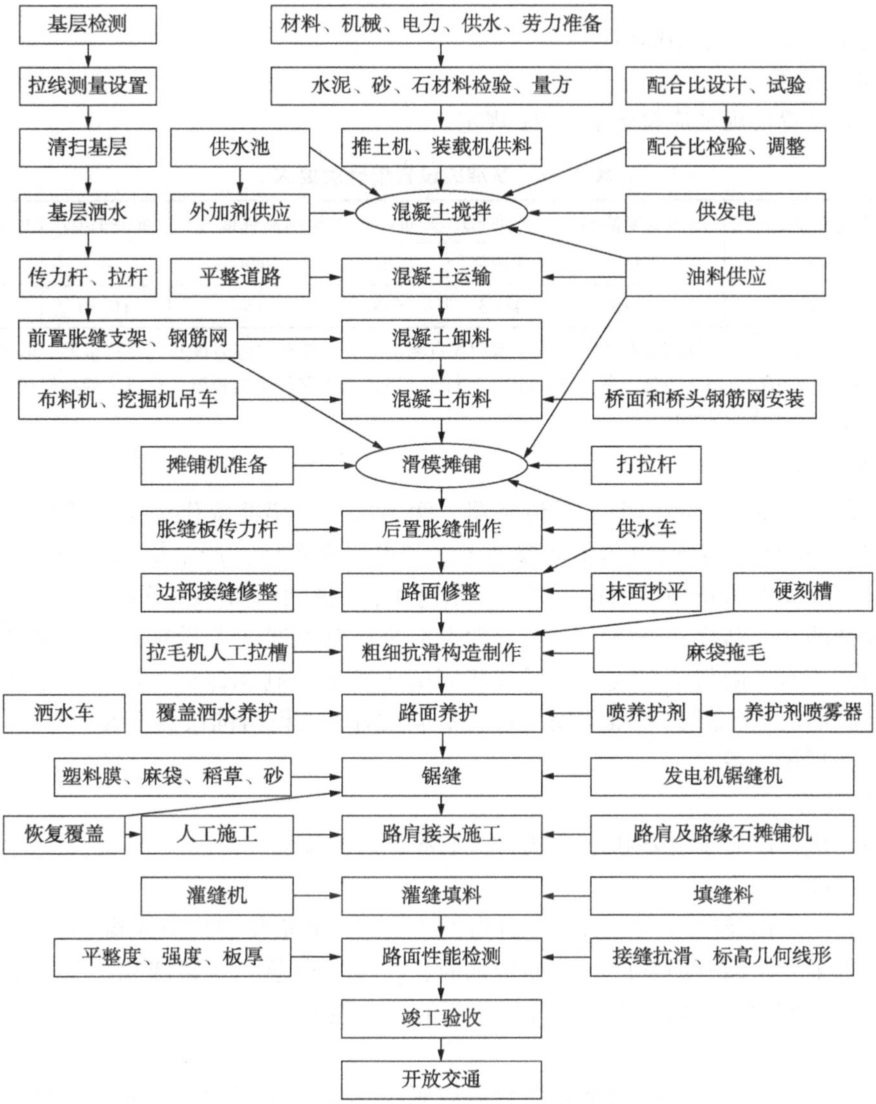

图 3.3　滑模摊铺水泥混凝土施工工艺流程

② 基准线宽度

基准线宽度除应保证摊铺宽度外，尚应满足两侧 650~1000mm 横向间距的要求。

直线段基准线桩纵向间距应不大于 10m，竖、平曲线路段视曲线半径大小应加密布置，最小间距为 2.5m。

③ 线桩的固定

线桩固定时，基层顶面到夹线臂高度宜为 450~750mm。基准线桩夹线臂夹口到桩的水平距离宜为 300mm，基准线桩必须钉设牢固。

④ 基准线长度

单根基准线的最大长度宜不大于 450m，架设长度宜不大于 300m。

⑤ 基准线拉力

基准线拉力应不小于1000N。

⑥ 基准线精度

基准线的设置精确度应符合表3.21规定。

表3.21 基准线设置精确度要求

项目	中线平面偏位/mm	路面宽度偏差/mm	面板厚度/mm		纵断高程偏差/mm	横坡偏差/%	连续纵缝高差/mm
			代表值	极值			
规定值	≤10	≤±15	≥-3	≥-8	±5	±0.10	±1.5

注：在基准线上单车道一个横断面测3点、双车道测5点测定板厚，其平均值为该断面平均板厚。断面平均板厚应不薄于其代表值；极小值应不薄于极值。每200m测10个断面，其值为该路段平均板厚，路段平均板厚应不小于设计板厚。不满足上述要求，不得摊铺面板。

⑦ 基准线保护

基准线是为摊铺机上的四个水平传感器、两个方向传感器提供一个精确的与路面平行的水平（横坡）和直线（转弯）方向平面参考系。基准线设置后，严禁扰动、碰撞和振动。一旦碰撞变位，应立即重新测量纠正。多风季节施工，应缩小基准线桩间距。

路面摊铺的几何精度和平整度很大程度上取决于基准线的测设精度。水平参考系的精度一般是由测桩水平面与基准线之间保持相同的距离来控制和保证。所以，基准线是滑模施工混凝土路面的“生命线”。准确安装设置基准线对于滑模摊铺极其重要。

（2）摊铺现场准备

① 机具设备

所有施工机具应处于良好状态，试运转正常并全部就位。

② 表面清理

基层、封层表面及履带行走部位应清扫干净。摊铺面板位置应洒水湿润，但不得积水。热天高温条件下，在旧有沥青或老路面加铺时，可喷洒白色石灰膏降温。基层上的降温和保温措施是为了使面板硬化，提供设计所需要的弯拉强度。

③ 纵缝处理

横向连接摊铺时，前次摊铺路面纵缝溜肩胀宽部位应切割顺直。侧边拉杆应校直，缺少的拉杆应钻孔锚固植入。纵向施工缝的上半部缝壁应满涂沥青，这些是保证纵缝顺直及防止水进入的密封措施。

④ 板厚检查

板厚控制必须在摊铺前的拉线上进行，并要求场站监督，否则摊铺后不合格很难弥补。施工中要随时注意并检查和控制板厚。当板厚偏薄时铣刨基层方法效果并不好，一是基层表面损伤有缝且基层厚度不足；二是基层部位与平整基层对面板的摩阻力相差过大，会导致路面断板现象大大增加。因此，必须严格控制基层标高；同时，在面板标高误差范围内，可适当调整面板高程，但应在30m以上长度内调整。

（3）施工参数设定

摊铺开始前，应对摊铺机进行全面性能检查和正确的施工部件位置参数设定。摊铺机各工作机构施工位置的正确设定是滑模摊铺技术的环节之一，也是摊铺机中的主要工作内容。实际上，若工作参数设置不正确，无论如何也摊铺不出高质量的路面，所以必须透彻了解振动黏度理论并严格遵循设计师所使用的摊铺机工艺设计原理，使下述每项工作参数都设定在正确摊铺的位置。

① 振捣棒位置

振捣棒的位置应在压板最低点以上，振捣棒的横向间距宜为300~450mm，均匀排列；两侧最边缘振捣棒与摊铺边缘距离宜不大于200mm。

振捣棒位置是保证面板不产生纵向收缩裂缝的关键，振捣棒随滑模摊铺机拖行时，将粗集料推开，会形成无相集料的砂浆暗沟，这是由砂浆的干缩量是混凝土的20倍所导致的。所以如果振捣棒掉下来，摊铺后的路面留有发亮的砂浆条带，路面必纵向开裂。在所有公路路面摊铺时，振捣棒的最低点位置必须设置在路表面以上。对于很深的厚面板，如广州新白云机场道路面板达42cm厚度，除了缩窄一倍加密振捣棒的横向间距外，一半振捣棒安装在表面，另一半隔条振是插入板中的。对于没有这么厚的面板，均必须设置在路表面以上，以防止开裂。

② 前倾斜角

挤压底板前倾斜角宜设置为3°左右，提浆夯板位置宜在挤压底板前缘以下5~10mm之间，这是横向拉裂与否的关键要素。

③ 超铺角及搓平梁

两边缘超铺高程宜在3~8mm间。超铺角是为了补偿脱模后软混凝土路面边缘的溜边现象。搓平梁前宜调整到与挤压板后沿同高，搓平梁的后沿比挤压底板后沿低1~2mm，并与路面同高。

④ 位置校准

滑模摊铺机首次摊铺路面，应对挂线及其铺筑位置、几何参数和机架水平度进行校准，正确无误后，方可开始摊铺。

⑤ 复核测量

在开始摊铺的5min内，应在铺筑行进中对摊铺出的路面标高、边缘厚度、中线、横坡等参数进行复核测量。所摊铺的路面精确度应控制在规范的规定值范围内。

3. 滑模摊铺作业技术

摊铺机在进行混凝土试摊铺时，应制定消除误差的方法、程序和保证措施，必须对所摊出的路面标高、厚度、宽度、中线、横坡等技术参数进行测量。摊铺机机手应根据测量结果及时微调摊铺机上传感器、挤压板、拉杆打入夯力、抹平板的压力及侧模边缘位置。侧模边缘位置是用钢尺测量其到拉线距离来确定的。摊铺中线误差的消除，是通过在行进中调整方向传感器横杆距离来实现的，所有这些都必须是在摊铺行进中进行调整。为防止路面因剧烈调整而出现影响平整度的棱槽，必定要丢弃部分路面重做。从摊铺机起步到调整，再到正常摊铺，应在10m内完成。摊铺效果达到要求的摊铺机，其参数应固定下来，不允许非操作手更改。

(1) 铺筑机作业技术要领

摊铺过程中的操作要领，来源于振动黏度理论和摊铺机工艺设计原理。滑模摊铺机与其他工艺的区别是不能倒车重铺，必须一遍铺成，达到振动密实、排气充分、挤压平整、外观规整之目的。摊铺时既不能漏振、欠振，造成麻面或拉裂；也不得过振、提浆过厚，形成塌边或溜肩现象。为此，振捣频率必须达到与速度和料稠度之间的最优匹配。挤压前仰角相当于手工抹面的抹刀仰角，随着稠度和粗糙度的不同，推力差别较大，必须有一个与混合料工作性质匹配的最适宜的角度。每台摊铺机都有其最佳参数设定位置，需要摸索出初始设定位置和最优参数。

① 摊铺速度

操作滑模摊铺机应缓慢、匀速、连续不间断地作业。停机次数越多，摊铺机挤压底板静止压力造成影响平整度的横向槽越多。严禁料多追赶，然后随意停机等待致使间歇摊铺。摊铺速度应根据混凝土的稠度、供料多少和设备性能控制在0.75～2.5m/min之间，一般宜控制在1m/min左右。混凝土稠度发生变化时，应先调振捣频率，后改变摊铺速度。

摊铺宽度大于7.5m时，若左右两侧拌合物稠度不一致，摊铺速度应按偏干一侧设置。并应将偏稀一侧的振捣频率迅速调小。保证施工路面密实、不塌边溜肩，保持基本相同的表面砂浆。注意，此项规定在某些振捣频率单一且采用一个旋钮调整的摊铺机上实现不了，只有在每个振捣棒的频率可单独(单侧)设置的摊铺机上可以实现。

② 混凝土的振捣

正常摊铺时，振捣频率可在6000～11000r/min之间调整，宜采用9000r/min左右的频率。为防止混凝土过振、欠振或漏振，应根据混凝土的稠度大小，随时调整摊铺的振捣速度。摊铺机起步时，先开启振捣棒振捣2～3min，再缓慢平移推进。摊铺机脱离混凝土后，应立即关闭振捣棒组。

摊铺中应经常检查振捣棒的工作情况和位置。路面出现麻面或拉裂现象时，必须停机检查或更换振捣棒。为防止路面出现麻面或开裂，摊铺后，路面上出现发亮的砂浆条带时，必须调高振捣棒位置，使其底缘在挤压底板的后缘高度以上。

③ 故障排除

当混凝土供应不上或拌和站出现机械故障等情况，停机等待时间不得超过平均气温下混凝土初凝时间的4/5，超过此时间，应将滑模摊铺机开出摊铺工作面，并做施工缝。当滑模摊铺机出现机械故障，应紧急通知后方拌和站停止生产，在故障停机时间内，若摊铺机内混凝土尚未初凝，则允许继续摊铺。否则，就将滑模摊铺机拖出摊铺工作面，清洗、调试和检查并确认正常后重新起步摊铺。

(2) 摊铺现场作业技术要领

① 布料作业

a. 布料高度　无论采用哪种布料方式，滑模摊铺机前的料线高度应控制在螺旋布料片最高点以下，并不得缺料。卸料、布料应与摊铺速度相协调。混凝土运到路面铺筑处卸下时，可以采用直接卸在基层上和用卸料机械卸到摊铺机内两种方法。直接卸到基层上时，为防止混凝土离析和便于刮板摊铺，应尽可能卸成2～3堆。

b. 松铺控制　滑模摊铺机摊铺过程中，要随时调整松方高度板控制进料位置，开始时宜设得高些，正常摊铺时应保持振捣仓内料位高于振捣棒100mm左右，料位高低上下波动宜控制在±30mm之内。为了防止挤压力忽大忽小而影响平整度，挤压底板的料与振动仓内的混凝土之间，始终应维持相互间压力的均衡。以往的滑模摊铺机松方控制板均需要机手操纵，现在新型的滑模摊铺机，松方控制板是通过振动仓设置的超声传感器反馈自动控制其平整度。当坍落度在10～50mm时，布料松铺系数宜控制在1.08～1.15之间。布料机与滑模摊铺机之间施工距离宜控制在5～10m。

c. 钢筋保护　当摊铺钢筋混凝土路面、桥面或拱板时，严禁任何机械开上钢筋网、胀缝支架，防止将钢筋网压变形、变位或贴地。

② 拉杆插入

摊铺单车道路面，应视路面的设计要求配置一侧或双侧打入纵缝拉杆的机械装置。侧向拉杆打入装置的正确插入位置应在挤压底板的下中间或偏后部。拉杆打入方式分手推、液压、气压几种方式，应力应满足一次打(推)到位的要求，不允许多次打入或人工后打。滑模摊铺是没有固定模板的快速施工方式，在毫无支撑的软混凝土路面边侧或中间打拉杆，容易造成塌边和破坏，要采取措施补救。

同时摊铺两个以上车道时，除侧向打拉杆的装置外，还应在假纵缝位置中间配置1个以上中间拉杆自动插入装置，该装置有前插和后插两种配置。前插时，应保证拉杆的设置位置；后插时要消除插入部位混凝土的破损缺陷，应有振动搓平梁或局部振动板来保证修复插入缺陷，保证其插入部位混凝土的密实度。带振动搓平梁和振动修复板的滑模摊铺机应选择机后插入方式，其他滑模摊铺机可使用机前插入方式。打入的拉杆必须处在路面板厚中间。中间和侧向拉杆打入的高低，均不得大于±2cm，前后误差不得大于±3cm。

③ 拉裂控制

路面一旦出现横向拉裂现象，应从如下几方面进行检查。首先，检查混凝土拌合物是否出现局部或整体过于干硬、离析、骨料粒径过大现象，如发生上述现象，则不适宜滑模摊铺；其次，检查在该部位是否出现因摊铺速度过快、振捣频率不够、混凝土未振动液化而出现拉裂现象，若有拉裂现象，要降低摊铺速度，提高振捣频率；再次，如果压底板的位置和前仰角设置不当，前倒角时必定拉裂，前仰角过大，也可能拉裂，应在行进中调整前两个水平传感器，即改变挤压底板为适宜的前仰角以消除拉裂现象。拌合物较干硬或等料停机时间较长，起步摊铺速度过快，都可能拉裂路面。等料停机时间较长时，应间隔一刻钟开启振动棒振动2～3min。起步摊铺时，宜先振捣2～3min，再缓慢推进。

应通过调整拌合物稠度、停机时间、挤压底板前仰角、起步及摊铺速度等措施来控制消除拉裂现象。从料的稠度、操作、前仰角和起始速度几方面来防止拉裂现象，最重要的是料不得过干，另外对于坍落度较小的混凝土，会产生拉裂现象。因此要注意控制坍落度。

水泥混凝土路面滑模摊铺拉裂与否，取决于内聚力、内摩擦角和内在剪切位移。按试验结果，当滑模摊铺机摊铺新拌和混凝土坍落度在0～70mm范围内变化时，内聚强度在2.0～34.6kPa范围内变化；内摩擦阻角在370°～600°之间；剪切位移在70～180mm之间。由于可调整的范围较宽，可以使用增加水胶比、降低砂胶比、增大粉煤灰或减水剂掺量等措施改善拌合物工作性能来防止拉裂。试验研究表明，混凝土振实后金属板挤压滑移拉裂的可能性将大大降低。同等条件下，未振捣密实的混凝土更容易被拉裂。

在施工中，采取加强较干硬混凝土的振捣、调整挤压底板适宜的前仰角、缓慢起步摊铺等措施，可有效地防止滑模摊铺中路面的拉裂现象。

④ 浆厚控制

表面砂浆厚度要合理控制。机手应随时观测摊铺的路面效果，注意调整和控制摊铺速度、振捣频率、夯实杆和振动搓平梁以及抹平板的位置、速度和频率。抗滑构造表面砂浆层厚度控制在4mm左右为宜，硬刻槽路面的砂浆层厚度控制在2mm左右为宜。

⑤ 交通管制

施工中要严格控制履带上已铺路面的时间。连接摊铺时，滑模摊铺机一侧履带上前次水泥混凝土路面的养护时间应控制在7d以上，最短不得小于5d。同时，钢履带底部应铺橡胶垫或使用有挂胶履带的滑模摊铺机。为防止履带碾压已经成型的路面，纵向连接摊铺路面时，应对连接纵缝部位进行人工修整，连接纵缝的横向平整度应符合不同公路等级的要求。连接摊铺路面时，连接摊铺后注意相邻两幅路面的纵缝平整度：高速公路、一级公路平均应不大于2mm，极值应不大于3mm。二、三级公路平均应不大于3mm，极值应不大于5mm。

路面修筑完毕，当强度达到预定的70%时，用钢丝刷刷干净黏附在前幅路面上的砂浆，应刷出粗细抗滑构造。

（3）特殊路段施工技术要领

① 交叉口匝道施工

遇到平面交叉口、收费站广场或匝道变宽段路面时，可采用滑模摊铺机跨一侧或两侧模板施工方式，模板顶面应粘橡胶垫，模板顶面高于路面高程3mm，滑模摊铺机的振捣仓在模板上部应加隔板。滑模摊铺水泥路面施工遇到平面交叉口附近的变宽段和匝道、弯道路面时，当变宽段宽度小于滑模摊铺机安装宽度时，可采取适当的方式以滑模摊铺机摊铺。例如，可采取支侧模板跨模连续摊铺，并进行必要的滑模底板保护，或者采取将滑模摊铺机的振动仓加隔板，关闭隔板外侧的振捣棒的方法。

② 纵坡路段施工

滑模摊铺机可铺筑的路面最大纵坡为：上坡5%，下坡6%。上坡时，挤压底板前仰角宜适当调小，减小抹平板压力；坡度较大时，为了防止摊铺机过载而难以推动，宜适当调整挤压底板前仰角。下坡时，前仰角宜适当调大，并适当增加抹平板压力。当板底以不小于3/4的长度接触路表面时，抹平板压力较为适宜。

③ 弯道路段施工

滑模摊铺机施工的最小弯道半径应不小于50m；最大超高横坡宜不大于7%。滑模摊铺渐变段路面时，对于单向横坡，应使滑模摊铺机跟线摊铺，应随时调整抹平板内外侧的抹面距离，防止压垮边缘。摊铺中央路拱时，向计算机输入弯道和渐变段边缘及路拱的几何参数，计算机自动形成路拱。当用手控时，机手应在给定路段范围内分级逐渐消除和调成路拱。进出渐变段时，应保证路拱的生成和消失，保证弯道和渐变段路面几何尺寸的正确性。

（4）路面修整

滑模摊铺过程中应采用自动抹平板装置进行抹面。对少量局部麻面和明显缺料部位，应在挤压板后或梁前补充拌合物，由搓平梁或抹平板机械修整。

滑模摊铺的混凝土面板在下列三种情况下，可用人工进行局部修整：

① 用人工操作抹面抄平，精整摊铺后表面存在小缺陷，但不得在整个表面加薄层修补路面标高。

② 对纵缝边缘出现的倒边、塌边、溜肩现象，应顶侧模或在上部支方铝管进行边缘处补料修整。

③ 对起步和纵向施工接头处，应使用水准仪抄平并采用大于3m的靠尺边测边修整。

滑模摊铺结束后，必须及时做好下述工作：

① 要清洗滑模摊铺机，进行当日保养、加油、加水、打润滑油等，并宜在第二天硬切横向施工缝，也可在当天软做施工横缝。

② 应丢弃端部的混凝土和摊铺机振动仓内遗留下的纯砂浆。

③ 设置施工缝端模，并用水准仪测量面板高程和横坡。为使下次摊铺能紧接着施工缝开始，两侧模板应向内各收进20~40mm，收口长度宜比滑模摊铺机侧模板略长。

④ 施工缝部位应设置传力杆，并应满足路面平整度、高程、模坡和板长要求。

⑤ 在开始摊铺和施工接头时，应做好端头和结合部位的平整度，防止工作缝结合部低洼跳车。接头部位要宁高勿低。

3.3.3 其他水泥混凝土路面施工

1. 碾压混凝土路面施工

碾压水泥混凝土路面(Roller-Compacted Concrete Pavement)简称RCCP，是采用沥青混凝土路面施工工艺，将干硬性水泥混凝土摊铺、压实成型的一种新型水泥混凝土路面。RCCP路面既具有普通水泥混凝土路面高强度、稳定、耐久的特点，又兼有沥青混凝土路面的施工周期短、施工方便和快速开放交通等优点。

RCCP碾压水泥混凝土是一种坍落度低的干硬性混凝土，与普通混凝土相比能显著减少单位用水量，水胶比小，水泥用量少，工序简单，路面强度高，造价低。

碾压混凝土的最大优点是节约。它具有如下特点：一是施工工艺的设备简单，在劳动力方面占用少，施工速度快；二是对骨料的要求不严格，可大量节约水泥，使工程投资费用节省15%~35%，若用它修筑水泥混凝土堤坝，可节省60%以上投资费用，经济效益好；三是水胶比小，养生时间短，只需7d即可开放交通，社会效益好；四是强度高，寿命长，同时具有很强的抗冻融能力，能经受燃油、油脂等化学物质的侵蚀，承载力高。

碾压混凝土在施工中应注意以下问题：

(1) 拌和问题

拌制碾压混凝土宜用强制式搅拌设备，也可采用自落式等其他类型搅拌设备。设备的称重系统应灵敏、准确、可靠，并定期检定，保证混凝土生产过程的精度。搅拌设备配备细骨料的含水率快速测定装置，并应有相应拌和水量自动调整功能。碾压混凝土的拌和时间、投料顺序、拌和量，都应通过现场混凝土拌和均匀性检验确定。

运输碾压混凝土宜采用自卸汽车、皮带输送机等设备。采用自卸汽车运输混凝土时，车辆行走的道路应平整，应有遮阳、防雨设施，应采取措施减少骨料分离和灰浆损失。

（2）摊铺质量问题

碾压混凝土的摊铺是由摊铺机来完成的，铺层厚度可为15~35cm，若用较简单的设备摊铺可获得表面平整度与纹理合格的路面，若用高级摊铺机，如沥青混合料摊铺机，可把铺层摊得更均匀，并提高表面平整度。所以，通常应使用带有双振捣板熨平装置的沥青混凝土摊铺机。在摊铺过程中应注意以下几点：

① 导向线要经常检查，传感器也要经常检查。以保证摊铺机平稳地、均匀地工作。

② 机器应连续工作，停开次数尽量减少。

③ 振动板前的料量应保持一致。

④ 摊铺螺杆至少要工作80%的时间。

⑤ 避免运料机撞动摊铺机。

⑥ 路面的冷接缝尽可能做得最少。在相邻路带摊铺时最好是用两台摊铺机依次排开或梯队形式，后边一台与前一台时间不超过1h。在摊铺过程中，摊铺机的振动板已进行了预压实，但一般留10%~15%的预留压实高度。

碾压混凝土混合料的摊铺最好是单层摊铺，路面厚度超过30cm时，则应采用两层摊铺为宜。因为超过30cm后不易压实。当采用两层摊铺时需有一定的顺序要求。一般上下层摊铺的相隔时间不宜太长。通常上午摊铺下层，下午摊铺上层。一般情况下不需要对下层表面进行任何处理。但有的国家和地区采用平地机上的齿耙将下层拉出纹槽，使其与上层更好地黏结。

两层摊铺时，若对平整度要求不高，允许下层用平地机摊铺，由压路机压实到预定的密实度，上层则必须用高级摊铺机铺筑。

（3）压实问题

混凝土摊铺后应立即进行碾压。一般采用低频率、高振幅的重型钢轮振动压路机碾压。这与沥青路面所用振动压路机压实要求正好相反。振动压路机压实的遍数应以不致产生有害作用为止。通常压实3~4遍，以达到预定的密实度要求，碾压遍数过多往往会引起表面细裂纹。碾压工作速度不超过3.2km/h时的压实效果最佳。

振动压路机碾压后，需检查现场的密实度是否符合要求，若达到了要求的密实度，然后用重型20t轮胎压路机或轻型静力钢轮压路机做表面封层的碾压工作，通常1~2遍即可。

在最后的几遍压实作业中，在钢轮表面加足量的水，可以使路面产生足够的浆液去密合路表面的孔隙和裂纹。但注意水量一定要加够，以防止路表面干料粘到轮上。

压实作业完成后，压路机应驶离压实现场。在相邻路带摊铺时，沿着边缘应留下30~45cm的材料先不进行压实，待相邻路带铺好后再与其一起压实，从而保证与相邻的摊铺路带有一致的平整度和压实度。同时也允许路带之间的接缝被压实，以便形成平整密实的接缝。为改善支撑边外缘的密实度，将约45cm的外缘压实推迟10min，若路面宽度8m或9m，采用一台或多台沥青摊铺机时，压实的顺序应从外缘到中心。这种压实程序可保证整个路面宽度的密实度。建筑物周边等无法靠近的部位，采用小型振动碾压实，其允许压实厚度和碾压遍数，应经试验确定。

混凝土路面压实后，要进行密实度检测，因为高密实度意味着高抗弯拉强度。目前碾压混凝土路面密实度仍用核子密实仪来测量。核子密度仪应在使用前用与工程一致的原材料配制碾压混凝土进行标定。仪器应由受过专门培训的人员使用、维护、保养，严禁拆装仪器内放射源，严格按操作规程作业，并进行仪器登记备案，存放在符合安全规定的地方。

(4) 平整度

路面平整度是评价路面质量的关键指标之一。测量平整度一般用3m尺靠到路表面上，测量路表面到尺下沿的最大垂直距离，通常平整度的最大允许误差为3~5mm。影响碾压混凝土平整度的因素很多，除与最大骨料尺寸、含水量有关外，还与压路机压实技术、摊铺人员素质及施工方法有关。

首先，从人员技术水平上解决平整度问题。碾压混凝土路面压实设备对操作人员的技术要求比对沥青路面压实人员的技术要求要高，因为压路机的操作人员对路面平整度起重要的作用，较厚的碾压混凝土路面在平整度上比较薄的沥青路面层容易增大偏差，因此，应做好技术人员的培训工作，使其能熟练地、良好地操作机械设备。

其次，从施工方法上解决平整度问题。在高等级公路上，碾压混凝土只做路面基层。在公路施工中大多采用两层式施工方法，即下层为碾压混凝土，上层为低塑混凝土(或沥青混凝土)。实践表明，用两层式施工方法解决平整度问题是一种较为理想的办法，但应注意以下几点：

① 上层混凝土水泥含量比下层增大5%~7%，以改变路面的强度和耐久性。

② 上层厚度应不小于板厚的1/3，最好为1/2。

③ 上下两层摊铺的时间间隔最好不超过2h，以保证上下层的黏结。

④ 板厚大于30cm时，只有用两层式方法施工，才能保证混凝土路面的密实度和平整度。

(5) 接缝处理

① 横向缩缝

横向缩缝间距为10~15m，使用锯切法设置，缝深8~9cm。应根据工程具体情况采用“先碾先切”或“先切后碾”的方式。采用“先碾后切”时应对缝口进行补碾。

② 纵向缩缝

施工宽度在5m以上时，宜设置纵向接缝，纵缝间距6~8m，缝深度8~9cm，使用锯切法成缝。如纵缝需设拉筋时，按设计要求施工。

③ 胀缝

胀缝按设计要求施工。

(6) 养生、切缝

混凝土碾压完成后，养护时间不少于7d。当强度达到6~9MPa时，即可切缝。

(7) 碾压混凝土的检测

① 振动碾压混凝土并未改变混凝土的基本特性，因此国家标准《混凝土结构工程施工质量验收规范》(GB 50204—2015)对于碾压混凝土仍然适用。

② 施工时，随时测定调整V_c值(碾压混凝土拌和物在规定振动频率及振幅、规定表面压强下，振至表面泛浆所需的时间)，确保碾压混凝土的强度。

③ 通过检查压实度来控制碾压混凝土的质量时，按重型击实最佳含水量计算，现场压实度应达到95%以上。

④ 制作试块与现场钻孔取圆柱芯试件相结合，测定其抗折强度和抗压强度。钻孔取样是评定碾压混凝土质量的综合方法，可在碾压混凝土达到设计龄期后进行。钻孔的部位和数量应根据需要确定。钻孔取样评定内容如下：

芯样获得率：评价碾压混凝土的均质性。压水试验：评价碾压混凝土抗渗性。芯样的物理力学性能试验：评价碾压混凝土的均质性和力学性能。芯样断口位置及形态描述：描述断口形态，分别统计芯样断口在不同类型碾压层层间结合处的数量，并计算占总断口数的比例，评价层间结合是否符合设计要求。芯样外观描述：评定碾压混凝土的均质性和密实性。

测定抗压强度的芯样直径以 150~200mm 为宜。混凝土的最大骨料粒径大于 80mm 的部位，宜采用直径 200mm 或更大直径的芯样。以高径比为 2.0 的芯样试件为标准试件，不同高径比的芯样试件的抗压强度与高径比为 2.0 的标准试件抗压强度比值换算。

⑤ 在碾压混凝土施工 28d 后对其进行弯沉值检测，路堤强度和稳定性要完全满足路床或路面施工以及规范要求。

⑥ 碾压混凝土抗冻、抗渗检验的合格率应不低于 80%。

(8) 碾压混凝土路面的湿处治

碾压混凝土与其他水泥混凝土路面一样，需要用湿处治来获得其潜在的强度，特别是前 24h 的湿处治是非常重要的。湿处治可通过铺湿麻片、湿砂层、湿草垫，用洒水车或喷雾装置喷水等方法来实现，但采用喷洒水的方法时，必须谨防流水冲走已压实表面的细颗粒，同时，洒水车不能太重，否则会使尚未达到承受重载的强度的混凝土路面受到损坏。

在处治时应注意，由于碾压混凝土的含水量极低，表面极易干燥，因此应及时喷洒水，不能出现干透现象，否则将会变成一个低质量的工程。因为如果在处治期内干透，将会产生易渗透、易受霜冻或其他损坏现象。处治过程中，路面湿度以保持或低于饱和状态的 8% 为宜。这也是防止过多开裂的一种有效方法。

2. 钢纤维混凝土路面施工

钢纤维混凝土路面是在素混凝土基体中掺入乱向、不连续的钢纤维的一种面层结构形式。这种面层具有优良的抗拉、抗弯拉、抗疲劳性能以及较好的韧性。

钢纤维混凝土路面的应用可以明显减小混凝土板厚，延长缩缝间距，减少接缝数量，改善路用性能，进而减少工作量，缩短工期，减少唧泥、错台等病害，既延长使用寿命又保证行车舒适性。

钢纤维混凝土路面一般应用于公路路面、机场道面、桥面、停车场和收费站广场等场所，也可用于高程受限制地段路面和旧水泥混凝土路面加铺层。

钢纤维混凝土路面施工除了满足普通混凝土路面的施工要求之外，还应结合钢纤维的特点进行。

(1) 搅拌和运输

由于钢纤维一次性直接投入搅拌机容易出现结团现象。为充分分散钢纤维，应在搅拌机上安装振动式钢纤维分散机，也可使用双锥反转出料强制式搅拌机。钢纤维混凝土严禁用人工搅拌。钢纤维混凝土的投料次序、方法和搅拌时间，应以搅拌过程中钢纤维不产生结团和满足使用要求为前提，通过试拌确定。搅拌时，要先在搅拌机里干拌 1~2min，再加水湿拌2min左右。总拌和时间控制在6min之内，且每次搅拌量控制在搅拌机容量的1/3以下。当钢纤维体积率较高，搅拌物较干时，搅拌设备一次搅拌量宜不大于其额定搅拌量的80%。

施工中应根据运距、混凝土搅拌能力、摊铺能力确定运输车辆的数量与配置。钢纤维混凝土拌合物从出料到运输、浇筑至摊铺完毕的允许时间宜不超过表3.22的规定。在浇筑和摊铺过程中严禁因拌合物干涩而加水，但可喷雾防止表面水分蒸发。

表3.22　钢纤维混凝土拌合物运输和铺筑完毕时间

施工气温/℃	运输允许最长时间/h		铺筑完毕允许最长时间/h	
	滑模、轨道	三辊轴机组	滑模、轨道	三辊轴机组
5~9	1.25	1.0	1.5	1.25
10~19	0.75	0.5	1.0	0.75
20~29	0.50	0.35	0.75	0.50
30~35	0.35	0.25	0.50	0.35

（2）布料与摊铺

钢纤维混凝土路面所采用的各种机械布料与摊铺方式，应保证钢纤维在混凝土路面板中的均匀性、一致性及结构的连续性。在保证振实前提下，应使用较低坍落度的拌合物，具体见表3.23。

表3.23　不同施工方式钢纤维混凝土拌合物坍落度　　cm

摊铺方式	滑模摊铺机	轨道摊铺机	三辊轴机组	小型机具
出机坍落度	30~35	20~40	20~20	10~30
摊铺坍落度	10~30	5~25	5~15	0~15

注：适宜摊铺的现场坍落度不应变化，出机坍落度可根据气温、适距等适度调整。

钢纤维混凝土路面布料的松铺厚度应通过机械试铺确定。拌合物坍落度和施工方式相同时，钢纤维混凝土路面的松铺厚度应比普通混凝土的高1~2cm。

（3）振捣与整平

钢纤维混凝土路面所采用的振捣机械和振捣方式不仅应保证混凝土密实，而且还应保证钢纤维在混凝土中的均匀分布。在已振实的面层板中，不得遗留振捣棒，插振后局部无钢纤维的空洞、坑穴或沟槽。为保证边角混凝土密实，将振捣棒顺路线方向插入，使钢纤维成纵向条状集束，有利于抵抗面层内的收缩应力和温度应力以及荷载传递。振动持续时间以混凝土停止下沉，不再冒气泡，并泛出水泥浆为准。

采用滑模摊铺机或轨道摊铺机摊铺时，面层板振捣应采用高频或超高频振捣棒组，且振捣棒底缘应严格控制在面层板表面位置。采用三辊轴机组摊铺钢纤维混凝土面层，可采用平板式振捣器振捣密实。上述振捣方式中，不得采用振捣棒组插入路面钢纤维混凝土拌合物内部振捣，也不得使用人工插捣。

钢纤维混凝土路面的整平除应满足各级公路路面平整度要求外，整平后的面层板表面1~2cm内还应保证钢纤维不直立和不翘头。

(4) 抗滑构造制作

钢纤维混凝土路面必须使用硬刻槽方式制作抗滑构造，不得使用粗麻袋、刷子和扫帚制作细观抗滑构造。

(5) 切缝

当钢纤维混凝土强度达到设计强度约50%时，开始切缝。钢纤维混凝土路面的横向缩缝间距应在5~10m，钢纤维掺量较大时取高值，否则取低值。

3.3.4 水泥混凝土路面施工案例

1. 工程概况

某公路为福建省福安至寿宁(闽浙界)高速公路，其主要位于福建省宁德市辖区的福安市和寿宁县境内，是海峡西岸经济区“三纵八横三环三十三联”高速公路网布局中的跨区域联络线。该项目可以完善海峡西岸经济区高速公路网，在闽东北与浙西南间构筑便捷的省际快速通道，方便沿线县市便捷连通高速公路，有利于福建省“县县通高速”目标的实现。

该项目全线总里程54.745587km，路基土建工程共分6个施工标段，路面工程分2个施工标段，具体的路基土建工程标段划分见表3.24。

表3.24 项目施工标段划分表

标段名称	起止桩号	路线长度/km	主要构造物
A1	K0+000—YK10+060	10.291699	吴厝下大桥、秀峰大桥、岭头隧道、秀峰隧道、坂中枢纽互通、社口互通
A2	YK10+060—K20+380	10.32	社口大桥、大韩大桥、武曲特大桥、社口隧道、承天隧道、岩头岗隧道、斜滩互通
A3	K20+521.143—YK27+162	6.640857	下马岭特大桥、元潭Ⅰ号大桥、元潭Ⅱ号大桥、白日潭Ⅰ号大桥、半岭隧道、白日隧道
A4	YK27+162—K37+420	10.249149	白日潭Ⅱ号大桥、金鸡巢大桥、布罗林大桥、麦园丘大桥、姜家隧道、西岗隧道、石竹隧道、下地隧道、寿宁互通、南阳服务区
A5	K37+420—K44+860	7.44	仙峰大桥、翁坑大桥、西浦大桥、镇家岭隧道、西浦隧道
A6	K44+860—K54+580	9.804612	犀溪大桥、马岭尾大桥、库坑大桥、北洋大桥、双港大桥、长岗隧道、犀溪互通、闽浙主线收费站

2. 高速公路水泥混凝土路面施工技术

(1) 测量放样

在高速公路工程水泥混凝土路面施工开始前，需要对各个路段进行测量放样，可以有效控制高程，为后期施工活动提供基准。在测量放样前，需要明确放样的位置和范围，根据设计要求，规范标准操作。一般在基层上，对混凝土的摊铺位置和模板安装过程中进行放样，而后布置中桩和边桩。对于临时水准点，需要科学控制间距，一般根据100m的间距进行布设，以此保证路面标高的准确性。

(2) 科学配比混凝土材料

在高速公路工程水泥混凝土路面施工中，需要根据要求选择原材料，常常使用的路面材料包括碎石砂、水泥、水、外加剂等。在施工前，施工人员需要根据规范要求，明确混凝土材料的配比，对于不同等级和类型的公路选择不同的混凝土材料配比。比如，高等级高速公路对混凝土材料的配比要求高，对混凝土的抗弯拉强度、抗腐蚀强度要求高，施工人员需要加强骨料的级配和含泥量的控制。正常情况下，级配碎石选择粒径为15~45mm的碎石颗粒，其中70%的碎石粒径应在15~35mm。选择中砂时，需要保证其细度模数为2.80~3.00，确保有15%的砂可以通过0.316mm的凹筛孔，砂率需要控制在40%。在选择砂、石时，需要将其含泥量控制在1%以内。在此过程中，禁止使用海砂，避免将有机质等杂物混合进来。

（3）混凝土施工技术

① 混凝土拌和与运输　施工人员进行混凝土拌和时，需要严格根据指标，确保混凝土拌和物的均匀性、黏聚性符合要求。控制拌和的时间，如果存在偏差，需要及时缩小。在完成拌和后，需要根据具体情况，科学地选择运输方法，一般使用特定的混凝土罐车进行运输，并做好运输防护工作。加强检查，避免出现各种漏料和漏浆的问题，影响混凝土的运送数量和质量。

② 混凝土卸料摊铺　在混凝土罐车进入现场后，卸料时需要匀速进行。特殊情况下可以选择挖掘机进行布料，布料的速度需要和摊铺速度保持一致，根据混凝土路面横坡的长度和混凝土的坍落度控制摊铺厚度。在摊铺时，需要加强检查，匀速进行抹平处理，避免摊铺过程中混凝土表面存在明显的凹陷等问题。

③ 混凝土振捣密实　摊铺混凝土后，如果其长度超过10m就需要开始振捣工作。一般采用排式振捣机进行连续的振捣，将速度控制在4m/min内充分振捣，避免振捣速度过快，影响振捣质量。此外，在振捣中也需要匀速进行，当混凝土表面没有气泡时停止振捣。

④ 公路养护　在路面混凝土摊铺完工后，需要根据设计要求，采用覆盖物覆盖混凝土路面，避免杂物进入或者人工干预。在此过程中，需要根据天气情况洒水，保证混凝土的湿度，做好混凝土的养护工作。在具体养护的过程中，禁止人员通过，需要在外部设立警示牌。一般养护时期都有明确的规定，当混凝土达到设计强度的40%后，人员才可以通行，达到设计强度的80%后，可以停止养护。检查混凝土表面是否有裂缝，如果发现裂缝需要及时进行封堵处理。

⑤ 科学选择混凝土裂缝预防和控制方法　在混凝土路面施工中常常会出现裂缝，对行车产生影响，影响公路的通行安全，对此需要施工单位加强重视。一般加强裂缝的预防和控制工作，具体可以从以下几个方面进行：a. 在路基内的基础面筋上，设置铁丝网或者小直径的钢筋网，以此提高混凝土表面的抗裂性；b. 在路面中设置预埋件，在混凝土路面中容易出现裂缝的位置处设置应力应变传感片，并对其拉应力进行直接测试，做好日常监测工作，根据监测数据采取措施；c. 在混凝土路面的施工过程中，加强对混凝土摊铺温度的控制，尤其是在混凝土初凝和硬化的过程中，应采取科学的养护措施对混凝土路面进行养护，以此减少裂缝的产生，提高混凝土路面的施工质量。

（4）伸缩缝施工

在混凝土施工中，需要在路面上科学地设置伸缩缝，一般将纵向和横向伸缩缝的距离控制在6m以下，宽度控制在20mm以内。在设置后，将沥青砂石等材料填筑到缝内。在施工间隔时预留施工缝，也需要同时考虑伸缩缝的问题。如果施工间隔时间小于水泥初凝时间，需要施工人员均匀倒入新混凝土，将原有混凝土完全覆盖后采用特定的振捣工具进行振捣夯实，确保新旧混凝土的融合。如果施工间隔时间大于水泥初凝时间，则需要对混凝土的强度进行检测，当混凝土浇筑强度在 1.2N/mm^{2}以上时才可以施工。在施工后期，当混凝土表面硬化后，需要及时清除混凝土面层的杂物，之后根据要求重新进行新混凝土浇筑。在此过程中，需要凿毛旧混凝土，及时洒水，确保混凝土的湿度满足要求。禁止触碰松动及损坏钢筋周围连接的混凝土，并清理钢筋上的油污、砂浆等。

3. 高速公路水泥混凝土路面施工技术的应用策略

（1）做好施工准备工作

① 加强水泥和混凝土原材料的性能控制　在高速公路工程水泥混凝土路面施工中，加强原材料的控制，重点在施工材料进场前对水泥的出厂合格证、质量检测证、类型、标号进行检查。在此过程中，加强对集料的控制，确保其比例符合混凝土施工等级的要求，对于集料的杂质含量进行检测，将集料的水泥含量、有机质含量控制在标准范围内。

② 科学选择拌和场地　在选择拌和场地时，考虑运输距离、水电条件、范围等，此外根据要求和条件科学布置拌和机、砂石存放的位置，建造水泥库房。在具体开展摊铺作业前，检查路面的宽度、路拱、标高等，确保其符合设计要求，如果不符合要求需要返工整修。此外，还需要保持混凝土的湿润，避免其水分不足出现裂痕。

③ 根据设计规范，放出公路中线和边线　一般需要每隔 20m 在公路中线位置设置中线桩，并将中线桩设置在胀缝、曲线起始点及纵坡转点位置，同时将边桩设置在中线桩两边的一定位置。最后在路旁位置设置控制桩，确保其精度符合施工要求。相隔 100m 在公路边线相应位置设置临时水准点，便于后期对公路路面高程进行复审。

（2）加强技术创新，更新设备

在高速公路工程水泥混凝土路面施工中，现有的施工技术已经发展成为完整的技术体系，人们越来越重视对新材料、新技术、新工艺的研究和应用。在高速公路工程水泥混凝土路面施工中，为了有效解决质量问题，提高公路的使用寿命，就需要加强技术创新，从根本上预防和减少质量问题，推动我国公路工程的健康发展，有效提高高速公路工程水泥混凝土路面施工技术的水平。

当前有部分高速公路工程建设施工单位已经采用高平整水泥路面滑模摊铺技术、水泥路面裂缝控制技术。对于材料方面也进行了创新，大量使用彩色混凝土路面、纤维混凝土路面等，有效提高了路面的强度和硬度，提高了公路的等级。

另外，在施工技术创新的同时也需要加强对施工设备的更新、改造、升级，进一步提高技术水平。施工技术创新需要一定平台的支持，而施工设备可以为技术的应用搭建平台，对此也需要加强对设备的创新。比如，在混凝土混合料的摊铺与拌和工序中，对混凝土混合料中的含水量进行检测，对摊铺速度进行控制，采用设备辅助进行，有效保证施工质量和进度，确保施工的顺利进行，减少后期维修和养护，降低施工成本，对此施工单位需要加强对施工设备精准度的控制和研究。

第4章　桥梁下部结构施工技术

4.1　桥梁基础施工

4.1.1　浅基础施工

1. 基坑定位放样

在桥梁施工过程中，首先要建立施工控制网；其次进行桥梁轴线标定和墩台中心定位；最后进行墩台施工放样，定出基础和基坑的各部分尺寸。桥梁的施工控制网除了用来测定桥梁长度外，还要用于各个位置控制，保证上部结构的正确连接。施工控制网常用三角控制网，其布设应根据总平面图设计和施工地区的地形条件来确定，并作为整个工程施工设计的一部分。布网时要考虑施工程序、方法以及施工场地的布置情况，可以用桥址地形图拟定布网方案。

桥梁轴线的位置是在桥梁勘测设计中根据路线的总走向、地形、地质、河床情况等选定的，在施工时必须现场恢复桥梁轴线位置，并进行墩台中心定位。中小桥梁一般采用直接丈量法标定桥轴线长度并定出墩台的中心位置，有条件的可以用测距仪或全站仪直接确定。

施工放样贯穿于整个施工过程，是质量保证的一个方面。施工放样的目的是将设计图上的结构物位置、形状、大小和高低在实地标定出来，以作为施工的依据。桥梁施工放样的主要内容如下：

(1) 墩台纵横向轴线的确定。

(2) 基坑开挖及墩台扩大基础的放样。

(3) 桩基础的桩位放样。

(4) 承台及墩身结构尺寸、位置放样。

(5) 墩帽和支座垫石的结构尺寸、位置放样。

(6) 各种桥型的上部结构中线及细部尺寸放样。

(7) 桥面系结构的位置、尺寸放样。

(8) 各阶段的高程放样。

基础放样是根据实地标定的墩台中心位置为依据来进行的，在无水地点可直接将经纬仪安置在中心位置，用木桩准确固定基础纵横轴线和基础边缘。由于定位桩随着基坑开挖必将被挖去，所以必须在基坑开挖范围以外设置定位桩的保护桩，以备施工中随时检查基坑位置或基础位置是否正确，基坑外围通常用龙门板固定或在地上用石灰线标出。

对于建筑物标高的控制，常将拟建建筑物区域附近设置的水准点引测到施工现场附近不受施工影响的地方，设置临时水准点。

2. 旱地基坑施工

(1) 旱地基坑开挖

旱地基坑开挖分为无围护开挖和围护开挖，当基坑较浅、地下水位较低时基坑可以不加围护，一般采用放坡开挖方法，基坑边坡坡度可以参考表4.1选用，表4.1中n称为边坡系数，表示斜坡的竖向尺寸为1时对应的水平尺寸。当基坑开挖深度大于5m时，可将坑壁适当放缓或在适当部位加设0.5~1.0m的平台。基坑周围应设置排水沟防止地面水流入基坑，当基坑顶缘有动荷载时，顶缘与动荷载之间留有1m的护道，以减小动荷载对坑壁的不利影响。当基坑边坡稳定性差，或受建筑场地限制，或放坡给工程带来过大的工程量时，可以采用设置围护结构的直立坑壁。

表4.1 无围护基坑坑壁坡度

坑壁土类别	坑壁坡度(1：n)		
	基坑壁顶缘无荷载	基坑壁顶缘有静荷载	基坑壁顶缘有动荷载
砂类土	1：1	1：1.25	1：1.5
碎石、卵石类土	1；0.75	1：1	1：1.25
亚砂土	1：0.67	1：0.75	1：1
亚黏土、黏土	1：0.33	1：0.5	1：0.75
极软土	1：0.25	1：0.33	1：0.67
软质岩	1：0	1：0.1	1：0.25
硬质岩	1：0	1：0	1：0

(2) 基坑型式

① 垂直坑壁基坑

天然湿度接近于最佳含水量，构造均匀，不致发生坍塌、移动、松散或不均匀下沉的基土开挖时可以采用垂直坑壁。

② 斜坡和阶梯形基坑

基坑深度在5m以内，土的湿度正常、构造均匀，基坑坑壁可以参照表4.1选用坡度，可做斜坡或台阶开挖。采用台阶开挖时，每阶高度以0.5~1.0m为宜，台阶可兼用于人工运土。当基坑深度大于5m时，可以在表4.1基础上适当放缓或做平台。

③ 变坡度坑壁基坑

开挖穿过不同土层时，可以采用变坡坑壁，当下层土为密实黏质土或岩石时，下层可以采用垂直坑壁。在变坡处可根据需要设置小于0.5m宽的平台。

(3) 无水基坑施工方法

一般小桥、涵基础、工程量不大的基坑可以用人工施工方法；大中桥基础工程，基坑深、基坑平面尺寸大、开挖方量多，可以用机械施工方法；无水基坑开挖方法可以参见表4.2。

表 4.2　无水基坑施工方法

地质及支撑状况	挖掘方式	提升方法	运输方式	附注
土质、无支撑	挖土机(正铲)	挖土机(正铲)	挖土机直接装车	挖土机在坑底
土质、无支撑	挖土机(反铲)	挖土机(反铲)	挖土机回旋弃土	挖土机在坑缘上
土质、无支撑	挖土机(拉铲)	挖土机(拉铲)	挖土机回旋弃土	挖土机在坑缘上
土质、无支撑或有支撑	起重机抓泥斗：软土(无齿双开)、硬土(有齿双开)、大砾石或漂石(四开)	抓泥斗	吊臂回旋弃土或直接装车	—
土质、无支撑或有支撑	人工挖掘	用锹向上翻起或人工接力上翻	弃土或装车	—
土质或石质、无支撑或有支撑	人工或风动工具	传送带	传送带接运	传送带可分设在坑底或坑上
土质或石质、无支撑或有支撑	人工或风动工具	起重机、各种动臂起重机或摇头扒杆，配带活底吊斗	回旋弃土或直接装车	起重机具设在坑缘或坑下，必要时可在坑上脚手平台接运
土质或石质、无支撑或有支撑	人工或风动工具	爬坡车：有轨(石质坑)、无轨(土质坑)、用卷扬机或绞车	爬坡车、接斗车或手推车	—

(4) 基坑坑壁的支护和加固

在下列情况下宜采用挡板支护或加固基坑坑壁：基坑坑壁不易稳定，并有地下水的影响；放坡开挖工程量过大，不符合工程经济的要求；受施工场地或邻近建筑物限制，不能采用放坡开挖。常用坑壁支护结构有挡板支护、板桩墙支护、临时挡土墙支护和混凝土加固等型式。挡板支护有木挡板、钢木结合挡板、钢结构挡板等型式；板桩墙支护有悬臂板桩、锚拉式板桩等。

① 挡板支护

挡板支护结构适用于开挖面积不大、深度较浅的基坑，挡板的作用是挡土，工作特点是先开挖后设置围护结构，挡板支护型式包括木挡板、钢木结合挡板。木挡板支护有垂直挡板式支护、水平挡板式支护以及垂直挡板和水平挡板混合支护等型式。垂直挡板直立放置，挡板外用横枋加横撑木支撑；水平挡板横向放置，挡板外用竖枋加横撑木支撑；垂直挡板和水平挡板混合支护是上层支护采用水平挡板连续支护到一定深度后改用垂直挡板。

挡板支撑方式有连续式和间断式。一般可以一次开挖到基底后再安装支撑，对于黏性差、易坍塌的土，可以分段下挖，随挖随撑。采用间断支撑时应以保证土不从挡板间隙中坍落为前提。

对于大型基坑，土质较差或地下水位较高时，宜采用钢木混合支护或钢结构支护基坑，采用定型钢模板作为挡板，用型钢做立木和纵横支撑。钢结构支护的优点是便于安装、拆卸，材料消耗少，有利于标准化、工具化发展。其缺点是刚度较弱，施工中应根据土质和荷载情况，合理布置千斤顶位置。

② 板桩墙支护

当基坑面积较大，且深度较深，尤其基坑底面在地下水位以下超过 1m，涌水量较大不宜用挡板支护时，可以在基坑四周先沉入板桩，然后开挖基坑，必要时加内撑或锚杆。这种板桩支护既能挡土，又能挡水。板桩墙分为无支撑式、支撑式和拉锚式。无支撑式只适用于基坑较浅的情况，并且要求板桩有足够的入土深度，以保证板桩的稳定性；支撑式板桩适用于较深基坑的开挖，按照设置支撑的层数可分为单支撑板桩和多支撑板桩。板桩墙按照材料分为木板桩、钢板桩和钢筋混凝土板桩等。钢板桩强度较大、结构轻，能穿过较坚硬的土层，不易漏水，并可以重复使用，在桥梁施工中应用较为广泛。

③ 混凝土加固

常用方式有现浇混凝土和喷射混凝土护壁等型式。现浇混凝土是采用逐节向下开挖进行支模、浇筑混凝土，基坑每节开挖深度视土质或定型钢模板尺寸而定，一般以 1.0~1.5m 为一节，在开挖深度内架立模板，并在模板上部预留混凝土浇筑口，通过浇筑口浇筑混凝土支护结构。混凝土厚度一般为 8~15cm，强度等级不低于 C15，混凝土一般要掺早强剂。

喷射混凝土支护是以高压空气为动力，用喷混凝土机械将混凝土喷涂于坑壁表面，并在坑壁形成混凝土加固层，对土体起加固和保护作用，防止坑壁风化、雨水冲刷和浅层坍塌剥落。宜用于土质较稳定、渗水量不大、深度小于 10m、直径为 6~12m 的圆形基坑。施工时在基坑口开挖环形沟槽做土模，浇筑混凝土坑口护筒，然后分层开挖，喷护混凝土，每层高度约 1m 左右，渗水较大时宜不超过 0.5m。

3. 基坑排水

基坑如在地下水位以下，随着基坑的下挖，渗水将不断涌入基坑，因此施工过程中必须不断地排水，以保持基坑的干燥，便于基坑挖土和基础的砌筑与养护。目前常用的基坑排水方法有明式排水和井点法降低地下水位两种。

(1) 明式排水法

明式排水是在基坑整个开挖过程及基础砌筑和养护期间，在基坑四周开挖集水沟汇集坑壁及基底的渗水，并引向一个或数个更深一些的集水井。集水沟和集水井一般设在基础范围以外。在基坑每次下挖以前，必须先挖沟和井，集水井的深度应大于抽水泵吸水龙头的高度，在抽水泵吸水龙头上套竹筐围护，以防土石堵塞龙头。

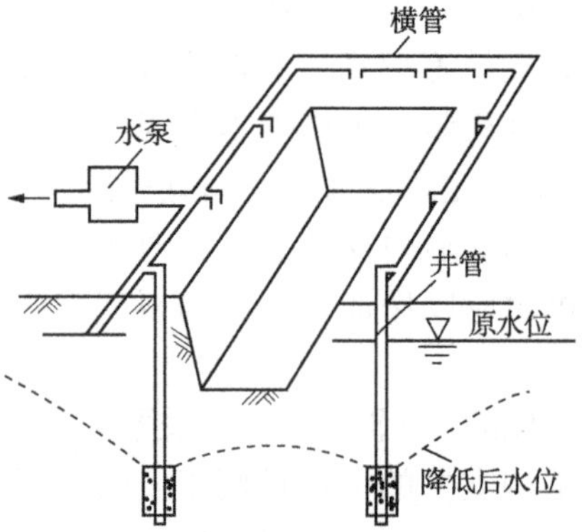

图 4.1 井点降水示意图

这种排水方法设备简单、费用低，一般土质条件下均可采用。但当地基土为饱和粉细砂等黏聚力较小的细粒土层时，由于抽水会引起流砂现象，造成基坑的破坏和坍塌，因此这类土应避免采用表面明式排水法。

(2) 井点法降低地下水位

对粉质土、粉砂类土等如采用明式排水法极易引起流砂现象，影响基坑稳定，可采用井点法降低地下水位排水。根据使用设备的不同，主要有轻型井点、喷射井点、电渗井点和深井泵井点等类型，可根据土的渗透系数、要求降低水位的深度及工程特点选用。

轻型井点降水布置示意如图 4.1 所示，即在基坑开挖前预先在基坑四周打入(或沉入)若干根井管，井管下端1.5m左右为滤管，滤管部分钻有若干直径约2mm的滤孔，外面包扎过滤层。各个井管用集水管连接抽水。由于使井管两侧一定范围内的水位逐渐下降，各井管相互影响形成了一个连续的疏干区。在整个施工过程中仍不断抽水，保证在基坑开挖和基坑施工期间处于无水状态。

4.1.2 桩基础施工

桩基础施工前应根据已定出的墩台纵横中心轴线直接定出桩基础轴线和各基桩桩位，目前，已普遍应用全站仪设置固定标志或控制桩，以便施工时随时校核。常用的施工方法有预制沉桩、钻孔灌注桩、挖孔灌注桩等。

1. 预制沉桩施工

(1) 沉桩前准备

桩可在预制厂预制，当预制厂距离较远且运桩不经济时，宜在现场选择合适的场地进行预制，但应注意：场地布置要紧凑，尽量靠近打桩地点，要考虑到防止被洪水所淹；地基要平整密实，并应铺设混凝土地坪或专设桩台；制桩材料的进场路线与成桩运往打桩地点的路线，不应互受干扰。

预制桩的混凝土必须连续一次浇筑完成，宜用机械搅拌和振捣，以确保桩的质量。桩上应标明编号、制作日期，并填写制桩记录。桩的混凝土强度必须大于设计强度的70%方可吊运；达到设计强度时方可使用。核验沉桩的尺寸和质量，并在每根桩的一侧用油漆画上长度标记(便于随时检查沉桩入土深度)。

此外，应备好沉桩地区的地质和水文资料、沉桩工艺施工方案以及试桩资料等。

预制的钢筋混凝土桩由预制场地吊运到桩架内，在起吊、运输、堆放时，都应该按照设计计算的吊点位置起吊(一般吊点应在桩内预埋直径20~25mm的钢筋吊环，或以油漆在桩身标明)，否则桩身受力情况与计算不符，可能引起桩身混凝土开裂。预制钢筋混凝土桩主筋是沿桩长按设计内力配置的，吊运时吊点位置，常根据吊点处由桩重产生的负弯矩与吊点间由桩重产生的正弯矩相等原则确定，这样较为经济。一般的桩在吊运时，采用两个吊点，如桩长为L，吊点离每端距离为$0.207L$；插桩时为单点起吊，为了使桩内正、负弯矩相等，可将吊点设在$0.293L$处，如桩长不超过10m，也可利用$0.207L$吊点。吊运较长的桩，为减少内力，节省钢筋，采用三点或四点起吊。根据相应的弯矩值，即可进行桩身配筋，或验算其吊运时的强度。

(2) 锤击沉桩法

锤击沉桩法是靠桩锤的冲击能量将桩打入土中，因此桩径不能太大(在一般土质中桩径不大于0.6m)，桩的入土深度也不宜太深(在一般土质中不超过40m)，否则打桩设备要求较高，打桩效率很差。一般适用于松散、中密砂土、黏性土。

所用的基桩主要为预制的钢筋混凝土桩或预应力混凝土桩。

锤击沉桩常用的设备是桩锤和桩架。此外，还有射水装置、桩帽和送桩等辅助设备。

① 桩锤

常用的桩锤有坠锤、单动汽锤、双动汽锤、柴油机锤及液压气垫锤等几种。坠锤是最简单的桩锤，它是由铸铁或其他材料做成的锥形或柱形重块，锤击力为2~20kN，用绳索或钢丝绳通过吊钩由人力或卷扬机沿桩架导杆提升 1~2m，然后使锤自由落下锤击桩顶。此法打桩效率低，每分钟仅能打数次，但设备较简单，适用于小型工程中打木桩或小直径的钢筋混凝土预制桩。

单动汽锤、双动汽锤是利用蒸汽或压缩空气将桩锤在桩架内顶起下落锤击基桩，单动汽锤锤击力为 10~100kN，每分钟冲击 20~40 次，冲程 1.5m 左右；双动汽锤锤击力为 3~10kN，每分钟冲击 100~300 次，冲程数百毫米，打桩效率高。单动汽锤适用于打钢桩和钢筋混凝土实心桩，双动汽锤冲击频率高，一次冲击动能较小，适用于打较轻的钢筋混凝土桩或钢板桩，它除了打桩还可以拔桩。

柴油锤实际上是一个柴油汽缸，工作原理同柴油机，利用柴油在汽缸内压缩发热点燃而爆炸将汽缸沿导向杆顶起，下落时锤击桩顶。导杆式柴油锤适用于木桩、钢板桩；筒式柴油锤宜用于钢筋混凝土管桩、钢管桩。柴油锤不适宜在过硬或过软的土中沉桩。另外，施工中还应考虑防音罩，从能准确地获得桩的承载力看，锤击法是一种较为优越的施工方法，但因噪声高故在市区内难以采用，防音罩是为了防止噪声，用它将整个柴油锤包裹起来，可达到防止噪声扩散和油烟发散的目的。

打桩施工时，应适当选择桩锤重量，桩锤过轻桩难以打下，效率太低，还可能将桩头打坏，所以一般认为应重锤轻打，但桩锤过重，则各机具、动力设备都需加大，不经济。

② 桩架

桩架的作用是装吊桩锤、插桩、打桩、控制桩锤的上下方向，由导杆、起吊设备(滑轮、绞车、动力设备等)、撑架(支撑导杆)及底盘(承托以上设备)等组成。

桩架在结构上必须有足够强度、刚度和稳定性，保证在打桩过程中的动力作用下桩架不会发生移动和变位。桩架的高度应保证桩吊立就位时的需要及锤击的必要冲程。

桩架常用的有木桩架和钢桩架，木桩架只适用于坠锤或小型的单动汽锤。柴油锤木身带有钢制桩架，由型钢装成。桩移动时可在底盘托板下面垫上滚筒，或用轮子和钢轨等方式，利用动力装置牵引移动。

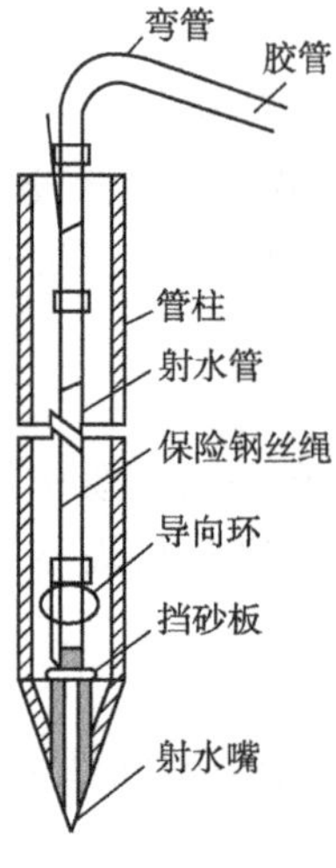

图 4.2 空心管桩的射水装置图

钢制万能打桩架的底盘带有转台和车轮(下面铺设钢轨)，撑架可以调整导向杆的斜度，因此它能沿轨道移动，能在水平面做 360°旋转，也能打斜桩，施工很方便，但桩架本身笨重，拆装运输较困难。

在水中的墩台桩基础，应先打好水中支架桩(小型的钢筋混凝土桩或木桩)，上面搭设打桩工作平台，当水中墩台较多或河水较深时，也可采用船上打桩架施工。

③ 射水装置

在锤击沉桩过程中，若下沉遇到困难，可用射水方法助沉，因为利用高压水流通过射水管冲刷桩尖或桩侧的土，可减小桩的下沉阻力，从而提高桩的下沉效率。如图 4.2 所示为设置于管桩中的内射水装置，高压水流由高压水泵提供。

④ 桩帽与送桩

桩帽的作用是直接承受锤击、保护桩顶，并保证锤击力作用于桩的断面中心。因此，要求桩帽构造坚固，桩帽尺寸与锤底、桩顶及导向杆相吻合，顶面与底面均平整且与中轴线垂直，还应设吊耳以便吊起。桩帽上部为由硬木制成的垫木，下部套在桩顶上，桩帽与桩顶间宜填麻袋或草垫等缓冲物。

送桩构造如图 4.3 所示，可用硬木、钢或钢筋混凝土制成。当桩顶位于水下或地面以下，或打桩机位置较高时，可用一定长度的送桩套连在桩顶上，就可使桩顶沉到设计标高。送桩长度应按实际需要确定，为施工方便，应多备几根不同长度的送桩。

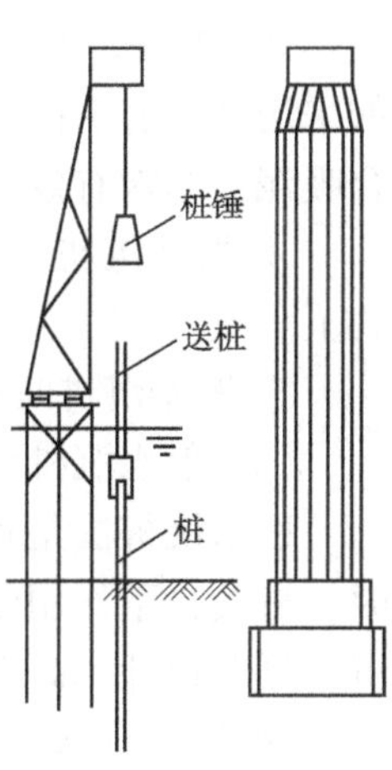

图 4.3　送桩构造

⑤ 锤击沉桩施工要点及注意事项

a. 桩帽与桩周围应有 5~10mm 间隙，以便锤击时桩在桩帽内可做微小的自由转动，避免桩身产生超过允许的扭转应力。

b. 打桩机的导向杆件应固定，以便施打时稳定桩身。

c. 桩在导向杆件上不应钳制过死，更不允许施打时导向杆件发生位移或转动，使桩身产生超过许可的拉力或扭矩。

d. 导向杆件的设置应使桩锤上、下活动自由。

e. 在有条件的情况下，导向杆件宜有足够的长度，以便不再使用送桩。

f. 钢筋混凝土或预应力混凝土桩顶面，应附有适合桩帽大小的桩垫，其厚度视桩垫材料、桩长及桩尖所受抗力大小决定，桩垫因承受高压力而炭化或破碎时，应及时更换。

g. 如桩顶的面积比桩锤底面积小，则应采用适当的桩帽，将锤的冲击力均匀分布到整个顶面上。

（3）振动沉桩法

振动沉桩法是用振动打桩机（振动桩锤）将桩打入土中的施工方法。其原理是由振动打桩机使桩产生上下方向的振动，在清除桩与周围土层间摩擦力的同时使桩尖地基松动，从而使桩贯入或拔出。一般适用于砂土，硬塑及软塑的黏性土和中密及较软的碎石土。振动法施工不仅可有效地用于打桩，也可用以拔桩；虽然振动下沉，但噪声较小；在砂性土中最有效，硬地基中难以打进；施工速度快；不会损坏桩头；不用导向架也能打进；移位操作方便；需要的电源功率大。桩的断面大和桩身长者，桩锤重量应大；随地基的硬度加大，桩锤的重量也应增大；振动力大则桩的贯入速度快。

振动沉桩施工要点及注意事项：

① 振动时间的控制。每次振动时间应根据土质情况及振动机能力大小，通过实地试验决定，一般宜不超过 10~15min。振动时间过短，则对土的结构尚未彻底破坏，振动时间过长，则振动机的部分零件易于磨损。在有射水配合的情况下，振动持续时间可以减短。一般当振动下沉速度由慢变快时，可以继续振动，由快变慢，如下沉速度小于 5cm/min 或桩头冒水时，即应停振。当振幅过大（一般应不超过 14~16mm）而桩不下沉时，则表示桩尖端土层坚实或桩的接头已振松，应停振继续射水，或另做处理。

② 振动沉桩停振控制标准。应以通过试桩验证的桩尖标高控制为主，以最终贯入度（cm/min）或可靠的振动承载力公式计算的承载力作为校核。如果桩尖已达标高而最终贯入度或计算承载力相差较大时，应查明原因，报有关单位研究后另行确定。

③ 管桩改用开口桩靴振动吸泥下沉。当桩基土层中含有大量卵石、碎石或破裂岩层。如采用高压射水振动沉桩尚难下沉时，可将锥形桩尖改为开口桩靴，并在桩内用吸泥机配合吸泥，非常有效。

④ 振动沉桩机、机座、桩帽应连接牢固。沉桩机和桩中心轴应尽量保持在同一直线上。

⑤ 开始沉桩时宜用自重下沉或射水下沉，桩身有足够稳定性后，再采用振动下沉。

（4）射水沉桩法

射水沉桩法是利用小孔喷嘴以300~500kPa的压力喷射水，使桩尖和桩周围土松动的同时，桩受自重作用而下沉的方法。它极少单独使用，常与锤击和振动法联合使用。当射水沉桩到距设计标高尚差1~1.5m时，停止射水，用锤击或振动恢复其承载力。这种施工方法对黏性土、砂性土都可适用，在细砂土层中特别有效。射水沉桩对较小尺寸的桩不会损坏；施工时噪声和振动极小。

射水沉桩施工注意以下事项：

① 射水沉桩前，应对射水设备如水泵、输水管道、射水管水量、水压等及其与桩身的连接进行设计、组装和检验，符合要求后，方可进行射水施工。

② 水泵应尽量靠近桩位，减少水头损失，确保有足够水压和水量。采用桩外射水时，射水管应对称等距离地装在桩周围，并使其能沿着桩身上下移动，以便能在任何高度处冲刷土壁。为检查射水管嘴位置与桩长的关系和射水管的入土深度，应在射水管上自上而下标志尺寸。

③ 沉桩过程中，不能任意停水，如因停水导致射水管或管桩被堵塞，可将射水管提起几十厘米，再强力冲刷疏通水管。

④ 细砂质土中用射水沉桩时，应注意避免桩下沉过快造成射水嘴堵塞或扭坏。

⑤ 射水管的进入管应设安全阀，以防射水管万一被堵塞时，水泵设备损坏。

⑥ 管桩下沉到位后，如设计需要以混凝土填芯时，应用吸泥等方法清除泥渣以后，用水下混凝土填芯。在受到管外水压影响时，管桩内的水头必须保持高出管外水面1.5m以上。

（5）静力压桩法

用液压千斤顶或桩头加重物以施加顶进力将桩压入土层中的施工方法。其特点为：施工时产生的噪声和振动较小；桩头不易损坏；桩在贯入时相当于给桩做静载试验，故可准确知道桩的承载力；压入法不仅可用于竖直桩，而且也可用于斜桩和水平桩；但机械的拼装移动等均需要较多的时间。

2. 钻孔灌注桩施工

钻孔灌注桩施工应根据土质、桩径大小、入土深度和机具设备等条件选用适当的钻具和钻孔方法，以保证能顺利达到预计孔深；然后，清孔、吊放钢筋笼架、灌注水下混凝土。现按施工顺序介绍其主要工序。

1）准备工作

（1）准备场地

施工前应将场地平整好，以便安装钻架进行钻孔。当墩台位于无水岸滩时钻架位置处应整平夯实，清除杂物，挖换软土；场地有浅水时，宜采用土或草袋围堰筑岛；当场地为深水或陡坡时，可用木桩或钢筋混凝土桩搭设支架，安装施工平台支承钻机(架)。深水中在水流较平稳时，也可将施工平台架设在浮船上，就位锚固稳定后在水上钻孔。水中支架的结构强度、刚度和船只的浮力、稳定都应事前进行验算。

(2) 埋置护筒

护筒的作用是固定钻孔位置；开始钻孔时对钻头起导向作用；保护孔口防止孔口土层坍塌；隔离孔内孔外表层水，并保持钻孔内水位高出施工水位以产生足够的静水压力稳重孔壁。护筒要求坚固、耐用、不易变形、不漏水、装卸方便和能重复使用。一般用木材、薄钢板或钢筋混凝土制成，护筒内径应比钻头直径稍大，旋转钻须增大0.1~0.2m，冲击或冲抓钻增大0.2~0.3m。

护筒埋设方式如下：下埋式适于旱地埋置，上埋式适于旱地或浅水筑岛埋置；下沉埋设适于深水埋置。

护筒埋置时应注意下列几点：

① 护筒平面位置应埋设正确，偏差宜不大于50mm。

② 护筒顶标高应高出地下水位和施工最高水位1.5~2.0m。无水地层钻孔因护壁顶部设有溢浆口，筒顶也应高出地面0.2~0.3m。

③ 护筒底应低于施工最低水位(一般低于0.1~0.3m即可)。深水下沉埋设的护筒应沿导向架借自重、射水、振动或锤击等方法将护筒下沉至稳定深度，入土深度黏性土应达到0.5~1m，砂性土则为3~4m。

④ 下埋式及上埋式护筒挖坑不宜太大(一般比护筒直径大0.1~0.6m)，护筒四周应夯填密实的黏土，护筒应埋置在稳固的黏土层中，否则应换填黏土并密实，其厚度一般为0.5m。

(3) 泥浆制备

泥浆在钻孔中的作用是在孔内产生较大的静水压力，可防止坍孔；泥浆向孔外土层渗漏，在钻进过程中，由于钻头的活动，孔壁表面形成一层胶泥，具有护壁作用；同时，将孔外水流切断，能稳定孔内水位；泥浆比重大，具有挟带钻渣作用，利于钻渣的排土。因此，在钻孔过程中，孔内应保持一定稠度的泥浆，一般比重以1.1~1.3为宜，在冲击钻进大卵石层时可用1.4以上，黏度为20Pa·s，含砂率小于3%。在较好的黏性土层中钻孔，也可灌入清水，使钻孔时孔内自造泥浆，达到固壁效果。调制泥浆的黏土塑性指数宜不小于15，粒径大于0.1mm的砂粒宜不超过6%。

(4) 安装钻机或钻架

钻架是钻孔、吊放钢筋笼、灌注混凝土的支架。我国生产的定型旋转钻机和冲击钻机都附有定型钻架，其他还有木制的和钢制的四脚架、三脚架或人字扒杆。在钻孔过程中，成孔中心必须对准桩位中心，钻机(架)必须保持平稳，不发生位移、倾斜和沉陷。钻机(架)安装就位时，应详细测量，底座应用枕木垫实塞紧，顶端应用缆风绳固定平稳，并在钻进过程中经常检查。

2) 钻孔

(1) 钻孔方法和钻具

① 旋转钻进成孔

由于旋转钻进成孔的施工方法受到机具和动力的限制，适用于较细软的土层，如各种塑性状态的黏性土、砂土、夹少量粒径小于100~200mm的砂卵石土层，在软岩中也可使用。这种钻孔方法的深度可达100m以上。旋转钻进成孔的方法有普通旋转钻机成孔法、人工机动推钻与全叶式螺旋钻成孔法、潜水钻机钻孔法。

a. 普通旋转钻机成孔法(正、反循环回转钻)。利用钻具的旋转切削体钻进，并在钻进的同时采用循环泥浆的方法护壁排渣，继续钻进成孔。旋转钻机成孔按泥浆循环的程序有正、反循环回转之分。泥浆以高压通过空心钻杆，从底部射出，随着泥浆上升而溢出流至井外沉浆池，待沉淀净化后再循环使用的方式，称为正循环。泥浆由钻杆外流入井孔，旧泥浆由钻杆吸上排走的方式称为反循环。反循环钻机的钻进及排渣效率较高，但在接长钻杆时装卸较麻烦，如钻渣粒径超过钻杆内径(一般为120mm)易堵塞管路，则不宜采用。

b. 人工机动推钻与全叶式螺旋钻成孔法。用人工或机动旋转钻具钻进，钻孔时利用电动机带动钻杆转动，使钻头螺旋叶片旋转削土成孔，土块随叶片上升排出孔外，一般孔深8~12m，钻进速度较慢，遇大卵石、漂石土层不易钻进。

c. 潜水钻机钻孔法。利用密封电动机、变速机构带动钻头在水中旋转削土，并在端部喷出高速水流冲刷土体，以水力排渣。同正循环一样，压入泥浆，钻渣随泥浆上升溢出井口。如此连续钻进、排土而成孔。

② 冲击钻进成孔

利用钻锥(冲击力为10~35kN)不断地提锥、落锥，反复冲击孔底土层，把土层中泥砂、石块挤向四壁或打成碎渣，钻渣悬浮于泥浆中，利用掏渣筒取出，重复上述过程冲击钻进成孔。

主要采用的机具有定型的冲击式钻机(包括钻架、动力、起重装置等)、冲击钻头、转向装置和掏渣筒等，也可用冲击力为30~50kN带离合器的卷扬机配合钢、木钻架及动力组成简易冲击钻机。冲击钻孔适用于含有漂卵石、大块石的土层及岩层，也能用于其他土层。成孔深度一般宜不大于50m。

③ 冲抓钻进成孔

此法是利用冲抓锥张开的锥瓣向下冲击切入土石中，收紧锥瓣将土石抓入锥中，提升出孔外卸去土石，然后再向孔内冲击抓土，如此循环钻进的成孔方法。施工时，泥浆仅起护壁作用，当土层较好时，可不用泥浆，而用水头护壁。冲抓成孔适用于较松或紧密黏性土、砂性土及夹有碎卵石的砂砾土层，成孔深度一般小于30m。用冲抓钻钻进时，应以小冲程稳而准地开孔，待锥具全部进入护筒后，再松锥进行正常冲抓。提锥应缓慢，冲击高度一般为1.0~2.5m。

(2) 钻孔注意事项

在钻孔过程中应防止坍孔、孔形扭歪或孔斜，钻孔漏水、钻杆折断，甚至把钻头埋住或掉进孔内等事故，因此钻孔时应注意下列各点：

① 在钻孔过程中，始终要保持孔内外既定的水位差和泥浆浓度，以起到护壁、固壁作用，防止坍孔。若发现有漏水(漏浆)现象，应找原因及时处理。如为护筒本身漏水或因护筒埋置太浅而发生漏水，应堵塞漏洞或用黏土在护壁周围夯实加固，或重埋护筒；若因孔壁土质松散，泥浆加固孔壁作用较差，应在孔内重新回填黏土，待沉淀后再钻进，以加强泥浆护壁。

② 在钻孔过程中，应根据土质等情况控制钻进速度、调整泥浆稠度，以防止坍孔及钻孔偏斜、卡钻和旋转钻机负荷超载等情况发生。

③ 钻孔宜一气呵成，不宜中途停钻以避免坍孔，若坍孔严重应回填重钻。

④ 钻孔过程中应加强对桩位、成孔情况的检查工作。终孔时应对桩位、孔径、形状、深度、倾斜度及孔底土质等情况进行检验，合格后立即清孔、吊放钢筋笼，灌注混凝土。

3）清孔及吊装钢筋笼骨架

清孔目的是除去孔底沉淀的钻渣和泥浆，以保证灌注的钢筋混凝土质量，保证桩的承载力。常用清孔方法有以下几种：

（1）抽浆清孔

用空气吸泥机吸出含钻渣的泥浆而达到清孔。由风管将压缩空气输进排泥管，使泥浆形成密度较小的泥浆空气混合物，在水柱压力下沿排泥管向外排出泥浆和孔底沉渣，同时用水泵向孔内注水，保持水位不变直至喷出清水或沉渣厚度达到设计要求为止，此法清孔较彻底，适用于孔壁不易坍塌的各种钻孔方法的柱桩和摩擦桩，一般用反循环钻机、空气吸泥机、水力吸泥机或真空吸泥泵等进行。

（2）掏渣清孔

该法是用抽渣筒、大锅锥或冲抓锥清掏孔底粗钻渣，仅适用于机动推钻、冲抓、冲击钻孔的各类土层摩擦桩的初步清孔。掏渣前可先投入水泥 1~2 袋，再以钻锥冲击数次，使孔内泥浆、钻渣和水泥形成混合物，然后用掏渣工具掏渣。当要求清孔质量较高时，可使用高压水管插入孔底射水，使泥浆相对密度逐渐降低。

（3）换浆清孔

适用于正循环钻孔法的摩擦桩，钻孔完成后，提升钻锥距孔底 10~20cm，继续循环，以相对密度较低(1.1~1.2)的泥浆压入，把钻孔内的悬浮钻渣和相对密度较大的泥浆换出。

（4）喷射清孔

只宜配合其他清孔方法使用，是在灌注混凝土前对孔底进行高压射水或射风数分钟，使剩余少量沉淀物飘浮后，立即灌注水下混凝土。

清孔时应注意以下事项：

① 不论采用何种清孔方法，在清孔排渣时，必须注意保持孔内水头，防止坍孔。

② 柱桩应以抽浆法清孔，清孔后，将取样盒(即开口铁盒)吊到孔底，待灌注水下混凝土前取出检查沉淀在盒内的渣土，渣土厚度应符合规定要求。

③ 用换浆法或掏渣法清孔后，孔口、孔中部和孔底提出的泥浆的平均值应符合质量标准要求；灌注水下混凝土前，孔底沉淀厚度应不大于设计规定。

④ 不得用加深孔底深度的方法代替清孔。

钻孔桩的钢筋应按设计要求预先焊成钢筋骨架，整体或分段就位，吊入钻孔。钢筋骨架吊放前应检查孔底深度是否符合设计要求；孔壁有无妨碍骨架吊放和正确就位的情况。钢筋骨架吊装可利用钻架或另立扒杆进行。吊放时应避免骨架碰撞孔壁，保证骨架外混凝土保护层厚度，应随时校正骨架位置。钢筋骨架达到设计标高后，即将骨架牢固定位于孔口，立即灌注混凝土。

4）灌注水下混凝土

（1）灌注方法

目前我国多采用直升导管法灌注水下混凝土。将导管居中插入到离孔底 0.30～0.40m（不能插入孔底沉积的泥浆中），导管上口接漏斗，在接口处设隔水栓，以隔绝混凝土与导管内水的接触。在漏斗中储备足够数量的混凝土后，放开隔水栓，储备的混凝土连同隔水栓向孔底猛落，这时孔内水位骤涨外溢，说明混凝土已灌入孔内。当落下有足够数量的混凝土时，则将导管内水全部压出，并使导管下口埋入孔内混凝土内 1～1.5m 深，保证钻孔内的水不可能重新流入导管。随着混凝土不断通过漏斗、导管灌入钻孔，钻孔内初期灌注的混凝土及其上面的水或泥浆不断被顶托升高，相应地不断提升导管和拆除导管，这时应保持导管的埋入深度为 2～4m，最大宜不大于 4m，拆除导管时间不超过 15min，直至钻孔灌注混凝土完毕。

（2）对混凝土材料的要求

为了保证水下灌注混凝土的质量，应按设计强度等级提高 20%进行设计混凝土的配合比；混凝土坍落度宜在 180～220mm 范围内；每立方米混凝土中水泥用量不少于 350kg，水灰比宜用 0.5～0.6，并可适当将含砂率提高 40%～50%，使混凝土有较好的和易性；为防止卡管，石料尽可能用卵石，适宜粒径为 5～30mm，最大粒径不应超过 40mm。

（3）混凝土浇筑

为了随时掌握钻孔内混凝土顶面的实际高度，可用测绳和测深锤直接测定。测深锤一般用锥形锤，锤底直径 15cm 左右，高 20cm，质量为 5kg，外壳可用钢板焊制，内装铁砂配重后密封。为保证灌注桩成桩后的质量，现在可用超声波法等进行无损检测。

（4）灌注水下混凝土注意事项

① 灌注首批混凝土时导管下口至孔底的距离一般宜为 25～40cm；导管埋入混凝土中的深度不得小于 1m。

② 灌注开始后应连续地进行，并应尽可能缩短拆除导管的时间。当导管内混凝土不满时，应徐徐地灌注，防止在导管内造成高压气囊；在灌注过程中，特别是潮汐地区，应经常保持井孔水头，防止坍孔；应经常探测井孔内混凝土面位置，及时地调整导管埋深，导管的埋深一般不宜小于 2m 或大于 6m，当拌和物掺有缓凝剂、灌注速度较快、导管较坚固并有足够起重能力时，可适当加大埋深；在灌注过程中，应将井孔内溢出的泥浆引流至适当地点处理，防止污染环境；灌注的桩顶标高应预加一定高度，一般应比设计高出不小于 0.5～1.0m，预加高度可于基坑开挖后凿除，凿除时须防止损毁桩身。

③ 混凝土面位置应采用较为精确的器具进行探测。若无条件时，可采用测探锤，禁止使用其他不符合要求的方法。灌注将近结束时，可用取样盒等容器直接取样，鉴定良好混凝土面位置。

④ 混凝土面接近钢筋骨架时，宜使导管保持稍大的埋深，并放慢灌注速度，以减少混凝土的冲击力；混凝土面进入钢筋骨架一定深度后，应适当提升导管，使钢筋骨架在导管下口有一定的埋深。

⑤ 护筒拔出及提升操作时，处于地面及桩顶以下的井口整体式刚性护筒，应在灌注完混凝土后立即拔出；处于地面以上、能拆卸的护筒，须待混凝土抗压强度达到 5MPa 后方可

拆除；使用全护筒灌注时，应逐步提升护筒，护筒内的混凝土高度应考虑本次护筒将提升的高度及为填充提升护筒所产生的空隙所需高度。在灌注中途提升时，尚应包括提升护筒后应保留的混凝土高度(一般不小于1m)，以防提升后脱节。但护筒内混凝土也不得过高，以防护筒内外侧摩阻力超过起拔能力。

3. 挖孔灌注桩施工

挖孔灌注桩适用于无地下水或少量地下水，且较密实的土层或风化岩层。桩的直径(或边长)宜不小于1.4m，孔深一般宜不超过20m。若孔内产生的空气污染物超过规定的浓度限值时，必须采用通风措施，方可采用人工挖孔施工。每一桩孔开挖、提升出土、排水、支撑、立模板、吊装钢筋骨架、灌注混凝土等作业都应事先准备好，紧密配合。

(1) 开挖桩孔

一般采用人工开挖，开挖之前应清除现场四周及山坡上悬石、浮土等，排除一切不安全的因素，做好孔口四周临时围护和排水设备。孔口应采取措施防止土石掉入孔内，并安排好排土提升设备(卷扬机或木绞车等)，布置好弃土通道，必要时孔口应搭雨棚。

挖孔过程中要随时检查桩孔尺寸和平面位置，防止误差。注意施工安全，下孔人员必须佩戴安全帽和安全绳，提取土渣的机具必须经常检查。孔深超过10m时，应经常检查孔内二氧化碳含量，如超过0.3%应增加通风措施。孔内如用爆破施工，采用浅眼爆破法，严格控制炸药用量并在炮眼附近要加强支护，以防止振坍孔壁。孔深大于5m时，应采用电雷管引爆，爆破后应先通风排烟15min并经检查孔内无毒后施工人员方可下孔继续开挖。

(2) 护壁和支撑

挖孔桩开挖过程中，开挖和护壁两个工序必须连续作业，以确保孔壁不坍塌。应根据地质、水文条件、材料来源等情况因地制宜选择支撑及护壁方法。桩孔较深，土质较差，出水量较大或遇流砂等情况时，宜采用就地灌注混凝土护壁，每下挖1~2m灌注一次，随挖随支。护壁厚度一般采用0.15~0.20m，混凝土强度等级为C15~C20，必要时可配置少量的钢筋，也可采用下沉预制钢筋混凝土圆管护壁。如土质较松散而渗水量不大时，可考虑用木料做框架式支撑或在木框架后面铺架木板做支撑。木框架或木框架与木板间应用扒钉钉牢，木板后面也应与土面塞紧。如土质情况尚好，渗水不大时也可用荆条、竹笆作护壁，随挖随护壁，以保证挖土安全进行。

(3) 排水

孔内如渗水量不大，可采用人工排水(手摇木绞车或小卷扬机配合提升)；渗水量较大，可用高扬程抽水机或将抽水机吊入孔内抽水。若同一墩台有几个桩孔同时施工，可以安排一孔超前开挖，使地下水集中在一孔排除。

(4) 吊装钢筋骨架及灌注桩身混凝土

挖孔达到设计深度后，应进行孔底处理。必须做到孔底表面无松渣、泥、沉淀土，以保证桩身混凝土与孔壁及孔底密贴，受力均匀。如地质复杂，应钎探了解孔底以下地质情况是否能满足设计要求，否则应与监理、设计单位研究处理。吊装钢筋骨架及灌注水下混凝土的有关方法及注意事项与钻孔灌注桩基本相同。

4.1.3 沉井基础施工

沉井的施工方法与墩台基础所在地点的地质和水文情况有关。如沉井要在水中施工则应对河流汛期、通航、河流冲刷、航道等情况调查研究，并制定施工计划，尽量安排在枯水季节施工。对需在施工中度汛的沉井，应有可靠的措施以确保安全。常用方法有旱地施工、水中筑岛施工及浮运沉井施工等方法。

1. 旱地沉井施工

旱地沉井施工可以就地进行，施工内容包括定位放样、平整场地、浇筑底节沉井、拆模和抽除垫木、挖土下沉沉井、接高沉井、地基检验及处理、封底、填充井孔及浇筑盖板等。

(1) 定位放样、平整场地、浇筑底节沉井

在定位放样以后，应将基础所在地的地面进行整平和夯实，在地面上铺设厚度不小于0.5m的砂或砂砾垫层。然后铺垫木、立底节沉井模板和绑扎钢筋。在砂垫层上先在刃脚踏面处对称地铺设垫木，垫木一般为方木(可用200mm×200mm方木)，其数量可按垫木底面压力不大于100kPa计算。垫木的布置应考虑抽除方便。然后在垫木上面放出刃脚踏面大样，铺上踏面底模，安放刃脚的型钢，立刃脚斜面底模、隔墙底模和沉井内模，绑扎钢筋，最后立外模和模板拉杆。在场地土质较好处，也可采用土模。

在浇筑混凝土之前，必须检查核对模板各部尺寸和钢筋布置是否符合设计要求，支承及各种紧固联系是否安全可靠。浇筑混凝土要随时检查有无漏浆和支撑是否良好。混凝土浇好后要注意养护，夏季防暴晒，冬季防冻结。

(2) 拆模和抽除垫木

混凝土达到设计强度的25%时可拆除内外侧模，达到设计强度的75%时可拆除各墙底面和刃脚斜面模板，强度达到设计强度后才能抽撤垫木。抽撤垫木应按一定的顺序进行，以免引起沉井开裂、移动或倾斜。其顺序是：先撤除内隔墙下的垫木，再撤除沉井短边下的垫木，最后撤除长边下的垫木。撤除长边下的垫木时，以定位垫木(最后抽撤的垫木)为中心，对称地由远到近拆除，最后拆除定位垫木。注意在抽垫木过程中，抽除一根垫木应立即用砂回填并捣实。

(3) 挖土下沉沉井

垫木抽完后，应检查沉井位置是否有移动或倾斜，位置正确，即可在井内挖土。沉井下沉施工可分为排水下沉和不排水下沉。当沉井穿过稳定的土层，不会因排水产生流砂时，可采用排水挖土下沉，可采用人工挖土或机械除土。人工挖土时应采取施工安全措施，挖土要有规律、分层、对称、均匀的开挖，使沉井均匀下沉。通常是先挖井孔中心，再挖隔墙下的土，后挖刃脚下的土，一般情况下高差宜不超过50cm。挖到一定程度，沉井即可借自重切土下沉一定深度，这样不断地挖土、下沉。不排水下沉一般采用抓土斗或水力吸泥机。使用吸泥机时要不断向井内补水，使井内水位高出井外水位1~2m以免发生流砂或涌土现象。在井孔内均需均匀除土，否则易使沉井产生较大的偏斜。不排水挖土可参考表4.3选用合适的机械和方法。

表 4.3 不排水时挖土方法的使用

土质	除土方法	说 明
砂土	抓土、吸泥	抓土时宜用两瓣式抓斗
卵石	吸泥、抓土	以直径大于卵石粒径的吸泥机为好；若抓土，宜用四瓣抓斗
黏性土	吸泥、抓土	一般以高压射水，冲散土层
风化岩	射水、冲击锤、放炮	冲击锤钻进，碎块用抓斗或吸泥机除去

在沉井下沉过程中，要经常检查沉井的平面位置和垂直高度。有偏斜就要及时纠正，否则下沉越深纠偏越难。

(4) 接高沉井

当沉井顶面离地面 1~2m 时，如还要下沉，应停止挖土，接筑上一节沉井。每节沉井高度以 4~6m 为宜。接高的沉井中轴应与底节沉井中轴重合。为防止沉井在接高时突然下沉或倾斜，必要时应回填刃脚下的土，接高时应尽量对称均匀加重。混凝土施工接缝应按设计要求，布置好接缝钢筋，清除浮浆并凿毛，然后立模浇筑混凝土，待接筑沉井达到设计强度，即可继续挖土下沉，直至井底达到设计标高。如最后一节沉井顶面在地面或水面下，应在沉井上加筑井顶围堰，围堰的平面尺寸略小于沉井，其下端与井顶预埋锚杆相连，视其高度大小分别用混凝土或砌石或砌砖。围堰是临时性的，待墩台身出水后可拆除。

(5) 地基检验及处理

沉井下沉至设计标高后，必须检验基底的地质情况是否与设计资料相符，地基是否平整，能抽干水的可直接检验，否则要由潜水员下水检验，必要时用钻机取样鉴定。如检验符合要求，宜尽可能在排水的情况下立即清理和处理地基。基底应尽量整平，清除污泥，并使基底没有软弱夹层；基底为砂土或黏性土时，应铺一层砾石或碎石垫层至刃脚踏面以上 20cm；基底为风化岩时，应将风化层凿掉，以保证封底混凝土、沉井与地基连接紧密。

(6) 封底、填充井孔及浇筑盖板

地基经检验、处理合格后，应立即封底，宜在排水情况下进行；抽干水有困难时用水下浇筑混凝土的方法，待封底混凝土达到设计强度后方可抽水，然后填井孔。对填砂砾或空孔的沉井，必须在井顶浇筑钢筋混凝土盖板。盖板达到设计强度后，方可砌筑墩台。

2. 水中下沉沉井的措施

当沉井下沉施工处于水中时，可以采用筑岛法和浮运法，一般根据水深、流速、施工设备及施工技术等条件选用。

(1) 筑岛法

在河流的浅滩或施工最高水位在不超过 4m 时，可用筑岛法，即先修筑人工岛，再在岛上进行沉井的制作和挖土下沉。筑岛材料为砂或砾石，常称作砂岛，砂岛分无围堰和有围堰两种。无围堰砂岛应保证施工期在水流冲刷作用下，砂岛本身有足够的稳定性，一般用于水深不超过 1~2m，水流速度不大时，砂岛边坡坡度通常为 1：2，周围用草袋、卵石、竹笼等护坡。砂岛面的宽度应比沉井周围宽出 2.0m 以上，岛面高度应高出施工最高水位 0.5m 以上。当河流较深或流速较大时，宜用钢板桩围堰筑岛。

（2）浮运法

在深水河流中，水深如超过 10m 时，当用筑岛法有困难或不经济时，可采用浮运沉井的方法进行施工。

采用浮运法的沉井，一种是普通沉井在刃脚处安装临时性不漏水的木底板，就位后再在井内灌水下沉，沉到河底再拆除底板；另一种是空腹薄壁沉井，井壁可用钢筋混凝土、水泥钢丝网或钢壳制成，空腹中设置支撑。向空腹中灌水或混凝土即可下沉。浮运沉井一般先在岸上预制，再用滑道等方法将沉井放入水中，浮于水面上最后拉运到墩位处，也可用船只浮运沉井。

沉井准确就位后，用水或混凝土灌入空体，徐徐下沉直至河底。或依靠在悬浮状态下接长沉井及填充混凝土使它逐步下沉至河底，最后在土中挖土下沉。在浮运、下沉沉井过程中，沉井顶到水面的高度均不得小于 1m。

3. 沉井下沉过程中常遇到的问题及处理方法

（1）突然下沉

在软土地基沉井施工中，常发生突然下沉现象。如某工程的一个沉井，一次突然下沉 3m 之多。突沉的原因是井壁外的摩阻力很小，当刃脚附近土体挖除后，沉井失去支承而剧烈下沉。这样，容易使沉井产生较大的倾斜或超沉，应予以避免。采用均匀挖土、增大踏面宽度或加设底梁等措施可以解决沉井突然下沉。

（2）沉井偏斜

沉井开始下沉阶段，井体入土不深，下沉阻力较小，且由于沉井大部分还在地面上，外侧土体的约束作用很小，容易产生偏斜。这一阶段应控制挖土的程序和深度，注意均匀挖土。继续挖土时，可在沉井高的一侧集中挖土。还可以采取不对称加重、不对称射水和施加侧向力把沉井扶正等措施，开始阶段要经常检查沉井的平面位置，注意防止较大的倾斜。在中间阶段，可能会出现下沉困难的现象，但接高沉井后，下沉又变得顺利，但易出现偏移。如沉井中心位置发生偏移，可先使沉井倾斜。均匀挖土让沉井斜着下沉，直到井底中心位于设计中心线上，再将沉井扶正。

沉井沉至设计标高时，其位置误差应不超过下述规定：

① 底面中心和顶面中心在纵横向的偏差不大于沉井高度的 1/50，对于浮式沉井，允许偏差值还可增加 25cm。

② 沉井最大倾斜度不大于 1/50。

③ 矩形沉井的平面扭角偏差不大于 10，浮式沉井不得大于 20。

（3）沉井下沉困难

沉井下沉至最后阶段，主要问题是下沉困难。沉井发生下沉困难的主要原因有：井外壁摩阻力太大，超过了自重，或刃脚下遇到大的障碍物。当刃脚遇到障碍物时，必须予以清除后再下沉。清除方法可以是人工排除，如遇树根或钢材可锯断或烧断，遇大孤石宜用炸药炸碎，以免损坏刃脚。在不能排水的情况下，由潜水员进行水下切割或水下爆破。解决摩阻力过大而使下沉困难的方法可从增加沉井自重和减小井壁摩阻力两方面来考虑。

① 增加沉井自重

可以在沉井顶面铺设平台，然后在平台上放置重物，如砂袋、块石、铁块等，但应防止重物倒塌。对不排水下沉的沉井，可从井孔中抽出一部分水，从而减小浮力，增加向下压力使沉井下沉。此法对渗水性大的砂、卵石层效果不大，对易发生流砂的土也不宜用此法。

② 减小沉井外壁的摩阻力

可以将沉井设计成台阶形、倾斜形，或在施工中尽量使外壁光滑；也可在井壁内埋设高压射水管组，利用高压水流冲松井壁附近的土，水沿井壁上升润滑井壁，减小井壁摩阻力，帮助沉井下沉。沉井下沉至一定深度后，如有下沉困难，可用炮震法强迫沉井。此法是在井孔的底部埋置适量的炸药，一股每个爆炸点用药 0.2kg 左右为宜，引爆产生的震动力迫使沉井下沉，但要避免震坏沉井。

对下沉较深的沉井，为减小井壁摩阻力常用泥浆润滑套或空气幕帮助沉井下沉。泥浆润滑是把按一定比例配置好的泥浆灌注在沉井井壁周围形成一个具有润滑作用的泥浆套。可大大减小沉井下沉时的井壁摩阻力，使沉井顺利下沉。

射口挡板可用角钢或钢板制作，置于每个泥浆射出口处固定在井壁台阶上。它的作用是防止泥浆管射出的泥浆直冲土壁而起缓冲作用，防止土壁局部坍落堵塞射浆口。为了保持土壁的稳定性及一定数量的泥浆储备，压入泥浆应高出地面以上。因此，需在地面设置围圈。围圈是由混凝土或钢板制成，高约 1.5～2.0m，顶面高出约 0.5m，圈顶面加盖，以防土石掉入泥浆套。泥浆套的施工按压浆管与井壁位置关系分为内管法和外管法。厚壁沉井多采用内管法，薄壁沉井宜采用外管法，如图 4.4 所示。

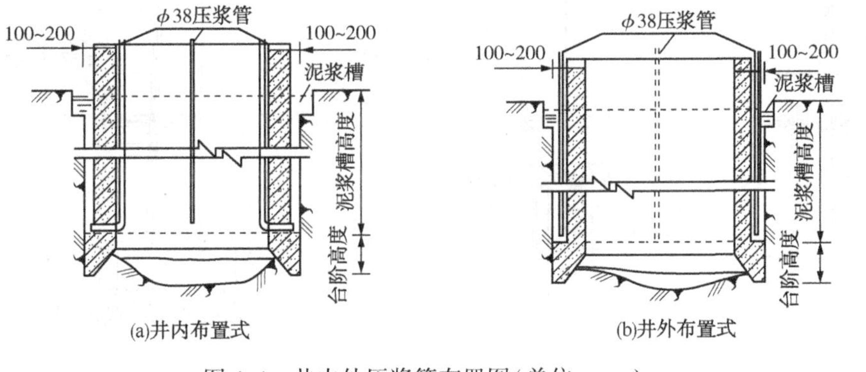

图 4.4　井内外压浆管布置图(单位：mm)

沉井在下沉过程中要不断补充泥浆，泥浆面不得低于地表围圈的底面。同时，要注意使沉井孔内外水位相近，以防发生流砂、漏水，而使泥浆套受到破坏。当沉井达到设计标高时，应压进水泥砂浆把触变泥浆挤出，使井壁与四周的土重新获得新的摩阻力。在卵石、碎石层中采用泥浆润滑套效果一般较差。

空气幕法是井壁四周按喷气管分担范围设置空气管喷射高压气流，气流沿喷气孔喷出。再沿沉井外井壁上升，形成一圈空气幕。使井壁周围土松动，减少井壁摩阻力，促使沉井顺利下沉。

施工时喷气管分层设置，由竖管和水平横管组成。每层水平横管上钻有很多小孔，压缩空气通过小孔向外喷射。压气沉井所需的压力可取静水压力的 2.5 倍，空气幕法在停气后可恢复土对井壁的摩阻力。下沉量易于控制，施工设备简单，可以水下施工，经济效果好。空气幕法主要适用于细、粉砂类土和黏性土中。

4.1.4 承台和系梁施工

1. 承台施工

(1) 围堰及开挖方式的选择

当承台处于干处时，一般直接采用明挖基坑，并根据基坑状况采取一定措施后，在其上安装模板，浇筑承台混凝土。

当承台位于水中时，一般先设围堰(钢板桩围堰或吊箱围堰)将群桩围在堰内，然后在堰内河底灌注水下混凝土封底，凝结后，将水抽干，使各桩处于干处，再安装承台模板，在干处灌注承台混凝土。

对于承台底位于河床以上的水中，采用有底吊箱或其他方法在水中将承台模板支撑和固定，如利用桩基，或临时支撑。承台模板安装完毕后抽水，堵漏，即可在干处灌注承台混凝土。

承台模板支承方式的选择应根据水深、承台的类型、现有的条件等因素综合考虑。

(2) 承台底的处理。

图 4.5 所示为高桩和低桩承台。

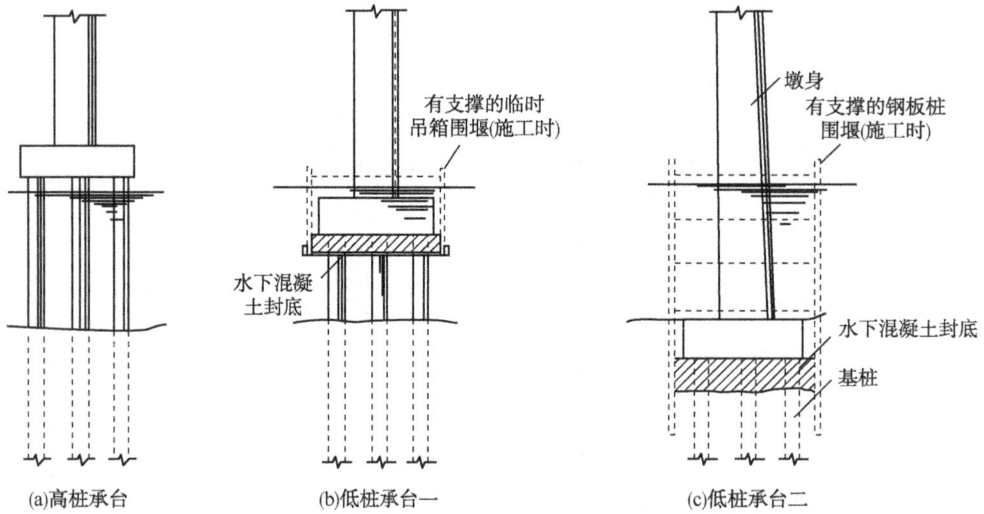

图 4.5 高桩和低桩承台

① 低桩承台

当承台底层土质有足够的承载力，又无地下水或能排干水时，可按天然地基上修筑基础的施工方法进行施工。当承台底层土质为松软土，且能排干水施工时，可挖除松软土，换填 10~30cm 厚沙砾土垫层，使其符合基底的设计标高并整平，即立模灌注承台混凝土。

② 高桩承台

当承台底以下河床为松软土时，可在板桩围堰内填入沙砾至承台底面标高。填砂时视情况决定，可抽干水填入或静水填入，要求能承受灌注封底混凝土的质量。

(3) 模板及钢筋

① 模板一般采用组合钢模，纵、横楞木采用型钢，在施工前必须进行详细的模板设计，以保证模板有足够的强度、刚度和稳定性，能可靠地承受施工过程中可能产生的各项荷载，保证结构各部形状、尺寸的准确。模板要求平整，接缝严密，拆装容易，操作方便。一般先拼成若干大块，再由吊车或浮吊(水中)安装就位，支撑牢固。

② 钢筋的制作严格按技术规范及设计图纸的要求进行，墩身的预埋钢筋位置要准确、牢固。

(4) 混凝土的浇筑

① 混凝土的配制除要满足技术规范及设计图纸的要求外，还要满足施工的要求，如泵送对坍落度的要求。为改善混凝土的性能，根据具体情况掺加合适的混凝土外加剂，如减水剂、缓凝剂、防冻剂等。

② 混凝土采用拌和站集中拌和，混凝土罐车通过便桥或船只运输到浇筑位置，采用流槽、漏斗或泵车浇筑。也可由混凝土地泵直接在岸上泵入。

③ 混凝土浇筑时要分层，分层厚度要根据振捣器的功率确定，要满足技术规范的要求。

(5)混凝土养护和拆模

混凝土浇筑后要适时进行养护，尤其是体积较大，气温较高时要尤其注意，防止混凝土开裂。混凝土强度达到拆模要求后再进行拆模。

2. 系梁施工

(1) 施工工艺流程

测量放样→铺设底模→钢筋安装→模板安装→混凝土浇筑→养护→模板拆除。

(2) 具体施工工艺方法

① 铺设底模

按墩身系梁位置进行底模铺设。

② 钢筋安装

钢筋在加工场地预制成型，运至施工现场，采用常规方法进行焊接、安装。

在进行主筋(水平筋)接头时，将预埋筋按单面焊的搭接长度进行搭接，并满足同一搭接长度区段内接头错开500%，焊接标准执行施工规范的要求。安装时应注意预埋盖梁预埋钢筋。

③ 模板安装

模板找正采用经纬仪跟踪测量，水平仪测量顶面高程的方法控制，模板支立前涂刷优质脱模剂，以保证混凝土外观质量及拆模便利。

④ 混凝土浇筑

系梁混凝土采用集中搅拌站拌和，人工手持振捣棒分层浇筑振捣，塑料布覆盖洒水保湿养护的方法施工。

⑤ 拆模

待混凝土强度达到设计规定强度再行拆模，采用人工配合吊车扶模拆卸。拆模时应注意不能损坏台体混凝土。

4.1.5 桥梁钻孔灌注桩施工案例

1. 工程概况

某公路工程路线全长设计为56.3km，工程施工长度大，建设过程中需要跨越既有公路和河流施工，共设计3座桥梁，所有的桥梁均采用预应力混凝土T梁结构。主桥利用悬臂法浇筑施工，桥墩采用双肋式柔性薄壁墩，两肋的设计距离为6m，墩身尺寸设计为8.5m×3.5m。墩身下方设计有大型的钢筋混凝土承台，基础均采用钻孔灌注桩基础。由于工程既要跨越河流又要跨越公路，对钻孔灌注桩基础质量要求较高，为保证工程桥梁桩基础的稳定性，下文重点对钻孔灌注桩施工技术展开分析。

2. 钻孔灌注桩施工技术

(1) 施工场地处理

① 钻孔灌注桩施工需要为施工机械、人员提供足够的施工场地，而钻孔场地的大小宜结合工程机械的布置情况综合确定，且场地的处理方式应根据桥梁性质的不同做不同的处理。其中，针对跨越既有公路的桥梁，钻孔场地在既有公路周围施工，在场地处理时应保持场地的平整、干净，存在软基或其他土质的区域夯实加固处理，经整平夯实的场地上方设置一层混凝土垫层，用于防止不同的施工机械，避免钻孔过程中发生不均匀沉降。

② 针对跨越河流的桥梁工程施工场地，需要依据水深确定处理方式，对浅水区域可采用筑捣方法布设场地，对深水层可利用木桩、钢筋混凝土桩或管桩搭设水上施工平台，平台各管桩采用型钢、万能杆件等材料作为支撑，保证施工平台的稳定性。水上施工平台搭设后要具备足够的承载力，满足各类机械正常施工的需求。施工平台的布设高度宜超出河流最高水位0.5~1.0m，避免搭设后的平台遭受河水的冲刷而坍塌。

(2) 埋设护筒

施工平台搭设完成埋设护筒施工。设置护筒的主要目的是固定桩位、为钻孔施工提供方向、避免地面积水或河水向孔内汇集、保证孔内泥浆高度大于地下水高度，实现保护孔壁的作用。本工程护筒采用钢板结构，护筒的密实性良好无漏水问题，在埋设时依据设计位置采用锤击、振动以及筒内除土等方式沉入，护筒设计的直径略微大于孔位直径，埋设后护筒顶端宜高出地面或河面1.5~2.0m，在地面设置时向下的埋设深度控制在1.0~1.5m，在河流设置时向下的埋入深度不低于河床冲刷线1.0~1.5m。

(3) 泥浆制备

泥浆是钻孔灌注桩施工中的重要材料，其主要是由水、黏土以及外加剂组成。泥浆自身的密度比水大，在孔内注入与水相同高度的泥浆，由于静水压力的作用会使泥浆在孔壁内部形成泥浆层，以隔绝孔内外的渗流实现保护孔壁的作用。本次施工中所有的泥浆均在场地范围设置的泥浆池完成拌制、存储。

在钻孔灌注中利用泥浆泵的方式将其注入孔内，所拌制的泥浆材料在使用前需要检测其性能，主要检测项目包括泥浆的密度、黏度、含砂率、酸碱度、失水率等，经检验合格的泥浆才能正常使用。

(4) 桩基础钻孔施工

① 成孔方法

完成上述准备工作后开始钻孔作业，常用的钻孔方式包括正循环钻孔、反循环钻孔、冲击钻孔、人工钻孔等。结合工程地质情况及钻孔深度，本次施工采用正循环钻孔的方法。其主要施工原理是利用传动系统将电机产生的动力传送至旋转设备，接收到动力后可带动空心钻杆转动产生扭转动力，再将该动力传递至钻锥及钻头，从而实现钻孔作业。采用正循环法钻孔中产生的泥渣可在泥浆正循环的作用下，通过钻杆外上升并浮出孔位，以保证钻孔工作的顺利进行，减少问题的发生。

② 钻机就位

开始钻孔施工前先安装使用的钻机，将钻机的钻架调整好布设完整的起吊系统后，把钻孔采用的钻头吊起并放入护筒内部，此时启动卷扬机吊起钻盘，调整钻机与钻孔的中心点位相一致，然后保持与钻架吊滑轮同一垂线安装钻盘。经安装后的钻机钻杆偏差宜控制在2cm以内，钻机的位置偏差宜控制在1cm以内。钻机安装就位后，安排人员检测钻机的安装位置并试验钻机的使用性能，经检测合格且钻机工作性能正常后准备钻进施工。

③ 钻孔要点

钻进施工时先以抵挡慢速钻进，当钻深达到护筒刃脚下方1m的深度后，按照不同土质要求的钻进速度施工。钻进过程中安排人员实施检测，每钻进5~8m检查一次钻孔的直径及垂直度，如钻孔的垂直度偏差大于1%或钻孔直径存在差异并及时纠偏调整，保证钻孔的施工质量。钻进过程中采取泥浆护壁的方式作业，泥浆使用前需检测其性能指标是否满足相关要求。当钻孔深度达到设计深度时，为避免出现钻杆弯曲发生扩孔的问题，需要施工人员采取减压钻进的措施，当钻进至设计深度后及时进行泥浆护壁，安排人员检测钻孔的质量，如经检测成孔质量满足要求则开展清孔作业。

④ 注意问题

a. 钻孔倾斜　在成孔施工中可能会发生钻孔倾斜的问题，导致该问题发生的原因如钻孔中遭遇较大的岩石地质、钻进中不同土质交界处存在情况导致钻头受力不均、钻杆弯曲接头不正或者钻机安装未能保持水平等。为保证成孔的质量，在钻孔过程中应做好钻机的安装工作并在钻进中经常检查校正其位置；钻头及钻杆在施工中应及时检查，发现弯曲问题及时校正处理；在施工前必须做好地质情况的调查，在钻进前明确各类土层的性质，针对岩石、土层交界区域，在钻进前制定详细的处理方案。此外，若钻孔中发生倾斜问题，应根据孔位的倾斜角度采取不同的处理措施，针对倾斜过大的钻孔应回填砂土至偏斜位置，待恢复密实性之后再重新钻进，针对倾斜较轻的钻孔可在后续钻进过程中及时调整，避免倾斜角度进一步扩大。

b. 掉钻落物　钻孔施工主要采用机械完成，难免会出现钻头或其他物品掉落的问题。发生此问题的原因包括卡钻时因操作不当导致钻杆或钢丝绳断裂、钻杆连接不当导致滑丝引发掉落问题、采用的钢丝绳质量问题造成断裂引发物品掉落、施工人员操作不当导致物品掉落。

为避免此问题的发生，在施工前需要对使用的机械全面检查，确保各设施的安装质量，同时在施工中加强检查工作；假如发生卡钻问题时不得破坏性解决问题，应制定详细的解决方案避免钻头掉落事件；针对已发生的钻头或物品掉落问题，施工单位应及时采取打捞措施，常用的打捞设备包括打捞叉、螺旋取物器和卡板取杆器、打捞钩、打捞活套等，进行打捞工作时可结合具体掉落的物品采取不同的打捞设备。

（5）清孔作业

清孔的目的是将钻孔内泥浆更换为干净的泥浆，把孔底的泥渣抽出孔外，从而减少孔内沉渣厚度，降低泥浆密度、黏度、含砂率等指标，充分发挥桩基础的承载能力。清孔工作安排在钻孔结束后，清孔时将钻杆提升至距离孔底20~30cm的位置，此时保持泥浆的正常循环并将干净的泥浆压入孔内，使孔内的浮渣上浮实现清孔。清孔后孔内泥浆的含砂率宜控制在2%以内，黏度保持在17~20Pa·s，相对密度控制在1.02~1.15，整个清孔时间持续约4~8h，待情况完毕且孔内泥浆满足指标要求后下方钢筋笼。

（6）钢筋笼制作及安装

① 常用钢筋笼制作方法包括卡板成型法、支架成型法、胎具成型法、箍筋成型法。本工程采用箍筋成型法制作，制作时按照钢筋笼的外径加工一块钢板，然后围绕钢板设置箍筋圈并在箍筋圈上标出主筋位置，待全部箍筋布置完成后利用焊接的方式将其加工成钢筋笼。在钢筋笼外侧设置6~8cm厚的保护层，经加工后的钢筋笼存放于施工范围内，存储场地设置有垫木，避免钢筋笼与地面直接接触，要求所有的钢筋笼均挂有标志牌，在需要安装时采用平板车从存储场地运输至施工现场。

② 钢筋笼的安装主要采用吊装的方法。为避免钢筋笼出现变形问题，吊装时可采用2点起吊的方式，其中设置的第1个吊点位于钢筋笼下部，第2个吊点位于钢筋笼中上三分点的位置，在钢筋笼起吊前先将第1个吊点抬起，使钢筋笼缓慢抬起离开地面后，再提升第2个吊点并缓慢抬升，直至钢筋笼整体与地面相互垂直后，停止起吊，将钢筋笼整体吊运至孔口位置，与孔口的中位线保持对齐，此时松开吊点使钢筋笼向孔内下方，整个下方过程中严禁钢筋笼碰撞孔壁，下方至设计位置后采用焊接的方式将其固定于孔内，全部焊接固定后检测钢筋笼的安装位置，偏差不得大于50mm，检测合格后准备混凝土浇筑施工。

（7）混凝土浇筑施工

① 混凝土制备

本工程灌注采用的混凝土由水泥、粗集料、细集料、外加剂等材料拌和而成，采用的水泥材料为42.5的普通硅酸盐水泥，材料的用量在350kg/m^3；粗集料采用卵石和碎石材料，粗集料的最大粒径宜控制在40mm以内，且不得大于导管内径的1/6~1/8以及钢筋最小净距的1/4；细集料采用级配良好的中粗砂，材料的砂率控制在40%~50%，水灰比设计为0.5~0.6，外加剂采用粉煤灰，主要目的是改善混凝土的和易性，所有材料经检测合格后在拌和站内制备混凝土，经拌和后的混凝土坍落度宜控制在180~200mm，且材料内部保持均匀一致，拌和后的混凝土利用罐车的方式运送施工现场灌注施工。

② 小导管安装

混凝土的灌注主要利用小导管完成，本次施工采用的小导管利用钢管加工制成，经加工完成的导管材料每节长度控制在2~6m。其中，中间节段的长度为2m，下端节段的长度控制在4~6m。导管内壁保持光滑、顺直无局部凹凸问题，其各节导管内径保持一致，偏差不得超过2mm。制作完成的导管在钢筋笼下方结束后安装于孔内，导管安装时采用法兰连接方式，导管连接位置设置4~5mm厚的橡胶垫圈，其外侧宽度与法兰外侧一致，内侧宽度比法兰内侧略窄，由法兰连接后的导管在灌注混凝土施工前，安排人员检测导管的安装质量并做好拼接、水密、承压、接头、抗拉试验，检测合格后灌注混凝土。

③ 混凝土灌注

混凝土灌注施工时导管的埋深宜控制在2~6m的范围内，整个灌注施工连续一次完成，严禁出现停工问题。灌注过程中安排人员观察混凝土下降及孔内水位的升降情况，如无意外情况则边提升导管边灌注施工，导管提升时与孔位的轴线保持竖直且位置居中，提升至连接位置后在15min以内完成拆管施工并继续灌注混凝土施工。灌注至桩位顶部后，为保证桩顶质量，需超灌0.5~1.0m的混凝土。待全部灌注完成后应持续养护一段时间，混凝土强度达到5MPa后再砸出桩头。整个混凝土灌注过程安排人员详细记录，包括混凝土的灌注时间、灌注深度、导管埋深、导管拆除以及发生的异常现象等。

4.2 桥梁墩台施工

4.2.1 钢筋混凝土墩台施工

就地浇筑的混凝土墩台施工有两个主要工序，一个是制作与安装墩台模板；另一个是混凝土浇筑。

1. 墩台模板

(1) 模板设计原则

根据《公路桥涵施工技术规范》(JTG/T 3650—2020)的规定，模板的设计原则如下：

① 宜优先使用胶合板和钢模板。

② 在计算荷载作用下，对模板结构按受力程序分别验算其强度、刚度及稳定性。

③ 模板板面之间应平整，接缝严密，不漏浆，保证结构物外露面美观，线条流畅，可设倒角。

④ 结构简单，制作、拆装方便。

模板可采用钢材、胶合板、塑料和其他符合设计要求的材料制成。浇筑混凝土之前，木板应涂刷脱模剂，外露面混凝土模板的脱模剂应采用同一种品种，不得使用废机油等油料，且不得污染钢筋及混凝土的施工缝处。重复使用的模板应经常检查、维修。

(2) 常见模板类型

① 拼装式模板

拼装式模板系将各种尺寸的标准模板利用销钉连接，并与拉杆、加筋构件等组成墩台所需形状的模板。将墩台表面划分为若干小块，尽量使每部分板扇尺寸相同，以便于周转使用。板扇高度通常与墩台分节灌注高度相同。一般可为3~6m，宽度可为1~2m，具体视墩台尺寸和起吊条件而定。拼装式模板由于在厂内加工制造，因此板面平整、尺寸准确、体积小、质量轻，拆装容易、快速，运输方便，故应用广泛。

② 整体吊装模板

整体吊装模板系将墩台模板水平分成若干段，每段模板组成一个整体，在地面拼装后吊装就位。分段高度可视起吊能力而定，一般可为2~4m。整体吊装模板的优点是：安装时间短，无须设施工接缝，加快了施工进度，提高了施工质量；将拼装模板的高空作业改为平地操作，有利于施工安全；模板刚性较强，可少设拉筋或不设拉筋，节约钢材；可利用模外框架作简易脚手架，无须搭施工脚手架；结构简单，装拆方便，对建造较高的桥墩较为经济。

③ 组合型钢模板

组合型钢模板系以各种长度、宽度及转角标准构件，用定型的连接件将钢模拼成结构用模板，具有体积小、质量轻、运输方便、装拆简单、接缝紧密等优点，适用于在地面拼装，整体吊装的结构上。

④ 滑动钢模板

滑动钢模板适用于各种类型的桥墩。各种模板在工程上的应用，可根据墩台高度、墩台型式、机具设备、施工期限等条件，因地制宜，合理选用。

模板的设计可参照交通运输部标准《公路钢结构桥梁设计规范》(JTG D64—2015)的有关规定。验算模板的刚度时，其变形值不得超过下列数值：结构表面外露的模板，挠度为模板构件跨度的1/400；结构表面隐蔽的模板，挠度为模板构件跨度的1/250；钢模板的面板变形为1.5mm，钢模板的钢棱、柱箍变形为3.0mm。

模板安装前应对模板尺寸进行检查；安装时要坚实牢固，以免振捣混凝土时引起跑模漏浆；安装位置要符合结构设计要求。有关模板制作与安装的允许偏差见表4.4和表4.5。

表4.4 模板制作的允许偏差

<table>
<tr><th>项次</th><th colspan="2">项目</th><th>允许偏差/mm</th></tr>
<tr><td rowspan="7">木模板</td><td colspan="2">(1)模板的长度和宽度</td><td>±5.0</td></tr>
<tr><td colspan="2">(2)不刨光模板相邻两板表面高低差</td><td>3.0</td></tr>
<tr><td colspan="2">(3)刨光模板相邻两板表面高低差</td><td>1.0</td></tr>
<tr><td rowspan="2">(4)平板模板表向最大的局部不平(用2m直尺检查)</td><td>刨光模板</td><td>3.0</td></tr>
<tr><td>不刨光模板</td><td>5.0</td></tr>
<tr><td colspan="2">(5)拼合板中木板间的缝隙宽度</td><td>2.0</td></tr>
<tr><td colspan="2">(6)楔槽嵌接紧密度</td><td>2.0</td></tr>
<tr><td rowspan="8">钢模板</td><td rowspan="2">(1)外形尺寸</td><td>长和宽</td><td>0，-1</td></tr>
<tr><td>肋高</td><td>±0.5</td></tr>
<tr><td colspan="2">(2)面板端偏斜</td><td>±0.5</td></tr>
<tr><td rowspan="3">(3)连接配件(螺栓、卡子等)的孔眼位置</td><td>孔中心与板面的间距</td><td>±0.3</td></tr>
<tr><td>板端孔中心与板端的间距</td><td>0，-0.5</td></tr>
<tr><td>沿板长、宽方向的孔</td><td>±0.6</td></tr>
<tr><td colspan="2">(4)板眼局部不平(用300mm长平尺检查)</td><td>1.0</td></tr>
<tr><td colspan="2">(5)面和板侧挠度</td><td>±1.0</td></tr>
</table>

表 4.5 模板安装的允许偏差

项次	项目		允许偏差/mm
1	模板高程	(1)基础	±15
		(2)墩台	±10
2	模板内部尺寸	(1)基础	±30
		(2)墩台	±20
3	轴线偏位	(1)基础	±15
		(2)墩台	±10
4	装配式构件支承面的高程		±2，-5
5	模板相邻两板表面高低差		2
	模板表面平整(用 2m 直尺检查)		5
6	预埋件中心线位置		3
	预留孔洞中心线位置		10
	预留孔洞截面内部尺寸		+10，0

2. 混凝土浇筑施工要点

墩台身混凝土施工前，应将基础顶面冲洗干净，凿除表面浮浆，整修连接钢筋。灌注混凝土时，应经常检查模板、钢筋及预埋件的位置和保护层的尺寸，确保位置正确，不发生变形。混凝土施工中，应切实保证混凝土的配合比、水灰比和坍落度等技术性能指标满足规范要求。

(1) 混凝土的运输

墩台混凝土的水平与垂直运输相互配合方式与适用条件可参照表 4.6。如混凝土数量大，浇筑捣固速度快时，可采用混凝土皮带运输机或混凝土输送泵。运输带速度应不大于 1.0~1.2m/s。其最大倾斜角：当混凝土坍落度小于 40mm 时，向上传送为 18°，向下传送为 12°；当坍落度为 40~80mm 时，则分别为 15°与 10°。

表 4.6 混凝土的运输方式及适用条件

水平运输	垂直运输	适用条件		附注
人力混凝土手推车、内燃翻斗车、轻便轨人力推运翻斗车或混凝土吊车	手推车	中小桥梁水平运距较近	$H<10m$	搭设脚手平台，铺设坡道，用卷扬机拖拉手推车上平台
	轨道爬坡翻斗车		$H<10m$	搭设脚手平台，铺设坡道，用卷扬机拖拉手推车上平台
	皮带运输机		$H<10m$	倾角不宜超过 15°，速度不超过 1.2m/s，高度不足时，可用 2 台串联使用
	履带(或轮胎)起重机起吊高度		$10m<H<20m$	用吊斗输送混凝土
	木制或钢制扒杆		$10m<H<20m$	用吊斗输送混凝土
	墩外井架提升		$H>20m$	在井架上安装扒杆提升吊斗
	墩内井架提升		$H>20m$	适用于空心桥墩
	无井架提引		$H>20m$	适用于滑动模板

续表

水平运输	垂直运输	适用条件		附注
轨道牵引车输送混凝土、翻斗车或混凝土吊斗汽车倾卸车、汽车运送混凝土吊斗、内燃翻斗车	脚带(或轮胎)起重机起吊高度≈30m	大中桥、水平运距较远	$20\text{m}<H<30\text{m}$	用吊斗输送混凝土
	塔式吊机		$20\text{m}<H<50\text{m}$	用吊斗输送混凝土
	墩外井架提升		$H<50\text{m}$	井架可用万能杆件组装
	墩内井架提升		$H>50\text{m}$	适用于空心桥墩
	无井架提升		$H>50\text{m}$	适用于滑动模板
索道吊机		$H>50\text{m}$		
混凝土输送泵		$H<50\text{m}$		可用于大体积实心墩台

注：H 为墩高。

(2) 混凝土的灌注速度

为保证灌注质量，混凝土的配制、输送及灌注的速度应符合式(4.1)的规定。

$$v \geqslant Sh/t \tag{4.1}$$

式中 v——混凝土配料、输送及灌注的允许最小速度，m^3/h；

S——灌注的面积，m^2；

h——灌注层的厚度，m；

t——所用水泥的初凝时间，h。

如混凝土的配制、输送及灌注需时较长，则应采用式(4.2)计算。

$$v \geqslant Sh/(t-t_0) \tag{4.2}$$

式中 t_0——混凝土配制、输送及灌筑所消费的时间，h；其余符号意义同前。

混凝土灌筑层的厚度 h，可根据使用捣固方法按规定数值采用。

墩台是大体积圬工，为避免水化热过高，导致混凝土因内外温差引起裂缝，可采取如下措施：

① 用改善集料级配、降低水灰比、掺加混合材料与外加剂、掺入片石等方法减少水泥用量。

② 采用 C3A(铝酸三钙)、C3S(硅酸三钙)含量小，水化热低的水泥，如大坝水泥、矿渣水泥、粉煤灰水泥、低强度水泥等。

③ 减小浇筑层厚度，加快混凝土散热速度。

④ 混凝土用料应避免日光曝晒，以降低初始温度。

⑤ 在混凝土内埋设冷却管通水冷却。

当浇筑的平面面积过大，不能在前层混凝土初凝或能重塑前浇筑完成次层混凝土时，为保证结构的整体性，宜分块浇筑。分块时应注意：各分块面积不得小于 $5m^2$；每块高度宜不超过 2m；块与块间的竖向接缝面应与墩台身或基础平截面短边平行，与平截面长边垂直；上下邻层间的竖向接缝应错开位置做成企口，并应按施工接缝处理。

(3) 混凝土浇筑

为防止墩台基础第一层混凝土中的水分被基底吸收或基底水分渗入混凝土，对墩台基底处理除应符合天然地基的有关规定外，尚应满足以下要求：

① 基底为非黏性土或干土时，应将其湿润。

② 如为过湿土时，应在基底设计高程下夯填一层 10~15cm 厚的片石或碎(卵)石层。

③ 基底面为岩石时，应加以润湿，铺一层厚 2~3cm 厚的水泥砂浆，然后于水泥砂浆凝结前浇筑第一层混凝土。

墩台身钢筋的绑扎应和混凝土的灌注配合进行。在配置第一层垂直钢筋时，应有不同的长度，同一断面的钢筋接头应符合施工规范的规定，水平钢筋的接头，也应内外、上下互相错开。钢筋保护层的净厚度，应符合设计要求。如无设计要求时，则可取墩台身受力钢筋的净保护层不小于 30mm，承台基础受力钢筋的净保护层不小于 35mm。墩台身混凝土宜一次连续灌注，否则应按《公路桥涵施工技术规范》(JTG/T 3650—2020)的要求，处理好连接缝。墩台身混凝土未达到终凝前，不得泡水。混凝土墩台的位置及外形尺寸允许偏差见表 4.7。

表 4.7　混凝土、钢筋混凝土基础及墩台允许偏差　　mm

<table>
<tr><th>项次</th><th colspan="2">项目</th><th>基础</th><th>承台</th><th>墩台身</th><th>柱式墩台</th><th>墩台帽</th></tr>
<tr><td>1</td><td colspan="2">端面尺寸</td><td>±50</td><td>±30</td><td>±20</td><td></td><td>±20</td></tr>
<tr><td>2</td><td colspan="2">垂直或倾斜</td><td></td><td></td><td>0.2%H</td><td>0.3%H≤20</td><td></td></tr>
<tr><td>3</td><td colspan="2">底面高程</td><td>±50</td><td></td><td></td><td></td><td></td></tr>
<tr><td>4</td><td colspan="2">顶面高程</td><td>±30</td><td>±20</td><td>±10</td><td>±10</td><td></td></tr>
<tr><td>5</td><td colspan="2">轴线偏位</td><td>25</td><td>15</td><td>10</td><td>10</td><td>10</td></tr>
<tr><td>6</td><td colspan="2">预埋件位置</td><td></td><td></td><td>10</td><td></td><td></td></tr>
<tr><td>7</td><td colspan="2">相邻间距</td><td></td><td></td><td></td><td>±15</td><td></td></tr>
<tr><td>8</td><td colspan="2">平整度</td><td></td><td></td><td></td><td></td><td></td></tr>
<tr><td rowspan="2">9</td><td rowspan="2">跨径</td><td>L_0≤60m</td><td rowspan="2"></td><td rowspan="2"></td><td>±20</td><td rowspan="2"></td><td rowspan="2"></td></tr>
<tr><td>L_0>60m</td><td>±L_0>3000</td></tr>
<tr><td rowspan="3">10</td><td rowspan="3">支座处顶面高程</td><td>简支梁</td><td rowspan="3"></td><td rowspan="3"></td><td rowspan="3"></td><td rowspan="3"></td><td>±10</td></tr>
<tr><td>连续梁</td><td>±5</td></tr>
<tr><td>双支座梁</td><td>±2</td></tr>
</table>

注：H 为结构高度；L_0 为标准跨径。

4.2.2 砌筑墩台施工

1. *石砌墩台的砌筑*

(1) 对石料、砂浆与脚手架的要求

① 对石料与砂浆的要求

石砌墩台系用片石、块石及粗料石以水泥砂浆砌筑的，石料与砂浆的规格要符合有关规定。浆砌片石一般适用于高度小于 6m 的墩台身、基础、镶面以及各式墩台身填腹；浆砌块石一般用于高度大于 6m 的墩台身、镶面或应力要求大于浆砌片石砌体强度的墩台；浆砌粗料石则用于磨耗及冲击严重的分水体及破冰体的镶面工程以及有整齐美观要求的桥墩台身等。

② 对脚手架的要求

将石料吊运并安砌到正确位置是砌石工程中比较困难的工序。当重量小或距地面不高时，可用简单的马凳跳板直接运送；当重量较大或距地面较高时，可采用固定式动臂吊机、桅杆式吊机或井式吊机将材料运到墩台上，然后再分运到安砌地点。用于砌石的脚手架应环绕墩台搭设，用以堆放材料，并支承施工人员砌镶面定位行列及勾缝。脚手架一般常用固定式轻型脚手架(适用于6m以下的墩台)、简易活动脚手架(适用于25m以下的墩台)以及悬吊式脚手架(用于较高的墩台)。

(2) 砌筑要点与砌筑方法

① 砌筑要点

砌筑前应按设计图放出实样，挂线砌筑。砌筑基础的第一层砌块时，如果基底为土质，只在已砌石块的侧面铺上砂浆即可，无须坐浆；如果基底为石质，应将其表面清洗、润湿后，先坐浆再砌石。砌筑斜面墩台时，斜面应逐层放坡，以保证规定的坡度。砌块间用砂浆黏结并保持一定的缝宽，所有砌缝要求砂浆饱满。形状比较复杂的工程，应先做出配料设计图，注明块石尺寸；形状比较简单的，也要根据砌体高度、尺寸、错缝等，先行放样配好料石再砌。

② 砌筑方法

同一层石料及水平灰缝的厚度要均匀一致，每层按水平砌筑，丁顺相间，砌石灰缝应互相垂直，灰缝宽度和错缝按表4.8进行控制。砌石顺序为先角石，再镶面，后填腹。填腹石的分层高度应与镶面相同；圆端、尖端及转角形砌体的砌石顺序应自顶点开始，按丁顺排列安砌镶面石。砌筑图例如图4.6所示，圆端形桥墩的圆端顶点不得有垂直灰缝，砌石应从顶端开始先砌石块①[见图4.6(a)]，然后依丁顺相间排列，安砌四周的镶面石；尖端形桥墩的尖端及转角处不得有垂直灰缝，砌石应从两端开始，先砌石块①[见图4.6(b)]，再砌侧面转角②，然后依丁顺相间排列，接砌四周的镶面石。

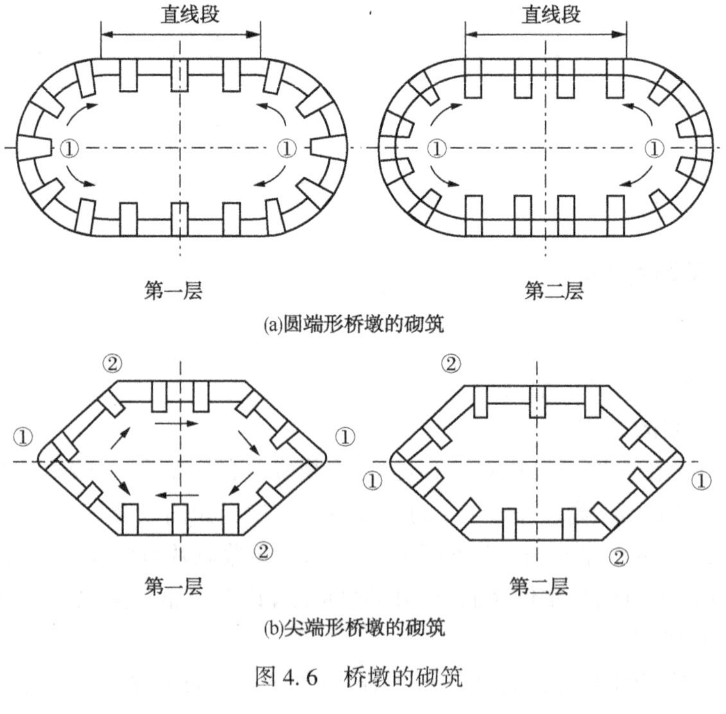

图4.6 桥墩的砌筑

表 4.8 浆砌镶面石灰缝规定 cm

种类	灰缝宽度	错缝(层间或行列间)	3 块石料相接处空隙	砌筑行列高度
粗料石	1.5~2	≥10	1.5~2	每层石料厚度一致
半细料石	1~1.5	≥10	1~1.5	每层石料厚度一致
细料石	0.8~1	≥10	0.8~1	每层石料厚度一致

砌体质量应符合以下规定：

a. 砌体所用各项材料类别、规格及质量符合要求。

b. 砌缝砂浆或小石子混凝土铺填饱满、强度符合要求。

c. 砌缝宽度、错缝距离符合规定，勾缝坚固、整齐，深度和型式符合要求。

d. 砌筑方法正确。

e. 砌体位置、尺寸不超过允许偏差。

墩台砌体位置及外形尺寸允许偏差见表 4.9。

表 4.9 墩台砌体位置及外形尺寸允许偏差

项次	检查项目	砌体类别	允许偏差/mm
1	跨径 L_0	$L_0 \leqslant 60$m	±20
		$L_0 > 60$m	$\pm L_0/3000$
2	墩台宽度及长度	片石镶面砌体	+40，-10
		块石镶面砌体	+30，-10
		粗料石镶面砌体	+20，-10
3	大面平整度(2m 直尺检查)	片石镶面	30
		块石镶面	20
		粗料石镶面	10
4	竖直度或坡度	片石镶面	0.5%H
		块石、粗料石镶面	0.3%H
5	墩台顶面高程		±10
6	轴线偏位		10

注：L_0为标准跨径，H 为结构高度。

2. 墩(台)帽施工

墩(台)帽是用以支承桥跨结构的，其位置、高程及垫石表面平整度等均应符合设计要求，以避免桥跨结构安装困难，或使墩(台)帽、垫石等出现碎裂或裂缝，影响墩台的正常使用功能与耐久性。墩(台)帽施工的主要工序如下。

(1) 墩(台)帽放样

墩(台)混凝土(或砌石)灌筑至距离墩(台)帽底下 30~50cm 高度时，即需测出墩台纵横中心轴线，并开始竖立墩(台)帽模板，安装锚栓孔或安装预埋支座垫板、绑扎钢筋等。墩(台)帽放样时，应注意不要以基础中心线作为墩(台)帽背墙线，浇筑前应反复核实，以确保墩(台)帽中心、支座垫石等位置方向及水平标高不出差错。

（2）墩(台)帽模板施工

墩(台)帽系支承上部结构的重要部分，其尺寸、位置和水平标高的准确度要求严格，浇筑混凝土应从墩(台)帽下约 30~50cm 处至墩(台)帽顶面一次浇筑，以保证墩(台)帽底有足够厚度的密实混凝土。如图 4.7 所示为混凝土桥墩墩帽模板图，墩帽模板下面的一根拉杆可利用墩帽下层的分布钢筋，以节省铁件。台帽背墙模板应特别注意纵向支撑或拉条的刚度，防止浇筑混凝土时发生鼓肚，侵占梁端空隙。

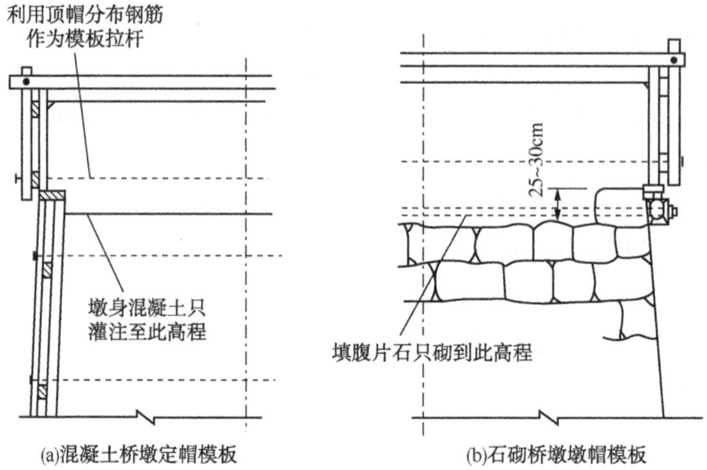

图 4.7　混凝土桥墩墩帽模板

（3）钢筋和支座垫板的安设

墩(台)帽钢筋绑扎应遵照《公路桥涵施工技术规范》(JTG/T 3650—2020)有关钢筋工程的规定。墩(台)帽上支座垫板的安设一般采用预埋支座垫板和预留锚栓孔的方法。前者需在绑扎墩(台)帽和支座垫石钢筋时，将焊有锚固钢筋的钢垫板安设在支座的准确位置上，即将锚固钢筋和墩(台)帽骨架钢筋焊接固定，同时将钢垫板做一木架，固定在墩(台)帽模板上。此法在施工时垫板位置不易准确定出，应经常检查与校正。后者需在安装墩(台)模板时，安装好预留孔模板，在绑扎钢筋时注意将锚栓孔位置留出。此法安装支座施工方便，支座垫板位置准确。

4.2.3　装配式墩台施工

装配式墩台适用于山谷架桥、跨越平缓无漂流物的河沟、河滩等的桥梁，特别是在工地干扰多、施工场地狭窄，缺水与砂石供应困难地区，其效果更为显著。装配式墩台有砌块式、柱式、管节式和环圈式墩台等。

1. 砌块式墩台施工

砌块式墩台的施工大体上与石砌墩台相同，只是预制砌块的型式因墩台型式不同有很多变化。例如 1975 年建成的兰溪大桥，主桥身系采用预制的素混凝土壳块分层砌筑而成。壳块按平面形状分为Ⅱ型和Ⅰ型两大类，再按其砌筑位置和具体尺寸又分为 5 种型号，每种块件等高，均为 35cm，块件单元重力为 0.9~1.2kN，每砌 3 层为一段落。该桥采用预制砌块建造桥墩，不仅节约混凝土约 26%，节省木材 50m^3 和大量铁件，而且砌缝整齐，外形美观，更主要的是加快了施工速度，避免了洪水对施工的威胁。

2. 柱式墩施工

装配式柱式墩系将桥墩分解成若干轻型部件，在工厂或工地集中预制，再运送到现场装配桥梁。其型式有双柱式、排架式、板凳式和刚架式等。

（1）施工工序为预制构件、安装连接与混凝土养护等。其中拼装接头是关键工序，既要牢固、安全，又要结构简单便于施工。常用的拼装接头有以下几种型式。

① 承插式接头　将预制构件插入相应的预留孔内，插入长度一般为1.2~1.5倍的构件宽度，底部铺设2cm砂浆，四周以半干硬性混凝土填充。此接头常用于立柱与基础的接头连接。

② 钢筋锚固接头　构件上预留钢筋或型钢，插入另一构件的预留槽内，或将钢筋互相焊接，再灌注半干硬性混凝土。此接头多用于立柱与顶帽处的连接。

③ 焊接接头　将预埋在构件中的铁件与另一构件的预埋铁件用电焊连接，外部再用混凝土封闭。这种接头易于调整误差，多用于水平连接杆与立柱的连接。

④ 扣环式接头　相互连接的构件按预定位置预埋环式钢筋，安装时柱脚先坐落在承台的柱芯上，上下环式钢筋互相错接，扣环间插入U形短钢筋焊牢，四周再绑扎钢筋一圈，立模浇筑外围接头混凝土。要求上下扣环预埋位置正确，施工较为复杂。

⑤ 法兰盘接头　在相互连接的构件两端安装法兰盘，连接时用法兰盘连接，要求法兰盘预埋位置必须与构件垂直。接头处可不用混凝土封闭。

（2）装配式柱式墩台应注意以下几个问题：

① 墩台柱构件与基础顶面预留环形基座应编号，并检查各个墩、台高度是否符合设计要求；基杯口四周与柱边的空隙不得小于2cm。

② 墩台柱吊入基坑内就位时，应在纵横方向测量，使柱身垂直度或倾斜度以及平面位置均符合设计要求；对重大、细长的墩柱，需用风缆或撑木固定，方可摘除吊钩。

③ 在墩台柱顶安装盖梁前，应先检查盖梁口预留槽眼位置是否符合设计要求，否则应先修凿。

④ 柱身与盖梁（顶帽）安装完毕并检查符合要求后，可在基坑空隙与盖梁槽眼处灌注稀砂浆，待其硬化后，撤除楔子、支撑或风缆，再在楔子孔中灌填砂浆。

在基础或承台上安装预制混凝土管节、环圈作墩台的外模时，为使混凝土基础与墩台联结牢固，应由基础或承台中伸出钢筋插入管节、环圈中间的现浇混凝土内，插入钢筋的数量和锚固长度应按设计规定或通过计算决定。管节或环圈的安装、管节或环圈内的钢筋绑扎和混凝土浇筑应按《公路桥涵施工技术规范》（JTG/T 3650—2020）相关规定执行。

4.2.4 高墩施工

1. 高墩滑模施工

（1）滑动模板构造

滑动模板系将模板悬挂在工作平台上，沿着所施工的混凝土结构截面的周界组拼装配，并随着混凝土的灌注由千斤顶带动向上滑升。滑动模板的构造，由于桥墩类型、提升工具的类型不同，模板构造也稍有差异，但其主要部件与功能则大致相同，一般主要由工作平台、内外模板、混凝土平台、工作吊篮和提升设备等组成。

① 工作平台由外钢环、辐射梁、内钢环、栏杆、步板组成，除提供施工操作的场地外，还用它把滑模的其他部分与顶杆相互连接起来，使整个滑模结构支承在顶杆上。可以说，工作平台是整个滑模结构的骨架，因此，应具有足够的强度和刚度。

② 内模板、外模板采用薄钢板制作，用于上下壁厚相同的直坡空心桥墩的滑模。内模板、外模板均通过内立柱、外立柱固定在工作平台的辐射梁上，用于上下壁厚相同的斜坡空心墩的收坡滑模。内模板、外模板仍固定在立柱上，但立柱架(或顶架横梁)不是固定在辐射梁上，而是通过滚轴悬挂在辐射梁上，并可利用收坡螺杆沿辐射方向移动立柱架及内模板、外模板位置。用于斜坡式不等壁厚空心墩的收坡滑模，则内立柱、外立柱固定在辐射梁上，而在模板与立柱间安装收坡丝杆，以便分别移动内模板、外模板的位置。

③ 混凝土平台由辐射梁、步板、栏杆等组成，利用混凝土平台柱支承在工作平台的辐射梁上，供堆放及灌注混凝土的施工操作用。

④ 工作吊篮系悬挂在工作平台的辐射梁和内外模板的立柱上，它随着模板的提升而向上移动，供施工人员对刚脱模的混凝土进行表面修饰和养生等施工操作之用。

⑤ 提升设备由千斤顶、顶杆、顶杆导管等组成，通过顶升工作平台的辐射梁使整个滑模提升。

(2) 滑动模板提升工艺

滑动模板提升设备主要有提升千斤顶、支承顶杆及液压控制装置等几部分。下文介绍其提升过程。

① 螺旋千斤顶提升步骤(见图 4.8)

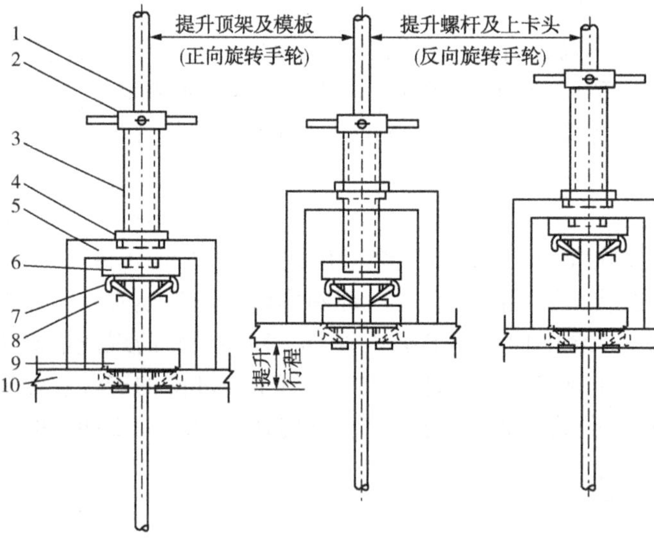

图 4.8　螺旋千斤顶提升示意图

1—顶杆；2—手轮；3—螺杆；4—顶座；5—顶架上的横梁；6—上卡头；7—卡瓦；8—卡板；9—下卡头；10—顶梁下横梁

a. 转动手轮使螺杆旋转，使千斤顶顶座及顶架上的横梁带动整个滑模徐徐上升。此时，上卡头、卡瓦、卡板卡住顶杆，而下卡头、卡瓦、卡板则沿顶杆向上滑行，当滑至与上下卡瓦接触或螺杆不能再旋转时，即完成一个行程的提升。

b. 向相反方向转动手轮，此时，下卡头、卡瓦、卡板卡住顶杆，整个滑模处于静止状态。仅上卡头、卡瓦、卡板连同螺杆、手轮沿顶杆向上滑行，至上卡头与顶架上横梁接触或螺杆不能再旋转时为止，即完成一整个循环。

② 液压千斤顶提升步骤(见图4.9)

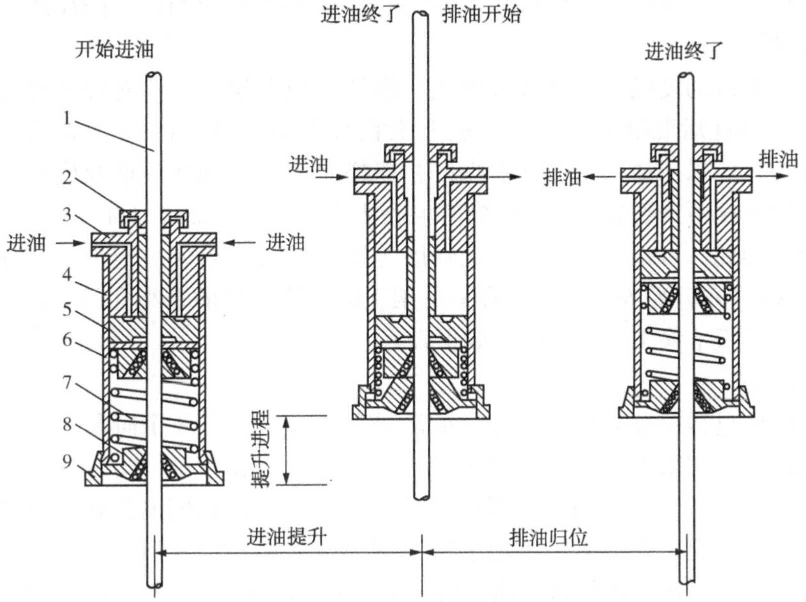

图4.9 液压千斤顶提升步骤

1—顶杆；2—行程调整帽；3—缸盖；4—缸筒；5—活塞；6—上卡头；7—排油弹簧；8—下卡头；9—底座

a. 进油提升 利用油泵将油压入缸盖与活塞间，在油压作用时，上卡头立即卡紧顶杆，使活塞固定于顶杆上。随着缸盖与活塞间进油量的增加，使缸盖连同缸筒、底座及整个滑模结构一起上升，直至上卡头、下卡头顶紧时，提升暂停。此时，缸筒内排油弹簧完全处于压缩状态。

b. 排油归位 开通回油管路，解除油压，利用排油弹簧推动下卡头使其与顶杆卡紧，同时推动上卡头将油排出缸筒，在千斤顶及整个滑模位置不变的情况下，使活塞回到进油前位置。至此，完成一个提升循环。为了使各液压千斤顶能协同一致地工作，应将油泵与各千斤顶用高压油管连通，由操作台统一集中控制。

提升时，滑模与平台上临时荷载全由支撑顶杆承受。顶杆多用A3与A5圆钢制作，直径25mm，A5圆钢的承载能力约为12.5kN(A3则为10kN)。顶杆一端埋置于墩、台结构的混凝土中，一端穿过千斤顶芯孔，每节长2.0~4.0m，用工具锚或焊接。为了节约钢材使支承顶杆能重复使用，可在顶杆外安上套管，套管随同滑模整个结构一起上升，待施工完毕后，可拔出支承顶杆。

(3) 滑模浇筑混凝土施工要点

① 滑模组装

在墩位上就地进行组装时，安装步骤如下：

a. 在基础顶面搭枕木垛，定出桥墩中心线。

b. 在枕木垛上先安装内钢环，并准确定位，再依次安装辐射梁、外钢环、立柱、千斤顶、模板等。

c. 提升整个装置，撤去枕木垛，再将模板落下就位，随后安装余下的设施；内外吊架待模板滑升至一定高度，及时安装；模板在安装前，表面需涂润滑剂，以减少滑升时的摩阻力；组装完毕后，必须按设计要求及组装质量标准进行全面检查，并及时纠正偏差。

② 灌注混凝土

滑模宜灌注低流动度或半干硬性混凝土，灌注时应分层、分段对称地进行，分层厚度20~30cm为宜，灌注后混凝土表面距模板上缘宜有不小于10~15cm的距离。混凝土入模时，要均匀分布，应采用插入式振动器捣固，振捣时应避免触及钢筋及模板，振动器插入下一层混凝土的深度不得超过5cm；脱模时混凝土强度应为0.2~0.5MPa，以防在其自重压力下坍塌变形。为此，可根据气温、水泥强度等级经试验后掺入一定量的早强剂，以加速提升；脱模后8h左右开始养生，用吊在下吊架上的环绕墩身的带小孔的水管来进行。养生水管一般设在距模板下缘1.8~2.0m处效果较好。

③ 提升与收坡

整个桥墩灌注过程可分为初次滑升、正常滑升和最后滑升3个阶段。从开始灌筑混凝土到模板首次试升为初次滑升阶段；初灌混凝土的高度一般为60~70cm，分几次灌注，在底层混凝土强度达到0.2~0.4MPa时即可试升。将所有千斤顶同时缓慢起升5cm，以观察底层混凝土的凝固情况。现场鉴定可用手指按刚脱模的混凝土表面，若基本按不动，但留有指痕，砂浆不沾手，用指甲划过有痕，滑升时能耳闻“沙沙”的摩擦声，这些现象表明混凝土已具有0.2~0.4MPa的出模强度，可以开始再缓慢提升20cm左右。初升后，经全面检查设备，即可进入正常滑升阶段。即每灌注一层混凝土，滑模提升一次，使每次灌注的厚度与每次提升的高度基本一致。在正常气温条件下，提升时间宜不超过1h。最后滑升阶段是混凝土已经灌注到需要高度，不再继续灌注，但模板尚需继续滑升的阶段。灌完最后一层混凝土后，每隔1~2h将模板提升5~10cm，滑动2~3次后即可避免混凝土模板胶合。滑模提升时应做到垂直、均衡一致，顶架间高差不大于20mm，顶架横梁水平高差不大于5mm。并要求3班连续作业，不得随意停工。

随着模板的提升，应转动收坡丝杆，调整墩壁曲面的半径，使之符合设计要求的收坡坡度。

④ 接长顶杆、绑扎钢筋

模板每提升至一定高度后，就需要穿插进行接长顶杆、绑扎钢筋等工作。为了不影响提升时间，钢筋接头均应事先配好，并注意将接头错开。对预埋件及预埋的接头钢筋，滑模抽离后，要及时清理，使之外露。

在整个施工过程中，由于工序的改变，或发生意外事故，使混凝土的灌注工作停止较长时间，即需要进行停工处理。例如，每隔0.5h左右稍微提升模板一次，以免黏结；停工时在混凝土表面要插入短钢筋等，以加强新老混凝土的黏结；复工时还需将混凝土表面凿毛，并用水冲走残渣，湿润混凝土表面，灌注一层厚度为2~3cm的1∶1水泥砂浆，然后再灌注原配合比的混凝土，继续滑模施工。

爬升模板施工与滑动模板施工相似，不同的是支架通过千斤顶支承于预埋在墩壁中的预埋件上。待浇筑好的墩身混凝土达到一定强度后，将模板松开。千斤顶上顶，把支架连同模板升到新的位置，模板就位后，再继续浇筑墩身混凝土。如此往复循环，逐节爬升。每次升高约 2m。

翻升模板施工是采用一种特殊钢模板，一般由 3 层模板组成一个基本单元，并配置有随模板升高的混凝土接料工作平台。当浇筑完上层模板的混凝土后，将最下层模板拆除翻上来拼装成第 4 层模板，以此类推，循环施工。翻升模板也能够用于有坡度的桥墩施工。

2. 连续刚构桥高墩施工

连续刚构桥通常采用双肢薄壁桥墩，其高度较大。高墩施工与一般桥墩所用施工设备大体相同，但其模板系统却另有特色，一般有滑动模板、爬升模板、翻升模板等几种，这些模板都是依附于已浇筑的混凝土墩壁上，随着墩身的逐步加高而向上升高。

1）滑模施工

在我国，滑动模板首先应用于高烟囱施工，后来逐步推广应用于空心桥墩。经过不断实践改进，已能适用于各类桥墩的施工，高墩施工更能显示其优越性，目前滑模施工高度可达百米以上。滑动模板施工的主要优点：施工进度快，在一般气温下，每昼夜平均进度能达到 5~6m；混凝土质量好，采用半干硬性混凝土，机械振捣，连续作业，可提高墩台质量；节省木材和劳力，以钢模代替木模。滑动模板本身附带有内外吊篮，平台、栏杆等，随模移动，安全可靠。

滑动模板是将模板悬挂在工作平台的围圈上，沿着混凝土墩身截面的周界组拼装配，并随着混凝土的浇筑由千斤顶带动向上滑升。千斤顶可采用螺旋式千斤顶或液压千斤顶。滑动模板一般主要由操作平台、内外模板、工作吊篮和提升设备等组成。

滑模浇筑混凝土施工要点具体可见上文 4. 2. 1。

2）爬模施工

爬升模板施工与滑模施工相似，不同的是支架支承在桥墩预埋件上，待浇筑好的墩身混凝土达到要求强度后，将模板松开，通过提升设备将支架连同模板升到新的位置，就位后再继续浇筑墩身混凝土，如此往复循环，逐节爬升。模板爬升可采用液压式千斤顶自升的方式，可也借肋塔吊等设备。由于爬升设备的不同，爬模体系的构造也有所不同，比如液压自升爬模体系就主要包括模板、预埋件、爬架、液压系统等四个部分，具体如下：

（1）模板　模板的作用是控制混凝土的造型，限制新浇混凝土的变形，必须具有足够的强度、刚度和稳定性，表面光滑平整、不漏浆，同时应便于脱模、移动，尽可能减轻重量。

（2）预埋件　用于固定爬升导轨并支承整个爬模系统及其施工荷载，必须具有足够的强度和抗拔力。为确保施工安全，必须在混凝土强度达 10MPa 以上具有足够的锚固力后方可安装导轨、提升模架。

（3）爬架　爬架是模板的依托和施工的操作平台及爬升的液压操作台，必须具有足够的强度、刚度和整体稳定性并移动灵活，结构应尽量轻巧以便于拆装和爬升。它包括附墙座、导轨、主平台、模板后移装置和悬吊平台等。

（4）液压系统　液压系统是整个爬模的提升动力系统，主要由主控制台、液压千斤顶、油路管阀等组成，必须具有足够的提升能力，安全可靠。

3）翻模施工

翻模施工与滑模施工的主要区别在于模板提升系统的不同设计上。翻模需使用起重设备将模板拆除后，逐块向上翻升拼装而成，滑模则在模板系统中设计液压系统，使用液压设备将模板沿墩身整体向上竖直顶升。相比较而言，翻模其模板一次性投入较少，并能充分利用高墩施工中不可缺少的塔吊等起重设备，安全性、可操作性都比较好。

（1）施工工艺

主要包括墩身定位放线、模板钢筋安装、模板钢筋检查、浇筑混凝土、脱模养护、模板整修翻升等。

（2）施工技术要点

① 测量放样

需要做到全面准确，高墩左右两侧、后侧和前侧，应安排专业人员进行测量，保证测量结果的准确性、科学性。同时应现场马上记录测量数据，严禁事后补充数据。

② 钢筋的绑扎与连接

截断面一定要垂直于钢筋轴线，严禁出现冲切和气割下料，以免钢筋丝长度和直径不达标；应在现场连接钢筋，连接主筋时务必与连接接头错开，使之面积始终不超过25%，连接钢筋时错开四角接头；钢筋保护层的厚度应控制在35mm以上但不得超过55mm，中心误差保持在2cm以内。钢筋绑扎的手法一般采用顺口绑扎，在整个连接工程中主筋的竖向连接难度最大，为保证其安全性和稳定性，通常需要使用劲性骨架当作作业平台。

③ 模板安装

a. 立模。第一层模板组装标高根据墩身高度确定，立模边线根据基顶中心位置放出并用砂浆对立模边线外的部位找平。找平层采取分段抄平方式用水平尺进行分段，砂浆达到强度要求后进行立模，立模顺序为从线路中心向两侧施工。

b. 安装。塔式起重机吊装模板人工辅助就位。在墩身某一面安装外模，随后再逐一拼装整个墩身第一节段的外模板。在外模板组拼完成后，吊装内模板，用螺栓固定内模板使其成为整体，最后再设置围带、栏杆。

c. 检查。模板安装完毕后，用全站仪和水准仪检查安装尺寸是否符合标准，之后安装防护设施，搭建作业平台。

d. 模板翻升。拆除第一节段模板的固定架，卸除模板的内外围带，将第一节段模板吊送到第三节混凝土顶面，按照放线要求在清除模板杂物后作为第四节模板。之后按照第一节段的安装流程进行安装。

e. 每一节模板在安装时可在两节模板间的缝隙用0.5~1.0mm的薄钢板进行填塞，这样做便于纠偏。

f. 当模板翻升至墩顶封闭段底模设计起点标高时，暂时停止施工，并在内外侧模板上安装封闭段底模，绑扎钢筋并安装外模板，设置护栏、挂安全网，灌注墩顶封闭段混凝土。

g. 墩顶位置处保留的模板，应在混凝土强度超过10MPa时拆除。拆除顺序应先底节段，再中节段，最后拆除顶节段。为便于拆除可在墩顶预埋吊装环，借助吊装悬挂载人吊篮完成拆除作业。

④ 混凝土灌注

a. 灌注前指定专人对钢筋数量、混凝土保护层、钢筋焊接质量及模顶平面位置等参数进行校核无误后，方可开始浇筑。

b. 依据“分层、对称”原则进行施工，层厚控制在30cm进行充分振捣。

c. 严格控制水灰比和混凝土的塌落度，仔细认真分析试件数据，使水灰比、混凝土配合比等指标符合规范要求。

d. 指定专人对锚杆螺栓、钢筋、模板、拉杆等预埋件的位置和保护尺寸进行检查，保证位置正确，不发生位移偏差。

4.2.5 桥梁墩台施工案例

1. 工程概况

河惠莞高速公路河源紫金至惠州惠阳段T1标段主要为土建工程，整条线路施工长度4.5km，瓦溪枢纽互通立交位于施工区域内。桥梁工程包括3座1370m主线大桥，7座1660m匝道桥，1座81m拼宽桥；上部结构主要类型为现浇箱梁和预应力混凝土小箱梁，下部结构为盖梁、座板台、肋板台、桩柱台、门架墩、薄壁墩、柱式墩和钻孔灌注桩。

标段主要地貌为丘陵，地形起伏变化明显，局部位置存在丘间谷地，沟谷呈现V形或U形。通常情况下，桥梁主要位于低缓丘陵区域，桥台位于坡地位置，还有些桥墩处于陡坡位置。

2. 施工准备

陡坡桩基施工平台上下便道要确保吊车、材料运输车辆和施工桩机的正常运行，以水位条件、地质条件和地形条件为基础，做好陡坡便道的防护和挖掘施工，在施工过程中遇到松软土层时，要将其挖除并夯实处理，便道必须有临时防护设施，陡坡行车要严格限制车速，在连续弯道、急转弯位置处设置防撞墩。随时观察便道的使用情况，及时处理安全隐患，确保行车安全。

3. 施工流程

依据施工图完成陡坡桥梁墩台施工，以施工现场地貌地形为基础，修好施工便道，做好施工平台的挖掘和填筑施工。在陡坡桥梁施工中，修筑施工平台、布置施工便道十分关键，还要做好施工挖掘和回填，将对环境的影响控制在最小范围。

(1) 施工工艺流程

陡坡桥梁墩台施工工艺流程为：施工准备→规划填筑施工便道→挖掘、回填施工平台→平台防护→排水→墩台桩基施工→下部结构施工→清理场地。墩柱翻模施工流程如图4.10所示。

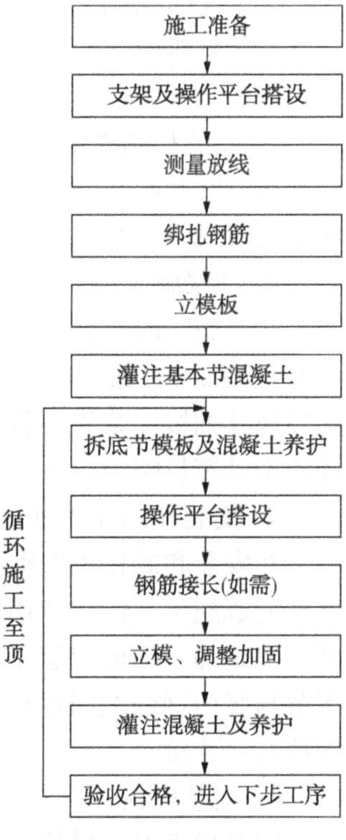

图4.10 墩柱翻模施工流程

(2) 布置高陡边坡桥梁桩基施工便道和平台

常规陡坡位置处修建桩基施工平台时，其施工内容主要包括接跨线桥、互通内新建各匝道桥、水家坪大桥等，与施工便道相结合，依据陡坡地形具体情况，完成施工平台的挖掘施工并设置好泥浆池，根据桩顶标高确定平台顶面标高。平台内侧挖掘施工时，坡度设置为 1∶0.75，挖掘面要向桩位外侧扩展 0.5m，外侧采取回填土的措施，从而使桩基平台得以快速形成，将积水及时排掉。

（3）测量放样

场地平整好以后，开始桩位测量放样，以控制网为依据，在施工现场确定桩位中心点，在原状土上使用水泥砂浆将护桩固定好，防止出现互相碰撞破坏和松动的情况。监理工程师对桩位中心点进行复测合格以后，方可进行下一道工序施工。

（4）布置泥浆池

在两个墩身的中间位置设置泥浆池，与施工便道距离保持 3m。如果边坡上桩基挖掘的施工平台比较窄，泥浆池挖掘施工会给边坡带来严重影响。依据桩长和施工现场实际情况设置泥浆池尺寸，如果条件不允许沉淀池和泥浆池过大，要及时进行捞渣和补浆工作，防止给钻孔施工造成影响。泥浆池四周要使用钢管搭设防护栏，高度≥1.2m，防护栏立柱间距≤2.5m。在钢管上贴红白相间的反光贴，在防护栏外侧悬挂安全网和警示牌。

（5）陡坡桩基施工

① 人工挖孔

施工顺序从中间向两边，挖孔方法为浅眼延时爆破法。四周的炮眼比较浅且数量比较多，间距和深度均为 1m，桩孔中心位置设置一个炮眼，深度为 1.5m。

② 陡坡桩基施工

安装钻机时，以设计标准为基础，在孔壁上完成钻孔施工，直径为 11cm，深度为 3m，孔眼数量为 3 个。

③ 安装和制作锚杆

在安装和制作锚杆时，使用的锚杆形式为棒式，使用钢筋圆环来充当隔离体，间距 1m，注浆管为 PVC 管，并在锚杆上固定好。锚杆底部与孔底距离为 10cm。

④ 注浆施工

注浆施工时，使用水泥砂浆完成施工任务，将减水剂掺入其中，施工使用的水泥型号为 P·O32.5 普通硅酸盐水泥；中砂的粒径要在 2mm 以上，水灰比 0.45∶1；灰砂比 1∶1。均匀连续抽拔注浆管，管埋入浆液面的深度大于 0.5m，保持一定的压力，注浆体积要比设计理论计算量略大一些。因此，可以使用水泥砂浆将孔口位置封闭，封口深度大于 10cm。

⑤ 安装和制作护壁混凝土钢筋网

在安装和制作护壁混凝土钢筋网时，陡坡桥梁桩基标准化施工需要顺着坡度比较小的桩基完成施工，假如使用的是混凝土护壁，混凝土护壁需要从高出孔口位置处向风化层底部一直延伸。钢筋双层布置，网格间距≥20cm，使用电焊将锚头与钢筋网焊接在一起。上下节与竖向钢筋之间没有必然的联系，水平钢筋伸出模板的长度为 15cm，使其与其他钢筋保持有序连接。

⑥ 安装模板

安装模板时，模板上端与护壁混凝土的间隔距离要保持在 15cm，为护壁混凝土的浇筑施工提供便利，模板内混凝土浇筑施工完成后，使用“粉墙”的方式浇筑剩余的混凝土。

⑦ 混凝土浇筑施工

对预埋件、钢筋、模板和支架进行全面检查，全部达到合格标准后，开始模板浇筑施工，模板中的杂质要全部清净，模板上的缝隙要使用海绵或者泡沫剂填补严实。

严格按照施工顺序完成混凝土浇筑施工，上层混凝土浇筑施工时，需要等到下层混凝土初凝以后再进行，分层要确保水平，混凝土浇筑施工的自由下落高度保持在2m以内，禁止出现离析情况。

混凝土浇筑施工时，混凝土的标号为C25，配合比与桩基混凝土保持一致，使用砂浆拌和机完成拌和施工，人工振捣密实，将早强剂掺入其中，当混凝土强度达到设计值50%时，方可拆除模板，养护24h后，继续挖孔施工。

混凝土灌入以后，要及时做好振捣施工，振动棒移动间距要保持在振动棒作用半径的1.5倍范围内，模板与振动棒间距保持在10cm。混凝土浇筑施工要确保密实，其具体表现为混凝土沉桩下沉，不会再有气泡出现，混凝土表面比较平整。在混凝土浇筑施工时，安排专人负责检查预埋件、钢筋、模板和支架，防止出现位移、变形和松动的情况，一旦发现问题，立即采取措施处理，同时做好养护施工，养护时间>7d。

⑧ 安装和制作钢护筒

在安装和制作钢护筒时，要依据设计标准完成钢护筒加工制作。按实际施工要求做好氧割施工，使用电焊将钢护筒固定在预留的钢筋上。在灌注桩基混凝土施工前，完成钢护筒安装施工，为后续施工做好充分准备工作。

（6）陡坡桥梁下部结构施工

① 施工流程

陡坡桥梁下构施工中，施工顺序为：灌注桩→系梁→承台→墩柱→盖梁。

② 施工平台防护

按设计要求，柱式墩边坡的坡度>25°，矩形墩边坡的坡度约为15°时，边坡的覆盖层可能会出现坍塌，要及时做好防护工作。边坡的挖掘高度要>5m，如果挖掘面属于土质，边坡坡度为1∶0.75；如果挖掘面属于石质，边坡坡度为1∶0.5。在平台挖掘施工的过程中，桩基面积向外扩大的范围为0.5m，平台四周要采取积极的措施进行防滑，防护使用的主要材质为ϕ48mm钢管，间距约为2m，将黄黑相间或黑白相间的反光漆涂刷在钢管上。

③ 空心墩台施工

采取分次单独浇筑施工的方法完成空心墩台底施工任务，使用翻模施工技术进行墩身施工。

浇筑混凝土时，采取分段施工的方法，具体划分为墩顶实体段、墩身空心薄壁和墩体实体段3个阶段。自动计量拌和站负责混凝土的拌和施工。运输时，使用罐车将其运送到指定位置，混凝土入模时，使用泵输送。

混凝土浇筑施工以前，仔细检查模板和施工材料，要确保模板不存在缝隙，混凝土不能有离析或结块的情况。

混凝土浇筑施工厚度控制在30cm以内，振捣施工时，确保连续、无停顿，施工出现长时间间断后，要对施工缝进行处理。混凝土浇筑施工时，安排专人负责检查预留孔洞和预埋螺栓，防止出现位移。一旦发现问题，要立即采取措施处理。所有施工阶段的混凝土全部浇筑施工结束以后，使用洒水的方式对混凝土进行养护。

4. 注意事项

在本工程施工过程中，需注意的问题包括：

（1）陡坡地段桥梁的系梁施工环境复杂，会使大量的山体出现过度挖掘的情况，边坡稳定性很难得到保证。因此，要依据实际地形处理系梁埋深过大的问题。

（2）坡面存在破碎岩石或覆盖着松散的土层，容易发生浅层滑坡病害，在基础施工中，采取措施控制好四周环境荷载，防止边坡坡面出现失稳的情况。要安排专人随时观测，一旦出现问题，立即处理。

（3）使用挖孔技术处理摩擦桩时，护壁混凝土与桩身混凝土标号相同，确保振捣密实。

（4）若坡面出现失稳，在桩基施工前，采取加固防护的措施处理坡面。

（5）《公路桥涵地基与基础设计规范》（JTG 3363—2019）规定了桥梁类别和总冲刷深度，以施工设计为核心，确保承台埋设满足设计标准，使其稳定性达到《公路钢筋混凝土及预应力混凝土桥涵设计规范》（JTG 3362—2018）的要求。承台裸露在地面的桥墩被认定为是两端都不会移动的铰连接受压构件，要防止给其稳定性带来负面影响。

第 5 章　桥梁上部结构施工技术

5.1　简支梁桥施工

5.1.1　满堂支架法钢筋混凝土简支梁桥的施工

满堂支架施工法是一种传统的桥梁施工方法，它是在桥位处搭设支架作为工作平台，并在支架上安装模板，绑扎及安放钢筋骨架，现场浇筑混凝土以形成梁体结构的施工方法。

满堂支架施工法有以下特点：

(1) 无须专门的预制场地和大型起重、运输设备；

(2) 梁体结构中横桥向的主筋不中断，结构的整体性好；

(3) 支架、模板等周转材料用量大、周期长，施工工期长、费用高；

(4) 施工受季节影响大，质量不易控制，施工管理较复杂。

目前这种方法多用于中、小跨径桥梁或交通不便的偏远地区，在一些结构复杂的异形桥、弯桥等混凝土桥中也经常采用。

如图 5.1 所示为满堂支架钢筋混凝土简支梁桥的施工工艺流程。

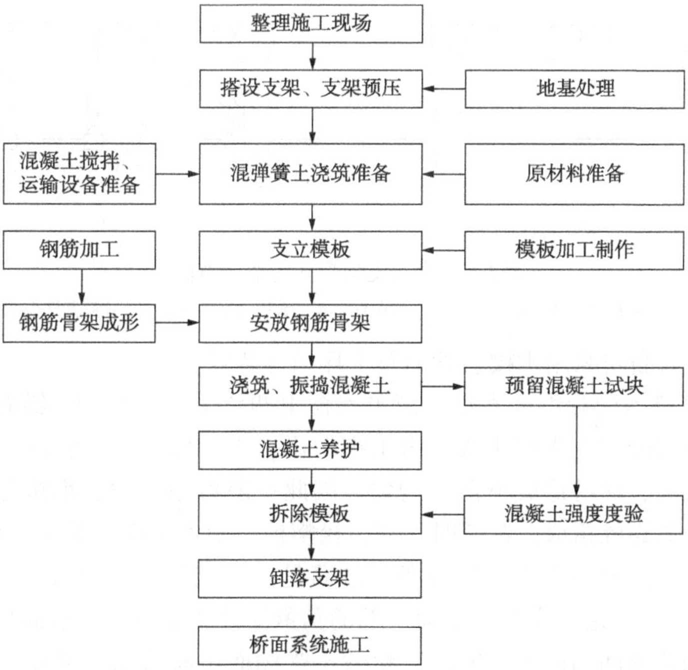

图 5.1　满堂支架钢筋混凝土简支梁桥的施工工艺流程

1. 支架

支架是施工过程中的临时性结构，用以支撑模板、浇筑的混凝土梁体结构以及施工设备、人员等其他施工荷载。支架形式应根据桥孔跨径、桥位处地形和地质条件、水位高低及漂流物影响等因素合理选择。要求支架及其构件和连接具有足够的强度、刚度和稳定性，支架基础稳固，同时构造和制作力求简单，既要拆装方便又要尽可能减少构件的损伤，以提高装、拆、运的速度和增加周转使用的次数。

(1) 常用的支架形式

支架按材料的不同，可分为木支架、钢支架、钢木混合支架和万能杆件拼装支架等；按其构造，可分为立柱式、梁式和梁-柱式等几种主要形式。

如图 5.2 所示为按构造分类的几种支架构造示意图。其中图 5.2(a)、(b)所示为立柱式支架，适用于旱桥、不通航河道以及桥墩不高的小桥施工；图 5.2(c)所示为梁式支架，承重梁可用万能杆件或贝雷桁架拼装，跨径小于 20m 时可采用钢板梁；图 5.2(d)所示为梁-柱式支架，适用于桥墩较高、跨径较大且支架下需要排洪的情况。

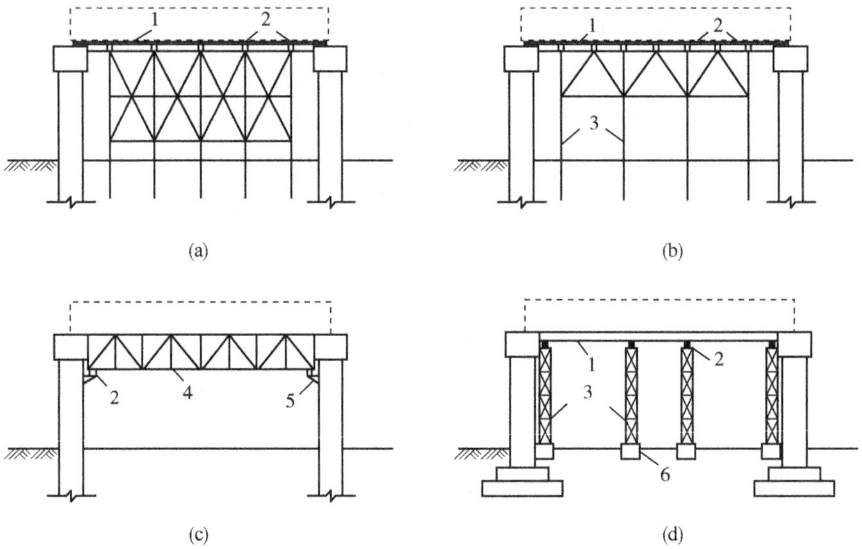

图 5.2 常用支架形式构造示意图

1—支架纵梁；2—卸架设备；3—立柱；4—承重梁；5—托架；6—支架基础

图 5.2 中卸架设备可采用木楔、砂筒及千斤顶等装置。

木楔可分为简单木楔和组合木楔。简单木楔由两块 1∶6~1∶10 斜面的硬木楔形块组成。落架时，用锤轻轻敲击木楔小头，将木楔取出，支架即下落。它的构造最简单，但缺点是敲击时震动较大，而易造成下落不均匀。因此一般可用于中、小跨径桥梁。组合木楔由三块楔形木和拉紧螺栓组成，卸架时只需扭松螺栓，则木楔徐徐下降，它的下落较均匀。

跨径较大时，宜用砂筒作为卸架设备。砂筒是由内装砂子的金属(木)筒及活塞(木制或混凝土制)组成的。卸落是靠砂子从筒下部的预留泄砂孔流出。要求筒里的砂子干燥、均匀、清洁。砂筒与活塞间用沥青填塞，以免砂子受潮而不易流出。通过砂子泄出量可控制支架卸落高度，这样就能由泄砂孔的开与关，分数次进行卸架，并能使支架均匀下降而不受震动。

（2）支架基础

为了保证现浇梁体不产生大的变形，除了要保证支架本身的强度、刚度以及整体性外，支架的基础必须坚实可靠，以将其沉陷值控制在容许范围内。桥孔跨径不大且采用满堂支架时，可将支架基脚设置在枕木上，枕木下设置垫层并夯实；对于梁式或梁-柱式支架，因其荷载较集中，应设置桩基础或混凝土扩大基础，也可直接支承在墩台身或永久性基础上。

（3）支架预拱度

现浇施工过程中和卸架后，梁体要产生一定的挠度，为了使上部结构在卸架后能保持设计规定的线形，须在施工时设置与挠度反向的预拱度。在确定预拱度时应考虑下列因素。

① 卸架后上部结构自重及一半活载(不计冲击系数)所产生的挠度 δ_1。

② 施工期间支架结构在恒载及施工荷载作用下的弹性压缩 δ_2 和非弹性变形 δ_3。

对于满布式支架，当其杆件长为 L，压应力为 δ，杆件材料弹性模量为 E 时，弹性变形为式(5.1)。

$$\delta_2=\sigma L/E \tag{5.1}$$

式中　σ——作用在杆件上的压力。

当支架为桁架等形式时，应按具体情况计算其弹性变形。

支架在每一个接缝处的非弹性变形，一般情况下，顺纹木料为2mm，横纹木料为3mm，木料与金属或污工的接缝为2mm，顺纹与横纹木料接缝为2.5mm，则有式(5.2)。

$$\delta_3=2k_1+3k_2+2k_3+2.5k_4 \tag{5.2}$$

式中　k_1——顺纹木料接头数目；

k_2——横纹木料接头数目；

k_3——木料与金属或圬工接头数目；

k_4——顺纹与横纹木料接头数目。

③ 支架基底土在荷载作用下的非弹性沉陷 $(EI)_{拱}/(EI)_{系}>80$（EI 为抗弯刚度，拱为拱肋，系为系杆）。

支架基底的沉陷，可通过试验确定或参考表5.1所示的内容进行估算。

表5.1　支架基底沉陷　　mm

土壤＼基础形式	枕梁	桩
砂土	5~10	5
黏土	15~20	10

④ 混凝土收缩及温度变化引起的挠度。

梁的挠度和支架变形之和就是简支梁预拱度的最大值，它应反向设在梁的跨中，而在两端支点处为零，其他各点的预拱度，可按直线或二次抛物线比例分配。

按抛物线分配时，即有式(5.3)。

$$\delta_x=4x(L-x)\delta/L^2 \tag{5.3}$$

式中　δ_x——距左支点 x 距离处的预拱度值；

x——距左支点的距离；

L——跨长。

按直线进行分配时，即有式(5.4)。

$$\delta_x = 2x\delta/L \quad (5.4)$$

式中符号意义同前，仅计算半跨，且右半跨与左半跨对称设置。

2. 模板

模板的作用是使混凝土按照设计的形状、尺寸和位置成型，它不仅控制着梁体的尺寸和外观，也直接影响施工进度和混凝土浇筑质量。

(1) 模板的类型

模板按其面板所用材料，可分为木模板、钢模板、钢木结合模板、钢丝网水泥模板、竹木模板、玻璃钢模板等。按模板的装拆方法分类，可分为拼装式、整体式等。

目前，就地现浇桥梁的模板常用木模和钢模。

(2) 模板的安装

采用现浇法施工的桥梁，其横截面形式多为实心板或肋梁式截面，实心板的模板比较简单，这里着重介绍肋梁的模板。

跨径不大的肋梁模板，一般用木料制作，安装时，首先在支架纵梁上安装横木，横木上钉底板，然后在其上安装肋梁的侧模和桥面板底模。当梁肋的高度较高时，模板一般采用框架式。梁肋的侧模及桥面板的底模，可用镶板钉在框架上。

模板的制作与安装，除了要满足强度、刚度、稳定性以及制作安装方便、安全等方面的要求外，还应符合以下要求：

① 保证工程构造物的设计形状、尺寸及各部分相互之间位置的正确性。

② 模板板面平整。浇筑混凝土之前，在模板内表面涂刷石灰乳浆、肥皂水等隔离剂，以防止与混凝土粘连，保证混凝土外观质量。

③ 接缝严密，确保混凝土在浇筑、振捣过程中不致漏浆。

3. 钢筋工程

钢筋工程包括钢筋整直、切断、除锈、弯制、焊接或绑扎成型等工序。混凝土梁中钢筋的规格和型号尺寸比较多，而且钢筋的加工、布置在混凝土浇筑之后再也无法检查，属于隐蔽工程，因此必须严格控制钢筋工程的施工质量。

(1) 钢筋加工的准备工作

首先应对进场的钢筋进行抽样检验，质量合格方可使用。抽样检验主要做抗拉、冷弯和可焊性试验。钢筋的整直可根据钢筋直径的大小采用不同的方法。直径10mm以上的钢筋一般用锤打整直，直径小于10mm的常用手摇或电动绞车通过冷拉整直(伸长率不大于1%)，冷拉还可以提高钢筋的屈服强度并清除铁锈。

整直后的钢筋用钢丝刷或喷砂枪喷砂除锈去污后，即可按设计图纸要求进行划线下料工作。为了保证下料精度，应计算图纸上所注明的折线尺寸与弯折处实际弧线尺寸之差值，同时还应计入钢筋在冷作弯折过程中的伸长量(通常可查阅现成的计算表格)。下料截断钢筋时，视钢筋直径的大小，可用手动剪切机和电动剪切机来进行。

(2) 钢筋的弯制和接头

下料后的钢筋可在工作平台上，用手工或钢筋弯曲机按规定的弯曲半径弯制成型，钢筋的两端亦应按设计图纸或施工规范要求弯成所需的标准弯钩。对于需要接长的钢筋，宜先进行连接然后再弯制，这样较易控制尺寸。

钢筋的接头应采用焊接，并以闪光接触对焊为宜，这种接头的传力性能好，且节省钢材。当缺乏闪光对焊条件时，可采用电弧焊。钢筋接头采用搭接或帮条电弧焊时，宜采用双面焊缝，焊缝的长度不应小于钢筋直径)；双面焊缝困难时，可采用单面焊缝，焊缝长度不应小于 10d。

采用搭接电弧焊时，两钢筋搭接端部应预先折向一侧，使两接合钢筋轴线一致。采用帮条电弧焊时，帮条应采用与主筋同级别的钢筋，其总截面面积应不小于被焊钢筋的截面积。

焊接时，对施焊场地应有适当的防风、雨、雪、严寒设施。气温低于-20℃时不得施焊。

直径不大于 25mm 的受力钢筋，也可采用绑扎搭接，受拉钢筋绑扎接头的搭接长度，应符合表 5.2 中所示的规定；受压钢筋绑扎接头的搭接长度，应取受拉钢筋绑扎接头搭接长度的 0.7 倍。

表 5.2　受拉钢筋绑扎接头的搭接长度

钢筋类型 \ 混凝土强度等级	C20	C25	高于 C25
HRB335	45d	40d	35d
HRB400	55d	50d	45d

受力钢筋焊接或绑扎接头应设置在内力较小处，并错开布置，对于绑扎接头，两接头间距离不小于 1.3 倍搭接长度；对于焊接接头，在接头长度区段内，同一根钢筋不得有两个接头。配置在接头长度区段内的受力钢筋，其接头的截面面积占总截面面积的百分率应符合表 5.3 中所示的规定。

表 5.3　接头长度区段内受力钢筋接头面积的最大百分率

接头形式	接头面积最大百分率/%	
	受拉区	受压区
主钢筋绑扎接头	25	50
主钢筋焊接接头	50	不限制

(3) 钢筋骨架成型和安装

钢筋多以骨架的形式存在于混凝土结构中。骨架成型是将加工好的钢筋按照设计要求进行焊接或绑扎形成钢筋网或钢筋骨架。钢筋骨架中包括纵向主筋、弯起筋或斜筋、箍筋、架立筋、分布钢筋等。

进行骨架的拼装时，应考虑焊接变形和预留拱度。为了减少在支架上的钢筋安装工作，宜预先在工厂或工地制成平面或立体骨架，焊接或绑扎牢固，并临时加固，以防运输和吊装过程中发生变形。当不能预先成型时，尽可能预先完成钢筋的接头。

用焊接方式拼装骨架时，施焊顺序由中间对称地向两端进行，并先焊下部后焊上部。

相邻的焊缝采用分区对称跳焊，不得顺方向一次焊成。

绑扎或安放钢筋骨架时，应在钢筋与模板间设置垫块，以保证保护层厚度符合设计或规范要求。垫块可采用砂架垫块、混凝土垫块、钢筋头垫块或三角 UPVC(Unplasticized Polyvinyl Chloride，硬聚氯乙烯)垫块等。垫块应与钢筋扎紧，并互相错开，不得贯通全部断面。绑扎的铁丝头不得指向模板。

浇筑混凝土前，检查已安装好的钢筋的规格、数量、尺寸间距和保护层厚度以及预埋件(钢板、锚固钢筋等)。

4. 混凝土工程

该施工过程包括混凝土拌制、运输、浇筑、振捣密实、混凝土养护等工序。水泥、集料、水等原材料应通过质量检验合格后方可使用。

(1) 混凝土拌制

混凝土一般应采用机械搅拌，人工搅拌只用于少量混凝土工程的塑性混凝土或半干硬性混凝土，有条件的情况下可使用商品混凝土。混凝土搅拌应严格控制配合比，并掌握好搅拌时间，使石子表面包满砂浆，拌和料混合均匀、颜色一致。

(2) 混凝土运输

混凝土应以最少的转运次数、最短的距离迅速从搅拌地点运往浇筑位置。运输道路要平整，防止混凝土因颠簸震动而发生离析、泌水和灰浆流失现象。

混凝土的运输能力应适应混凝土浇筑速度和凝结速度的需要，使浇筑工作不间断并使混凝土运到浇筑地点时，仍保持均匀性和规定的坍落度。从加水搅拌至入模的时间宜不超过表 5.4 中所示的规定。

采用泵送混凝土应符合下列规定：

① 混凝土的供应必须保证混凝土输送泵连续工作。

表 5.4 混凝土拌和物运输时间限制

气温/℃	无搅拌设施运输/min	有搅拌设施运输/min
20~30	30	60
10~19	45	75
5~9	60	90

② 输送管线宜直，转弯宜缓，接头应严密，如果管道向下倾斜，应防止混入空气，产生阻塞。

③ 泵送前应先用适量的、与混凝土内成分相同的水泥架润滑输送管内壁。混凝土出现离析现象时，应立即用压力水或其他方法冲洗管内残留的混凝土，泵送间歇时间宜不超过 15min。

④ 在泵送过程中，受料斗内应具有足够的混凝土，以防止吸入空气产生阻塞。

(3) 混凝土浇筑

模板、钢筋以及预埋件等经检查无误后，即可浇筑混凝土。

跨径不大的梁桥，可将梁肋与桥面板沿跨长用水平分层法浇筑，或者用斜层法从梁的两端对称地向跨中浇筑，在跨中合拢。

较大跨径的梁桥，可用水平分层法或用斜层法先浇筑纵横梁，然后沿桥的全宽浇筑桥面板混凝土，此时桥面板与纵横梁之间应设置工作缝。

分层浇筑时，必须在前一层混凝土开始凝结之前，将次一层混凝土浇筑完毕，当气温在30℃以上时，前后两层浇筑间隔时间宜不超过1h，当气温在30℃以下时，宜不超过1.5h，或由试验资料来确定容许的间隔时间。当无法满足上述间隔时间时，就必须预先确定施工缝预留的位置，一般选择在受剪力和弯矩较小且便于施工的部位，并应按下列要求进行处理：

① 在浇筑接缝混凝土之前，先凿除老混凝土表层的水泥浆和较弱层，并将混凝土表面凿毛，用水洗干净。

② 浇筑次层混凝土之前，对垂直施工缝宜刷一层净水泥浆，对于水平缝宜铺一层厚为10～20mm的1：2的水泥砂浆。

③ 斜面施工缝应凿成台阶状再进行浇筑。

④ 接缝处于重要部位或者结构物位于地震区时，浇筑之前应增设锚固钢筋，以防开裂。

（4）混凝土振捣

混凝土振捣是借助拌和料受振时产生暂时流动的特性，使粗骨料借助重力向下沉落并互相滑动挤紧，骨料间的空隙被流动性大的水泥砂浆所充满，而空气则形成小气泡浮到混凝土表面被排出。这样会增加混凝土的密实度，从而大大地提高混凝土的强度和耐久性，并使之达到内实外光的要求。

混凝土的振捣可分为人工振捣和机械振捣两种。人工用铁钎振捣，适用于坍落度大、混凝土数量少或钢筋过密部位的场合。大规模的混凝土浇筑，必须使用机械振捣。

混凝土振捣设备，有插入式振捣器、附着式振捣器、平板式振捣和振动台等。

平板式振捣器用于大面积混凝土施工，如桥面、基础等；附着式振捣器是挂在模板外部振捣，借振动模板来振捣混凝土，使用这种设备对模板要求较高，但振动的效果不是太好，常用于薄壁混凝土构件，如梁肋部分等；插入式振捣器，常用的是软管式的，只要构件断面有足够的地位插入振捣器，而钢筋又不太密时采用，其振捣效果较好。

选用振捣器时，对于石料粒径较大的混凝土，选用频率较低、振幅较大的振捣器效率较好，反之则宜选用频率高、振幅小的。因为振幅太大容易使较小集料做无规则的翻动，造成混凝土的离析。

严禁利用钢筋振动进行振捣，必须很好地掌握振捣的时间，不宜过短或过长，一般以混凝土不再下沉、无显著气泡上升、混凝土表面出现薄层水泥浆并达到平整为适度。采用附着式振捣器时因振捣效率较差，一般需2min左右；采用插入式振捣器时，一般只要15～30s；采用平板式振捣器时，在每个位置上的振捣时间为25～40s。

（5）混凝土养护

混凝土中水泥的水化反应过程，就是混凝土凝固、硬化和强度发育的过程，它与周围环境的温度、湿度关系密切。当温度低于15℃时，混凝土的硬化速度减慢，而当温度降至-2℃以下时，硬化基本停止。在干燥的气候下，混凝土中的水分迅速蒸发，使混凝土表面剧烈收缩而导致裂缝，同时当游离水分全部蒸发后，水泥水化反应停止，混凝土即停止硬化。因此，混凝土浇筑后即刻需要进行适当的养护，以保持混凝土硬化发育所需要的温度和湿度。

目前，在现浇桥梁施工中，采用最多的是在自然气温条件下(5℃以上)的自然养护方法。

此法是在混凝土表面收浆后，在构件上覆盖草袋、麻袋、稻草或砂子，经常洒水，以保持构件处于湿润状态。

自然养护的时间与水泥品种以及是否掺用塑化剂有关。一般情况下，用普通硅酸盐水泥的混凝土为七昼夜以上，用矿渣水泥、火山灰质水泥或掺用塑化剂的为十四昼夜以上。

每天浇水的次数，以能使混凝土保持充分潮湿为宜。

覆盖时，不得损伤或污染混凝土表面。养护期间应防止雨淋、日晒、受冻及受荷载的震动、冲击。

5. 模板拆除及支架卸落

非承重侧模板在混凝土强度能保证其表面及棱角不致因拆模而受损坏时方可拆除，一般应在混凝土抗压强度达到2.5MPa时方可拆除侧模板。承重模板、支架，应在混凝土强度能承受其自重力及其他可能的叠加荷载时，方可拆除，当构件跨度不大于4m时，在混凝土强度达到设计强度标准值的50%后方可拆除；当构件跨度大于4m时，在混凝土强度达到设计强度标准值的75%后方可拆除。

支架的卸落应从梁体挠度最大处的支架节点开始，逐步卸落相邻两侧的节点，并要求对称、均匀、有序地进行。各节点应分多次进行卸落，以使梁的沉落曲线逐步加大到梁的挠度曲线。简支梁和连续梁桥可从跨中向两端进行支架的卸落。

5.1.2 预制混凝土简支梁桥的施工

预制装配法是目前中、小跨径桥梁常用的施工方法，它是在桥梁工地附近的预制场或专门的构件预制厂内生产梁体构件，待桥梁墩台施工完成后，将预制梁运到桥位处起吊安装并连接成整体上部结构的施工方法。这种方法有以下特点：

(1) 桥梁上、下部结构可以平行施工，加快施工进度，缩短工期；

(2) 预制构件便于工厂化批量生产，质量容易控制，成本相对较低；

(3) 需要专门的预制场地和大型的起重、运输设备；

(4) 构件之间存在拼装接缝，结构整体性相对较差。

1. 预制钢筋混凝土简支梁的制作工艺

预制的钢筋混凝土简支梁多为中、小跨径的空心板和T形梁等形式，目前多采用标准跨径的定型设计。

预制梁的模板常采用钢模板和钢木组合模板，以及充气橡胶芯模。木模板常用于没有定型设计的构件或小跨径预制梁，有时为了节约钢材和木材，也可因地制宜利用土模或砖模来制梁。

一般情况下，预制梁的模板有底模、侧模、端模，空心板和箱形梁还需有内模。底模支承在预制场地的台座上，常用12~16mm厚钢板制成。预制过程中，底模不必拆除，只需在下次周转使用前进行整平和校正。底模在构造上应设置与侧模、端模以及底模接长的连接构件，此外底模与台座之间应设置减震胶垫。侧模沿梁长置于梁体两侧，由侧板、水平加劲肋、竖向加劲肋、斜撑等构件组成，模板常选用4~8mm钢板。侧模可采用整体式模板或大模板拼装，考虑起吊重量和简化构造，单元长度取4~5m，可在横隔梁处分隔。侧模板在构造上应考虑安置侧模振捣器，同时加强连接构造并设置拆卸模板的装置。端模设置在梁的两端，与底模、侧模连接，用于形成两端形状，常用4~8mm钢板加工而成。

空心板预制应考虑内模的立模和拆装方便、不易损坏，可重复利用。内模亦可采用木模或钢模，但其构造较为复杂。目前多使用充气橡胶芯模，具有施工方便、容易拆除的优点，其缺点是芯模容易上浮和偏位，甚至漏气。橡胶芯模所充气压的大小与芯模直径、新浇混凝土压力、气温等因素有关。浇筑混凝土时，为防止芯模上浮和偏位，应用定位箍筋、压块等加以固定，浇筑过程中经常观察芯模是否漏气，发现问题及时采取补救措施。芯模放气时间与气温有关，应根据施工经验或通过试验确定。

此外，内模还可以采用不抽拔的芯模，如混凝土管、纸管和钢丝网管等。

预制钢筋混凝土梁的钢筋工程、混凝土工程以及模板拆除等施工过程与上节所述的现浇法施工基本相同，在此不再赘述。

2. 先张法预应力混凝土简支梁的制作工艺

先张法制梁工艺，如图5.3所示，是在浇筑混凝土之前先进行预应力筋的张拉，并将其临时锚固在张拉台座上，然后立模浇筑混凝土，待混凝土达到规定强度(不得低于设计强度的70%)时，逐渐将预应力筋放松，利用预应力筋的弹性回缩及其与混凝土之间的黏结作用，使构件获得预应力。一般用于直线布筋的中小型构件。

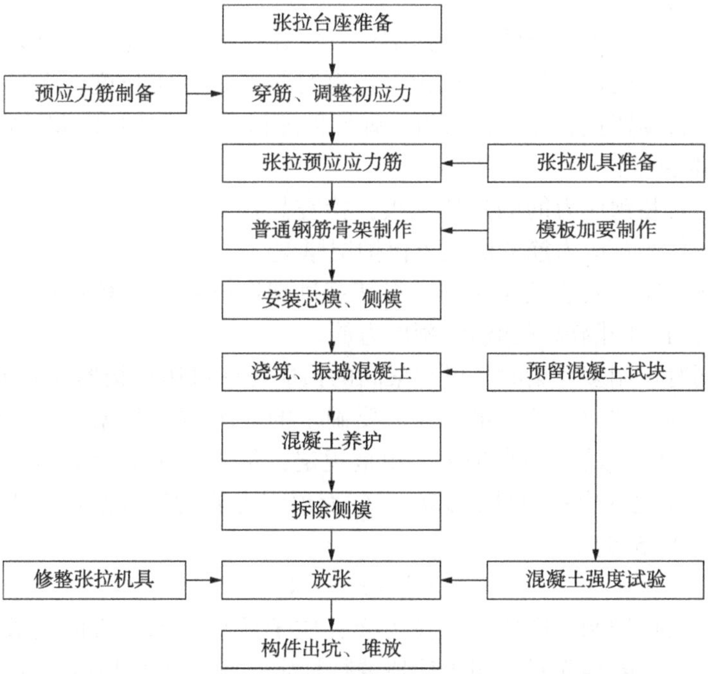

图5.3 先张法工艺流程

先张法生产可采用台座法或流水机组法。采用流水机组法时，构件在移动式的钢模中生产，按流水方式通过张拉、浇筑、养护等各个固定机组完成每道工序。流水机组法可加快生产速度，但需要大量钢模和较高的机械化程度，且需配合蒸汽养护，适用于工厂内预制定型构件。采用台座法时，构件施工的各道工序全部在固定台座上进行，因其不需复杂机械设备，施工适用性强，故应用较广。这里仅对台座法进行介绍。

(1) 台座

台座是先张法生产中的主要设备之一，要求有足够的强度和稳定性。按其构造形式的不同，台座可分为墩式和槽式两类。

① 墩式台座

亦称重力式台座，是靠自重和土压力来平衡张拉力所产生的倾覆力矩，并靠土壤的反力和摩擦力抵抗水平位移。台座由台面、承力架、横梁和定位钢板等组成。

台面有整体式混凝土台面和装配式两种，它是制梁的底模。承力架要承受全部的张拉力，须保证足够的强度、刚度，并操作安全、方便。横梁将预应力筋张拉力传给承力架，常用型钢制成。定位钢板用来固定预应力筋的位置，其厚度必须保证承受张拉力后具有足够的刚度。定位板的圆孔位置按梁体预应力筋的设计位置来确定，孔径比预应力筋大2~5mm，以便穿筋。

② 槽式台座

当现场地质条件较差，台座长度不大时，可采用槽式台座。槽式台座由台面、传力柱、横梁、横系梁等组成。传力柱和横系梁一般采用钢筋混凝土结构，其他部分与墩式台座相同。

(2) 预应力筋的张拉

先张法预应力筋可采用钢绞线、高强钢丝、精轧螺纹钢筋等。预应力筋的下料长度应根据预应力筋种类的不同通过计算来确定。计算时应考虑台座长度、夹具厚度、千斤顶长度、焊接接头或墩头预留量、冷拉伸长值、弹性回缩值、张拉伸长值和外露长度等因素。

① 张拉前的准备工作

先在端横梁上安装预应力筋的定位钢板，检查其孔位和孔径是否符合设计要求，同时要保证最下层和最外侧预应力筋的混凝土保护层厚度。

检查无误后在台座上安装预应力筋，将其穿过端横梁和定位板后用夹具固定，穿筋时应注意不要碰掉台面上的隔离剂和沾污预应力筋。

采用长线法同时预制多片梁时，梁与梁间的预应力筋可用连接器临时串联。

预应力筋的控制张拉力 N_{con} 是张拉前需要确定的一个重要数据，它由预应力筋的张拉控制应力 σ_{con} 与截面积 A_p 的乘积来确定。规范规定，最大控制应力对钢丝、钢绞线应不超过 $0.75f_{pk}$，对冷拉粗钢筋应不超过 $0.90f_{pk}$。f_{pk} 为预应力筋的标准强度。因此，预应力筋的最大控制张拉力为式(5.5)。

$$N_{con}=\sigma_{con}\cdot A_p \tag{5.5}$$

为便于张拉时操作控制，还要将张拉力换算成千斤顶上油压表的读数。另外，考虑到油压表本身示值误差，要事先对所用千斤顶进行标定，得到千斤顶的校正系数 K_1 和油压表的校正系数 K_2，则需要达到张拉力值为 N_{con} 时，换算的油压表读数 C' 应为式(5.6)。

$$C'=K_1K_2N_{con}/A \tag{5.6}$$

式中 K_1——所用千斤顶理论计算吨位与标准压力计实测吨位之比，它随拉力值的不同而变化，一般为1.02~1.05，如果大于1.05，则应检修活塞与垫圈；

K_2——所用油压表读数与标准油压表读数之比，它不应有±0.5%以上的偏差，过大时宜换新油压表；

A——千斤顶油缸面积。

对于张拉设备的各个部件在张拉前均应仔细检查，只有在一切无误的情况下才能开始张拉。

② 张拉工艺

为了减少预应力筋的应力松弛损失，通常采用超张拉的方法，如果设计无明确要求，可按照表5.5规定的张拉程序进行张拉。其中应力由$1.05\sigma_{con}$退至$0.9\sigma_{con}$，主要是为了设置预埋件、绑扎钢筋和支模时的安全。初应力值一般取σ_{con}的10%~15%，以保证成组张拉时每根钢筋应力均匀。

表5.5 先张法预应力筋张拉程序

预应力筋种类		张拉程序
钢丝、钢绞线	夹片式等具有自锚性能的锚具	低松弛预应力筋：0→初应力→σ_{con}(持荷5min锚固)
	其他锚具	0→初应力→$1.05\sigma_{con}$(持荷5min)→0→σ_{con}(锚固)
螺纹钢筋		0→初应力→$1.05\sigma_{con}$(持荷5min)→$0.9\sigma_{con}$→σ_{con}(锚固)

注：1. 表中σ_{con}为张拉时的控制应力值，包括预应力损失值。2. 超张拉数值超过《公路桥涵施工技术规范》(JTG/T 3650—2020)规定的最大超张拉应力限值时，应按《公路桥涵施工技术规范》(JTG/T 3650—2020)规定的限制张拉应力进行张拉。3. 张拉螺纹钢筋时，应在超张拉并持荷5min后放张至$0.9\sigma_{con}$时再安装模板、普通钢筋及预埋件等。

为了避免台座承受过大的偏心力，应先张拉靠近台座截面重心处的预应力筋。

如图5.4所示为多根预应力筋成批张拉的平面布置。为了使每根力筋受力均匀，必须使它们的初始长度保持一致。为此，可在钢筋的一端选用螺纹锚具，另一端选用墩头夹具与张拉千斤顶连接。这样就可以利用螺丝端杆上的螺帽来调整各根钢筋的初始长度。对于直径较小的钢筋，在保证精确下料长度的情况下，两端都可采用墩头夹具。

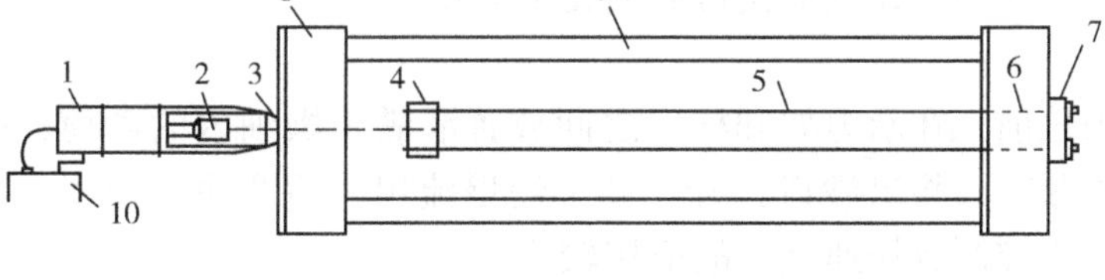

图5.4 多根预应力筋成批张拉图

1—拉杆式千斤顶；2—连接器；3—固定螺帽；4—墩头夹具；5—预应力筋；6—螺丝杆端锚具；7—定位板；8—栋梁；9—传力柱；10—高压油泵

张拉时，台座两端不得站人，操作人员要站在台座侧面的油泵外侧进行工作，以保安全。达到张拉力后，要静停2~3min，待稳定后再锚固。

在大型梁制作的过程中，其张拉技术是比较重要的环节。在张拉的过程中由于其预应力损失、张拉系统的精度与摩阻、工作人员所掌握情况等各方面的直接影响，难以保障其预制混凝土梁质量问题。因此，高智能、全过程、高精度的预制混凝土梁预应自动系统的运用，不但可以保障其测试数据的有效性，而且还可以保证预应力的施工安全。

智能张拉系统主要由四部分组成，主要包括传感器系统、辅助性系统、智能控制系统、机械动力系统等。此系统是采纳高等度压力传感器直接在张拉力上进行测量，所采纳的是数显位移传感器的测量伸长值，并且运用高性能的液压系统作为其动力加载系统，运用专业的编程控制器便可对控制系统进行管理，并且运用个计算机管理系统对其张拉数据有效进行管理。

在施工过程中，先进行安装锚具，然后进行安装传感器，再进行安装连接板，最后进行控制系统启动工作。在张拉过程中，需要以张拉力控制为主要指标，其预应力筋伸长量进行校对。在系统通过传感器过程中，运用传感器将每一个千斤顶的张拉力值的进行有效采集。并且对各数据进行科学判断，从而可以精确的掌握其张拉力和速度加载状况。在该系统与各项技术要求相符合时，便将预应力的张拉全过程实现的自动化。同时也实现了分析图表、查询历史数据、传输存储数据等各项功能。

(3) 预应力筋的放松

预应力筋张拉并安放普通钢筋骨架、支立侧模后，即可进行混凝土浇筑工作。预应力混凝土梁的混凝土工程，除了因强度等级较高而在拌制、浇筑、振捣和养护等方面更应严格要求外，基本操作与钢筋混凝土结构相仿。此外，在台座内每条生产线上的构件，其混凝土必须一次连续浇筑完成，振捣时，应避免碰击预应力筋。

混凝土经养护达到设计规定的强度，设计未明确规定时，应达到设计强度等级值的75%以上，方可放松预应力筋(称为“放张”)。放松过早会造成较多的预应力损失(主要是收缩、徐变损失)，或因混凝土与钢筋的黏结力不足而造成预应力筋弹性收缩滑动和在构件端部出现水平裂缝的质量事故；放松过迟，则影响台座和模板的周转。放松操作时应缓慢、均匀。只有待放张结束后，才能切割每个构件端部的预应力筋。

放张的方法有多种，这里仅介绍两种常用的方法。

① 千斤顶放松

首先要在台座上重新安装千斤顶，先将力筋稍张拉至能够逐步扭松端部固定螺帽的程度，然后逐渐放松千斤顶，让钢筋慢慢回缩完毕为止。

② 砂筒放松

在张拉预应力之前，在承力架和横梁之间放置灌满干燥细砂的砂筒，张拉时筒内砂子被压实。当需要放张时，将出砂口打开，砂子慢慢流出，活塞徐徐顶入，直至张拉力全部放松。这种方法易于控制放松速度，故应用较广。

3. 后张法预应力混凝土简支梁的制作工艺

后张法制梁工艺如图 5.5 所示，先制作留有预应力筋孔道的梁体，待其混凝土达到规定强度后，再在孔道内穿入预应力筋，并进行张拉和锚固，最后进行孔道压浆并浇筑梁端封头混凝土。后张法工艺较复杂，除与钢筋混凝土梁相同的工序外，还要增加预留孔道、预应力筋下料、穿筋、张拉锚固、压浆、封锚等工序，而且需要专用锚具和埋设件，增加了制作成本。但后张法不需要强大的张拉台座，便于在现场施工，适用于配置曲线形预应力筋的大型和重型构件，因此目前在桥梁工程中得到广泛应用。

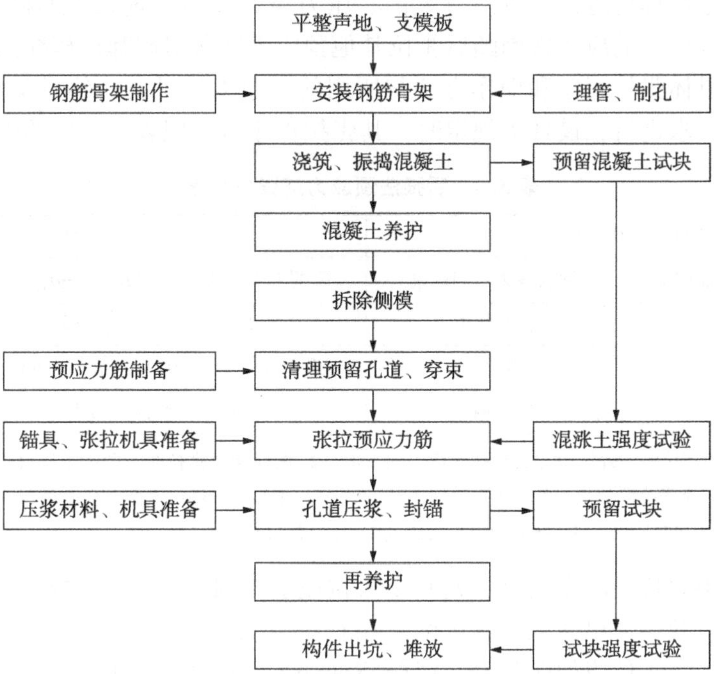

图 5.5　后张法工艺流程

(1) 预应力孔道的成型

预应力孔道是通过在浇筑混凝土前，按梁内预应力筋的设计位置安放制孔器形成的。

制孔器可分为埋置式和抽拔式两大类。埋置式制孔器可采用铁皮管、铝合金波纹管等，浇筑混凝土前预埋在预应力筋的设计位置，梁体制成后留在梁内，形成孔道壁，使用方便，但加工成本高，不能重复使用。铁皮管用薄铁皮制作，安装时分段连接，由于加工困难，接缝和接头处易漏浆，影响以后穿束和张拉，目前已较少采用。铝合金波纹管用制管机卷制而成，横向刚度大，不易变形和漏浆，纵向也便于弯成各种线形，与混凝土的黏结较好，目前应用较广。

近年来，塑料波纹管也逐渐得到了较多的应用。抽拔式制孔器常用的有橡胶抽拔管、金属伸缩抽拔管和钢管等。在浇筑混凝土前，安放在预应力筋的设计位置上，待混凝土浇筑完成并终凝后将其拔出，即在梁体内形成孔道。这种方法的最大优点是能够周转重复使用，经济省料，以前使用较广，目前由于波纹管的普及，已较少采用。

(2) 预应力筋的穿束

预应力筋可在浇筑混凝土之前或之后穿入管道，称为“穿束”。对钢绞线，可将一根钢束中的全部钢绞线编束后整体装入管道中，也可逐根将钢绞线穿入管道。穿束前，可用空压机吹风等方法清理孔道内的污物和积水，以确保孔道畅通。一般可采用人工穿束，也可借助卷扬机牵引进行。

(3) 预应力筋的张拉

预应力筋张拉时，构件的混凝土强度应符合设计要求，设计未规定时，应不低于设计强度等级值的 75%。

张拉应按顺序对称地进行，以防过大偏心压力导致梁体出现较大的侧弯现象。分批张拉时，先张拉的预应力筋应考虑因随后张拉其他预应力筋所引起弹性压缩的预应力损失。

预应力筋的具体张拉程序和操作方法与所用的预应力筋种类、锚具类型和张拉机具有关，应按照设计要求进行，设计无规定时，其张拉程序可参照表 5. 6 中的内容进行。

表 5. 6　后张法预应力筋张拉程序

锚具和预应力筋类别		张拉程序
夹片式等具有自锚性能的锚具	钢绞线束、钢丝束	低松弛力筋：0→初应力→σ_{con}（持荷 5min 锚固）
其他锚具	钢绞线束	0→初应力→1. 05σ_{con}（持荷 5min）→σ_{con}（锚固）
	钢丝束	0→初应力→1. 05σ_{con}（持荷 5min）→0→σ_{con}（锚固）
螺母锚固锚具	螺纹钢筋	0→初应力→σ_{con}（持荷 5min）→0→σ_{con}（锚固）

注：1. 表中 σ_{con} 为张拉时的控制应力，包括预应力损失值。2. 两端同时张拉时，两端千斤顶升降压、画线、测伸长等工作应基本一致。3. 超张拉数值超过《公路桥涵施工技术规范》（JTG/T 3650—2020）规定的最大超张拉应力限值时，应按《公路桥涵施工技术规范》（JTG/T 3650—2020）规定的限值进行张拉。

在张拉工序中须特别注意安全，尤其在张拉或退楔时千斤顶后方不得站人，以防预应力筋拉断或锚具、楔块弹出伤人。高压油泵在有压情况下，不得随意拧动油泵或千斤顶各部位的螺丝。油管接头处应加防护套，以防喷油伤人。已张拉完而尚未压架的梁，严禁剧烈震动，以防预应力筋裂断而造成重大事故。

（4）孔道压浆与封锚

孔道压浆是为了保护预应力筋不致锈蚀，并使力筋与混凝土黏结成整体，从而减轻锚具的受力，提高梁的承载能力、抗裂性能和耐久性。孔道压浆用专门的压浆泵进行，压浆时要求密实、饱满，并应在张拉后尽早完成。

① 准备工作

压浆前切断锚外钢丝时，应采取降温措施，以免锚具和预应力筋因过热而产生滑丝。用环氧砂浆或棉花和水泥浆填塞锚塞周围的钢丝间隙。用压力水冲洗孔道，排除孔内粉渣杂物，确保孔道畅通，并吹去孔内积水。

② 水泥浆的制备

宜采用硅酸盐水泥或普通水泥。水泥的强度宜不低于 42. 5MPa。

水泥不得含有任何团块。火山灰质水泥与矿渣水泥由于凝固慢、泌水率高，均不宜使用。水泥浆强度应符合设计规定，设计无具体规定时，应不低于 30MPa。水泥装的水灰比应为 0. 4~0. 45。为了防止腐蚀预应力筋，掺加外加剂时须验明其中不含氯盐，不得掺用加气剂，可掺入适量的塑化剂以增强水泥浆的流动性，也可掺加铝粉（膨胀剂），但其自由膨胀率应小于 10%。当孔道直径较大而预应力筋的直径较小时，可掺适量细砂以减少水泥用量、减小水泥浆体积收缩并提高强度。

水泥浆自拌制至压入孔道的延续时间，视气温情况而定，一般在 30~45min 范围内。水泥浆在使用前和压注过程中应连续搅拌。对于因延迟使用而导致流动度降低的水泥浆，不得通过加水来增加其流动度。

③ 压浆程序和操作方法

压浆工艺有“一次压注法”和“二次压注法”两种，前者用于长度不大的直线形孔道，后者用于较长的孔道或曲线形孔道。

压浆压力以0.5~0.7MPa为宜，如压力过大，易胀裂孔壁。压浆顺序应先下孔道后上孔道，以免上孔道漏浆把下孔道堵塞。直线孔道压浆时，应从构件的一端压到另一端，曲线孔道压浆时，应从孔道最低处开始向两端进行。

二次压浆时，第一次从甲端压入直至乙端流出浓浆时将乙端的阀门关闭，待灰浆压力达到要求且各部再无漏水现象时再将甲端的阀门关闭。待第一次压浆后30min，打开甲、乙端的阀门，自乙端再进行第二次压浆，重复上述步骤，待第二次压浆完成经30min后，卸除压浆管，压浆工作便告完成。

④ 封锚

为了避免锚头锈蚀，并防止其在运营过程中松动，应将锚固端用混凝土封固。孔道压浆后应立即将梁端水泥浆冲洗干净，并将端面混凝土凿毛。在绑扎端部钢筋网和安装封端模板时，要妥善固定，以免在浇筑混凝土时因模板变位而影响梁长。封端混凝土的强度应不低于梁体的强度。混凝土浇筑完成后，应进行养护。

⑤ 真空灌浆技术

真空灌浆技术属于21世纪以来新衍生出来的一项路桥工程施工技术，由于其拥有较强的密封性、灌浆速度快等优势，在路桥工程领域中得到了普遍的认可与推崇。

真空灌浆技术主要是采用真空泵从孔道一侧抽取空气，直至形成真空状态，真空度通常为-0.1MPa，在真空环境下从另一侧灌注水泥浆液，在此过程中需施加一定的外界压力，宜控制在0.7MPa之内，避免其中存在气泡或孔隙，由于存在一定的压力差值，保证了浆液饱满度及密实度，有效提升灌浆施工质量。

相较于传统压浆技术而言，真空灌浆技术具有明显优势：a. 由于孔道内的空气基本被完全抽出，浆液灌注过程中不易形成气泡、水泡等，在负压环境下，水泥浆液内部气泡也被消除，增强浆体的密实程度，减少泌水现象，实现对路基的有效加固。b. 在真空负压环境下，浆体中的稀浆通过负压容器流出，孔道内浆液稠度一致，有效保证固结体强度及完整性。c. 浆液灌注过程中无空气阻力干扰，提升了注浆速度，进而优化施工效率。同时该项技术具有良好的经济效益，施工操作相对简单，据相关研究证明，与传统技术相比，其节约成本在13%左右。

具体的施工步骤主要如下：

a. 设置预应力管道

(a)确保梁中是在50~80cm间隔范围内来做好钢筋的固定工作，以此来减少浇筑期间波纹管移动情况出现的概率。这里值得一提的是，定位钢筋可减少绑扎这一步骤，并和主筋与箍筋做好相应的焊接工作，在具体焊接期间应当采取针对性的手段减少对波纹管造成影响。(b)针对管道接头部位连接管来说，其尽可能以级别高的管道为主，长度应当在充分结合连接管道内径的基础上进行确定，通常为5~7倍。在具体连接期间，应当采取必要措施减少接头部位发生角度变化的情况，并且将其固定住，以此来减少渗漏情况出现的概率。当属于塑料波纹管时，尽可能采取套管的形式加以连接。(c)当管道位置明确以后，需要在具体浇筑期间详细检查管道与垫板及其所处位置，尽可能降低碰撞情况发生的次数。(d)为了提高检查质量，相关人员应当在最高点上面设置相应的观察管，并保障其不小于顶面混凝土 20~30cm。

b. 做好准备工作

张拉作业完毕以后，需要认真查看张拉记录以及锚固状况，直到满足相关要求以后才能进行封锚压浆的准备工作。相关人员应当清理干净裸露在外的钢绞线，确保最大外露量小于 3cm，然后再做好封锚工作。相关人员可以采取以下两种手段开展封锚工作：一是采取保护罩的方式做好封锚工作；二是灵活运用无收缩特性的水泥砂浆做好封锚工作。在没有指定要求的状态下，通常使用第一种方法。

相关人员在应用保护罩开展封锚作业时，应当对以下几个方面予以高度重视：(a)认真清理锚垫板上遗留下来的杂物和水泥浆，确保其处于平整的状态。(b)认真清理安装在螺栓上面的预留孔，同时还要将溢出来的水泥浆清理干净。(c)针对盖帽密封槽来说，相关人员应当对其涂抹适量的玻璃胶，紧接着将密封圈融入其中，最后在结合部位涂抹一定数量的玻璃胶。(d)对盖帽做好安装工作，将加垫片对准设计明确的地方并旋进孔中，这个时候需要确保排气口处于垂直向上的状态。(e)相关人员应当严格按照既定标准把压浆管、接头等都设置在指定的地方，当安装完毕之后，还要认真检查阀门，对其是否处于开闭状态加以明确。(f)相关人员应当在充分结合具体状况的基础上对压浆和抽真空端加以明确，一般把抽真空端安装到指定的位置上，而压浆端需要安装在低处锚垫板。(g)针对水泥浆的出口与入口来说，相关人员应当设置与之相匹配的密封阀门，同时还要确保非压浆端与真空泵处于结合的状态，在压浆端安装压浆泵，采用串联的形式对盖帽、负压容器与阀门进行连接，盖帽与阀门之间应当用喉管相连。

c. 真空灌浆

(a) 相关人员在进行真空灌浆作业的前期阶段，需要对其密封性能进行科学判断。(b)关闭其他排气阀，仅仅留下真空泵以及相应的阀门，紧接着再把真空泵打开，大概保持 10min，目的是使得真空度控制在允许的范围内并持续保持。(c)将压降泵打开，目的是顺利排出停留在喉管与压浆机中的气泡，深度剖析水泥浆稠度，直到满足既定标准以后，在关闭压降泵的基础上将喉管连接到指定的地方。(d)应当采取有效措施确保真空泵呈现出打开的状态，同时还要打开压浆端上对阀门，继而朝着孔道中部不断压浆。在具体压浆期间，压力表读数会慢慢降低。(e)如果水泥浆融入负压容器时，那么这时相关人员除了要关闭其设置的阀门以外，还应当将废浆桶上设置的阀门开启，随手还要把真空泵关上。(f)压泵作业还在持续，直到浆液溢出即可，确保稠度与压入浆液处于相同的状态，这个时候需要关闭安装在出浆端上的阀门，然后再关闭压降泵。(g)结合既定标准将全部排气孔打开，然后再打开压降泵，直到水泥浆顺利从孔中流出来，且稠度以及压入端达到一致时，这个时候在关闭压降泵的同时还要关闭出气口。(h)开启压浆泵，目的是使得压力保持在 0.7MPa 的范围内，且持续 2min。(i)相关人员还需要关闭压降泵以及安装在压浆端上的阀门，继而完成压浆作业。

d. 清理保养

(a) 当压浆作业完毕之后，还需要拆除相应的管路以及附件。(b)只要与负压容器相关的喉管，都要对其做好相应的清洗工作。为日后压浆作业的顺利进行提供方便，判断出水泥浆是否从真空端快速流出。(c)就负压容器当中的水泥浆量而言，相关人员应当采取针对性的手段将其保持在总量的50%之中，并在此基础上还要对水泥浆进行妥善处理，认真清洗容器。(d)压浆作业完毕以后，还应当认真清洗各种部件，目的是给日后开展类似工作带来益处，其中涵盖喉管、负压容器等。(e)无论是针对安装在压浆端的球阀来说，还是就安装在出浆端的球阀而言，通常都是在压浆结束以后的24h之内做好相应的拆除工作，并在此基础上进行认真清理，在具体清洗期间，还需要拆开球阀，然后对其进行敲打，这样做的目的是使得不锈钢小球快速退出，最后还要涂抹适量的黄油。

4. 装配式简支梁的运输与安装

为了将构件预制厂或桥梁施工现场预制的梁板构件安放到桥孔设计位置，还需要完成两个重要的施工过程，即构件的水平运输和垂直安装。

(1) 预制构件的运输

从工地预制场至桥头的运输，称场内运输，通常需铺设钢轨便道，由预制场的龙门吊车或木扒杆将梁装上平车后用绞车牵引运抵桥头。对于小跨径梁或规模不大的工程，也可设置木板便道，利用钢管或硬圆木作滚子，使梁靠两端支承在几根滚子上用绞车拖曳，边前进边换滚子运至桥头。为使构件平稳前进以确保安全，通常在用牵引绞车徐徐向前拖拉的同时，后面的制动索应跟着慢慢放松，以控制前进的速度。

从构件预制厂至施工现场的运输称场外运输，当预制工厂距桥梁工地较远时，通常可用大型平板拖车、火车或驳船将梁运至工地存放，或直接运至桥头或桥孔下进行架设。当采用水上浮吊架梁而需要使预制梁上船时，运梁便道应延伸至河边，并修筑临时栈桥(码头)。运输过程中，构件的放置要符合受力方向，一般应竖立放置，为了防止构件发生倾侧、滑动或跳动等现象，需要在构件两侧采用斜撑和木楔等临时固定。构件运输之前，首先要将其从预制底模上移出来，称为“出坑”或“出槽”，然后在预制场地内合适的位置堆放待运。出坑的方法视构件重量、外形尺寸和设备条件而定，通常可采用龙门吊、汽车吊、扒杆等起吊设备，或横向滚移出坑。梁在起吊和堆放时，应按设计规定的位置布置吊点或支承点。

(2) 预制构件的安装

预制梁的安装是装配式桥梁施工中的关键工序。应结合施工现场条件、工程规模、桥梁跨径、工期条件、设备能力等具体情况，以安全、可靠、经济、适用、快速为原则，合理选择架梁的方法。

简支式梁、板构件的安装，一般包括起吊、纵移、横移、落梁就位等工序。从架梁的工艺类别来分，有陆地架设、浮吊架设和高空架设等，每一类架设工艺中，按起重、吊装等机具的不同，又可分成各种独具特色的架设方法。随着土木建筑领域工业化和机械化程度的不断提高，新的架桥工艺、设备不断涌现，推动桥梁施工技术的不断进步。必须强调指出，桥梁构件安装属于高空作业，需要使用较复杂的机具设备，施工过程中必须确保施工人员的安全和杜绝工程事故，这是工程技术和管理人员的重要职责。因此，在施工前应研究制订周到而妥善的安装方案，详细分析和计算承力设备的受力情况，采取周密的安全措施。在施工中加强安全教育，严格执行操作规程和加强施工管理工作。

下文简要介绍几种常用架梁方法的工艺特点。

① 自行式吊车架梁

对于中小跨径桥梁，可采用自行式吊车(汽车吊或履带式吊车)安装构件。如果是岸上的引桥或者桥墩不高时，可以视吊装质量的不同，用一台或两台(抬吊)吊车直接在桥下进行吊装；如果桥下是河道或桥墩较高时则将吊车直接开到桥上，利用吊机的伸臂边架梁、边前进，此时，对于已经架设好的主梁，当横向尚未连成整体时，必须验算主梁是否能够承受吊车、吊装构件、机具以及施工人员的重力。前者属于陆地架设法，后者属于高空架设法。

自行式吊车架梁的特点是机动性好，不需要其他动力设备，不需要准备作业，架梁速度快，因此应用较为广泛。

② 跨墩龙门吊架梁

对于桥梁高度不大，孔数较多，沿桥墩两侧铺设轨道不困难的情况，可以采用跨墩龙门吊车来架梁。除了吊车行走轨道外，在其内侧还应铺设运梁轨道，或者设便道用拖车运梁。梁运到后，用龙门吊起吊、横移，并安装在预定位置。一孔架设完成后，吊车前移，再架设下一孔。

河滩上如果有浅水，可在水中填筑临时路堤，水较深时可修建临时便桥，在临时路堤或便桥上铺设轨道，供龙门吊行走。此时应与其他方法进行技术经济比较后确定。

本法属于陆地架设法，其优点是架设安装速度较快，不需要特别复杂的技术工艺，作业人员较少，河滩无水时也较经济。但龙门吊机的设备费用较高，尤其是桥墩较高的情况。

③ 浮运架梁

浮运架梁法是将预制构件移装到浮船上，浮运到架设桥孔后用吊装设备将梁安装就位。运用浮运架梁法的条件：需有适当的水深，一般宜大于 2m；水位平稳或涨落有规律；流速及风力不大；河岸能修建适宜的构件装卸码头；具有坚固适用的船只和起吊设备。

浮运架梁可采用以下几种方法：

a. 预制梁装船浮运至架设孔，用船载吊机吊装就位。

b. 若装载预制梁的船本身无起吊设备，则可用另外的浮吊吊装就位。

c. 用装设在墩顶的起吊设备吊装就位。

本法适用于修建海上和深水大河桥梁，施工比较安全，工效较高，可用一套浮运设备架设安装多跨桥梁。

④ 架桥机架梁

随着建筑机械化程度的提高，架桥机的应用越来越广泛，成为高空架梁法中的主要方式。目前有多种型式和规格的架桥机可供选用，可采用各种制式架桥机，对于中小跨径桥梁，也可在工地现场用万能杆件或贝雷桁架拼装架桥机。按照型式的不同，架桥机可分为单导梁式、双导梁式、斜拉式和悬吊式等类型。

双导梁式宽穿巷式架桥机的施工流程如下：

a. 一孔架设完成后，前后横梁移至尾部作平衡重，架桥机整体前移。

b. 架桥机整体向前移动了一孔位置，将前支腿支承在墩顶上；待架梁装载在运梁平车上向前移动。

c. 待架梁前端接近吊装孔时，前横梁吊机将其吊起，梁的后端仍放在运梁平车上，继续前移。

d. 后横梁吊机吊起梁的后端，缓慢前移，纵向对准梁位后，固定前后横梁，吊机沿横梁横移，落梁就位。

采用架桥机架梁的优点是不受水深和墩高的影响，并且在作业过程中不影响桥下泄洪、通航或通车。但其作业比较复杂，需要熟练的操作人员，而且架梁前的准备工作和架梁后的拆除工作比较费时，因此，用于孔数较多的桥梁比较经济。

5.2 预应力混凝土连续梁桥与刚构桥施工

5.2.1 连续梁桥与连续刚构桥的区别

连续梁桥与连续刚构桥的主要区别如下：

(1) 两者的特点不同

① 连续梁桥的特点

连续梁桥在支座处增大梁高，减小跨中正弯矩，与简支梁桥相比，减小跨中正弯矩，使桥梁恒载减小，自重减轻，这是连续梁桥受力的突出特征。在跨径大于80m的大跨度预应力混凝土连续梁桥，在除去景观或其他特殊要求时，一般主梁采用变高度形式，高度变化基本与内力变化相适应。虽然跨中弯矩减小了，但支点处上缘产生了负弯矩，易发生裂缝后受水侵蚀。

② 连续刚构桥的特点

连续刚构桥的结构特点是主梁连续、墩梁固结，既保持了连续梁桥无伸缩缝、行车平顺的优点，又保持了T形刚构桥不设支座、无需体系转换的优点，方便施工；而且很大的顺桥向抗弯刚度和横桥向抗扭刚度能很好地满足较大跨径的受力要求。因此它是一种极有生命力的桥梁结构形式，已成为大跨度预应力混凝土桥梁的首选桥型。

(2) 两者的作用不同

① 连续梁桥的作用

两跨或两跨以上连续的梁桥，属于超静定体系。连续梁桥在恒活载作用下，产生的支点负弯矩对跨中正弯矩有卸载的作用，使内力状态比较均匀合理，因而梁高可以减小；由此可以增大桥下净空，节省材料，且刚度大，整体性好，超载能力大，安全度大，桥面伸缩缝少，并且因为跨中截面的弯矩减小，使得桥跨可以增大。

② 连续刚构桥的作用

连续刚构桥梁内的内力分布更加合理，合理选择墩的刚度，能够有效地减少主梁内的弯矩，有利于增大跨径。同连续梁桥比较，在活载作用下，连续刚构桥的正弯矩比连续梁桥的小，两者负弯矩较接近；在恒载作用下，两者的弯矩也比较接近。墩梁固结节省了大型支座的昂贵费用，减少了墩及基础的工程量，并改善了结构在水平荷载(例如地震荷载)作用下的受力性能，即各柔性墩按刚度比分配水平力。

(3) 两者的相关要求不同

① 连续梁桥的相关要求

对于分节段悬臂浇筑施工的预应力混凝土连续梁桥、连续刚构桥来说，施工控制就是根据施工监测所得的结构参数真实值进行施工阶段计算，确定出每个悬浇节段的立模标高；并在施工过程中根据施工监测的成果对误差进行分析、预测和对下一立模标高进行调整，以此来保证成桥后桥面线形、合拢段两悬臂端标高的相对偏差不大于规定值以及结构内力状态符合设计要求。

② 连续刚构桥的相关要求

连续刚构桥综合了连续梁桥和T形刚构桥的受力特点，主梁为连续梁体，并与桥墩固结。在受力特点上连续刚构体系上部结构同连续梁一样，而桥墩底部所承受的弯矩、梁体内的轴力随着墩高的增加而减小。

5.2.2 混凝土连续梁桥施工

连续梁桥的构造和受力特点与简支梁桥有很大的区别，由于其主梁的长度和重量大，除采用整体支架现浇的方法外，一般很难能像简支梁那样将整根梁一次浇筑或架设完成。

下文主要介绍连续梁桥目前常用的几种施工方法，包括逐孔施工法、悬臂施工法和顶推施工法，这几种方法也可统称为“节段施工法”。

1. 逐孔施工法

(1) 支架施工

在支架上浇筑连续梁时，其支架、模板、钢筋工程、混凝土工程等各主要施工过程，与简支梁桥的现浇施工法基本相同。所不同的是连续梁在中墩支点处结构连续，为超静定结构，所以必须重视以下因素的影响。

① 不均匀沉降的影响。墩、台的刚度比临时支架的刚度大得多，支架及其基础的不均匀沉降往往导致主梁在支点截面处开裂。

② 混凝土收缩的影响。由于每次浇筑的梁段较长，混凝土的收缩受到桥墩、支座摩擦阻力和先浇部分混凝土的约束，也容易引起主梁开裂。

为了在施工过程中消除上述影响，可采用设置工作缝或者分段浇筑的方法。

工作缝应设在主梁弯矩和剪力较小的部位，一般可设在墩台的顶部。若支架采用了较大跨径的梁式构件，则在其两端支点上方也应设置工作缝。

梁段间工作缝宽度一般为0.8~1.0m，两端用木板与梁体隔开，并留出钢筋通过的孔洞。待梁体混凝土浇筑完成，沉降和收缩稳定后，再拆除隔板，凿毛并清洗端面，然后浇筑接缝混凝土。

有时为了避免设置工作缝的麻烦，也可以采取不设宽工作缝的分段浇筑方法。

每个分段应根据实际情况采用水平分层或斜层法浇筑混凝土。当桥面较宽、混凝土数量较大时，可将梁分成若干纵向单元分别浇筑。

(2) 移动模架施工

移动模架施工法是利用机械化支架和装配式模板逐跨移动，现浇混凝土施工。它像一座设在桥孔上的活动预制场，随着模架的不断移动实现连续浇筑施工。常用的移动模架可分为支承式模架和悬吊式模架两大类。

支承式移动模架由承重梁、导梁、台车、桥墩托架和模架等构件组成。在桥墩两侧各设置一根承重梁，用来支承模架和承受施工重力。承重梁的长度要大于桥梁跨径，浇筑混凝土时承重梁支承在桥墩托架上。导梁主要用于运送承重梁和模架，因此，其长度应大于两倍桥梁跨径。前端台车在导梁上行走，后端台车在已建成的梁上行走。其施工流程如下：

① 浇筑混凝土，混凝土达到规定强度后施加预应力。

② 脱模卸架，由台车将承重梁和模架运送至下一桥孔。

③ 承重梁就位后，再将导梁向前移动，准备下一循环的浇筑工作。

施工时，连续梁分段时的接头部位应放在弯矩最小的部位，应通过计算确定。预应力筋锚固在浇筑缝处，浇筑下一孔梁段前再用连接器将预应力筋接长。

移动模架法适用于20~50m 跨径的等截面连续梁桥，也可以用来修建多跨简支梁桥。

这种方法有以下特点：

① 不需要设置地面支架，施工不受河流、道路、桥下净空和地基等条件的影响。

② 机械化程度高，劳动力少，质量好，施工速度快，安全可靠。

③ 只要下部结构稍提前施工，之后上下部结构可同时平行施工，缩短工期。而且施工从一端推进，梁建成后就可用作运输便道。

④ 整套设备投资较大，准备工作较复杂，要求施工人员具有较熟练的操作技术，用于长度较大、孔数较多的桥梁较经济。

（3）装配-整体施工

装配-整体施工法的基本构思是：将整根连续梁按吊装能力先分段预制，然后用各种安装方法将预制构件安装至墩、台或临时支架上，再现浇接头混凝土，最后通过张拉部分预应力筋，使梁体集整形成连续体系。用此法施工可以避免采用满堂支架，最大限度地减少在桥上现浇混凝土的数量，并能使上部结构的预制工作和下部结构的施工同时进行，显著缩短工期。在施工中可采用三种分段方式：简支-连续，单悬臂-连续以及双悬臂-连续。

其中简支-连续的方式由于施工方法简单，质量可靠，可适应空心板、T 形梁、箱形梁等多种截面形式，便于工厂化生产、装配式施工，可用简支梁的施工工艺达到建造连续梁桥的目的，因此近年来在中小跨径连续梁桥中得到了广泛应用。其施工过程通常如下：

① 按简支梁预制梁体构件，并张拉正弯矩预应力筋；预制时应预留顶板负弯矩预应力孔道，并预设齿板，预留工作入孔。

② 根据施工条件用各种方法将梁体安装就位，支承在墩顶两侧的临时支座上；为使临时支座拆除方便，目前应用较多的是硫黄砂浆，内部盘有电热丝；硫黄砂浆的配比应严格控制，既要保证强度，又能在需要拆除时通电融化。

③ 在墩顶设计位置安放永久支座，布置模板，按设计要求连接相邻梁端预留钢筋，在顶部布设与相邻梁体对应的负弯矩预应力筋孔道，浇筑接缝混凝土。

④ 接缝混凝土养护达到规定强度后，拆除模板，穿束张拉承受墩顶负弯矩的预应力筋并锚固，拆除临时支座，使结构转换成连续体系。

2. 悬臂施工法

悬臂施工法是以桥墩为中心，向两岸对称地、逐节悬臂接长的施工方法。现代的悬臂施工法，最早主要用来修建预应力混凝土T形刚构桥。由于其独特的优越性，后来又被推广应用于建造预应力混凝土连续梁桥、连续刚构桥、斜拉桥和拱桥等。

按照悬臂接长的方式不同，悬臂施工法可分为悬臂浇筑法和悬臂拼装法两大类。

（1）悬臂浇筑法

悬臂浇筑是以桥墩为中心，在悬吊模架（挂篮）上向两岸对称平衡地浇筑梁端混凝土，待每段混凝土养护并达到规定强度后，张拉预应力筋并锚固，再将挂篮前移，以供浇筑下一节段之用。

悬臂浇筑的每个节段长度一般为3~4m，特大桥也宜不超过6m。节段太长，将增加混凝土自重与挂篮结构的重量，同时还要相应增加平衡重或挂篮后锚固设施；节段过短，影响施工进度。因此应根据设备条件、受力情况以及工期等因素，选择合适的节段长度。

挂篮是悬臂浇筑的主要施工设备，它是一个能够沿轨道行走的活动模架，悬挂在已经张拉锚固的梁段上。在挂篮上可进行下一节段的模板、钢筋的安装，预留孔道，混凝土浇筑和预应力张拉、压装等工作。完成一个循环后，挂篮即可前移一个节段，再固定在新的节段位置上，如此循环直至悬臂梁浇筑完成。

挂篮的种类很多，按其构造形式大致可分为桁架式和斜拉式两大类。

用挂篮浇筑墩侧第一对梁段时，由于墩顶位置受限，往往需要将两侧挂篮的承重结构连在一起。待浇筑到一定长度后再将两侧承重结构分开。如果墩顶位置过小，开始用挂篮浇筑有困难时，可以设置局部支架来浇筑头几对梁段，然后再安装挂篮。

每个梁段的施工工艺流程为：挂篮移位、锚固→安装底模、侧模→安装底板、肋板钢筋、预留孔道→安装内模→安装顶板钢筋、预留孔道→浇筑混凝土→养护→穿束、预应力筋张拉和锚固→孔道压浆。

悬臂浇筑一般采用由快凝水泥配制的C40以上混凝土。在自然条件下，每段施工周期为6~10d，视节段混凝土数量、设备、气温等条件而异。

悬臂浇筑法施工的主要优点是：不需要占地很大的预制场地；逐段浇筑，易于调整和控制梁段的位置，整体性好；不需要大型机械设备；主要作业在设有顶棚、养生设备等的挂篮内进行；不受气候条件影响；各段施工属严密的重复作业，需要施工人员少，技术熟练快，工作效率高等。主要缺点是：梁体部分不能与桥墩平行施工，施工周期较长，而且悬臂浇筑的混凝土加载龄期短，混凝土收缩和徐变影响较大。

（2）悬臂拼装法

悬臂拼装法施工，是在工厂或桥位附近将梁体沿轴线划分成适当长度的节段进行预制，然后将预制节段运至架设地点，用悬拼吊机起吊后向桥墩两侧对称均衡地拼装就位，张拉预应力筋。重复这些工序直至拼装完全部节段为止。

悬拼施工适用于预制场地及吊运条件好，工程量大和工期较短的连续梁、刚构桥的施工。其主要优点是：梁体块件的预制和下部结构的施工可同时进行，拼装成桥的速度较现浇的快，可显著缩短工期；块件在预制场内集中制作，质量较易保证；混凝土收缩、徐变的影响小，可减少预应力损失；施工不受气候影响。其缺点是：需要占地较大的预制场地；为了移运和安装需要大型的机械设备，如果不用湿接缝，则块件安装的位置不易调整。

悬拼施工工序主要包括：梁体节段的预制、移位、堆放、运输、节段起吊和拼装；合拢段施工以及结构体系转换。悬拼的核心是梁体节段的吊运与拼装，节段预制是悬拼的基础。

① 节段预制

预制块件的长度取决于运输、吊装设备的能力，一般节段长2~5m。节段过长则自重大，需要悬拼吊机起重能力大，节段过短则拼装接缝多，施工工期长。因悬臂根部截面较大，预制长度较短，以后逐渐增长。

预制块件要求尺寸准确，特别是拼装接缝要密贴，预留孔道的对接要顺畅。箱梁块件通常采用长线浇筑或短线浇筑的预制方法。

长线预制是在工厂或施工现场按桥梁底缘曲线制作固定的底座，在底座上安装底模进行块件预制工作。形成梁底缘的底座有多种方法，可以利用预制场的地形堆筑土胎，经加固夯实后，铺砂石层并在其上做混凝土底板；盛产石料的地区可用石料砌筑成所需的梁底缘形状；地质情况较差的预制场，可采用桩基础，之后搭设排架形成梁底曲线，排架可用木材或型钢。如图5.6所示为采用长线法预制箱梁节段的台座构造。

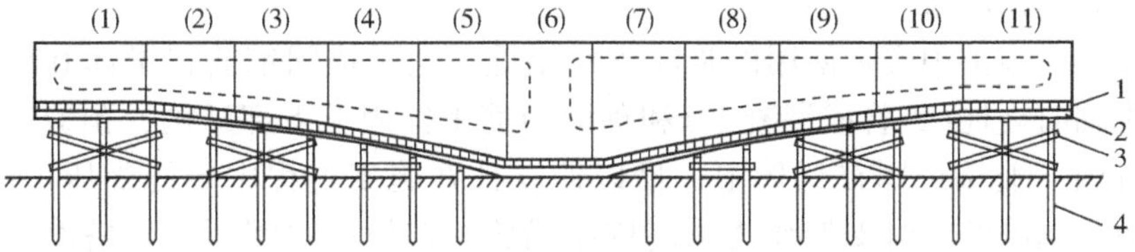

图5.6 长线法台座示意图

1—底模；2—纵梁；3—斜撑；4—木桩；(1)~(11)—箱梁节段

箱梁节段的预制在底板上进行。模板常采用钢模，每段一块，以便于装拆使用。为加快施工进度，保证节段之间密贴，常采用先浇筑奇数节段，然后利用奇数节段混凝土的端面弥合浇筑偶数节段。在浇筑相邻块件之前，应在先浇块件端面上涂刷隔离剂，以便分离出坑。在预制好的块件上应精确测量各块件相对标高，在接缝处做出对准标志，以便拼装时控制块件位置，保证接缝密贴，外形准确。当节段混凝土强度达到设计强度70%以上后，可出坑堆放。

短线预制法亦称活动底座法，是由可调整外部及内部模板的台车与端模架来完成，第一节段混凝土浇筑完成后，在其相对位置上安装下一段模板，并利用第一节段的端面作为第二节段的端模完成混凝土的浇筑工作。短线预制适合于在工厂进行节段预制，设备可周转使用，但节段尺寸和相对位置的调整要复杂一些。

② 悬拼方法

预制块件的悬臂拼装，可根据现场布置和设备条件采用不同的方法来实现。当靠岸边的桥跨不高且可在陆地或便桥上施工时，可采用自行式吊车、门式吊车来拼装。对于河中桥孔，也可采用水上浮吊进行安装。如果桥墩很高，或水流湍急而不便在陆上、水上施工时，可利用桁架式吊车、缆索起重机等进行高空悬拼施工。

用沿轨道移动的伸臂吊机进行悬臂拼装，预制块件用船运至桥下。

用衍架式悬臂吊机进行悬臂拼装，吊机的承重结构与悬臂浇筑法中的挂篮相仿，不过在吊机就位固定后，起重平车可沿承重梁顶面的轨道纵向移动，以便拼装时调整位置。

用缆索起重机吊运和拼装块件，此法适用于起重机跨度不太大，块件质量也较轻的场合。

③ 悬拼节段接缝处理

悬臂拼装时，预制块件间接缝的处理，目前多采用湿接缝和胶接缝等几种型式。湿接缝的宽度一般为10~20cm，需要将相邻梁段的预留钢筋焊接后浇筑混凝土，通常用于拼装与桥墩连接的第一对块件和在支架上拼装的岸边孔桥跨结构。

湿接缝的施工费时，但它能有利于调整块件的拼装位置和增强接头的整体性。目前在悬臂拼装中应用最为广泛的，是采用环氧树脂等胶结材料使相邻块件黏结的胶接缝。胶接缝能增强接缝的抗剪能力，并消除水分的侵蚀，因而能提高结构的耐久性。胶接缝可以做成平面或企口形式。

(3) 墩梁临时固结措施

采用悬臂浇筑或悬臂拼装的方法进行连续梁桥施工时，梁体向桥墩两侧逐段延伸，而墩顶为铰支承，为了承受施工过程中可能出现的不平衡力矩，需要采取措施使墩顶的零号块件与桥墩临时固结起来。

以下为几种在施工中实际使用的临时固结措施：通过锚固钢筋将梁体0号块与桥墩临时锚固；利用临时立柱(钢管或混凝土)和预应力筋来锚固上下部结构，预应力筋的下端埋固在基础承台内，上端锚固在梁体上，借以使立柱在施工过程中始终受压，以维持稳定；采用围建在墩身周围的临时支架作为临时固结措施，在桥高水深而不易搭设临时支架的情况下，可将支架通过托架支承在墩身上部。临时支架上可使用砂筒、千斤顶等设备，作为悬臂施工完成后转换体系的卸架设备。

3. 顶推施工法

顶推施工是在沿桥纵向的台后设置预制场地，分节段预制梁体，并用纵向预应力筋将预制节段与施工完成的梁体连成整体，然后通过水平千斤顶施力，将梁体向前顶推出预制场地，之后继续在预制场进行下一节段梁的预制，循环操作直至施工完成。

如图5.7所示为连续梁桥采用顶推法施工的主要工序。

由于不需要大型起重设备，梁体预制节段的长度可适当增加，一般可取10~20m。

在顶推过程中为了减少悬臂负弯矩，一般要在梁的前端安装一节长度为顶推跨径0.6~0.7倍的钢导梁，导梁应自重轻而刚度大。当跨径较大时，可能需要在桥墩间设置临时支墩。

顶推装置和滑道是顶推法中重要的施工设备。根据顶推装置不同的传力方式，顶推工艺又有推头式或拉杆式两种。

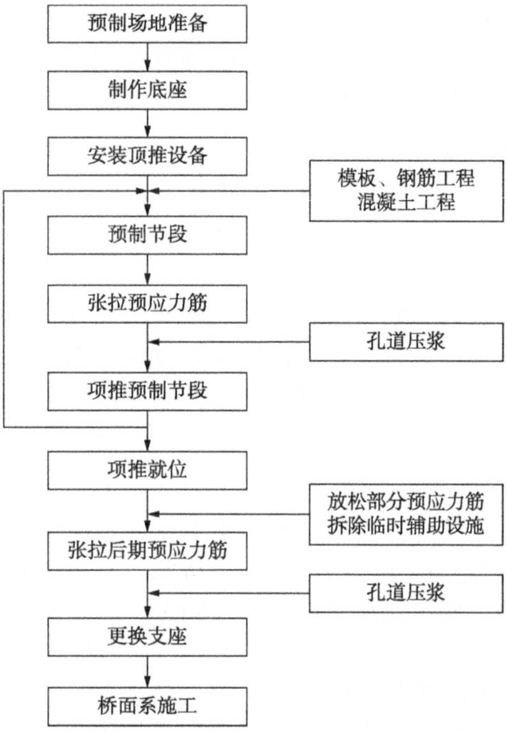

图5.7 顶推施工工艺流程图

推头式是由水平千斤顶与竖向千斤顶联合使用，顶推预制梁前进。它的施工程序为：利用竖向千斤顶将梁顶起后，启动水平千斤顶推动竖向千斤顶(推头)，推头与梁底间橡胶垫板(或粗齿垫板)的摩擦力显著大于推头与桥台间滑板的摩擦力，这样就能将梁体向前推动。水平千斤顶完成一个行程后，降下竖向千斤顶使梁体落在支承垫板上，水平千斤顶退回，然后再重复上一循环将梁推进。

如图5.8所示为拉杆式顶推装置的布置。图5.8(a)的顶推工艺为：水平千斤顶通过传力架固定在桥墩(台)顶部靠近主梁的外侧，装配式的拉杆用连接器接长后与埋固在梁体上的锚固器相连接，驱动水平千斤顶后活塞杆拉动拉杆，使梁借肋梁底滑板装置向前滑移，水平千斤顶每走完一个行程后，卸下一节拉杆，然后水平千斤顶回油使活塞杆退回，再连接拉杆并进行下一个顶推循环。图5.8(b)所示为使用穿心式水平千斤顶来拉动梁体前进，拉杆的一端固定在梁的锚固器上，另一端穿过水平千斤顶后用夹具锚固在活塞杆尾端，水平千斤顶每走完一个行程，松开夹具，活塞杆退回，然后重新用夹具锚固拉杆并进行下一个顶推循环。采用拉杆式顶推装置的主要优点是，在顶推过程中不需要用竖向千斤顶做反复顶梁和落梁的工序，简化了操作并加快了推进速度。必须注意，在顶推过程中要严格控制梁体两侧千斤顶同步运行。为了防止梁体在平面内发生偏移(特别在单点顶推的场合)，通常在墩顶的梁体旁边设置横向导向装置。

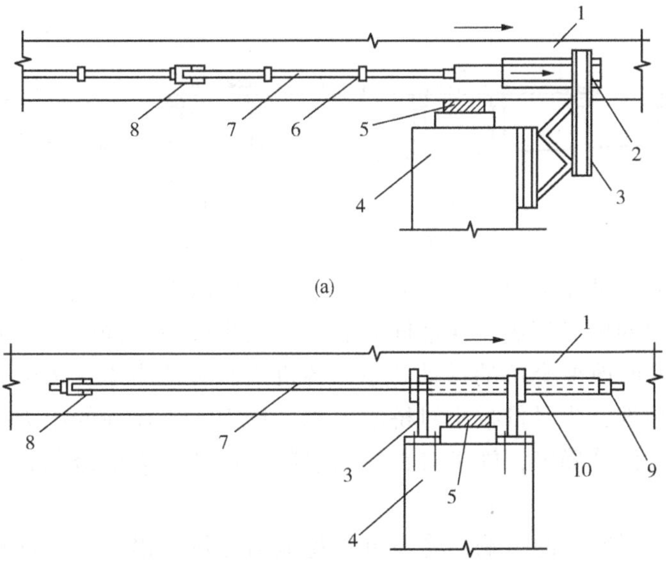

图5.8　拉杆式顶推装置示意图

1—梁体；2—水平千斤顶；3—传力架；4—桥墩；5—滑板；6—连接器；7—拉杆；8—锚固器；9—拉杆夹具；10—穿心式水平千斤顶

顶推法常用的滑道装置由设置在墩顶的混凝土滑台、不锈钢板和滑板所组成。滑板由上层氯丁橡胶板和下层聚四氟乙烯板镶制而成，橡胶板与梁体接触增大摩擦力，而聚四氟乙烯板与不锈钢板接触使摩擦力减至最小，借此使梁体滑移前进。国内常利用接下和喂入滑板的方式使梁体连续滑移，这样可加快顶进速度，但应注意滑板进出口处要做成顺畅的弧面，否则容易损坏昂贵的滑板。

顶推法施工按照顶推设备的布置方式，可分为单点顶推和多点顶推。按照顶推的方向，又可分为单向顶推和双向顶推。

(1) 单点顶推

单点顶推多采用推头式顶推设备，并集中布置在主梁预制场附近的桥台或桥墩上，前方墩各支点上设置滑道支承。单点顶推又可分为单向单点顶推和双向单点顶推两种方式。

只在一岸桥台处设置预制场地和顶推设备的称单向单点顶推；为了加快施工进度，也可在河两岸的桥台处设置预制场地和顶推设备，从两岸向河中顶推，这样的方法称为双向单点顶推。

(2) 多点顶推

多点顶推是在每个墩台上设置一对小吨位的水平千斤顶，将集中的顶推力分散到各墩上。由于利用水平千斤顶传给墩台的反力，来平衡梁体滑移时在桥墩上产生的摩擦阻力，从而使桥墩在顶推过程中承受较小的水平力，因此可以在柔性墩上采用多点顶推施工。同时，多点顶推所需的顶推设备吨位小，容易获得，因此在顶推法施工的预应力混凝土连续梁桥中应用较多。顶推装置一般多采用拉杆式。图 5.9 为多联多跨桥梁采用多点顶推方式使每联单独顶推就位的施工图。在此情况下，在每个墩顶上均需设置顶推装置，且梁的前后端都应安装导梁。

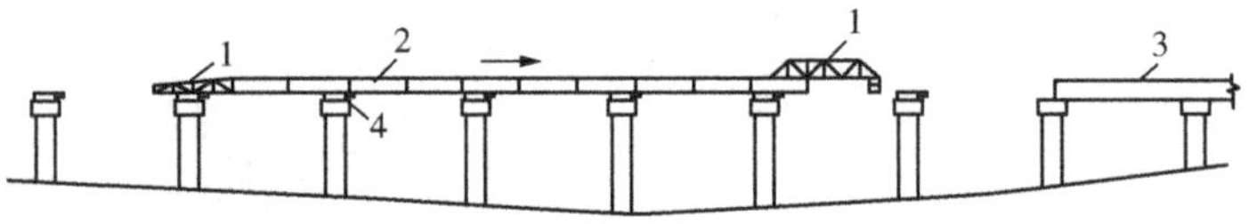

图 5.9　多点顶推施工示意图

1—导梁；2—梁段；3—已施工完成的梁；4—顶推装置

多点顶推施工的关键在于同步，因为顶推水平力分散在各桥墩上，一般均需通过中心控制室控制各千斤顶的出力等级，保证同时启动、同步前进、同时停止和同时换向。为确保在意外情况下能及时改变全桥的运动状态，各机组和观测点上，需装置急停按钮。对于在柔性墩上的多点顶推，为尽量减小对桥墩的水平推力，千斤顶的出力按摩擦力的变化幅度分为几个等级通过计算确定，施工时在控制室随时调整顶力的级数，控制千斤顶的出力大小。

由于千斤顶传力时间差的影响，将不可避免地引起桥墩沿桥梁纵向摆动，同时箱梁的悬出部分可能会上下振动，这些因素对施工极其不利，要尽量减少其影响，多点顶推与集中单点顶推相比，可以免去大规模的顶推设备，能有效地控制顶推梁的偏离，顶推时对桥墩的水平推力可以减到很小，便于结构采用柔性墩。在弯桥采用多点顶推时，由各墩均匀施加顶力，同样能顺利施工。采用拉杆式顶推系统，免去在每一循环顶推过程中用竖向千斤顶将梁顶起使水平千斤顶复位，简化了工艺流程，加快顶推速度。但多点顶推需要较多的设备，操作要求也比较高。

多点顶推法也可以同时从两岸向跨中方向顶推，但需增加更多的设备，使工程造价提高，因此较少采用。

采用顶推法施工，每个节段从制梁开始到顶推完毕，一个循环需6~8d；全梁顶推完毕后，即可解除临时预应力筋，调整、张拉和锚固后期预应力筋，再进行压浆、封端、安装永久支座，至此主体工程即告完成。

综上所述，预应力混凝土连续梁顶推法施工具有如下特点：

① 梁段集中在桥台后机械化程度较高的预制场内制作，占用场地小，不受气候影响，施工质量容易保证。

② 主梁分段预制，连续作业，结构整体性好。

③ 顶推设备简单，不需要大型起重机械就能无支架建造大跨径连续梁桥，施工费用较低。

④ 施工平稳、安全、无噪声，需用劳动力少，劳动强度小。

⑤ 施工过程是周期性重复作业，操作技术易于熟练掌握，施工管理方便，工程进度易于控制。

采用顶推法施工的不足之处是：施工阶段梁的受力状态与运营期间的受力状态不同，而且在施工过程中梁的受力状态不断变化，因此在梁截面设计和配束时要同时满足施工与运营的要求，由此造成用钢量较高。顶推法适用于等截面梁，当桥梁跨径较大时，选用等截面梁会增多结构耗用材料的数量，也增加施工难度，且不利于美观。顶推法施工以中等跨径的桥梁为宜。

5.2.3 混凝土连续刚构桥施工

1. 概述

连续刚构桥的主要优点有：主墩无支座；施工无体系转换；上部结构伸缩缝少，拥有很好的行车舒适度；顺桥方向抗弯刚度和横桥方向抗扭刚度大，受力特点满足大跨径需要。连续刚构桥梁具有受力合理、结构一体、跨度大、流畅美观、行车舒适等特点。用柔性高墩来适应结构因温度变化和混凝土收缩徐变所引起的位移，使结构局部应力集中强度减小、能满足桥梁的特大跨度及受力要求。施工过程省工、省时、省料、不影响桥下通行或通航要求，施工工艺也相对简单。在同样跨径桥型中，投资相对要低。

刚构桥按照构造形式，可分为门式刚构、斜腿刚构和连续刚构。门式刚构、斜腿刚构一般跨径不大，除可采用传统的整体支架现浇法施工外，门式刚构还常采用顶进法施工，斜腿刚构的构造特点和受力特点与拱桥有相似之处，跨径较大的时候也可采用无支架拼装(缆索吊装、悬臂拼装)和转体施工等方法。连续刚构适用于高墩大跨径的情况，其上部结构多采用箱形截面，施工方法目前应用较广的是悬臂施工，施工要点与连续梁的悬臂施工相似，而且由于连续刚构本身的构造特点就是墩梁固结，因此悬臂施工时不需要像连续梁那样采取临时锚固措施和进行体系转换，因而采用悬臂施工方法更为方便。下文结合某工程实例，就混凝土连续刚构桥悬臂浇筑施工技术要点进行探讨。

2. 工程概况

四川省九寨沟(甘川界)至绵阳高速公路建设项目，左线起止里程为ZK130+300—ZK137+600，右线起止里程为K130+275—K137+600，途经平武县木皮乡铁笼堡村、龙安镇两河堡村，单线长度为7.705m，桥隧比100%。本合同标段共设置桥梁544.25m/2座。设置隧道 7180m/3 座。

本标段特大桥 311 延米/1 座，其中复杂特大桥 311 延米/1 座，一般双线大桥 231.5 延米/1 座。蜈蚣口特大桥(311 延米)为本标段重点桥梁。

本标段桥梁上部结构主要以 25m 简支 T 梁为引桥桥梁，本标段桥梁设计有 2 联连续刚构，分别为 1 联(75+160+75)m 波形钢腹板连续刚构、1 联(46+85+46)m 连续刚构。

桥梁下部结构主要采用双薄壁式墩、圆柱形桥墩、基础主要采用钻孔桩，桩径主要采用 ϕ1.8m、ϕ2.5m。

本标段桥梁设计有 2 联连续箱梁，其中蜈蚣口特大桥 1 联(75+160+75)m 连续刚构、双岔沟大桥 1 联(46+85+46)m，连续刚构均采用菱形挂篮悬灌法浇筑，0#块采用托架法施工，边跨现浇段采用支架法施工。采用塔吊进行材料等垂直运输，混凝土采用泵送浇筑。

3. 工程特点

(1) 本标新建桥梁 2 座，受线路所经地区地形条件限制，桥隧相连、场地狭小、桥梁结构形式复杂。桥梁基础均为桩基基础，部分桥墩为高墩，施工组织复杂，难度大。线路经过地区为危岩崩塌及人工滑坡区，在基础工程施工前清除危岩，采取必要的支挡防护措施。

(2) 桥梁上部结构除采用支架现浇梁外，还包括连续刚构挂篮悬浇等多种施工方法，资源投入大，专业性强。

(3) 蜈蚣口特大桥为跨火溪河、205 省道而设，桥长 311m，桩基础采用挖孔桩的方式施工，波形钢腹板连续刚构采用挂篮悬臂灌注施工。挖孔桩基础、双薄壁式高墩和连续刚构施工是本标段的重点、难点。

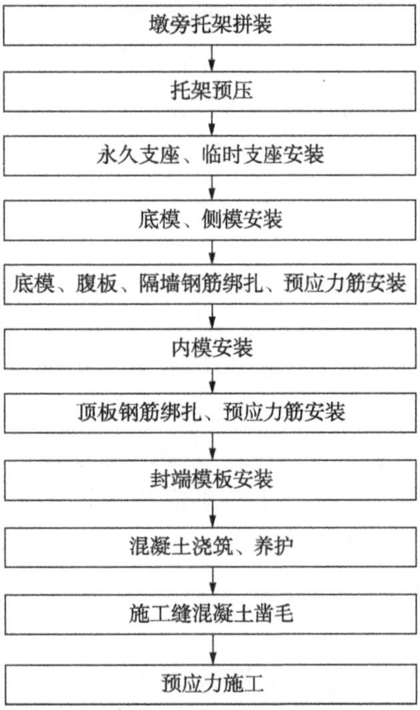

图 5.10　连续刚构 0#块施工工艺

(4) 桥梁跨越平武至九寨沟唯一一条省级公路，往来车辆多，安全防护级别高，对桥梁的安全施工提出了更高要求。

4. 连续刚构悬臂浇筑施工要求

(1) 连续刚构 0#块施工

0#块采用一次立模灌注施工。连续刚构 0#块施工工艺见图 5.10。

其施工技术要点如下：

① 托架设计　在 0#段施工时，采用托架法现浇进行施工。首先，结合地形情况和墩身高度将施工托架支撑在地面上，由贝雷架、型钢及桁架等组成。在上方铺设三角托架，再进行底模和侧模安装，并采用木楔来调整底模标高，并与梁底线形保持一致。

② 托架预压　托架预压的目的是消除托架的变形，防止混凝土裂缝的出现，同时还可以确保梁段的线形与设计一致。在预压施工时，采用以下做法：首先，将一水箱挂在托架上，水箱与地面保持一定高度，在混凝土灌注前，应在水箱内注水，注水量保持与混凝土重量一

致。在混凝土现浇时，应将水箱的水放出，保证灌注混凝土量与水重量相同，待现浇完毕后再采用千斤顶将水箱支起，再将钢丝绳解除。

③ 模板制备　箱梁侧模采用框架式结构，包括模板、模架、横带、竖带等。为了提高梁体表面光滑度，外侧面板采用定型钢模。内模面板由插板式的木板组成，厚度为30mm。在混凝土浇筑时，伴随着浇筑高度的提升，应开展内模面板安插。

④ 混凝土配制　选择高效减水剂，采用16mm连续级配的碎石，现场坍落度约18cm。混凝土配制初凝时间控制在15h左右，在混凝土初凝前，应完成现浇梁段施工。

⑤ 混凝土浇筑　在混凝土拌和时，采用集中拌和方式。由于底板钢筋布置较少，可采用插入式振捣器进行振捣，当托架部分混凝土入模时，应由悬臂端向根部进行浇筑。考虑到腹板厚度薄、高度大，钢筋较为密集，从而给混凝土振捣增加了难度，故腹板浇筑采用分层方式。

⑥ 施工中应注意事项　在炎热天气影响下，由于0#块混凝土体积较大，水泥水化速度较快，从而导致混凝土坍落度损失大而开裂。故需要采用相应的降温措施，如将入模温度控制在32℃以下，在混凝土浇筑前，应设置冷却管，混凝土浇筑完毕后，再采用通水的方式来降低内外温差。

（2）连续刚构挂篮悬浇施工

连续刚构悬臂浇筑施工工艺见图5.11。在各梁段浇筑时，应采取全断面一次浇筑方案，以提升悬臂施工的进度，确保混凝土一次浇筑完成，浇筑方法与0#块相同。

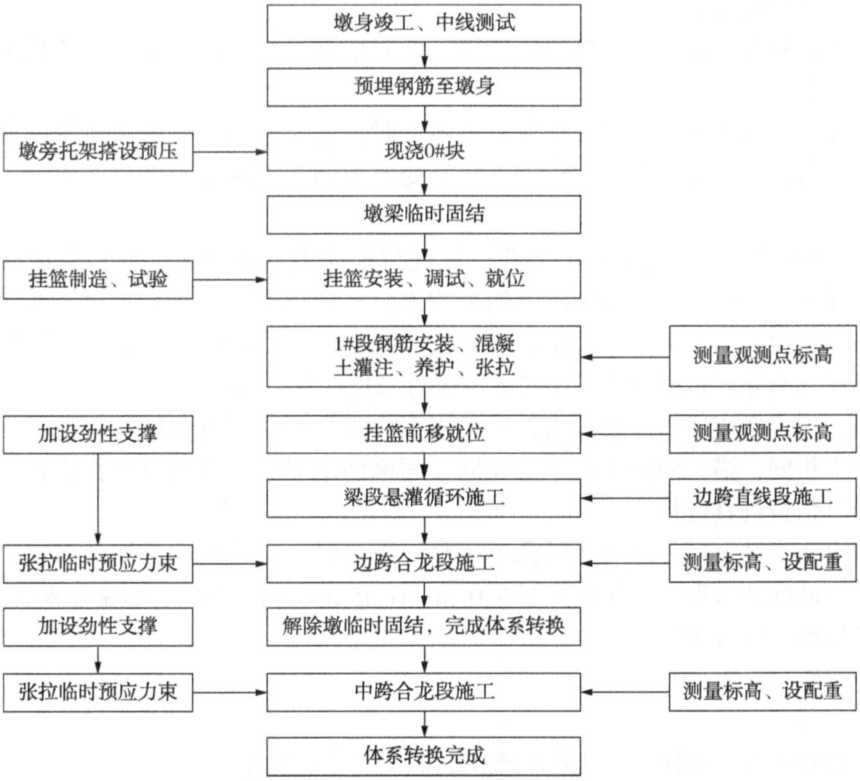

图5.11　连续刚构悬臂浇筑施工工艺

① 挂篮拼装　对于加工好的挂篮，应进行桁架受力性能检测，采用试压台加压法进行检测，对于未试压的挂篮，禁止进行悬灌施工。而对于待灌注混凝土的挂篮，应对挂篮的性能和状况进行检查，如采用水箱试压法，先将加压水箱设置在菱形桁架的横梁吊点位置，再进行施加力计算，然后灌水试压，并做好全过程挂篮变化情况记录。

② 挂篮移动　当灌注后梁段混凝土强度达到要求以后，再进行纵向预应力筋张拉及压浆，然后进行垫梁铺设。当锚固好轨道以后，应将底模架吊带放松，再将横梁倒链于横梁上；同时，应将后吊带拆除，并与底模架相接，再将后吊杆放松至前吊带，且要将外侧模松开。然后采用倒链牵引前支座，使桁架带动底模向前移动，再进行底模后吊带安装，吊起底模。最后，将外模走行梁的一个吊带解除，并移动到预留孔，对立模标高做出调整，再进行下一步的施工。

③ 挂篮底模、侧模标高控制　安装完挂篮以后，调整模板标高。模板控制标高是施工预留拱度和设计标高之和。与此同时，在承台顶面设置 4 个水准点，对群桩的沉降情况进行观测；在顶面腹板处设 4 个水准点，再对墩身的压缩情况进行观测。

④ 钢筋绑扎及波纹管道安装　按设计要求进行钢筋弯制，成型以后将其分类堆放，施工时利用吊机将钢筋吊至挂篮处，再采用人工方式进行绑扎。先进行底板钢筋绑扎，再进行底板波纹管道安装，将内模移到所需位置后再进行顶板底层钢筋绑扎，接着进行顶板预应力管道、上层钢筋绑扎和顶板预埋件安装。

⑤ 混凝土施工　在混凝土泵送过程中，为防止混凝土堵管，减少能耗，在悬灌现浇作业时，应采用泵送混凝土。

在混凝土拌和时，应集中在拌和站拌制，先采用输送车将混凝土运至桥位处，再采用输送泵送至悬灌梁段。

为防止先浇混凝土开裂，在后浇混凝土施工时，要保证梁段混凝土浇筑一次成型，且在混凝土凝固前，保证浇筑施工完毕，将挂篮变形控制在混凝土塑性状态之间，以免出现裂纹。

⑥ 预应力施工　在预应力筋穿束前，先进行预应力管道疏通，在穿束纵向预应力筋时，先采用导线穿过孔道，并与预应力筋束相连，再采用卷扬机进行穿束；在横向预应力筋穿束时，应采用人工穿束方式，穿束结束后应加强预应力筋检查，看是否存在外露情况，如存在应确保两端外露长度一致，以满足预应力张拉要求。

张拉时，应采取相应的控制措施，先采用预应力控制，再进行伸长量校核。保证管道与锚垫板中心相同，锚具和锚垫板中心相同，两侧两端对称，并同时进行张拉。在张拉过程中，定期对张拉机具进行校验。

在预应力张拉结束后，方可开展孔道压浆。压浆时，应采用真空辅助压浆工艺进行施工，选用普通硅酸盐水泥，水灰比控制在 0. 40~0. 45 范围内。另外，微膨胀剂可掺入 0. 1% 水泥用量的铝粉，以减少收缩。

（3）连续刚构合龙段施工

① 施工方案

在合龙段施工时，选用吊架法进行施工，其施工步骤如下。

a. 在合龙段安装时，先安装体外固结劲性骨架，再进行钢筋绑扎和预应力管道连接，同时将劲性骨与钢筋焊接在一起。中间跨合龙段需设置劲性骨架及临时预应力束，再进行张拉。

b. 在合龙段上方安装吊架，并做出调整，然后进行内模安装，在梁体悬臂端充水，在浇筑合龙段混凝土时，应选择温度较低的夜间进行浇筑。

c. 边跨混凝土强度满足设计要求以后，方可进行中跨施工。

d. 当混凝土强度满足张拉要求后，应按照张拉顺序进行梁体预应力束张拉，先进行长束张拉，再进行短束张拉，待张拉结束后再进行管道压浆。

e. 当中跨合龙完毕后，应按设计要求进行预应力束张拉，再进行体系转换。

② 施工要点

合龙段固结采用劲性骨架固结方式，施工时应严格按设计要求进行施工，以确保劲性骨架构件质量，将劲性骨架与钢筋焊接在一起，并结合实际情况确定骨架的长度。

为缩短等待时间，在混凝土中加入适量的早强剂，同时为确保梁体混凝土浇筑质量，应采用一次连续浇筑，加强振捣施工质量控制，膨胀剂采用微量铝粉，以防混凝土连接处出现裂缝。

当混凝土施工结束后，应结合天气情况进行施工，保证在气温回升前完成全部施工浇筑任务，浇筑完毕后应做好养生措施，及时覆盖及补充水分。

5.3 拱桥施工

拱桥的施工，从方法上可分为有支架施工、少支架施工和无支架施工。有支架施工常用于石拱桥、现浇混凝土拱桥；无支架施工常用于肋拱、双曲拱、箱形拱、桁架拱桥等。

5.3.1 混凝土拱桥施工方法

1. 现场浇筑法

现场浇筑法就是把拱桥主拱圈混凝土的基本施工工艺流程（立模、扎筋、浇筑、养护及拆模等）直接在桥孔位置完成。按照所使用的设备来划分，包括以下两种。

1）固定支架现场浇筑法

固定支架现场浇筑法就是在桥位处搭设支架，在支架上浇筑桥体。混凝土达到强度后拆除模板和支架。这种方法适用于岸边水不太深且无通航要求的中小跨径的拱桥，其主要优缺点如下：

（1）优点：不需要大型起吊、运输设备和开辟专门的预制场地，并且整体性好。

（2）缺点：工期长，施工质量不容易控制，施工中的支架、模板耗用量大；搭设支架影响排洪、通航，施工期间可能受到洪水和漂流物的威胁。

2）悬臂浇筑法

下文重点对采用倒挂式三角斜爬挂篮系统的拱桥悬臂浇筑法施工要点进行探讨。

（1）1#节段施工

作为挂篮拼装平台的拱脚1号节段重量大，且拱脚段容易开裂，尤其是在拱脚段的上下缘易反复出现较大的拉压应力，对拱脚段支架系统的变形要求高。基于上述原因，对拱脚1号节段混凝土的浇筑采用钢管支架支承形式，通过在拱座内埋设型钢(与纵向水平横杆焊接)来克服支架承受的水平荷载。

支架、模板及钢筋完成后，即可进行混凝土浇筑。混凝土采用在拌和站集中拌和，通过混凝土罐车运输至桥位处，利用输送泵将混凝土泵送至施工作业面。在混凝土达到设计强度的85%时(或后)，进行1号扣、锚索张拉，张拉完成后拆除现浇支架。混凝土浇注完成后至拆架前，支架注意采取遮光措施，防止支架被阳光直接照射而产生较大温度变形使拱脚混凝土开裂。

(2) 悬浇段施工

① 挂篮的拼装及预加载

拆除1#节段现浇支架后，在拱座前平地上将主桁骨架及稳定杆件一起拼装，拼装完成后在拱背上设千斤顶将已拼装好的挂篮整体提升，上好拉杆将主桁骨架贴至箱梁底板上，用拉链葫芦安装好抗剪臂，接着铺设轨道，为适应拱圈弧度的变化，轨道每节长度控制在1.6m左右，为防止轨道下滑，将轨道用拱背上的预埋螺栓进行锚固。轨道安装完成后，安装挂钩及顶推千斤顶，定位行走滑轮，接着安装底篮剩余部分横梁，然后安装好工作平台、工作通道及侧向模板，最后利用千斤顶进行底模标高的调整。

挂篮拼装完成后，即可进行预压。根据《公路桥涵施工技术规范》(JTG/T 3650—2020)规定，为满足后续节段的控制要求，对拱桥悬臂施工所用挂篮进行静载试验，以检验挂篮的强度和安全性，检验挂篮的质量是否满足设计要求，消除挂篮的非弹性变形，获取弹性变形参数，得出压重与挂篮本身的变形关系，为挂篮施工和线型控制提供设计参数，保证施工质量和安全。预压程序完全按照悬浇工序进行，预压过程中进行结构应力及变形检测。

② 常规节段施工

a. 挂篮就位及模板安装　挂篮拼装及预压完成后，分别进行常规节段的施工。其施工步骤为：前移挂篮至指定位置→调整底模标高并安装底模→钢筋安装(并安装扣索预埋管道)→侧模、内模安装→顶板钢筋安装→混凝土浇筑→安装临时扣索→达到7d龄期并达到85%设计强度后进行扣索张拉→前移挂篮进入下一节段施工。底模为大块钢模板，用垫块使底模形成弧形，用以曲代曲的方式调整梁底弧线。内、外侧模待安装后，用立杆对拉固定。在底板和腹板钢筋及模板安装完成后，用钢管脚手架搭设支架，支撑顶模板并绑扎顶板钢筋，最后安装拱背和箱内压板。

b. 混凝土的拌制和运输　混凝土采用在拌和站集中拌和，混凝土罐车运输至施工现场，通过混凝土输送泵泵送浇注。

c. 混凝土的养生　混凝土灌注完，混凝土表面用土工布覆盖，并洒水养护。保持混凝土表面湿润，同时进行底面和侧面的养生。

d. 混凝土的表面和接缝修整　拆模后，对混凝土的梁端进行凿毛处理，保证相邻节段混凝土之间的有效黏结。

③ 扣、锚索施工

a. 当箱拱节段混凝土的强度达到设计强度的85%以上，且龄期不小于5d后，开始挂该段的扣索并进行张拉。

b. 扣索、锚索均在扣塔(或交界墩)上张拉。

④ 挂篮的前移

行走前首先安装轨道，放松拉杆及挂篮主桁尾部的千斤顶，使反力轮接触到箱梁底，同时达到底模脱模的目的。取走抗剪臂，首先通过销轴安装好反力架，在反力架前端安放千斤顶，再在千斤顶和固定在挂钩的滑船之间放置顶推钢盒。然后用千斤顶顶推钢盒，钢盒将力传递给滑船，随着滑船的移动，挂篮顺着轨道前移。千斤顶达到(或接近)最大行程时，在钢盒与滑船之间叠上适当厚度钢板，然后插上销子以防挂篮后退。挂篮的下滑力先通过钢盒、千斤顶传给反力架，通过后反力架传递给轨道上的抗剪螺栓，最后通过螺栓传递到已浇筑的箱梁节段上。通过千斤顶的顶推和反力架位置的不断变换来实现挂篮的向前移动。由于挂篮的重心靠前，挂篮尾部的滚轮随着挂篮的移动在梁底不断滚动，直至挂篮整体移动至下一节段。

挂篮行走到位后，重新安装拉杆，顶升挂篮主桁尾部千斤顶，反力轮脱离箱梁底面，将抗剪臂通过拱箱底部的预留孔下降至一定位置，插上销子即可完成挂篮的固定。通过挂篮主桁尾部的千斤顶调整挂篮标高至控制高程，安装模板系统，即完成挂篮的行走工作，即可进行下一节段循环施工。

(3) 合龙段施工

主拱圈合龙即体系转换是控制全桥受力状况和线形的关键工序，因此主拱圈的合龙顺序、温度和工艺都必须严格控制。合龙段采用在拱圈两悬臂端悬挂型钢吊架支撑模板系统进行浇筑。合龙段混凝土浇注前首先安装焊接劲性骨架，确保合龙段混凝土强度未达到设计强度前不承受轴向力。其合龙的具体施工程序为：

① 完成两岸各挂篮现浇节段施工。

② 进行至少 24h 的温度~变形观测，选择温度稳定的合龙时段。

③ 根据需要进行温度修正。

④ 安装合龙段施工吊架及模板、绑扎钢筋，选择在设计温度范围内且温度稳定的时段焊接锁定劲性骨架，一般在一天的低温时段(22 时至次日 7 时)浇筑合龙段混凝土，并在标准时段内混凝土达到初凝，确保无强度或低强度的混凝土在升温时段不会开裂。

2. 预制安装法

预制安装法就是在预制工厂或在运输方便的桥址附近设置预制场进行拱圈(肋)的预制工作，然后采用一定架设方法进行安装。

预制安装法一般指拱圈(肋)的预制安装，分预制、运输和安装三部分。其主要特点有：

① 由于是工场生产制作，构件质量好，有利于确保构件的质量和尺寸精度，并尽可能地采用机械化施工。

② 上、下部分可以平行作业，因而可缩短现场工期。

③ 能有效地利用劳动力，从而降低工程造价。

④ 因构件预制后，安装时有一定龄期，可减少由混凝土收缩、徐变引起的变形。预制安装法一般适用于箱形拱、肋拱及箱肋组合拱桥等。预制安装法可分为少支架和无支架施工法两种。

(1) 少支架安装拱圈(肋)

少支架是相对满堂支架而言，仅在拱肋或拱片处设立单排或双排支架以支搁接头，便于接头连接施工和减少扣索，称为少支架安装施工。只要河床地形条件允许，无洪水威胁，应尽量采用少支架施工，因为它比无支架施工安全、方便。

少支架施工支架的构造，应根据支架高度和荷载大小而定，并满足稳定性要求。地基必须有足够的承载力，支架基础不得设置在受冻胀影响的土层上。在严寒地区，主拱圈不宜在支架上过冬，宜在冰冻前拆除。此外，对漂浮物要有可靠的防护措施。

(2) 无支架安装法

当拱桥位于深水、深谷、通航河道或限于工期必须在汛期进行拱肋施工时，宜采用无支架施工的施工方法。

肋拱、箱形拱无支架施工时，应结合具体桥梁规模、河流、地形及设备等条件选用扒杆、龙门架、塔式吊车、船上扒杆或缆索吊装等方式吊装。

3. 转体施工法

转体施工法就是将拱肋先在桥位处岸边(或路边及适当位置)进行预制，待混凝土达到设计强度后旋转构件就位的施工方法。其主要特点如下所述：

① 可利用地形，方便预制构件。

② 施工期间不断航，不影响桥下交通。

③ 施工设备少、装置简单、容易制作并便于掌握。

④ 可减少高空作业，施工工序简单，施工迅速。

⑤ 节省支架。

拱桥转体施工法，可按转动的几何平面分为以下几种。

(1) 平面转体施工

这种施工的方法是将拱圈分为两个转跨，分别在两岸利用地形做简单支架(或土牛拱胎)，现浇或预制拼装拱肋，再安装拱肋间横向联系(横隔板、横系梁等)把扣索的一端锚固在拱肋的端部(靠拱顶)附近，经引桥桥墩延伸至埋入岩体内的锚碇中，最后用液压千斤顶收紧扣索，使拱肋脱模，借助环形滑道和卷扬机牵引，慢速地将拱肋转体 180°(或小于 180°)，最后再进行主拱圈合拢段和拱上建筑的施工。如图 5.12 所示为拱桥转动体系的一般构造，其中图 5.12(a)是在转盘上放置平衡重来抵抗悬臂拱肋的倾覆力矩，转动装置是利用摩阻系数特别小的聚四氟乙烯材料和不锈钢板制造，以利于转动；图 5.12(b)是无平衡重的转动体系，它是把有平衡重转体施工中的扣索直接锚固在两岸岩体中，这种方法仅适合在山区地质条件好或跨越深谷的地形条件下采用。

(2) 竖向转体施工

该方法是在竖直位置浇筑拱肋混凝土。当桥位处无水或水很浅时，可以将拱肋分为两个半跨放在桥孔下面预制，如果桥位处水较深时，可以在桥位附近预制，然后浮运至桥轴线处，再用起吊设备和旋转装置进行竖向转体施工。这种方法最适宜于钢管混凝土拱桥的施工。因为钢管混凝土拱桥的主拱圈必须先让空心钢管成拱以后再灌注混凝土，故在旋转起吊时，不但钢管自重相对较轻而且钢管本身强度也高，易于操作。如图 5.13 所示是应用扒杆吊装系统对钢管拱肋进行竖向转体施工的示意图。它的主要施工过程是：将主拱圈从拱顶分成两个半拱在地面胎架上完成，经过对焊接质量、几何尺寸、拱轴线形等验收合格后，由竖立在两个主墩顶部的两套扒杆分别将其旋转拉起，在空中对接合拢。

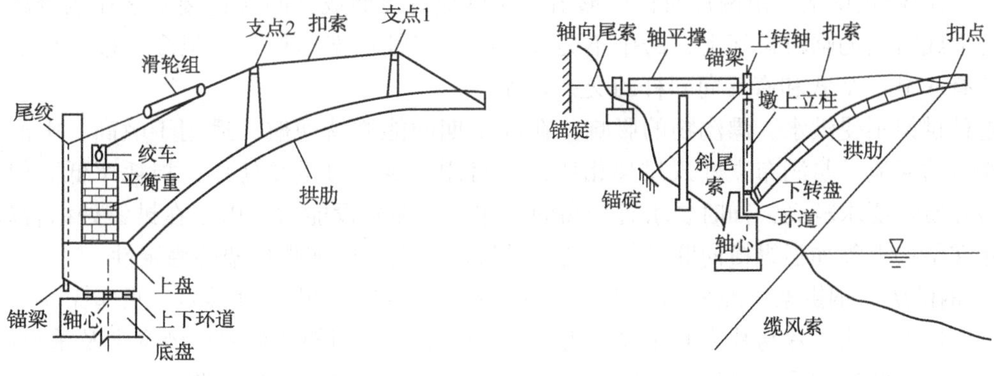

(a)有平衡重的转动体系　　(b)无平衡重的转动体系

图 5.12　转动体系的一般构造

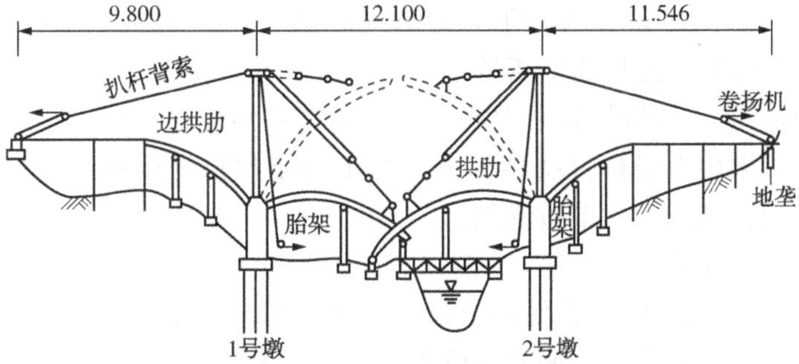

图 5.13　扒杆吊装系统布置图(单位：m)

5.3.2　拱桥有支架施工

1. 拱架

砌筑石拱桥(或预制混凝土块拱桥)及就地浇筑混凝土拱圈时，需要搭设拱架，以支承全部或部分拱圈和拱上建筑的重量，并保证拱圈的形状符合设计要求。因此要求拱架具有足够的强度、刚度和稳定性。

(1) 拱架的主要形式

① 满布式拱架　一般采用钢管脚手架、万能杆件或木材拼设，模板可以采用组合钢模、木模等。满布式拱架通常由拱架上部(拱盔)、卸架设备、拱架下部(支架)三个部分组成。一般常用的形式有以下两种。

a. 立柱式满布拱架　立柱式满布拱架的上部一般由斜梁、立柱、斜撑和拉杆组成拱形桁架，又称拱盔，它的下部是由立柱和横向联系组成支架，上下部之间放置卸架设备(木楔或沙筒等)。这种支架的立柱数目很多，只适合于桥不太高、跨度不大且无通航要求的拱桥施工时采用。

b. 撑架式拱架　撑架式拱架下部是用少数框架式支架加斜撑来代替众多数目的立柱，

因此支架用量相对较少。这种拱架构造并不复杂，而且能在桥孔下留出空间，减少洪水及漂流物的威胁，并在一定程度上满足通航的要求。因此，它是实际中采用较多的一种形式。

② 三铰桁式拱架　由两片对称弓形桁架在拱顶拼装而成，两端直接支承在墩台所挑出的牛腿上或紧贴的临时排架上，跨中不另设支架。三铰桁架结构形式很多，按腹杆的形式常用的有 N 式、V 式和有反向斜杆的交叉式等。

这种拱架不受洪水、漂流物的影响，在施工期间能维持通航。适用于墩高、水流急或要求通航的河流。与满布立柱式拱架相比，木材用量少，可重复使用，损耗率低。但对木材规格和质量要求较高，同时要求有较高的制作水平和架设能力。由于在拱铰处结合较弱，因此除在结构上须加强纵横向联系外，还需设抗风缆索，以加强拱架的稳定性。

③ 钢拱架　钢拱架一般采用桁架式。通常采用六四军用梁(三角架)、贝雷架拼设，由单片拱形桁架构成。片与片之间距离可为 0.4m 或 1.9m，桁架片数视桥墩宽度及重量决定，可拼成三铰、两铰或无铰拱架。当跨径 $L \leqslant 80$m 时可采用三铰拱架；跨径 $80\text{m} < L < 100$m 时采用两铰拱架；跨径 $L \geqslant 100$m 时采用无铰拱架。

由于钢拱架多用于在大跨径拱桥的建造上，它本身具有很大的重量，故在安装时还需借助临时墩和起吊设备，将它分为若干节段后再拼装。施工时拆除临时墩与钢架的联系，施工完毕后，又借助临时墩逐段将它拆除。

④ 可移动式钢拱架　当桥位较平坦或常水位不高且河床平坦时，也可采用着地可移动式的钢拱架。整个拱架由万能杆件拼装而成，待上游半幅拱箱合拢后，再通过滑轨平移至下游半幅处重复使用，从而大大节省支架。

(2) 拱架设计基本要求

① 拱架设计原则　拱架应具有足够的强度、刚度和整体稳定性。因此，在计算荷载作用下，拱架结构应按受力程序分别验算其强度、刚度及稳定性。

② 拱架的设计荷载　计算拱架时，应考虑下列荷载：拱架自重；新浇筑混凝土、钢筋混凝土或其他圬工结构物重力；施工人员和施工材料、机具等行走运输或堆放的荷载；振捣混凝土时产生的荷载；倾倒混凝土时产生的水平荷载；其他可能产生的荷载，如雪荷载、风荷载等。

③ 拱架的预拱度　拱桥施工拱架预拱度的设置应根据具体施工条件，按全拱圈的弹性与非弹性下沉、拱架的弹性与非弹性下沉、墩台位移、温度变化及混凝土收缩和徐变等因素产生的挠度曲线反向设置。

拱架施工预拱度值 δ 应根据施工工序进行整体结构分析后得出。由于影响预拱度的因素很多，不可能算得很准确，实际施工时，应根据计算值并结合实践经验，进行适当调整。当无可靠资料时，拱顶预拱度 δ 也可按 $L/800 \sim L/400$ 估算(L 为拱圈跨径，矢跨比较小时预拱度取较大值)。

④ 拱架的基础　拱架的基础必须稳固，承重后应能保持均匀沉降且沉降值不得超过预计范围。当基础为石质时，应挖去表土，将柱处的岩石凿低、凿平；当基础为密实土壤时，如在施工期间不致被流水冲刷，可采用枕木、石块铺砌或浇混凝土作基础，如施工期间可能被流水冲刷，或为松软土质时，须采用柱基或框架结构或其他加固措施。

基础承重后的预计沉降值可按静载试验确定，应不大于在计算预拱度时采用的基础下沉值。

2. 拱圈或拱肋混凝土的浇筑程序

在浇筑拱圈混凝土之前，必须在拱架上支立模板，绑扎或焊接钢筋骨架。为了保证在整个施工过程中拱架受力均匀和变形最小，必须选择合适的浇筑方法和顺序，并应注意以下几点：

(1) 跨径小于 16m 的拱圈或拱肋混凝土，应按拱圈的全宽度从两端拱脚同时对称地向拱顶砌筑，并在拱脚混凝土初凝前全部完成。如预计不能在限定时间内完成，则应在拱脚预留一个隔缝并最后浇筑隔缝混凝土。

(2) 跨径不小于 16m 的拱圈或拱肋，应沿拱跨方向分段浇筑。分段位置以使拱架受力对称、均匀和变形小为原则，拱式拱架宜设置在拱架受力反弯点、拱脚节点、拱顶及拱脚处；满布式拱架宜设置在拱顶、1/4 部位、拱脚及拱架节点等处。各段的接缝面应与拱轴线垂直，各分段点应预留间隔槽，其宽度一般为 0.5～1.0m，如果安排有钢筋接头时，其宽度还应满足钢筋接头的需要。如预计拱架变形较小，可减少或不设间隔槽，而采取分段间隔浇筑。

(3) 分段浇筑程序应符合设计要求，可对称于拱顶进行，使拱架变形保持均匀和尽可能小，并应预先做出设计，分段时对称施工的顺序一般如图 5.14 所示。分段浇筑时，各分段内的混凝土应一次连续浇筑完毕，因故中断时，应浇筑成垂直于拱轴线的施工缝；如已浇筑成斜面，应凿成垂直于拱轴线的平面或台阶式接合面。

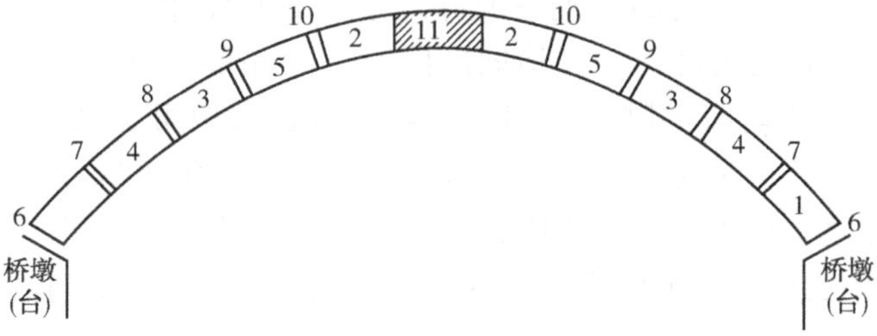

图 5.14　拱圈分段施工一般顺序

(注：图中数字表施工先后顺序)

(4) 间隔槽混凝土，应待拱圈分段浇筑完成后，其强度达到 75%设计强度以及接合面按施工缝处理后，由拱脚向拱顶对称进行浇筑。拱顶及两拱脚间隔槽混凝土应在最后封拱时浇筑。封拱合拢温度符合设计要求，如设计无规定时，宜在接近当地年平均温度或 5～15℃时进行，封拱合拢前，在用千斤顶施加压力的方法调整应力时，拱圈(包括已浇间隔槽)的混凝土强度应达到设计强度。

(5) 浇筑大跨径钢筋混凝土拱圈(拱肋)时，纵向钢筋接头应安排在设计规定的最后浇筑的几个间隔槽内，并应在浇筑这些间隔槽时再连接。

(6) 浇筑大跨径拱圈(拱肋)混凝土时，宜采用分环(层)分段法浇筑，也可沿纵向分成为若干条幅，中间条幅先行浇筑合拢，达到设计要求后，再按横向对称、分次浇筑合拢其他条幅。其浇筑顺序和养护时间应根据拱架荷载设计和各环负荷条件通过计算确定，并应符合设计要求。

(7) 大跨径钢筋混凝土箱形拱圈(拱肋)可采取在拱架上组装并现浇的施工方法。先将预制的腹板、横隔板和底板在拱架上组装，在焊接腹板、横隔板的接头钢筋形成拱片后，立即浇筑接头和拱箱底板的混凝土，组装和现浇混凝土时应从两拱脚向拱顶对称进行，现浇底板混凝土时应按拱架变形情况设置少量间隔缝并于底板合拢时填筑，待接头和底板混凝土强度达到设计强度的75%以上后，安装预制盖板，然后铺设钢筋，现浇顶板混凝土。

（8）在多孔连续拱桥中，当桥墩不是按单向推力墩设计时，应注意相邻孔间的对称均衡施工，避免桥墩承受过大的单向推力。

3. 拱上建筑的施工

拱上建筑的施工，应在拱圈合拢、混凝土强度达到要求强度后进行，如设计无规定可按达到设计强度的30%以上控制。

对于实腹式拱上建筑，应由拱脚向拱顶对称地浇筑。当侧墙浇筑好以后，再填筑拱腹填料。对空腹式拱桥，一般是在腹拱墩浇筑完后就卸落主拱圈的拱架，然后再对称均匀地砌筑腹拱圈，以免由于主拱圈不均匀下沉而导致腹拱圈开裂。

4. 拱架的卸落

（1）卸落的程序设计

卸架必须待拱圈混凝土达到设计强度的75%后才能进行。为了保证拱圈（或拱上建筑已完成的整个上部结构）逐渐均匀降落，以便使拱架所支承的桥跨结构重量逐渐转移给拱圈自身来承担，因此拱架不能突然卸除，而应按照一定的卸架程序进行。

一般卸架的程序是按拟定的卸落程序进行，分几个循环卸完，卸落量开始宜小，以后逐渐增大，在纵向应对称均衡卸落，在横向应同时一起卸落。对于满布式拱架的中小跨径拱桥，可从拱顶开始，逐渐向拱脚对称卸落；对于拱式拱架可在两支座处同时均匀卸落；对于多孔拱桥卸架时，若桥墩允许承受单孔施工荷载，可单孔卸落，否则应多孔同时卸落，或各连续孔分阶段卸落；对于大跨径拱圈，为了避免拱圈发生“M”形的变形，也有从两边$L/4$（L为拱圈跨径）处逐次对称地向拱脚和拱顶均匀地卸落。卸架时宜在白天气温较高时进行，这样便于卸落拱架。

（2）卸架设备

关于木楔和砂筒的具体介绍详见上文5.1.1。

① 木楔　简单木楔落架时，用锤轻轻敲击木楔小头，将木楔取出，拱架即下落，可用于中、小跨径桥梁。组合木楔由于具有木楔下落较均匀的特点，因此可用于40m以下的满布式拱架或20m以下的拱式拱架。

② 砂筒　跨径大于30m的拱桥，宜用砂筒作卸架设备，由砂子泄出量控制拱架卸落高度，这样能使拱架均匀下降而不受震动。

5.3.3　拱桥缆索吊装施工

缆索吊装施工是拱桥无支架施工方法之一。其主要施工工序大致包括：拱箱（肋）的预制、拱箱（肋）的移运和吊装、主拱圈的安装、桥面结构的施工等。

缆索架桥设备具有跨越能力大、水平和垂直运输机动灵活、适应性广、施工也比较稳妥方便等优点，因此目前在修建大跨径拱桥时较多采用缆索吊装的方法。尤其在峡谷或水深流急的河段上，或在通航的河流上需要满足船只的顺利通行，或在洪水季节施工并受漂流物影响等条件下修建拱桥时，更能显示出这种施工方法的优越性。

1. 缆索吊装设备

缆索吊装设备，按其用途和作用可以分为主索、工作索、塔架和锚固装置等四个基本组成部分。其中主要机具设备包括主索、起重索、牵引索、结索、扣索、浪风索、塔架(包括索鞍)、地锚(地垄)、滑轮、电动卷扬机或手摇绞车等。

(1) 主索

主索亦称为承重索或运输天线。它横跨桥渡，支承在两侧塔架的索鞍上，两端锚固于地锚，吊运构件的行车支承在主索上。主索的截面积(根数)根据吊运构件的重量、垂度、计算跨径等因素由计算确定。横桥向主索的组数，可根据桥面宽度(两外侧拱肋间的距离)、塔架高度(塔架高度越大，横移构件的宽度范围就相应地增大)及设备供应情况等合理选择，一般可选1~2组。每组主索可由2~4根平行钢丝绳组成。

(2) 起重索

起重索用来控制吊物的升降(即垂直运输)，一端与卷扬机滚筒相连，另一端固定于对岸的地锚上。这样，当行车在主索上沿桥跨往复运行时，可保持行车与吊钩间的起重索长度不随行车的移动而改变。

(3) 牵引索

牵引索用来牵引行车在主索上沿桥跨方向移动(即水平运输)。故需在行车两端各设置一根牵引索。这两根牵引索的另一端既可分别连接在两台卷扬机上，也可合拴在一台双滚筒卷扬机上，以便于操作。

(4) 结索

结索用于悬挂分索器，使主索、起重索、牵引索不致相互干扰。它仅承受分索器(包括临时作用在它上面的工作索)的重量及自重。

(5) 扣索

当拱肋分段吊装时，需用扣索悬挂端肋及调整端肋接头处标高。扣索的一端系在拱肋接头附近的扣环上，另一端通过扣索排架或塔架固定于地锚上。为了便于调整扣索的长度，可设置手摇绞车及张紧索。

(6) 浪风索

浪风索亦称缆风索，它是用来保证塔架、扣索排架等的纵、横向稳定及拱肋安装就位后的横向稳定。

(7) 塔架及索鞍

塔架是用来提高主索的临空高度，支承各种受力钢索的重要结构。塔架的形式多种多样，按材料可分为木塔架和钢塔架两类。

木塔架一般用于高度在20m以下的场合。当高度在20m以上时较多采用钢塔架。钢塔架可采用龙门架式、独脚扒杆式或万能杆件拼装成的各种形式。

塔架顶上设置了为放置主索、起重索、扣索等用的索鞍，它可以减少钢丝绳与塔架间的摩阻力，使塔架承受较小的水平力，并减小钢丝绳的磨损。

(8) 地锚

地锚亦称地龙或锚碇。用于锚固主索、扣索、起重索及绞车等。地锚的可靠性对缆索吊装的安全有决定性影响，因此设计和施工时都必须高度重视。按照承载能力的大小及地形、地质条件的不同，地锚的形式和构造可以是多种多样的。条件允许时，还可以利用桥梁墩、台作锚碇，这样能节约材料，否则需设置专门的地锚。

(9) 电动卷扬机及手摇绞车

电动卷扬机及手摇绞车是用作牵引、起吊等的动力装置。电动卷扬机速度快，但不易控制，因此对于要求精细调整钢索长度的部位多采用手摇绞车，以便于操纵。

(10) 其他附属设备

其他附属设备还有各种倒链葫芦、花篮螺栓、钢丝卡子(钢丝扎头)、千斤绳、横移索等。

缆索吊装设备形式及规格非常多，必须因地制宜地结合各工程的具体情况合理选用。

2. 拱圈(肋)的预制

板拱、肋拱、箱拱和双曲拱桥，虽构造上有所不同，但在预制、运输、吊装等工序上的要求和方法大致相同，下面以箱形拱桥为例介绍拱圈制作工艺。

为了预制方便和减轻安装重量，先把箱形截面主拱圈从横向划分成若干根箱肋，再从纵向划分为数段，待拱肋拼装成拱后，再在箱壁间用现浇混凝土的方法连接各箱肋节段，其预制多采用组装预制的方法，施工主要步骤如下：

(1) 按设计图的尺寸，对每一个吊装节段进行坐标放样。在放样时，应注意各接头的位置，力求准确，以减少安装困难。

(2) 在拱箱节段的底模上，将侧板(箱壁)和横隔板安放就位，并绑扎好接头钢筋，然后浇底板混凝土及接缝混凝土，组成开口箱。

(3) 若采用闭口箱时，便在开口箱内立顶板的底模，绑扎底板的钢筋，浇筑顶板混凝土，组成闭口箱。待节段箱肋混凝土达到设计强度后即可移运拱箱，以便进行下一节段拱箱的预制。

3. 拱肋的吊装

为了保证拱肋吊装的稳定和安全，必须遵循以下规定：

(1) 缆索吊机在吊装前必须按规定进行试拉和试吊。

(2) 拱肋吊装时，除拱顶段以外，各段应设一组扣索扣挂。

(3) 扣索位置必须与所扣挂的拱肋在同一竖直面内，且扣索上索鞍顶面高程应高于拱肋扣环高程。

(4) 对于中小跨径的箱形拱桥，当其拱肋高度大于 0.009~0.012 倍跨径，拱肋底面宽度为肋高的 0.6~1.0 倍，且横向稳定安全系数不小于 4 时，可采用单肋合拢，嵌紧拱脚后，松索成拱。

(5) 拱肋分 3 段或 5 段拼装时，至少应保持 2 根基肋设置固定风缆，拱肋接头处应设横向联结。

(6) 当拱肋跨径在 80m 以上或横向稳定安全系数小于 4 时，应采用双基肋合拢松索成拱的方式，即当第一根拱肋合拢并校正拱轴线，楔紧拱肋接头缝后稍松扣索和起重索，压紧接头缝，但不卸掉扣索和起重索，待第二根拱肋合拢，两根拱肋横向连接固定好并接好缆风后，再同时松卸两根拱肋的扣索和起重索。

（7）当拱肋分3段吊装，采用阶梯形搭接接头时，宜先准确扣挂两拱脚段，调整扣索使其上端头较设计值抬高30~50mm，再安装拱顶段使之与拱脚段合拢。当采用对接接头时，宜先悬扣拱脚段初步定位，使其上端头高程比设计值抬高50~100mm，然后准确悬扣拱顶段，使其两端头比设计值高出10~20mm，最后放松两拱脚段扣索使其两端均匀下降与拱顶段合拢。

（8）当拱肋分5段吊装时，宜先从拱脚开始，依次向拱顶分段吊装就位，每段的上端头不得扭斜。首先使拱脚段的上端头较设计高程抬高150~200mm，次边段定位后，使拱脚段的上端头抬高值下降为50mm左右，并应保持次边段的上端头抬高值约为拱脚段上端头抬高值的2倍，否则应及时调整，以防拱肋接头开裂。

（9）当采用7段或7段以上拱肋吊装时，应通过施工控制的方法，准确计算每段吊装后各扣索的索力、各接头的标高位置，并对风缆系统进行专门设计，确保拱肋横向稳定安全系数不小于4，拱肋（包括接头）在各阶段承受的应力也应包含在控制计算中。

（10）拱肋合拢温度应符合设计规定，如设计无规定，可在气温接近当地的年平均温度（一般在5~15℃）时进行，天气炎热时可在夜间洒水降温条件下进行。

（11）各段拱肋松索应注意以下几点：松索应按照拱脚段扣索、次拱肋段扣索、起重索三者先后顺序，并按比例定长、对称、均匀松卸；每次松索量宜小，各接头高程变化宜不超过10mm；大跨径箱形拱桥分3段或5段吊装合拢后，根据拱肋接头密合情况及拱肋的稳定度，可保留起重索和扣索部分受力，等拱肋接头的连接工序基本完成后再依序松索。

4. 施工加载程序设计

（1）施工加载程序设计的目的和意义

在采用无支架或早期脱架（有支架现浇拱肋，当拱肋达到一定强度后即拆除拱架）施工方案建成的拱肋（拱箱）上，继续进行以后各工序的施工时，如浇筑拱圈和拱上建筑等，如何合理安排这些工序，对保证工程质量和施工安全都有重大影响。如果采用的施工步骤不当，例如拱脚或拱顶的压重不适当、施工进度不平衡、加载不对称等，都会引起拱轴线变形不均匀，从而导致拱圈开裂，严重的甚至造成倒塌事故。因此对施工步骤必须做出合理的设计。

施工加载设计程序的目的，就是要在裸肋（或裸拱圈）上加载时，使拱肋各个截面在整个施工过程中，都能满足强度和稳定的要求。并在保证施工安全和工程质量的前提下，尽量减少施工工序，便于操作，以便加快桥梁建设速度。

（2）施工加载程序设计的计算步骤

目前在设计施工加载程序时，多采用影响线加载计算内力及挠度，再进行强度、稳定、变形的验算。计算步骤大致可分为：

① 绘制计算截面的内力（弯矩、轴向力）及挠度影响线。

② 根据施工条件初步拟定施工阶段。

③ 在左、右半拱对称地将拱圈分环、分段，再将已分的各环按段计算重量。分段宜小，以便于调整加载范围。

④ 按照各阶段的工序，拟定加载顺序及加载范围，在影响线图上分段逐步加载，求出各计算截面在此荷载作用下的内力及挠度，并验算强度。加载时，要左、右半拱对称进行，

尽量使各计算截面的计算弯矩及挠度最小，截面应力及挠度不超过允许值，并尽量使计算截面不出现反复变形。

⑤ 根据强度及挠度计算情况，调整施工加载顺序和范围或增减施工阶段。这一计算工作往往需要反复多次，才能做出较恰当的施工加载程序方案。

⑥ 在主拱圈砌筑完成后，拱上建筑的施工只要由拱脚向拱顶对称均衡地砌筑，就能保证拱圈的安全，故可不再进行计算。对于多孔连续拱桥，也需注意相邻孔的砌筑要协调，防止桥墩的过大变形。

施工加载程序设计既重要又烦琐，因此一方面需要探讨合理加载程序的简化计算方法（如充分利用电子计算机计算），同时也应在主拱圈的形式、构造及施工方法等各方面做进一步的改善。例如，目前由于采用了薄壁箱形截面的拱肋（拱箱），既能大大减少施工程序，加快施工进度，又能保证拱圈的安全。

5.4 斜拉桥施工

5.4.1 索塔施工

斜拉桥的索塔一般由塔座、塔柱、横梁和塔冠几部分组成，它是全桥的主要承重构件，除承受因自重引起的轴力外，还承受水平荷载以及通过拉索传递给塔的竖向荷载。

索塔根据建筑材料的不同，可分为钢筋混凝土索塔、钢索塔、钢-混凝土混合索塔和钢管混凝土索塔。钢筋混凝土索塔整体刚度大、施工简便，成桥后一般无须养护维修。钢索塔因其造价高，后期养护工作量大，施工精度要求高，在我国大型斜拉桥中应用较少。钢-混凝土混合索塔在国外有不少实例，我国苏通大桥也采用了这种索塔。钢管混凝土索塔在斜拉桥中应用很少，我国广东南海的紫洞大桥以及重庆万州万安大桥采用了这种索塔。由于建造索塔所采用的材料不同，从而在施工方法和工艺要求上也有较大的差异。因篇幅关系，下文仅介绍钢筋混凝土索塔的施工方法。

1. 索塔施工顺序

混凝土斜拉桥可先施工索塔，然后施工主梁和安装拉索，也可索塔、主梁、拉索三者同时并进。

2. 塔座施工

塔座是塔柱与承台连接的重要结构，施工时，其平面位置、高程、倾斜度等都必须准确测量。塔柱劲性骨架和主钢筋预埋的准确性直接影响下塔柱的施工精度和线性，也应精确定位。

根据施工实践经验，塔座混凝土的浇筑应尽可能在承台浇筑后立即进行。相对于承台而言，塔座混凝土体积小、强度等级高，混凝土收缩较大，受承台的约束影响，塔座容易产生收缩裂纹，且一般为实心结构，属大体积混凝土，施工时必须采取措施，降低水化热，防止混凝土收缩开裂。

3. 塔柱的施工

(1) 塔柱的施工方法

混凝土索塔的塔柱可分为下塔柱、中塔柱和上塔柱，一般采用就地浇筑。模板和脚手平台的做法常用支架法、滑模法、爬模法和翻模法等。

① 支架法

支架法是从地面或墩顶设置满布支架及模板，然后现浇塔柱混凝土。这种方法适用于索塔高度较小和形状比较复杂的索塔施工，它不需要特殊的施工机械设备，但花费支架模板材料较多。

② 滑模法

滑模法施工的最大优点是施工进度快，适用于高大的直立塔及倾斜塔的施工。但对斜索的锚固区预留孔道和预埋件的处理要困难些，其特点是：在塔柱四壁设短段模板(圆桩钢板模)和附架，在塔柱下段已浇混凝土中埋设劲性钢筋或型钢，顶面搭设起重梁，通过梁上挂设的起重设施(如手拉葫芦、千斤顶等)，随着模板内浇筑混凝土过程慢慢起吊模板(或者用穿心式千斤顶直接放在圆钢上爬升，圆钢可埋于已浇筑下段混凝土体内或固定在模板外侧)。由于该法随浇混凝土随滑，对混凝土质量要求较严，下面陆续露出来的新混凝土表面易出现质量问题，要随时抹面修补，及时养护。

③ 爬模法

爬模法施工是用一段模板带爬架一起固定在下段已浇筑混凝土的主体上，浇上段混凝土，待新浇的混凝土达到适当强度后拆模，连爬架一起提升到上段混凝土顶部固定，循环操作，直至柱顶。这种施工方法机械化程度较高，可缩短工期，适用于大型索塔的施工。提升可以用外设起吊设备(如塔吊)，也可在柱身的刚性骨架或劲性骨架上设手动葫芦或千斤顶自提。

④ 翻模法

翻模法施工就是将一段混凝土柱的模板分为2~3小节，浇完该段混凝土后，将上节模板保留，下面1节或2节模板拆下提到上面来与下节连成一体，以浇筑上一段柱的混凝土。如此循环继续至塔顶，每次必有一节模板保留在下面已浇筑的混凝土上。由于每次都把下面的模板转到上面去，故称翻模。使用该法，模架模板及其上的工具、人员皆需在空中多次翻提，一般需用外设塔吊来操作。

(2) 劲性骨架施工

塔柱混凝土内一般都埋设劲性骨架以帮助竖向钢筋、各种预应力管道、斜拉索钢护筒等的定位，同时在提升模架时起到支承作用。要根据索塔刚度和施工需要，合理选择劲性骨架构造和材料型号，以及根据施工方便和吊装能力确定劲性内架的分片长度和重量。一般劲性骨架按索塔的四个面分成四块在车间加工。安装时，分块在原有骨架上接长。焊接之前，需要进行测量定位，严格控制劲性骨架的偏差，避免偏差过大而影响形成框架，以增加刚度及稳定性。

劲性骨架自由伸臂长度不能太大，一般每节长6m或9m为宜，否则在倾斜塔柱内，将会发生水平位移，造成模板安装困难，影响索塔的线形。施工时，应采取预偏的方法来保证劲性骨架受力后线形满足索塔施工要求。预偏法就是根据侧面钢筋及骨架自重所引起的骨架挠度而在安装时反向预偏一定量，来消除受力后骨架的平面变位。此法比增大骨架刚度更经济，且操作方便。

4. 上、下横梁施工

一般而言，横梁均应与该段索塔同时施工，这样索塔整体性好，同时便于支架搭设和横梁的预应力施工。横梁施工支架可用大直径钢管支撑加贝雷架或万能杆件桁架形式，前者目前应用较多。

横梁一般采用两次浇筑一次张拉工艺，这样不仅可以保证混凝土外表光滑，而且下横梁与相应高度的塔柱的连接不会因浇筑混凝土过程的沉降变化而产生裂缝。即在第一次混凝土达到80%设计强度时对称张拉一部分底板预应力索，待第二次混凝土达到强度后，再张拉全部预应力索。南京长江第二大桥和岳阳洞庭湖大桥的横梁就采用了二次张拉工艺。

横梁底模安装时，必须综合考虑模板支撑系统的连接间隙压缩、弹性变形、支撑的不均匀沉降变形、混凝土构件与钢支撑间不同线膨胀系数的影响，还须考虑日照温差对混凝土和构件的不同时间效应产生的不均匀变形等因素的影响，合理设置预拱度，同时在安装底模后，通过水箱压重等方法消除非弹性变形。

5. 混凝土索塔施工注意事项

(1) 混凝土斜拉桥的索塔多为A形、倒Y形及钻石形等。在这些塔柱形式中，下塔柱和中塔柱均有一定的倾斜度。在具有较大斜率的索塔施工过程中，索塔处于自由状态，自重和施工荷载等会在下塔柱或中塔柱根部形成较大的弯矩，从而产生较大的拉应力而引起混凝土开裂，并产生外侧压力严重不均匀，将使截面压应力或拉应力超出设计要求，从而影响索塔的使用寿命。因此，在施工时，必须采取必要的措施，把索塔截面的初始应力控制在设计允许范围之内。

(2) 在索塔上除了有拉索锚固张拉部位的凹槽缺口外，通常还有用作检查的走道，以及出于美观考虑的截面变化区域，在模板设计时应充分考虑这些因素。

(3) 索塔上除了设置本身施工需要的工作平台外，还需设置为架设和张拉拉索用的脚手平台。

(4) 由于索塔混凝土是就地浇筑的，随着高度的增大，施工用的机具、材料、起吊设备的搬运、拉索架设等宜采用爬升式塔架作为起重设备，并设置升降设备。浇筑时，可用塔吊和混凝土斗或混凝土泵车输送混凝土，如果用管道输送混凝土，应特别注意泵送混凝土的配合比设计、泵送设施的布置、泵送混凝土施工工艺特点等。

(5) 横梁施工时，每次浇筑混凝土的供应量应保证在最先浇筑的混凝土初凝前完成全部浇筑，并应采取有效措施防止在早期养护期间及每次浇筑过程中由于支架的变形引起混凝土横梁开裂。

5.4.2 主梁施工

斜拉桥主梁的施工方法与采用的结构形式及主梁截面有着密切的关系，其施工方法大体上可分为悬臂法、顶推法、平转法、支架法等四种。大跨度斜拉桥的主梁一般采用悬臂法施工，但对于跨径不大的斜拉桥，根据施工条件，也可采用顶推法、平转法或支架法施工。

1. 悬臂法施工

现代大跨径斜拉桥主梁施工常用悬臂法，悬臂施工法可分为悬臂拼装法和悬臂浇筑法两种。

（1）悬臂拼装法

悬臂拼装法先在塔柱区现浇一段放置起吊设备的起始梁段，然后用起吊设备从塔柱两侧依次对称安装预制梁段，同时逐渐安装斜拉桥，使悬臂不断伸长直至合龙。该施工方法由于主梁是预制的，塔、梁可平行作业，因此可以缩短施工周期，施工速度快，高空作业较少。主梁预制混凝土龄期较长，收缩、徐变变形小，梁段的断面尺寸和浇筑质量易得到保证。但该法安装精度要求较高，而且需配备一定的吊装设备和运输设备，要有适当的预制和运输场地，因此总造价比悬臂浇筑法要高些。

我国在广东九江大桥、宜昌夷陵长江大桥等少数桥梁中采用过预制梁段、悬臂拼装法进行斜拉桥主梁施工。其常用的起吊设备为悬臂吊机、缆索吊机、大型浮吊、挂篮吊机及各种自制吊机拼装法。由于斜拉桥主梁相对于一般桥主梁的高度较小，有些自重较大的吊机难以满足施工荷载的要求，因此在选用悬拼起吊设备时需遵循自重轻、结构高度小、稳定性好的原则。

（2）悬臂浇筑法

主梁悬臂浇筑施工方法是从塔柱两侧用挂篮对称逐段就地浇筑主梁混凝土的一种施工方法。我国大部分混凝土斜拉桥主梁是采用悬臂浇筑法施工的。该法梁段的制作和安装作业均在挂篮上进行，因此不受河流水文、地质条件的影响，也不影响通航。悬臂浇筑法不需重型的吊运设备，节省施工场地，相对支架法而言模板可多次周转，施工用材较少，主梁接缝比较紧密，整体性好，施工简便，适用于任何跨径的斜拉桥主梁施工。但采用该法施工时，其主梁高须考虑挂篮变形和混凝土收缩、徐变的影响，相对于悬臂拼装法而言，高空作业较多，施工周期长。

斜拉桥主梁的悬臂浇筑均匀采用挂篮施工，挂篮形式很多，各有特色，但常用挂篮形式归纳起来可以分为后锚点挂篮、劲性骨架挂篮和前支点挂篮三种。其中前支点挂篮因结构合理，能充分发挥斜拉索的效用而使用最为普遍。前支点挂篮也称为牵索式挂篮，它主要由承重系统、模板系统、牵索系统、锚固系统及行走系统五大部分组成。此种挂篮的受力原理是利用斜拉索作为挂篮前支点牵引索，后锚点锚于已浇梁段底板上，中支点用挂钩支撑于已浇主梁顶面，将后锚点挂篮的悬臂受力状态改变为前后支点的简支受力状态，从而减小了挂篮的挠度和弯矩，提高了挂篮的承载能力。对于梁段长的挂篮，还可在挂篮纵梁上设 2 根拉索，形成三支点连续梁受力状态，这样承载能力会更大。

2. 其他施工工艺

（1）支架法

支架法主要应用在桥下净空较低、搭设支架不影响交通，且具有足够的支架设备的场合。其主要优点是能够保证结构的设计形状和高程要求，在桥下净空高度较低时，施工费用也较低。

（2）顶推法

顶推法进行混凝土斜拉桥主梁的施工，需在跨间设置若干临时支墩，且在顶推过程中，主梁要反复承受正、负弯矩。为了满足施工阶段内力要求，有时主梁需配置临时预应力筋。该方法较适用于桥下净空高度较低、修建临时支墩造价不高、支墩不影响桥下交通、抗拉和抗压能力相同、能承受反复弯矩的钢斜拉桥主梁的施工。我国采用顶推法施工主梁的公路斜拉桥有湖南衡山公路大桥、广东海紫洞桥等。

(3) 平转法

平转法是将斜拉桥上部结构分别在两岸或河岸支架上现浇，在岸上完成所有的试安装和安装工序，并经落架调整其各点高程与索力后，分别整体旋转就位，再跨中合龙。如系独塔，则在平转到对岸支点后，再调整支点高程与内力。无论是独塔还是双塔，必须在平转就位后，卡紧转盘使其不能转动，以确保稳定。斜拉桥平转施工的转动中心一般设在主塔中心。对于塔梁固结斜拉桥，其平转施工的转动中心一般设在墩顶；而塔墩固结或塔梁墩固结斜拉桥，则其转动中心一般在墩顶或基顶之间。

平转法施工适用于桥址地形平坦、河滩平整的情况下，人工开挖的运河中以及桥梁结构具有适合整体转动的结构体系和墩身较矮的桥梁施工中。

综上所述，混凝土斜拉桥主梁的架设方法与斜拉桥的跨径和规模有密切关系，一般跨径及规模较小时常用支架法施工，跨径及规模较大时用悬臂法施工。

3. 主梁施工注意事项

(1) 塔梁临时固结措施

在斜拉桥主梁悬臂施工过程中，索塔两侧的梁体因自重荷载的不平衡将产生一定的不平衡力矩，且两侧斜拉索张拉索力的不对称也将产生一定的不平衡力矩。当漂浮和半漂浮体系的斜拉桥采用悬臂浇筑法进行主梁施工时，为确定结构在施工阶段的稳定，在施工过程中必须将塔梁临时固结。

要解除时，须根据设计合龙程序中的规定，按步骤予以解除，对于塔梁固结的斜拉桥则不需临时固结。

塔梁临时固结措施，一般采用在索塔下横梁上设置 4 个混凝土临时支座，支座内直径螺纹钢筋，其下端预埋在下横梁中，上端锚固在主梁 0 号块的横隔梁内，钢筋的直径、数量和埋置深度均由计算确定。为便于拆除，可在支座内设置硫黄砂浆层。此法结构简单，安全可靠，但拆除较困难。

为方便临时固结的拆除，近年来施工单位设计了钢结构临时支撑。此类支座均用型钢组成，并用轧丝锚锚固于 0 号块顶面，其优点是拆除时采用氧割和解除预应力的方法，简便、省时。

此外，在不等跨结构的斜拉桥施工中，为满足施工工况的要求，如经计算需要，除设置临时支座外，还可在塔的两侧设置临时支承墩，以共同承担施工反力。临时支撑常用钢管桩或钢护筒。在下塔柱上设置预埋件作为临时支承的锚座。如果塔两侧的主梁不对称，拆除临时支承时漂浮体系会引起体系转换，导致梁向一端(通常是向岸端)水平移动，索力重新分布。如该水平位移特别大，而且是突然发生时，会引起事故，因此拆除支承时应特别注意。

(2) 无索区施工

无索区主梁一般需在支架或托架上施工。支架或托架安拼好后，先进行预压，以消除非弹性变形，然后安装模板及钢筋，浇筑混凝土，待其强度达到要求后，施加预应力，然后拼装挂篮，进行主梁的悬臂浇筑。

(3) 其他问题

采用悬浇法时，从有利于索塔和桥墩的受力出发，应严格按照设计所提供的施工阶段顺序，对称浇筑施工，不得随意更改施工步骤；挂篮在投入使用之前，须经过压重试验，以检验其强度和刚度，减小挂篮非弹性变形，确保施工安全。

在主梁节段施工周期之间要穿插进行拉索的安装(有时还要进行索塔的节段施工)，在制订施工进度计划时，不应有妨碍拉索架设和索塔施工的地方。

主梁施工中应保证拉索的索力符合设计要求，由于主梁是逐次形成的，在安装完毕后，应使主梁的立面位置符合设计要求，不出现过大的偏差，因此施工中应进行控制和调整。

5.4.3 斜拉索施工

成型拉索由钢丝(或钢绞线)组成的钢索和两端的锚具两部分组成，而不同种类和构造的拉索两端需配装合适的锚具后才能成为可以承受拉力的拉索。斜拉索的锚具目前常用的有以下四种：热铸锚、墩头锚、冷铸墩头锚和夹片群锚。一般平行钢丝索采用冷铸墩头锚，而钢绞线拉索一般采用夹片群锚。

1. 拉索的制作

制索工艺流程一般为：钢丝防锈→调直→应力下料→防护漆→穿锚→镦头→浇锚→烘锚→拉索防护→超张拉→标定。

2. 放索及拉索的移动

(1) 放索

为方便运输及运输过程中对索的保护，拉索起运前通常采用类似电缆盘的钢结构盘将拉索卷盘，然后运输。对于短索，也有采取自身成盘，捆扎后运输的情况。根据拉索不同的卷盘方式，现场放索时，常用的有立式转盘放索和水平转盘放索两种方式。

对于自身成盘的索，一般设置一个水平转盘，将索盘在转盘上，边转动边将索放出。而常用的立式放索盘，由于拉索一端有较重的锚头挂在索的外侧，使放索偏心，故放索时，索盘转速极易发生突变，产生冲击力，导致拉索散盘，损坏拉索的防护层，因此在放索盘上应设置制动装置。

(2) 拉索在桥面上的移动

拉索从索盘上释放出来，进入梁端和塔端钢套管前，需在桥面上进行一段较长距离的移动。由于索自身弯曲或与桥面直接接触，因此移动过程中要注意如何保护好拉索的防护套。通常移动拉索常用的方法有滚筒法、移动平车法、导索法、垫层拖拉法等。

① 滚筒法

在桥面上设置一条滚筒带，索放出后沿滚筒运动。滚筒之间要保持合适的距离，防止拉索因下垂而与桥面接触，以致刮伤防护套。滚筒固定在桥面上，防止拉索移动时倾覆。制作滚筒时，要根据拉索的刚柔程度，选择适宜的滚轴半径，以免滚轴弯折；滚轴宜做成凹槽形，用橡胶或塑料等柔性、半柔性的材料制成，以便于较好地保护拉索护套。

② 移动平车法

当拉索上桥后，每隔一段距离垫一个平车，由平车载索运动。主梁梁体顶面凹凸不平时会导致平车运动不便，因此平车的轮子不宜太小。与滚筒法一样，平车也要保持合理的距离。同时，拉索与平车之间要用软绳或卡箍临时固定，防止拉索从平车掉落到桥面上。

③ 导索法

在索塔上部安装一根斜向工作悬索，当斜拉索上桥后，前端连接牵引索，每隔一段距离放置一个吊点，使拉索沿着导索运动，这种方法能省去大型牵索设备，可安装成卷的斜拉索。

④ 垫层拖拉法

对于一些自重轻，长度短的拉索，可在梁面放索线上铺设麻袋、草包、地毯等柔软的垫层，就地拖拉。

3. 拉索的挂设

拉索的安装就是将成品拉索架设到索塔锚固点和主梁锚固点之间的位置上。一般情况下，可根据斜拉索张拉方式确定拉索的安装顺序，拉索张拉端位于塔部时可先安装梁部拉索锚固端，后安装塔部拉索锚固端；反之，先安装塔部，后安装梁部。挂索常用的挂设方法有吊点法、吊机安装法和分步牵引法。

安装斜拉索前应计算出克服索自重所需的拖曳力，以便选择卷扬机、吊机及滑轮组配置方式。塔部安装张拉端时，先要计算出各施工阶段的索力，然后选择适当的牵引工具和安装方法进行拉索安装。由理论分析可知，当矢跨比小于 0. 15 时，可以用抛物线代替悬链线来计算曲线长度。

索的垂度f_m的计算见式(5. 7)。

$$f_m=\sqrt{\frac{3(L'-L)L}{8}} \tag{5.7}$$

式中 f_m——计算垂度值；

L——两锚固点之间的距离；

L'——索长。

拖曳力的水平力 H 的计算(未计入弹性伸长)见式(5. 8)。

$$H=\frac{qL^2\cos\alpha}{8f_m} \tag{5.8}$$

式中 f_m——计算垂度值；

L——两锚固点之间的距离；

q——索的单位重；

α——索与水平面夹角。

(1) 吊点法

吊点法主要利用卷扬机组安装，可分为单吊点法和多吊点法。

① 单吊点法

拉索上桥面后，从索塔孔道中放下牵引绳，连接拉索的前端，在离锚具下方一定距离设一个吊点，索塔吊架用型钢组成支架，配置转向滑轮。当锚头提升到索孔位置时，采用牵引绳与吊绳相互调节，使锚头尺寸准确，牵引至索塔孔道内就位后，穿入锚头固定。

单吊点法施工简便、安装迅速，缺点是起重索所需的拉力大，斜拉索在吊点处弯折角度较大，故一般适用于较柔软的短拉索。

起吊设备可利用塔吊、汽车吊或安装在塔顶的其他起吊设备。该方法能利用原有设备，设备投入量少，一般用于近塔柱的几根拉索或小跨径桥梁。

② 多吊点法

同前所述导索法，只要将导索法中的牵引索从预穿索孔中引出即可，多吊点法吊点分散、弯折小，在统一操作指挥下，可使斜拉索均匀起吊。因吊点较多，易保持拉索大致呈直线状态，两端无须用大吨位千斤顶牵引。

（2）吊机安装法

吊机安装法采用索塔施工时的提升吊机，用特制的扁担梁捆扎拉索起吊。拉索前端由索塔孔道内伸出的牵引索引入索塔拉索锚孔内，下端用移动式吊机提升。吊机法操作简单快速，不易损坏拉索，但要求吊机有较大的起重能力，故一般适用于重量不大的短索安装。

（3）分步牵引法

根据斜拉索在安装过程中索力递增的特点，而分别采用不同的工具，将拉索安装到位。首先用大吨位的卷扬机将索张拉端从桥面提升到预留孔外，然后用穿心式千斤顶将其牵引至张拉锚固面。在这个阶段前半部，采用柔性张拉杆–钢绞线束，利用两套钢绞线夹具系统交替完成前半部牵引工作；牵引阶段的后半部，根据索力逐渐增大的情况，采用刚性张拉杆分布牵引到位。

4. 拉索张拉

拉索的张拉工艺、索力及高程的控制是斜拉桥施工的关键，张拉形式可分为三种：塔端张拉、梁端锚固，梁端张拉、塔端锚固以及塔梁两端同时张拉。由于塔的刚度比梁大，塔腔内空间较梁体内空间大，千斤顶移动、安装较方便、安全，因此我国斜拉桥拉索空腔索塔张拉常用的是塔端张拉、梁端锚固的方法。塔梁两端同时张拉的方法也有应用，如武汉白沙州大桥、安徽铜陵长江大桥。

拉索张拉，根据设计和施工的要求，一般可分为安装阶段的初始张拉和其后的二次张拉。一般说来，初始张拉是指施工过程中的张拉，根据需要它也可以分批次依次先后实施。进行初始张拉的目的，是使梁内建立起必要的应力储备，同时也是为了尽可能地减少索的非线性影响。

在张拉时应注意以下几点：

（1）张拉前应将锚头和锚环配对并检查其质量。

（2）穿束和张拉时应注意保护拉索免受损伤。

（3）要有2种以上测量张拉力的手段。

（4）锚环旋紧程度要一致，以免各束受力不均。

（5）张拉应在严格对称的情况下进行。中、边跨或上、下游间的不平衡张拉力，应不超过一根拉索的初拉力值。

（6）原则上不允许任意改变初张力大小，但在以后调整索力时，若满足高程则可在允许范围内改变初张力。

5. 索力的测定与调整

(1) 索力测定

斜拉索的索力正确与否，是斜拉桥设计和施工成败的关键之一，必须有可靠的方法准确量测索力。测定索力的方法很多，目前常用的有压力表测定法、压力传感器测定法、频率法和磁通量法等几种。

① 压力表测定法是利用张拉千斤顶的液压与张拉力之间的直接关系，通过测定张拉过程中的油压，而后换算成索力的一种索力测定方法。采用此法测定索力时，需使用 0.3~0.5 级精密压力表，使得压力表测定的索力精度达到 1%~2%。此法测定索力简单易行，是斜拉桥施工过程中最为常用的一种方法。

② 压力传感器测定法是在张拉连接杆套一个穿心式压力传感器，张拉时处在千斤顶和张拉螺母之间的传感器受压发出电信号，在配套的二次仪表上读出千斤顶张拉力，从而得到索力值。采用此法精度较高，可达到 1%以下，但价格比较昂贵，只能在特定条件下使用。

③ 频率法是利用斜拉索振动频率和索力之间的关系，通过测定频率，间接换算索力的办法测定索力。采用此法测定索力时，首先要根据不同工况及拉索相应的约束条件准确设定拉索的计算长度；其次要准确测定拉索频率，特别是低阶频率。当前，随着科技发展，测定拉索频率的电子仪器日趋成熟化，整套仪器携带、安装都十分方便，测定结果也比较可信。故采用此法测定索力比较普遍。

④ 磁通量法是利用放置在索中的小型电磁传感器，测定磁通量变化，根据应力、温度与磁通量变化的关系，推算索力。该法所用的关键仪器是电磁传感器(E-M 传感器)(见图 5.15)，这种传感器由两层线圈组成，除磁化拉索外，它不会影响拉索的力学及物理特性。对任一种铁磁材料，在实验室进行几组应力、温度下的试验，建立磁通量变化与结构应力、温度的关系后，即可用来测定由该种材料制造的拉索索力。

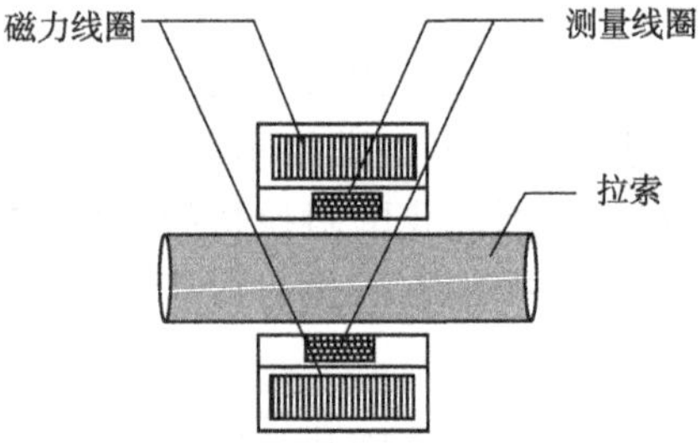

图 5.15　磁通量传感器图

铁磁材料磁通量密度 B 与有效磁场 H 的关系见式(5.9)。

$$B=\mu \cdot H \tag{5.9}$$

式中 H——有效磁场；

B——磁通量密度；

μ——磁通量渗透系数，是应力 σ、温度 T、有效磁场 H 的函数。

材料中的应力变化时，磁滞曲线也发生变化。测定磁通量渗透系数 μ 就可推算出拉索的应力。

铁磁性材料受外荷载作用，内应力发生变化，其磁导率随之发生改变，通过测定磁导率变化来反映应力变化，进而测出索力。

(2) 索力调整

一般而言，斜拉桥从施工到成桥状态，需要通过索力调整达到控制高程和梁内应力的目的。索力调整一般与索力张拉在同一部位进行，如在梁端张拉拉索，则在梁端调整索力；在塔端张拉，则在塔端调整索力。张拉与调整共用一套设备，这样施工支架、升降平台、千斤顶悬吊设施等均可共用，以节省成本与时间。

索力调整施工方法如下：

① 计算好要调整的索的索力延伸量、主梁高程的变化值等数据。

② 检查并调试好张拉设备的完好状态。

③ 将张拉设备、工具分别安装就位，张拉丝杆拧入冷铸锚杯，并拧合到位，不装工具锚圈，千斤顶与油泵油管接好。

④ 开动油泵，使千斤顶活塞无负荷空升少许，如在调索时要求提高索力，则空升3~5cm即可；如要求降低索力，则空升值为拉索回缩值加3~5cm。

⑤ 拧入工具锚圈，如索力检测采用拉杆拉力的方式，则应在工具锚圈与千斤顶垫圈之间安装穿心式压力传感器。

⑥ 按预先计算并确定调索的相应的张拉力，通过电动油泵进油或回油逐级调整索力，如果是降低索力，则先进油张拉至上次张拉的吨位，看锚圈是否有松动，如没有松动，则增加少许拉力，使锚圈松动，反时针拧松锚圈至大于拉索固缩量位置，油泵缓慢回油使拉索索力降低，直至满足设计要求，随即拧紧锚圈，测定并检查索力调整后各项数据是否符合设计要求；如果是增加索力，则缓慢进油张拉至设计索力值，随即拧紧锚圈。在调索过程中，如调索延伸量超过千斤顶行程，则第一次张拉达到千斤顶行程时，旋紧螺圈，千斤顶回移，重复进行下一行程的张拉。

调索过程中，应以检测、校核数据配合油表读数，共同控制张拉力，并随时观测，防止不正常情况的发生。

5.5 悬索桥施工

5.5.1 悬索桥施工概述

悬索桥的施工主要包括锚碇、桥塔、主缆、吊索和加劲梁等的制作和安装。

(1) 锚碇

锚碇是锚固主缆的重要结构。大跨悬索桥的锚碇由锚块、锚块基础、主缆的锚碇架及固定装置、遮棚等组成。在小跨径悬索桥中，除了锚块外其他部分可做简化。锚块分为重力式、隧洞式。重力式锚块混凝土的浇筑应按大体积混凝土浇筑的注意事项进行，锚块与基础应形成整体。对于隧洞式锚块，在开挖岩石过程中不应采用大药量的爆破，应尽量保护岩石的整体性。锚板混凝土浇筑应注意水化热影响，防止锚板产生裂缝。隧洞式锚块应注意岩洞中排水和防水措施，对于岩洞周围裂缝较多的岩石应加以处理。岩洞内的岩面，开挖到设计截面后，应迅速加设衬砌，避免岩面风化，影响锚块质量。

(2) 桥塔

桥塔可采用钢桥塔和钢筋混凝土桥塔，但无论是钢桥塔还是钢筋混凝土桥塔，其施工方法均与斜拉桥的桥塔基本相同。仅有的区别是悬索桥的桥塔存在安装塔顶主鞍座的问题，而斜拉桥的桥塔则要考虑斜拉缆索的锚固问题。一般来说，悬索桥桥塔的施工除了截面庞大之外，其他并不比斜拉桥的复杂。钢桥塔多做成空心桥塔，常在工厂制造，运至工地进行拼装。当桥塔不高时，可采用桥塔旁的悬臂吊机进行拼装。而对于较高的桥塔，则需要采用沿桥塔爬高的吊机进行拼装。钢筋混凝土桥塔一般采用滑模施工，也可采用预制拼装方法。桥塔的拼装或滑模现浇均应随时控制桥塔的准确位置，一般除了两个方向轴线位置要严格控制外，还应按施工进度控制桥塔各点高程，确保桥塔的准确尺寸。

（3）主缆

在锚碇和桥塔建成后，进行主缆的安装，主缆的架设方式有空中架线法和预制绳股法。①空中架线法是指在工地通过送丝设备，当规定的丝数形成一股后，按规定的股数配置成六角形，每隔几米用镀锌软铁丝捆紧，形成圆形主缆。为了防锈，主缆外应涂黄油或加索套保护。②预制绳股法是指将在工厂预先制好的平行钢丝绳股绕在卷筒上，运至工地进行安装。其架设方法是，先架设一辅助缆索，利用牵引绳把各根绳股张挂在设置于锚碇处的一对锚头。在所有的绳股都正式就位后，进行紧缆作业，使主缆各绳股的总截面被压成圆形。

（4）吊索

吊索在制造和安装中，都应尽量做到长度准确。在架设中，可用调节装置调整其长度，用测力计控制各吊索受力的均匀性。安装中还应注意防止索夹螺栓的松动，以保证吊索安装位置准确；当加劲梁安装后，应防止竖向吊索的偏移，并注意吊索的防锈处理。

（5）加劲梁

悬索桥加劲梁的架设特点是，可以将先期架好的主缆作为一施工脚手架，当然这脚手架是柔性的，其几何开头随架设梁段的增加而改变。悬索桥加劲梁的架设方法主要有两种：①从桥塔向跨中对称安装加劲梁节段，加劲梁在跨中合龙，梁段的运输较方便；②从跨中对称向两桥塔拼装，此法可避免跨中合龙问题，但预拼梁段的运输不如方法①。

悬索桥的上部结构主要由桥塔、主缆和加劲梁等三部分组成；锚碇虽属基础部分，但其是悬索桥所特有的结构。下文主要从锚碇、主缆、加劲梁三个部分介绍悬索桥的施工。

5.5.2 锚碇施工

1. 锚碇的结构类型

锚碇按受力形式可分为重力式锚碇和隧道式锚碇。重力式锚碇依靠其巨大的重力抵抗主缆拉力；隧道式锚碇的锚体嵌入基岩内，借助基岩抵抗主缆拉力。隧道式锚碇只适合在基岩坚实完整的地区，其他情况下大多采用重力式锚碇。

2. 锚碇基础施工

（1）基础类型

锚碇的基础类型有直接基础、沉井基础、复合基础、隧道基础等。

直接基础适宜于持力层距地面较浅的地区；沉井基础和复合基础适用于持力层距地面较深的地区；较为经济的隧道基础，则可用于山体基岩坚实完整的地区。

(2) 基坑开挖

锚碇基坑由于体积庞大，可采用机械开挖，也可采用爆破和人工开挖的方法。开挖应采取沿等高线自上而下分层进行。在坑外和坑底要分别设排水沟和截水沟，防止地面水流入，积留在坑内而引起塌方或基底土层破坏。在采用机械开挖时，应在基底高程以上预留15~30cm厚土层用人工清理，以免破坏基底结构。在采用爆破方法施工时，对于深陡边坡，应使用如预裂爆破等方法，以免对边坡造成破坏。

(3) 边坡支护

对于深大基坑及不良土质，应采用支护措施保证边坡稳定。支护方法一般有喷射混凝土支护法、喷锚联合支护法等。

(4) 地下连续墙

地下连续墙是沿着深开挖的周边按类似于钻孔灌注桩的施工方法，用泥浆护壁开挖出一条狭长深槽，槽内放钢筋笼后灌注水下混凝土，筑成一个单元槽段，如此逐段进行，以一定的接头方式在地下筑成一道连续的钢筋混凝土墙壁。连续墙基础适合于锚碇下方持力层高程相差很大，不适宜于采用沉井基础的情况。其适应面广，可用于各种黏性土、砂土冲填土及50mm以下的砂砾层中，不受深度限制。虎门大桥西锚碇因持力层岩面严重不平，高差达10.5m，若采用沉井施工将会遇到极大困难，也无法控制工期和保证质量，后改为地下连续墙基础，获得成功。

(5) 沉井基础

在覆盖层较厚、土质均匀、持力层较平缓的地区可采用沉井基础，由于悬索桥锚碇的沉井基础极为庞大，设计和施工均有一定难度。在施工过程中要根据当地情况精心研究施工方案，如江阴长江大桥北锚碇施工的一些特点可以作为借鉴。

3. 主缆锚固体系

(1) 锚固体系的结构类型

根据主缆在锚块中的锚固位置，锚固体系可分为前锚式和后锚式，前锚式就是索股锚头在锚块前锚固，通过锚固系统将缆力作用到锚体。后锚式即将索股直接穿过锚块，锚固于锚块后面。前锚式因具有主缆锚固容易、检修保养方便等优点而广泛运用于大跨悬索桥中。

前锚式锚固系统又分为型钢锚固系统和预应力锚固系统两种类型。型钢锚固系统又有直接拉杆式和前锚梁式。预应力锚固系统按材料不同，可分为粗钢筋锚固形式和钢绞线形式。

(2) 型钢锚固系统施工

型钢锚固系统主要由锚架和支架组成。锚架包括锚杆、前锚梁、拉杆、后锚梁等，是主要传力构件。支架是安放锚杆、锚梁，并使之精确定位的支撑构件。

① 施工程序

锚杆、锚梁等工厂制造→现场拼装锚支架(部分)→安装后锚梁→安装锚杆(与锚支架)→精确调整位置→浇筑锚体混凝土。

② 施工要点

a. 所有构件安装均应按照钢结构施工规范的要求进行。

b. 锚支架安装，将散件运至现场拼装而成，为了提高效率，可将若干杆件先拼接成片，然后再逐片安装。其中一部分支架安装工作与安装锚杆是穿插进行的，锚杆由下至上逐层安装，每安装完一层要拼装相应的支架与托架后才能安装另一层锚杆。

c. 根据设计要求，锚杆与混凝土之间可以是无黏结的或有黏结的。如果是无黏结的，为了使锚杆能明确地将索力传递至锚梁，应使锚杆表面与混凝土处于无黏结状态。一般设计上采用在锚杆表面涂环氧沥青和喷涂铅涂料等方法进行防黏与防腐。在锚杆节点板处应包以木盒或泡沫塑料使之与混凝土隔离。全部锚杆安装完毕后即测量调整锚杆的空间坐标（横桥向偏位、高程和里程误差），使其满足设计要求和精度。

d. 由于锚杆和锚梁质量巨大，要注意锚支架特别是锚梁托架的刚度，必要时可采取加固措施，防止支架变形而严重影响锚杆位置的精度。

③ 质量控制

a. 构件质量　锚杆、锚梁为永久性受力构造，制作时必须严格按设计要求进行除锈、表面涂装和焊接件的超声波探伤等工作。为了保证现场安装质量，出厂前，应对构件连接进行试拼，试拼范围包括锚杆拼装、锚杆与锚梁连接、锚支架及其连接系平面试装。

b. 安装精度　锚杆、锚梁安装精度要求可按《公路桥涵施工技术规范》（JTG/T 3650—2020）执行。

（3）预应力锚固体系施工

① 预应力锚固体系的传力方式

索股锚头由两根螺杆和锚固连接器相连，再对穿过锚块混凝土的预应力束施加预应力，使锚固连接器与锚块连接成整体，承受索股的拉力。

② 施工程序

基础施工→安装预应力管道→浇筑锚体混凝土→穿预应力筋→安装锚固连接器→预应力张拉→预应力管道压浆→安装与张拉索股。

③ 施工要求

预应力张拉与压浆工艺，应严格按照设计与施工规范的要求进行。前锚面的预应力锚头要安装防护帽，并向帽内注入保护性油脂。构件必须进行超声波和磁粉探伤检查，在运输和堆放过程中需严加保护，不允许构件受到损伤。

（4）隧道锚中的锚固体系

隧道锚中的锚固体系类型与重力式锚碇的锚固体系大致相同。但由于洞内空间较小、坡度陡，安装难度相对较大。运送构件到洞内较多采用轨道滑溜的方法，然后采用小型起吊设备安装。长大构件的洞内位移、翻转困难，施工中，各构件应严格按从下而上的顺序搬运，随放随装。

4. 锚碇体施工

悬索桥锚碇属于大体积混凝土构件，尤其是重力锚碇，体积十分庞大。在施工阶段水泥产生大量的水化热，引起体积变形及变形不均，从而产生温度应力及收缩应力。当此应力大于混凝土本身的抗拉强度时，就会产生裂缝，影响混凝土的质量。因此，水化热的控制是锚碇混凝土施工的关键问题。因篇幅关系，下文仅就大体积混凝土施工的特点进行叙述。

（1）大体积混凝土的温度控制

混凝土的水化热来源于水泥遇水后发生的水化反应。水化热越大，混凝土的温升越高，与气温的差值越大，就会导致混凝土温度应力增大，从而产生裂缝。混凝土的体内温度是混凝土入仓温度加水泥水化热温升，降低混凝土温升主要有以下措施：

① 选用低水化热品种的水泥

一般来说，矿渣水泥、火山灰水泥、粉煤灰水泥等具有较低水泥水化热的特性，宜尽量采用；对于普通硅酸盐水泥应经过水化热试验比较后再选用。

② 降低配合比中水泥的用量

使用外加剂可以减少水泥的用量，缓凝型的还可以延缓水化热峰值产生的时间，有利于减小混凝土的最高温升。对于一些低强度等级的混凝土，掺加一定量的片石也是一种减少水泥用量的有效办法。

③ 降低混凝土的入仓温度

对于砂、石料应防止日光直照引起的温度升高，可采用搭遮阳棚和淋水降温的方法。不要使用刚出厂的高温水泥。

采用冷却水作为混凝土的拌和用水，直接对混凝土降温，将会取得明显效果。

④ 在混凝土结构中布置散热水管

在大体积混凝土设计中，经常在混凝土内设置冷却管。混凝土浇筑并终凝后，开始通水冷却散热。采用这种方法应注意设计好水的流量、管道分布密度和进水温度，使进出水温度相差不至于太大，一般控制在10℃左右，而水温和混凝土内部温差宜不大于20℃，因为水温过低就可能使水管周围的混凝土产生温度裂缝。冷却水管降温速率以1℃/d为宜。通水时间一般为15~20d。

（2）大体积混凝土施工

① 混凝土浇筑设备和能力

设计强度在25MPa以下的低高度强度混凝土适用车送或吊罐方式浇筑，如使用输送泵，往往会为了保证可泵性而加大坍落度，在配合比中加大水泥用量，这样既不经济又不利于水化热控制。

大体积混凝土采用的分层施工，每一层的厚度一般为1~2m，具体层厚的确定必须考虑混凝土的浇筑能力和混凝土降温散热措施。浇筑能力较大，降温措施越充分，分层厚度可适当大一些，有利于加快施工进度。

混凝土每次浇筑时，宜采用分层浇筑的方式，要求后一层混凝土必须在前一层未初凝前加以覆盖，防止出现施工裂缝。因此应参照混凝土初凝时间和每层混凝土的体积计算每小时最低生产量，合理配置设备，确保每层混凝土的浇筑质量。

② 锚体混凝土分块施工

大体积、大面积混凝土结构历来都是分块浇筑，根据公路部门的设备和经验，一般采用预留湿接缝法浇筑混凝土。为了在所留槽缝内立模和预埋钢筋接头焊接作业，所留槽缝宽度为1.0~2.0m。各大块分别浇筑施工，分别冷却至稳定温度，再将预留槽缝中的钢筋焊接起来，然后在槽缝内浇筑微膨胀混凝土。

③ 养护及保温

混凝土浇筑完毕并终凝后要覆盖麻袋、草垫等物，并洒水保持表面湿润。这样一方面是对混凝土进行养护，另一方面可以减少混凝土表面与内部的温差。针对不同的气温条件，采取的温控措施是不同的。夏季炎热地区以降温散热为主；冬季气温寒冷时，应特别注意混凝土的保温措施，必要时可覆盖塑料布等保温材料，通过内散外保的方法使混凝土整体上均匀降温。

④ 温度监测

锚碇大体积混凝土施工时，对混凝土内部最高温度、相邻两层及相邻两块之间的温差，设计上都有较严格的规定。为了能及时掌握混凝土内部温度变化，宜在混凝土内部埋设测温元件，如差动式测温计、测缝计、应变计等，从而掌握温度场变化，正确指导施工。

根据所确定的混凝土配合比试验数据(含水化热试验)及现场实测温度情况，由锚碇的边界条件，利用热传导方程计算混凝土内部温度的分布变化场，用于调整混凝土分层、分块和施工工艺，甚至作为调整混凝土配比的依据。

(3) 隧道锚内混凝土施工特点

① 在混凝土中应掺入微膨胀剂，防止混凝土收缩与拱顶基岩分离。

② 混凝土浇筑完毕后，立即在端模挂草袋封闭，减少空气流通，达到减少混凝土内外温差的目的。

③ 注意洞内排水。

5.5.3 主缆架设

1. 准备工作

在架设缆索之前的准备工作有：安装塔顶吊机、塔顶主鞍座、支架副鞍座、展束锚固鞍座，以及包括各种绞车和转向设备等的驱动装置。

2. 架设导索

导索是缆索工程中最先拉过江河(或海湾)的一根钢丝绳索，也是绳索工程中的第一道缆索。一般架设导索有如下两种方法。

(1) 浮子法

浮子法是将准备渡江(或海)的导索每隔一定距离装上一个浮子，使导索由浮子承重而不下沉水中，然后由曳船将导索的一端从始发墩旁浮拖至需到达的墩旁，再由到达墩的塔顶垂直下来的拉索直接拉到塔顶。此法在水流速度缓慢且无突出岩礁等障碍物时，是较为可靠的。

(2) 自由悬挂法

当桥位处水流急时，采用浮子会使水面上拖运的导索流散得较远，同时导索所受水流的冲击力也大，故导索所需截面也大。另外，当桥位附近有岩礁时，导索流散越远，它被挂阻于岩礁的可能性也越大，此时就可用自由悬挂法。自由悬挂法是在桥台锚碇墩附近设置可连续发送导索的一种装置，从此装置引拉出的导索经过塔顶后其前端固定在曳船上，随着曳船横越水面，可使连续发送出来的导索不沉落到水中，并在始终保持悬挂状态下完成导索的渡架。为提高安全度，可用重锤来做平衡重，以调整导索在引拉过程中的拉力。

无论是采用浮子法还是采用自由悬挂法，通常悬索桥两侧主缆的两根导索都用相同的方法渡架。但当渡架作业较为困难时，也可只渡架一根导索，而另一根导索可直接在第一根完成后设法在高空横渡。当然，随着施工机械的发展，也有采用浮吊吊杆或直升机牵索渡架的施工方法。

3. 架设曳拉索及猫道

当导索架设完毕后，就可由它来架曳拉索。曳拉索是布置在两岸之间的一根环状无端头的钢丝绳索，可由两岸的驱动装置来使曳拉索走动，从而一来一往地引拉其他需要架设的缆索或钢丝。

曳拉索架设完毕后，首先要架设的就是猫道。所谓猫道，就是悬索桥架设施工中，为其空中架设的工作走道，它是主缆编制和架设必不可少的临时设施。每座悬索桥的施工一般设有两个猫道，每个猫道各供一侧主缆施工所需，它是由若干根猫道索来承载的。猫道是悬索桥施工的特有设备，下文对此设备做简单介绍。

(1) 猫道的构造与布置

猫道由承重索、扶手索、面层、横向通道及抗风索(或制振装置)、锚固体系等组成。

猫道横桥向与主缆轴线一般呈对称布置，在上下游对应于主缆中心线下方各设1幅猫道，猫道面板距中心线铅垂方向1~1.8m，宽度一般为3~5m。按猫道承重索在塔顶的跨越形式，通常又分为分离式和连续式两种构造布置形式。在日本，对应于PS(Parallel Wire Strands)法施工，一般采用分离式较多，而欧洲国家所采用的AS(Air Spinning)法施工一般习惯采用连续式。不管采用哪种形式，都需根据施工情况进行长度调节，分离式需在承重索索端设置长度调节装置，连续式还需在塔顶设转索鞍等装置。

(2) 猫道面板结构

当每个猫道的若干根猫道索由曳拉索引拉架设好之后，即可铺设猫道面板及架设横向天桥。横向天桥是沟通每座悬索桥的两个猫道之间的空中工作走道，它除了工作所需之外，还有增加猫道横向稳定的作用。

(3) 抗风索的布置

设置抗风索的目的是提高猫道的抗风稳定性，同时还可以调整猫道的曲线形状。猫道的抗风体系除抗风索外，还包括连接猫道索与抗风索之间的垂直吊索或斜吊索。

采用斜吊索时，抗风振动的减振性较好，也就是说抗风稳定性较优，但其安装调整较困难；采用垂直吊索时的抗风减振性虽然较差，但通过一些悬索桥的施工实践，证明可以满足实用上的要求。故施工中，一般尽可能采用垂直吊索的形式。

4. 架设主缆

在猫道之下架设抗风索后，猫道工程全部完成，就可在猫道上正式开始架设主缆。主缆架设方法目前有两种：一种为预制绳股(Prefabricated Strand, PS)法，也有简称PWS(Parallel Wire Strand)法。这里，AS法(Air Spinning Method)是以钢丝为单元，先在空中编成绳股，然后再由若干绳股组成主缆；PS法则是以工厂预制成的股缆在空中组成主缆。

5. 架设吊索

主缆架设完毕，将猫道转载于主缆后，拆除抗风索，并在猫道上开始架设吊索。当吊索安装完毕后，即可拆除猫道。至此，悬索桥的缆索工程全部完成。

5.5.4 加劲梁架设

1. 悬索桥加劲梁的架设方法

悬索桥加劲梁的架设方法按其推进方式不同，主要有两种：

(1) 先从跨中节段开始向两侧主塔方向推进。

(2) 从主塔附近的节段开始向跨中及桥台推进。

但无论采用哪种方法，均须考虑主缆变形对加劲梁线形的影响。故有条件时应在施工前做加劲梁施工架设的模型试验，根据试验资料来验证或修正架设工序。且一般在架设中，为使加劲梁的线形能适应主缆变形，架上的各加劲梁节段之间不应马上做刚性连接。待某一区段或全桥加劲梁吊装完毕后，再做永久性连接。

加劲梁从跨中向两侧主塔推进的施工步骤一般分如下 4 个阶段：

(1) 加劲梁从主跨中央开始架设，当加劲梁节段的重量逐段加于主缆时，梁的线形不断变化，因此梁段间的连接仅作施工临时连接，以避免梁段的过分变形。

(2) 边跨加劲梁开始架设，以减小塔顶水平位位移。

(3) 主塔处加劲梁段合龙。

(4) 加劲梁所有接头封合。

这种架设方法的特点是：靠近塔柱的梁段是在主缆刚达最终线形时就位的，这样，靠近塔柱的吊索索夹的最后夹紧可推迟到塔顶处主缆仅留有很小永久角度阶段，因而能减小主缆内的次应力。

加劲梁从主塔向跨中架设方法的施工步骤正好与加劲梁从跨中向两侧主塔推进的施工步骤相反。但加劲梁从主塔向跨中架设的方法有利于施工操作和管理。这是因为此方法中施工操作和管理人员可以很方便地从塔墩到桥面，而且很方便地在主跨和边跨之间往返。而加劲梁从跨中向两侧主塔推进的方法中，工作人员必须通过狭窄的空中猫道才能达到主跨内已被架好的加劲梁段上。

如上所述，悬索桥加劲梁架设的特点是：可以将其先架设完成的主缆作为一悬吊的脚手架，但这脚手架是柔性的，它的几何形状随着梁段的逐渐增加而不断改变。其情况是：当所架梁段不多时，梁段的上弦和上翼缘板相互挤压，而梁段的下弦或下翼缘板互相分离而出现“张口”。若过早使下弦或下翼缘板闭合，则梁段结构或连接就有可能因强度不够而破坏。这就是前面所说先要做施工临时连接的原因。

2. 钢桁梁式和加劲梁架设

当悬索桥加劲梁是钢桁架时，其架设方法可与一般钢桁梁的架设方法相同，即可采用能沿桁架上弦或重心走行的吊机安装。所不同的是，在每一梁段拼装后，不是靠已成梁段来承受后拼梁段的自重，而是立即将刚拼好的梁段通过吊索悬挂在主缆上，由主缆承担其自重。

从减轻施工内力和安全考虑，架设常分两期进行：第一期中将桥面系等尽量省去，仅将主桁架梁架拼合龙；第二期再做加劲梁的结构的其余部分施工，最后才浇筑混凝土桥面。

3. 扁平钢箱梁式加劲梁架设

扁平钢箱梁式加劲梁架设包括如下过程：

(1) 箱梁节段的驳船运输。

(2) 箱梁节段的吊装。

(3) 主跨加劲梁安装。

(4) 边塔处加劲梁的吊装。

(5) 焊接。

第 6 章　路桥工程施工质量控制

6.1　公路施工质量控制

6.1.1　路基施工质量控制

(1) 土方路基

路基必须分层填筑压实，表面平整坚实，无软弹和翻浆现象，路拱合适，排水良好，压实度土壤强度和路床的整体强度符合设计要求。

挖方地段遇有树根、洞穴等必须进行处理，上边坡要平整稳定。路床土质强度及压实度必须符合规定。

填方地段应在填土前排除地面积水和其他杂物、草皮、淤泥、腐殖土、冰块，并平整压实。路堤边坡应修整密实、直顺、平整稳定、曲线圆滑，填料及路堤的整体强度必须符合设计要求。取土坑、弃土堆的位置适当、整齐、无水土流失和淤塞河道情况。土方路基实测项目见表 6.1。

表 6.1　土方路基实测项目

项次	检查项目				规定值或允许偏差			检查方法和频率
					高速公路一级公路	其他公路		
						二级公路	三、四级公路	
1△	压实度/%	上路床		0～0.3m	≥96	≥95	≥94	按附录 B 检查；密度法：每 200m 每压实层测 2 处
		下路床	轻、中及重交通荷载等级	0.3～0.8m	>96	95	≥94	
			特重、极重交通荷载等级	0.3～1.2m	≥96	≥95	—	
		上路床	轻、中及重交通荷载等级	0.8～1.5m	≥94	≥94	≥93	
			特重、极重交通荷载等级	1.2～1.9m	≥96	≥94	—	
		下路床	轻、中及重交通荷载等级	>1.5m	≥93	≥92	≥90	
			特重、极重交通荷载等级	>1.9m				
2△	弯沉/0.01mm				不大于设计验收沉值			按附录 J 检查
3	纵断高程/mm				+10，-15	+10，-20		水准仪：中线位置每 200m 测 2 点
4	中线偏位/m				50	100		全站仪：每 200m 测 2 点，弯道加 HY、YH 两点

续表

项次	检查项目	规定值或允许偏差			检查方法和频率
		高速公路一级公路	其他公路		
			二级公路	三、四级公路	
5	宽度/mm	满足设计要求			尺量：每 200m 测 4 点
6	平整度/mm	≤15	≤20		3m 直尺：每 200m 测 2 处×5 尺
7	横坡/%	±0.3	±0.5		水准仪：每 200m 测 2 个断面
8	边坡	满足设计要求			尺量：每 200m 测 4 点

注：△表示关键项目。①表列压实度系按《公路土工试验规程》(JTG 3430—2020)重型击实试验所得最干密度求得的压实度。评定路段内的压实度平均值下置信限不得不规定标准，单个测定不得小于极值(表列规定值减 5 个百分点)。按测定值不小于表列规定值减 2 个百分点的测点占总检查点数的百分率计算合格率。②特殊干旱、特殊潮湿地区或过湿土路基等，可按路基设计、施工规范所规定的压实度标准进行评定。③三、四级公路铺筑沥青混凝土或水泥混凝土路面时路基压实度应采用二级公路标准。④附录 B、附录 J 指《公路工程质量检验评定标准 第一册 土建工程》(JTG F80/1—2017)中的附录。⑤HY 表示缓和曲线与圆曲线的交点，YH 表示圆曲线与缓和曲线的交点。

(2) 石方路基

开炸石方应避免超量爆破，上边坡必须稳定；坡面的松石、危石必须清除干净。路基表面应整修平整，边线直顺，曲线圆滑。填方路基表面不得露有直径大于 15cm 的石块。石方路基实测项目见表 6.2。

表 6.2　石方路基实测项目

项次	检查项目		规定值或允许偏差		检查方法和频率
			高速公路一级公路	其他公路	
1△	压实[①]		孔隙率满足设计要求		密度法：每 200m 每压实层测 1 处
			沉降差≤试验路确定的沉降差		精密水准仪：每 50m 测 1 个断面，每个断面测 5 点
2△	弯沉/0.01mm		不大于设计值		按附录 J 检查
3	纵断高程/mm		+10，-20	+10，-30	水准仪：中线位置每 200m 测 2 点
4	中线偏位/mm		≤50	≤100	全站仪：每 200m 测 2 点，弯道加 HY、YH 两点
5	宽度/mm		满足设计要求		尺量：每 200m 测 4 点
6	平整度/mm		≤20	≤30	3m 直尺：每 200m 测 2 处×5 尺
7	横坡/%		±0.3	±0.5	水准仪：每 200m 测 2 个断面
8	边坡	坡度	满足设计要求		尺量：每 200m 测 4 点
		平顺度	满足设计要求		

注：△表示关键项目。①上下路床填土时压实度检验标准同土方路基。②附录 J 指《公路工程质量检验评定标准 第一册 土建工程》(JTG F80/1—2017)中的附录。③HY 表示缓和曲线与圆曲线的交点，YH 表示圆曲线与缓和曲线的交点。

(3) 路肩

路肩必须表面平整密实，不积水。路肩边缘应直顺，曲线圆滑。路肩允许偏差见表6.3。

表6.3　路肩允许偏差

项次	检查项目		允许偏差
1	压实度		不小于设计值
2	平整度/mm	土路肩	20
		硬路肩	10
3	宽度/mm		不小于设计值
4	横坡/%		±0.5

(4) 边沟(排水沟、截水沟)

边沟线条直顺、曲线圆滑、沟底平整、排水通畅。浆砌片石边沟、砂浆应饱满密实，砂浆配合比符合设计要求。边沟勾缝平顺、缝宽均匀，无脱落现象。边沟断面均匀平整，无凸凹不平现象，沟底无积水现象。边沟(排水沟)允许偏差见表6.4。

表6.4　边沟(排水沟)允许偏差

项次	检查项目	允许偏差
1	沟底高程/mm	50
2	边沟断面尺寸	不小于设计值
3	坡面坡度	不陡于设计值
4	铺砌厚度	不小于设计值(有铺砌时)

(5) 倒虹吸涵管

涵管的进出水口，所设的竖井，井身应竖直，井底高程应低于虹吸涵底高程。涵身应密实不漏水，浆砌结构应抹面。为防止泥砂堵塞虹涵管，在进水口竖井与虹吸道之间，应设网状拦泥栅。与倒虹涵、管进出口连接的沟渠，在一定长度内应进行加固。

(6) 砌体挡土墙

砌体挡土墙，当平均墙高小于6m或墙身面积小于1200m^{2}时，每处可作为分项工程进行评定；当平均墙高达到或超过6m且墙身面积不小于1200m^{2}时，为大型挡土墙，每处应作为分部工程进行评定。

砌体表面要求平整，砌缝完好、无开裂现象，勾缝平顺、无脱落现象。泄水孔坡度向外，无堵塞现象。沉降缝整齐垂直，上下贯通。石料或混凝土预制块的质量和规格应符合有关规范和设计要求。砂浆所用的水泥、砂、水的质量应符合有关规范的要求，并应按规定的配合比施工。地基承载力必须满足设计要求。砌筑应分层错缝。浆砌时坐浆挤紧，嵌填饱满密实，不得有空洞；干砌时不得松动、叠砌和浮塞。沉降缝、泄水孔、反滤层的设置位置、质量和数量应符合设计要求，砌体挡土墙实测项目见表6.5和表6.6。

表 6.5　浆砌挡土墙实测项目

项次	检查项目		规定值或允许偏差	检查方法和频率
1△	砂浆强度/MPa		在合格标准内	按附录 F 检查
2	平面位置/mm		≤50	全站仪：测墙顶外边线，长度不大于 30m 时测 5 点，每增加 10m 增加 1 点
3	墙面坡度/%		≤0.5	铅锤法：长度不大于 30m 时测 5 处，每增加 10m 增加 1 处
4△	断面尺寸		≥设计值	尺量：长度不大于 50m 时测 10 个断面，每增加 10m 增加 1 个断面
5	顶面高程/mm		±20	水准仪：长度不大于 30m 时测 5 点，每增加 10m 增加 1 点
6	表面平整度/mm	块石	≤20	2m 直尺：每 20m 测 3 处，每处测竖直、墙长两个
		片石	≤30	
		混凝土预制块、料石	≤10	

注：△表示关键项目。①附录 F 指《公路工程质量检验评定标准 第一册 土建工程》(JTG F80/1—2017)中的附录。

表 6.6　干砌挡土墙实测项目

项次	检查项目	规定值或允许偏差	检查方法和频率
1	平面位置/mm	≤50	全站仪：测墙顶外边线，长度不大于 30m 时测 5 点，每增加 10m 增加 1 点
2	墙面坡度/%	≤0.5	铅锤法：长度不大于 30m 时测 5 处，每增加 10m 增加 1 处
3△	断面尺寸	≥设计值	尺量：长度不大于 50m 时测 10 个断面，每增加 10m 增加 1 个断面
4	顶面高程/mm	±20	水准仪：长度不大于 30m 时测 5 点，每增加 10m 增加 1 点
5	表面平整度/mm	50	2m 直尺：每 20m 测 3 处，每处测竖直、墙长两个

6.1.2　路面基层施工质量控制

基层是路面面层的基础，是路面各组成层的关键层，主要起承重作用，因此必须精心施工、科学管理，坚持质量标准要求。

确保基(垫)层的施工质量符合设计文件和技术规范要求是施工的首要任务。在施工过程中应采取有效措施控制施工质量，如建立、健全工地现场试验、质量检查与工序间的交接验收制度。各工序完成后应进行相应指标的检查验收，上一道工序完成且质量符合要求方可进入下一道工序的施工。施工质量涉及原材料技术指标的试验、铺筑试验路段及施工过程中的质量控制和外形管理 3 个部分。

1. 原材料技术指标的试验

基层施工前及施工过程中原材料出现变化时，应对所采用的原材料进行规定项目的质量技术指标试验，以试验结果作为判定材料是否适用于基层的主要依据。原材料技术指标试验项目及试验方法参见如《公路工程 路面基层稳定用水泥》(JT/T 994—2015)等规范的内容。

2. 铺筑试验路段

为了有一个标准的施工方法作指导，在正式施工前应铺筑一定长度的试验路段，以便考察混合料的配合比是否适宜，确定混合料的松铺系数、标准施工方法及作业段的长度等，并根据铺筑试验路段的实际过程优化基层的施工组织设计。

3. 质量控制和外形管理

基层施工质量控制是施工过程中对混合料的含水量、集料级配、结合料剂量、混合料抗压强度、拌和均匀性、压实度、表面回弹弯沉值等项目进行检查。外形管理涉及基层的宽度和厚度、路拱横坡、平整度等，施工时应按规定的外形管理测量频率和质量标准进行检查。

（1）填隙碎石（矿渣）基层和底基层

① 粗粒料应为质地坚硬、无杂质的轧制石料或分解稳定的轧制矿渣，填缝料为5mm以下的轧制细料或粗砂。

② 应使用振动压路机碾压，使填缝料填满粗粒料空隙。

填隙碎石（矿渣）基层和底基层实测项目见表6.7。

表6.7 填隙碎石（矿渣）基层和底基层实测项目

<table>
<tr><th rowspan="3">项次</th><th rowspan="3" colspan="2">检查项目</th><th colspan="4">规定值或允许偏差</th><th rowspan="3">检查方法和频率</th><th rowspan="3">权值</th></tr>
<tr><th colspan="2">基层</th><th colspan="2">底基层</th></tr>
<tr><th>高速公路
一级公路</th><th>其他公路</th><th>高速公路
一级公路</th><th>其他公路</th></tr>
<tr><td rowspan="2">1△</td><td rowspan="2">固体体积率/%</td><td>代表值</td><td>—</td><td>85</td><td>85</td><td>83</td><td rowspan="2">灌砂法：每200m每车道2处</td><td rowspan="2">3</td></tr>
<tr><td>极值</td><td>—</td><td>82</td><td>82</td><td>80</td></tr>
<tr><td>2</td><td colspan="2">弯沉值/0.01mm</td><td colspan="2">符合设计要求</td><td colspan="2">符合设计要求</td><td>按路基、柔性路基、沥青路面弯沉值评定检查</td><td>2</td></tr>
<tr><td>3</td><td colspan="2">平整度/mm</td><td>—</td><td>12</td><td>12</td><td>15</td><td>3m直尺：每200m测2处×10尺</td><td>2</td></tr>
<tr><td>4</td><td colspan="2">纵断面高程/mm</td><td>—</td><td>+5，−15</td><td>+5，−15</td><td>+5，−20</td><td>水准仪：每200m测4个断面</td><td>1</td></tr>
<tr><td>5</td><td colspan="2">宽度/mm</td><td colspan="2">符合设计要求</td><td colspan="2">符合设计要求</td><td>尺量：每200m测4处</td><td>1</td></tr>
<tr><td rowspan="2">6△</td><td rowspan="2">厚度/mm</td><td>代表值</td><td>—</td><td>−10</td><td>−10</td><td>−12</td><td rowspan="2">按路面结构层厚度评定检查，每200m每车道1点</td><td rowspan="2">2</td></tr>
<tr><td>合格值</td><td>—</td><td>−20</td><td>−25</td><td>−30</td></tr>
<tr><td>7</td><td colspan="2">横坡坡度/%</td><td>—</td><td>—</td><td>±0.3</td><td>±0.5</td><td>水准仪：每200m测4个断面</td><td>1</td></tr>
</table>

注：△表示关键项目。

（2）级配碎（砾）石基层和底基层

① 选用质地坚硬、无杂质的碎石、沙砾、石屑或砂，级配应符合要求。

② 配料必须准确，塑性指数必须符合规定。

③ 混合料应拌和均匀，无明显离析现象。

④ 碾压应遵循先轻后重的原则，洒水碾压至要求的密实度。

级配碎(砾)石基层和底基层实测项目见表 6.8。

表 6.8 级配碎(砾)石基层和底基层实测项目

项次	检查项目		规定值或允许偏差				检查方法和频率	权值
			基层		底基层			
			高速公路一级公路	其他公路	高速公路一级公路	其他公路		
1△	压实度/%	代表值	98	98	96	96	按路基、路面压实度评定检查，每 200m 每车道 2 处	3
		极值	94	94	92	92		
2	弯沉值/0.01mm		符合设计要求		符合设计要求		按路基、柔性路基、沥青路面弯沉值评定检查	3
3	平整度/mm		8	12	12	15	3m 直尺：每 200m 测 2 处×10 尺	2
4	纵断面高程/mm		+5，-10	+5，-15	+5，-15	+5，-20	水准仪：每 200m 测 4 个断面	1
5	宽度/mm		符合设计要求		符合设计要求		尺量：每 200m 测 4 处	1
6△	厚度/mm	代表值	-8	-10	-10	-12	按路面结构层厚度评定检查，每 200m 每车道 1 点	2
		合格值	-15	-20	-25	-30		
7	横坡坡度/%		±0.3	±0.5	±0.3	±0.5	水准仪：每 200m 测 4 个断面	1

注：△表示关键项目。

(3) 无机结合料稳定类材料基层的质量评定

① 石灰土基层和底基层

a. 土质应符合设计要求，土块应经粉碎。

b. 石灰质量应符合设计要求，块灰须经充分消解才能使用。

c. 石灰和土的用量应按设计要求控制准确，未消解的生石灰块必须剔除。

d. 路拌深度要达到层底。

e. 混合料应处于最佳含水量状况下，用重型压路机碾压至要求的压实度。

f. 保湿养生，养生期要符合规范要求。

石灰土基层和底基层实测项目见表 6.9。

表 6.9 石灰土基层和底基层实测项目

项次	检查项目		规定值或允许偏差				检查方法和频率	权值
			基层		底基层			
			高速公路一级公路	其他公路	高速公路一级公路	其他公路		
1△	压实度/%	代表值	—	95	95	93	按路基、路面压实度评定检查，每 200m 每车道 2 处	3
		极值	—	91	91	89		
2	平整度/mm		—	12	12	15	3m 直尺：每 200m 测 2 处×10 尺	2

续表

项次	检查项目		规定值或允许偏差				检查方法和频率	权值
			基层		底基层			
			高速公路 一级公路	其他公路	高速公路 一级公路	其他公路		
3	纵断面高程/mm		—	+5，−15	+5，−15	+5，−20	水准仪：每200m测4个断面	1
4	宽度/mm		符合设计要求		符合设计要求		尺量：每200m测4处	1
5△	厚度/mm	代表值	—	−10	−10	−12	按路面结构层厚度评定检查，每200m每车道1点	2
		合格值	—	−20	−25	−30		
6	横坡坡度/%		—	±0.5	±0.3	±0.5	水准仪：每200m测4个断面	1
7△	强度/MPa		符合设计要求		符合设计要求		按半刚性基层和底基层材料强度评定检查	3

注：△表示关键项目。

②石灰稳定粒料(碎石、沙砾或矿渣等)基层和底基层

a. 粒料应符合设计和施工规范要求，矿渣应分解稳定后才能使用。

b. 石灰质量应符合设计要求，块灰须经充分消解才能使用。

c. 石灰的用量应按设计要求控制准确，未消解生石灰必须剔除。

d. 路拌深度要达到层底。

e. 混合料应处于最佳含水量状况下，用重型压路机碾压至要求的压实度。

f. 保湿养生，养生期应符合规范要求。

石灰稳定粒料(碎石、沙砾或矿渣等)基层和底基层实测项目见表6.10。

表6.10 石灰稳定粒料(碎石、沙砾或矿渣等)基层和底基层实测项目

项次	检查项目		规定值或允许偏差				检查方法和频率	权值
			基层		底基层			
			高速公路 一级公路	其他公路	高速公路 一级公路	其他公路		
1△	压实度/%	代表值	—	97	96	95	按路基、路面压实度评定检查，每200m每车道2处	3
		极值	—	93	92	91		
2	平整度/mm		—	12	12	15	3m直尺：每200m测2处×10尺	2
3	纵断面高程/mm		—	+5，−15	+5，−15	+5，−20	水准仪：每200m测4个断面	1
4	宽度/mm		符合设计要求		符合设计要求		尺量：每200m测4处	1
5△	厚度/mm	代表值	—	−10	−10	−12	按路面结构层厚度评定检查，每200m每车道1点	2
		合格值	—	−20	−25	−30		
6	横坡坡度/%		—	±0.5	±0.3	±0.5	水准仪：每200m测4个断面	1
7△	强度/MPa		符合设计要求		符合设计要求		按半刚性基层和底基层材料强度评定检查	3

注：△表示关键项目。

③ 水泥土基层和底基层

a. 土质应符合设计要求，土块应经粉碎。

b. 水泥用量应按设计要求控制准确。

c. 路拌深度应达到层底。

d. 混合料应处于最佳含水量状况下，用重型压路机碾压至要求的压实度。从加水拌和到碾压终了的时间应不超过 4h，并应短于水泥的终凝时间。

e. 碾压检查合格后立即覆盖或洒水养生，养生期应符合规范要求。

水泥土基层和底基层实测项目见表 6. 11。

表 6. 11　水泥土基层和底基层实测项目

项次	检查项目		规定值或允许偏差				检查方法和频率	权值
			基层		底基层			
			高速公路 一级公路	其他公路	高速公路 一级公路	其他公路		
1△	压实度/%	代表值	—	95	95	93	按路基、路面压实度评定检查，每 200m 每车道 2 处	3
		极值	—	91	91	89		
2	平整度/mm		—	12	12	15	3m 直尺：每 200m 测 2 处×10 尺	2
3	纵断面高程/mm		—	+5，−15	+5，−15	+5，−20	水准仪：每 200m 测 4 个断面	1
4	宽度/mm		符合设计要求		符合设计要求		尺量：每 200m 测 4 处	1
5△	厚度/mm	代表值	—	−10	−10	−12	按路面结构层厚度评定检查，每 200m 每车道 1 点	2
		合格值	—	−20	−25	−30		
6	横坡坡度/%		—	±0. 5	±0. 3	±0. 5	水准仪：每 200m 测 4 个断面	1
7△	强度/MPa		符合设计要求		符合设计要求		按半刚性基层和底基层材料强度评定检查	3

注：△表示关键项目。

④ 水泥稳定粒料(碎石、沙砾或矿渣等)基层和底基层

a. 粒料应符合设计和施工规范要求，并应根据当地料源选择质地坚硬、无杂质的粒料；矿渣应分解稳定，未分解渣块应予剔除。

b. 水泥用量和矿料级配应按设计控制准确。

c. 路拌深度应达到层底。

d. 摊铺时应注意消除离析现象。

e. 混合料应处于最佳含水量状况下，用重型压路机碾压至要求的压实度。从加水拌和到碾压终了的时间应不超过 4h，并应短于水泥的终凝时间。

f. 碾压检查合格后立即覆盖或洒水养生，养生期要符合规范要求。

水泥稳定粒料(碎石、沙砾或矿渣等)基层和底基层实测项目见表 6. 12。

表 6.12　水泥稳定粒料(碎石、沙砾或矿渣等)基层和底基层实测项目

项次	检查项目		规定值或允许偏差				检查方法和频率	权值
			基层		底基层			
			高速公路 一级公路	其他公路	高速公路 一级公路	其他公路		
1△	压实度/%	代表值	98	95	96	95	按路基、路面压实度评定检查，每 200m 每车道 2 处	3
		极值	94	91	92	91		
2	平整度/mm		8	12	12	15	3m 直尺：每 200m 测 2 处×10 尺	2
3	纵断面高程/mm		+5，-10	+5，-15	+5，-15	+5，-20	水准仪：每 200m 测 4 个断面	1
4	宽度/mm		符合设计要求		符合设计要求		尺量：每 200m 测 4 处	1
5△	厚度/mm	代表值	-8	-10	-10	-12	按路面结构层厚度评定检查，每 200m 每车道 1 点	3
		合格值	-15	-20	-25	-30		
6	横坡坡度/%		+0. 3	±0. 5	±0. 3	±0. 5	水准仪：每 200m 测 4 个断面	1
7△	强度/MPa		符合设计要求		符合设计要求		按半刚性基层和底基层材料强度评定检查	3

注：△表示关键项目。

⑤ 石灰、粉煤灰土基层和底基层

a. 土质应符合设计要求，土块应经粉碎。

b. 石灰和粉煤灰质量应符合设计要求，石灰须经充分消解才能使用。

c. 混合料配合比应准确，不得含有灰团和生石灰块。

d. 碾压时应先用轻型压路机稳压，后用重型压路机碾压至要求的压实度。

e. 保湿养生，养生期应符合规范要求。

石灰、粉煤灰土基层和底基层实测项目见表 6. 13。

表 6. 13　石灰、粉煤灰土基层和底基层实测项目

项次	检查项目		规定值或允许偏差				检查方法和频率	权值
			基层		底基层			
			高速公路 一级公路	其他公路	高速公路 一级公路	其他公路		
1△	压实度/%	代表值	—	95	95	93	按路基、路面压实度评定检查，每 200m 每车道 2 处	3
		极值	—	91	91	89		
2	平整度/mm		—	12	12	15	3m 直尺：每 200m 测 2 处×10 尺	2
3	纵断面高程/mm		—	+5，-15	+5，-15	+5，-20	水准仪：每 200m 测 4 个断面	1
4	宽度/mm		符合设计要求		符合设计要求		尺量：每 200m 测 4 处	1

续表

项次	检查项目		规定值或允许偏差				检查方法和频率	权值
			基层		底基层			
			高速公路一级公路	其他公路	高速公路一级公路	其他公路		
5△	厚度/mm	代表值	—	-10	-10	-12	按路面结构层厚度评定检查，每200m每车道1点	2
		合格值	—	-20	-25	-30		
6	横坡坡度/%		—	±0.5	±0.3	±0.5	水准仪：每200m测4个断面	1
7△	强度/MPa		符合设计要求		符合设计要求		按半刚性基层和底基层材料强度评定检查	3

注：△表示关键项目。

⑥ 石灰、粉煤灰稳定粒料(碎石、沙砾或矿渣等)基层和底基层

a. 粒料应符合设计和施工规范要求，并应根据当地料源选择质地坚硬、无杂质的粒料。矿渣应分解稳定，未分解渣块应予剔除。

b. 石灰和粉煤灰质量应符合设计要求，石灰须经充分消解才能使用。

c. 混合料配合比应准确，不得含有灰团和生石灰块。

d. 摊铺时应注意消除离析现象。

e. 碾压时应先用轻型压路机稳压，再用重型压路机碾压至要求的压实度。

f. 保湿养生，养生期应符合规范要求。

石灰、粉煤灰稳定粒料(碎石、沙砾或矿渣等)基层和底基层实测项目见表6.14。

表6.14 石灰、粉煤灰稳定粒料(碎石、沙砾或矿渣等)基层和底基层实测项目

项次	检查项目		规定值或允许偏差				检查方法和频率	权值
			基层		底基层			
			高速公路一级公路	其他公路	高速公路一级公路	其他公路		
1△	压实度/%	代表值	98	97	96	95	按路基、路面压实度评定检查，每200m每车道2处	3
		极值	94	93	92	91		
2	平整度/mm		8	12	12	15	3m直尺：每200m测2处×10尺	2
3	纵断面高程/mm		+5，-10	+5，-15	+5，-15	+5，-20	水准仪：每200m测4个断面	1
4	宽度/mm		符合设计要求		符合设计要求		尺量；每200m测4处	1
5△	厚度/mm	代表值	-8	-10	-10	-12	按路面结构层厚度评定检查，每200m每车道1点	3
		合格值	-15	-20	-25	-30		
6	横坡坡度/%		+0.3	±0.5	±0.3	±0.5	水准仪：每200m测4个断面	1
7△	强度/MPa		符合设计要求		符合设计要求		按半刚性基层和底基层材料强度评定检查	3

注：△表示关键项目。

6.1.3 沥青路面施工质量控制

沥青路面施工应根据全面质量管理的要求，建立健全有效的质量保证体系，对施工各工序的质量进行检查评定，达到规定的质量标准，确保施工质量的稳定性。高速公路、一级公路沥青路面应加强施工过程质量控制，实行动态质量管理。

所有与工程建设有关的原始记录、试验检测及计算数据、汇总表格，必须如实记录和保存。对已经采取措施进行返工和补救的项目，可在原记录和数据上注明，但不得销毁。

1. 施工前的材料与设备检查

(1) 施工前必须检查各种材料的来源和质量。对经过招标程序购进的沥青、集料等重要材料，供货单位必须提交最新检测的正式试验报告。从国外进口的材料应提供该批材料的船运单。对首次使用的集料，应检查生产单位的生产条件、加工机械、覆盖层的清理情况。所有材料都应按规定取样检测，经质量认可后方可订货。

(2) 各种材料都必须在施工前以“批”为单位进行检查，不符合规范技术要求的材料不得进场。对各种矿料是以同一料源、同一次购入并运至生产现场的相同规格材料为一“批”；对沥青是指从同一来源、同一次购入且储入同一沥青罐的同一规格的沥青为一“批”。材料试样的取样数量与频度按现行试验规程的规定进行。

(3) 工程开始前，必须对材料的存放场地、防雨和排水措施进行确认，不符合规范要求时材料不得进场。进场的各种材料的来源、品种、质量应与招标及提供的样品一致，不符合要求的材料严禁使用。

(4) 使用成品改性沥青的工程，应要求供应商提供所使用的改性剂型号、基质沥青的质量检测报告。使用现场改性沥青的工程，应对试生产的改性沥青进行检测。质量不合格的不可使用。

(5) 施工前应对沥青拌和机、摊铺机、压路机等各种施工机械和设备进行调试，对机械设备的配套情况、技术性能、传感器计量精度等进行认真检查、标定，并得到监理人的认可。

(6) 正式开工前，各种原材料的试验结果，及据此进行的目标配合比设计和生产配合比设计结果，应在规定的期限内向建设单位及监理人提出正式报告，待取得正式认可后，方可使用。

2. 施工过程中的质量管理与检查

(1) 沥青面层施工前对基层进行检查，基层质量不符合要求的不得铺筑沥青面层。层铺法沥青路面需要采用沥青洒布车喷洒沥青时应保持稳定速度和喷洒量，并保持整个洒布宽度喷洒均匀。小规模工程可采用机动或手摇的手工沥青洒布机洒布沥青。洒布设备的喷嘴应适用于沥青的稠度，确保能成雾状，洒油管成15°~25°的夹角，洒油管的高度应使同一地点接受2~3个喷油嘴喷洒的沥青，不得出现花白条。

(2) 施工单位在施工过程中应随时对施工质量进行自检。监理人应按规定要求自主地进行试验，并对承包人的试验结果进行认定，如实评定质量，计算合格率。当发现有质量低劣等异常情况时，应立即追加检查。施工过程中无论是否已经返工补救，所有数据均必须如实记录，不得丢弃。

（3）沥青混合料生产过程中，必须按表6.15规定的检查项目与频度，对各种原材料进行抽样试验，其质量应符合本规范规定的技术要求。每个检查项目的平行试验次数或一次试验的试样数必须按相关试验规程的规定执行，并以平均值评价是否合格。未列入表6.15中的材料的检查项目和频度按材料质量要求确定。

表6.15 施工过程中材料质量检查的项目与频度

材料	检查项目	检查频度		试验规程规定的平行试验次数或一次试验的试样数
		高速公路、一级公路	其他等级公路	
粗集料	外观（石料品种、含泥量等）	随时	随时	—
	针片状颗粒含量	随时	随时	2~3
	颗粒组成（筛分）	随时	必要时	2
	压碎值	必要时	必要时	2
	磨光值	必要时	必要时	4
	洛杉矶磨耗值	必要时	必要时	2
	含水率	必要时	必要时	2
细集料	颗粒组成（筛分）	随时	必要时	2
	砂当狱	必要时	必要时	2
	含水率	必要时	必要时	2
	松方单位重	必要时	必要时	2
矿粉	外观	随时	随时	—
	<0.075mm含量	必要时	必要时	2
	含水率	必要时	必要时	2
石油沥青	针入度	每2~3天1次	每周1次	3
	软化点	每2~3天1次	每周1次	2
	延度	每2~3天1次	每周1次	3
	含蜡量	必要时	必要时	2~3
改性沥青	针入度	每天1次	每天1次	3
	软化点	每天1次	每天1次	2
	离析试验（对成品改性沥青）	每周1次	每周1次	2
	低温延度	必要时	必要时	2
	弹性恢复	必要时	必要时	2
	显微镜观察（对现场改性沥青）	随时	随时	—
乳化沥青	蒸发残留物含量	每2~3天1次	每周1次	2
	蒸发残留物针入度	每2~3天1次	每周1次	2
改性乳化沥青	蒸发残留物含量	每2~3天1次	每天1次	2
	蒸发残留物针入度	每2~3天1次	每天1次	3
	蒸发残留物软化点	每2~3天1次	每周1次	2
	蒸发残留物延度	必要时	必要时	3

注：①表列内容是在材料进场时已按"批"进行了全面检查的基础上，日常施工过程中质量检查的项目与要求。②"随时"是指需要经常检查的项目，其检查频度可根据材料来源及质量波动情况由建设单位及监理人确定；"必要时"是指施工各方任何一个部门对其质量发生怀疑，提出需要检查时，或是根据需要商定的检查频度。

（4）沥青拌和厂必须按下列步骤对沥青混合料生产过程进行质量控制，并按表6.16规定的项目和频度检查沥青混合料产品的质量，如实计算产品的合格率。单点检验评价方法应符合相关试验规程的试样平行试验的要求。

表6.16 热拌沥青混合料的频度和质量要求

项目		检查频度及单点检验评价方法	质量要求或允许偏差		试验方法
			高速公路、一级公路	其他等级公路	
混合料外观		随时	观察集料粗细、均匀性、离析、油油石比、色泽、冒烟有无花白料、油团等各种现象		目测
拌和温度	沥青、集料的加热温度	逐检盘测评定	符合《公路沥青路面施工技术规范》(JTG F40—2004)规定		传感器自动检测，呈示并打印
	混合料出厂温度	逐车检测评定	符合《公路沥青路面施工技术规范》(JTG F40—2004)规定		传感器自动检测，呈示并打印，出厂时逐车按T0981人工检测
		逐盘测量记录，每天取平均值评定	符合《公路沥青路面施工技术规范》(JTG F40—2004)规定		传感器自动检测、显示并打印
矿料级配（筛孔）	0075mm	逐盘在线检测	±2%(2%)	—	计算机采集数据计算
	≤2.36mm		±5%(4%)	—	
	≥4.75mm		±6%(5%)	—	
	0.075mm	逐盘检查，每天汇总1次取平均值评定	±1%	—	《公路沥青路面施工技术规范》(JTG F40—2004)附录C总量检验
	≤2.36mm		±2%	—	
	≥4.75mm		±2%	—	
	0.075mm	每台拌和机每天1~2次，以2个试样的平均值评定	±2%(2%)	±2%	T0725抽提筛分与标准级配比较的差
	≤2.36mm		±5%(3%)	±6%	
	4.75mm		±6%(4%)	±7%	
沥青用量(油石比)		逐盘在线检测	±0.3%	—	计算机采架数据计算
		逐盘检查，每天汇总1次取平均值评定	±0.1%	—	《公路沥青路面施工技术规范》(JTG F40—2004)附录F总量检验
		每台拌和机每天1~次，以2个试样的平均值评定	±0.3%	±0.4%	抽提T0722，T0721
马歇尔试验：空隙率、稳定度、流值		每台拌和机每天1~2次，以4~6个试件的平均值评定	符合《公路沥青路面施工技术规范》(JTG F40—2004)规定		T0702、T0709、《公路沥青路面施工技术规范》(JTG F40—2004)附录B、附录C

续表

项目	检查频度及单点检验评价方法	质量要求或允许偏差		试验方法
		高速公路、一级公路	其他等级公路	
浸水马歇尔试验	必要时(试件数同马歇尔试验)	符合《公路沥青路面施工技术规范》(JTG F40—2004)规定		T0702、T0709
车辙试验	必要时(以3个试件的平均值评定)	符合《公路沥青路面施工技术规范》(JTG F40—2004)规定		T0719

注：①单点检验是指试验结果以一组试验结果的报告值为一个测点的评价依据，一组试验(如马歇尔试验、车辙试验)有多个试样时，报告值的取用按《公路工程沥青及沥青混合料试验规程》(JTG E20—2011)的规定执行。②对高速公路和一级公路，矿料级配和油石比必须进行总量检验和抽提筛分的双重检验控制，互相校核，表中括号内的数字是对SMA的要求。油石比抽提试验应事先进行空白试验标定，提高测试数据的准确度。

从料堆和皮带运输机随时目测各种材料的质量和均匀性，检查泥块及超粒径碎石，检查冷料仓有无窜仓。目测混合料拌和是否均匀，有无花白料，油石比是否合理，检查集料和混合料的离析情况。

检查控制室拌和机各项参数的设定值、控制屏的显示值，核对计算机采集和打印记录的数量动态管理。

检测沥青混合料的材料加热温度、混合料出厂温度，取样抽提、筛分检测混合料的矿料级配、油石比。抽提筛分应至少检查0.075mm、2.36mm、4.75mm、公称最大粒径及中间粒径等5个筛孔的通过率。

取样成型试件进行马歇尔试验，测定空隙率，以《公路沥青路面施工技术规范》(JTG F40—2004)附录的方法确定压实度的标准密度。沥青混合料的存放时间对体积指标有一定影响，施工质量检验的马歇尔试验以拌和厂取样后立即成型的试件为准，但成型温度和试件高度必须符合试验要求。

(5) 沥青路面铺筑过程中必须随时对铺筑质量进行评定，质量检查的内容、频度、允许差应符合表6.17~表6.19的规定。

表6.17 公路热拌沥青混合料路面施工过程中工程质量的控制标准

项目		检验频度及单点检验评价方法	质量要求或允许偏差		试验方法
			高速公路、一级公路	其他等级公路	
外观		随时	表面平整密实，不得有明显轮迹、裂缝、推挤、油汀、油包等缺陷，且无明显离析		目测
接缝		随时	紧密平整、顺直、无跳车		目测
		逐条缝检测评定	3mm	5mm	T0931
施工温度	摊铺温度	逐车检测评定	符合《公路沥青路面施工技术规范》(JTG F40—2004)规定		T0981
	碾压温度	随时			插入式温度计实测

续表

项目		检验频度及单点检验评价方法	质量要求或允许偏差		试验方法
			高速公路、一级公路	其他等级公路	
厚度	每一层次	随时，厚度50mm以下厚度50mm以上	设计值的5% 设计值的8%	设计值的8% 设计值的10%	施工时插入法量测松铺厚度及压实厚度
	每一层次	1个台班区段的平均值 厚度50mm以下 厚度50mm以上	-3mm -5mm	—	《公路沥青路面施工技术规范》(JTG F40—2004)附录G总量检验
	总厚度	每$2000m^2$一点单点评定	设计值的-5%	设计值的-8%	T0912
	上面层	每$2000m^2$一点单点评定	设计值的-10%	设计值的-10%	
压实度		每$2000m^2$检查1组逐个试件评定并计算平均值	实验室标准密度的97%(98%) 最大理论密度的93%(94%) 试验段密度的99%(99%)		T0924、T0922、《公路沥青路面施工技术规范》(JTG F40—2004)附录E
平整度(最大间隙)	上面层	随时，接缝处单杆评定	3mm	5mm	T0931
	中下面层	随时，接缝处单杆评定	5mm	7mm	T0931
平整度(标准差)	上面层	连续测定	1.2mm	2.5mm	T0932
	中面层	连续测定	1.5mm	2.8mm	
	下面层	连续测定	1.8mm	3.0mm	
	基层	连续测定	2.4mm	3.5mm	
宽度	有侧石	检测每个断面	±20mm	±20mm	T0911
	无侧石	检测每个断面	不小于设计宽度	不小于设计宽度	
纵断面高程		检测每个断面	±10mm	±15mm	T0911
横坡度		检测每个断面	±0.3%	±0.5%	T0911
沥青层层面上的渗水系数		每1km不少于5，每点3处取平均值	300mL/min(普通密级配沥青混合料)、200mL/min(SMA混合料)		T0971

注：①表中厚度检测频度指高速公路和一级公路的钻坑频度，其他等级公路可酌情减少状况，且通常采用压实度钻孔试件测定。上面层的允许误差不适用于磨耗层。②压实度检测按《公路沥青路面施工技术规范》(JTG F40—2004)附录E的规定执行，钻孔试件的数量按规定执行。括号中的数值是对SMA路面的要求，对马歇尔成型试件采用50次或者35次击实的混合料，压实度应适当提高要求。进行核子仪等无破损检测时，每13个测点的平均数作为一个测点进行评定是否符合要求。实验室密度是指与配合比设计相同方法成型的试件密度。以最大理论密度作标准密度时，对普通沥青混合料通过真空法实测确定，对改性沥青和SMA混合料，由每天的矿料级配和油石比计算得到。③渗水系数适用于公称最大粒径等于或小于19mm的沥青混合料，应在铺筑成型后未遭行车污染的情况下测定，且仅适用于要求密水的密级配沥青混合料、SMA混合料。不适用于OGFC混合料，表中渗水系数以平均值评定，计算的合格率不得小于90%。④3m直尺主要用于接缝检测，对正常产路段，采用连续式平整度仪测定。

表 6.18 公路沥青表面处治及贯入式路面施工过程中工程质量的控制标准

路面类型	项目	检查频度及单点检验评价方法	质量要求或允许偏差	试验方法
沥青表面处治	外观	随时	集料嵌挤密实，沥青撒布均匀，无花白料，接头无油包	目测
	集料及沥青用量	每日 1 次逐日评定	±10%	每日施工长度的实际用量与计划用量比较，T0982
	沥青洒布温度	每车 1 次评定	符合《公路沥青路面施工技术规范》（JTG F40—2004）规定	温度计测量
沥青表面处治	厚度（路中及路侧各 1 点）	不少于每 2000m^2 1 点，逐点评定	-5mm	T0912
	平整度（最大间隙）	随时，以连续 10 尺的平均值评定	10mm	T093
	宽度	检测每个断面逐个评定	±30mm	T0911
	横坡度	检测每个断面逐个评定	±0. 5%	T0911
沥青贯入式路面	外观	随时	集料嵌挤密实，沥青撒布均匀，无花白料，接头无油包	目测
	集料及沥青用量	每日 1 次总量评定	±10%	每日施工长度的实际用量与计划用量比较，T0982

表 6.19 公路稀浆封层、微表处施工过程中工程质量的控制标准

项目		检套频度及单点检验评价方法	质量要求或允许差偏	试验方法
外观		随时	表面平整，均匀一致，无拖痕，无显著离析，接缝顺畅	目测
油石比		每日 1 次总量评定	±0. 3%	每日实际沥青用量与总集料数量，总量检验
厚度		每公里 5 个断面	±10%	钢尺测量，每幅中间及两侧各 1 点
矿料级配	0. 075mm	每日 1 次取 2 个试样筛分的平均值	±2%	T0725
	0. 15mm		±3%	
	0. 3mm		±4%	
	≥0. 3mm		±5%	
湿轮磨耗试验		每周 1 次	符合设计要求	工程取样按 T0752 进行

（6）施工厚度的检测按以下方法执行，并相互校核，当差值较大时通常以总价格检验为准。

① 利用摊铺过程在线控制，即不断地用插尺或其他工具插入摊铺层测量松铺厚度。

② 利用拌和厂沥青混合料总生产量与实际铺筑的面积计算平均厚度进行总量检验。

③ 当具有地质雷达等无破损检验设备时，可利用其连续检测路面厚度，但其测试精度需经标定认可。

④ 待路面完全冷却后，在钻孔检测压实度的同时测量沥青层的厚度。

（7）沥青路面的压实度采取重点对碾压工艺进行过程控制，适度钻孔抽检压实度的方法。

① 碾压工艺的控制包括压路机的配置（台数、吨位及机型）、排列和碾压方式、压路机与摊铺机的距离、碾压温度、碾压速度、压路机洒水（雾化）情况、碾压段长度、掉头方式等。

② 碾压过程中宜采用核子密度仪等无破损检测设备进行压实密度过程控制，测点随机选择，一组不少于13点，取平均值，与标定值或试验段测定值比较评定。测定温度应与试验段测定时一致，检测精度通过试验路与钻孔试件标定。

③ 在路面完全冷却后，随机选点钻孔取样，如一次钻孔同时有多层沥青层时需用切割机切割，待试件充分干燥后（在第二天之后），分别测定密度。

④ 测试压实度的一组数据最少为3个钻孔试件，按规范要求方法进行评定。如仍然不能满足要求的应核查标准密度的准确性，以确定是否需要返工以及返工的范围。当所有钻孔试件检测的压实度持续稳定并符合要求时，钻孔频度可减少至每公里不少于一个孔。施工过程中钻孔的试件宜编号贴上标签予以保存，以备工程交工验收时使用。

⑤ 压实层厚度等于或小于3cm的超薄表面层或磨耗层、厚度小于4cm的SMA表面层、易发生温缩裂缝的严寒地区的表面层、桥面铺装沥青层，以及使用改性沥青后，钻孔试样表面形状改变，难以准确测定密度时，可免于钻孔取样，严格控制碾压。

（8）压实成型的路面应按《公路路基路面现场测试规程》（JTG 3450—2019）规定的方法随机选点检测渗水情况。对排水式沥青混合料，应要求水能够迅速排走。如需要测定构造深度时，宜在测定渗水的同时在附近选点测定，记录实测结果。

（9）施工过程中应随时对路面进行外观（色泽、油膜厚度、表面空隙）评定，尤其特别注意防止粗细集料的离析和混合料温度不均，造成路面局部渗水严重或压实不足，酿成隐患。如果该路段确实严重离析、渗水，且经2次补充钻孔仍不能达到压实度要求，确属施工质量差的，应予铣刨或局部挖补，返工重铺。

（10）施工过程中必须随时用3m直尺检测接缝及与构造物的连接处平整度的情况，正常路段的平整度采用连续式平整度仪或颠簸累积仪测定。

（11）高速公路和一级公路沥青路面的施工应利用计算机实行动态质量管理，并计算平均值、极差、标准差及变异系数以及各项指标的合格率。

（12）公路施工的关键工序或重要部位宜拍摄照片或进行录像，作为实态记录及保存资料的一部分。

3. 交工验收阶段的工程质量检查与验收

（1）工程完工后，施工单位应将全线以 1～3km 作为一个评定路段，按《公路工程质量检验评定标准 第一册 土建工程》（JTG F80/1—2017）规定的频度，随机选取测点，对沥青面层进行全线自检，将单个测定值与表中的质量要求或允许偏差进行比较，计算合格率，然后计算一个评定路段的平均值、极差、标准差及变异系数。施工单位应在规定时间内提交全线检测结果及施工总结报告，申请交工验收。

（2）沥青路面交工时应检查验收沥青面层的各项质量指标，包括路面的厚度、压实度、平整度、渗水系数、构造深度、摩擦系数，具体见表 6.20。

表 6.20 沥青混凝土面层和沥青碎（砾）石面层实测项目

项次	检查项目		质量要求或允许偏差		检查方法和频率
			高速公路、一级公路	其他等级公路	
1△	压实度①		实验室标准密度的 96%（＊98%） 最大理论密度的 92%（＊94%） 试验段密度的 98%（＊99%）		按附录 B 检查，每 200m 测 1 点。核子（无核）密度仪每 200m 测 1 处，每处 5 点
2	路表平整度	标准差 a/mm	≤1.2	≤2.5	平整度仪：全线每车道连续检测，按每 100m 计算 IRI 或 σ
		IRI/（m/km）	≤2.0	≤4.2	
		最大间隙/mm	—	≤5	3m 直尺：每 200m 测 2 处 X5 尺
3	弯沉值（0.01mm）		不大于设计验收弯沉值		按附录 J 检查
4	渗水系数/（mL/min）	SMA 路面	≤120	—	渗水试验仪：每 200m 测 1 处
		其他沥青混凝土路面	≤200		
5	摩擦系数		满足设计要求	—	摆式仪：每 200m 测 1 处横向力系数测定车：全线连续检测，按附录 L 评定
6	构造深度		满足设计要求		铺砂法：每 200m 测 1 处
7△	厚度②	代表值	总厚度：-5%H 上面层：-10%h	-8%H	按附录 H 检查，每 200m 测 1 点
		合格值	总厚度：-10%H 上面层：-20%h	-15%H	
8	中线平面偏位/mm		20	30	全站仪：每 200m 测 2 点
9	纵断面高程/mm		±15	±20	水准仪：每 200m 测 2 个断面
10	宽度/mm	有侧石	±20	±30	尺量：每 200m 测 4 个断面
		无侧石	不小于设计值		
11	横坡度/%		±0.3	±0.5	水准仪：每 200m 测 2 个断面

续表

项次	检查项目	质量要求或允许偏差		检查方法和频率
		高速公路、一级公路	其他等级公路	
12△	矿料级配	满足生产配合比要求		T0725 每台班 1 次
13△	沥青含量	满足生产配合比要求		T0722、T0721、T0735，每台班 1 次
14	马歇尔稳定度	满足生产配合比要求		T0709，每台班 1 次

注：①表中 *IRI*(International Roughness Index)为国际平整度指数；σ 为平整度仪测定的标准差。②表内压实度，高速公路、一级公路应选用 2 个标准评定，以合格率低的作为评定结果，其他公路选用 1 个标准评定。带 * 号者是指 SMA 路面。③表列沥青层厚度仅规定负允许偏差。*H* 为沥青层总厚度，*h* 为沥青上面层厚度；其他公路的厚度代表值和合格值允许偏差按总厚度计，当 H≤60mm 时，允许偏差分别为 -5mm 和 -10mm；当 *H*>60mm 时，允许偏差分别为 -8%H 和 -15%H。④附录 B、附录 J、附录 L、附录 H 指《公路工程质量检验评定标准 第一册 土建工程》(JTG F80/1—2017)中的附录。

4. 工程施工总结及质量保证期管理

工程结束后，施工企业应根据国家竣工文件编制的规定，提出施工总结报告及若干个专项报告，连同竣工图表，形成完整的施工资料档案。

施工总结报告应包括工程概况(包括设计及变更情况)、工程基础资料、材料、施工组织、机械及人员配备、施工方法、施工进度、试验研究、工程质量评价、工程决算、工程使用服务计划等。

施工管理与质量检查报告应包括施工管理体制、质量保证体系、施工质量目标、试验段铺筑报告、施工前及施工中材料质量检查结果(测试报告)、施工过程中工程质量检查结果(测试报告)、工程交工验收质量自检结果(测试报告)、工程质量评价以及原始记录、相册、录像等各种附件。

施工企业在质保期内，应进行路面使用情况观测、局部损坏的原因分析和维修保养等。质量保证的期限根据国家规定或招标文件等要求确定。

6.1.4 水泥混凝土路面施工质量控制

1. 施工过程施工质量控制

施工质量的控制、管理与检查应贯穿整个施工过程，应对每个施工环节严格把关，对出现的问题立即进行纠正甚至停工整顿。

施工全过程的质量动态检测、控制和管理内容应包括施工准备、铺筑试验路段和施工过程中各项技术指标的检验，出现施工技术问题的报告、论证和解决等。

施工单位应随时对施工质量进行自检。混凝土路面铺筑过程中的自检项目和频率按表 6.21 和表 6.22 的规定进行。当施工、监理、监督人员发现异常情况，应加大检测频率，找出原因，及时处理。

表 6.21 混凝土路面的检验项目方法和频率

项次	检查项目	检验方法和频率	
		高速公路、一级公路	其他公路
1	弯拉强度	每班留 2~4 组试件，日进度<500m 取 2 组；≥500m 取 3 组；≥1000 取 4 组，测为 f_{cs}、f_{min}、C_v	每班留 2~3 组试件，日进度<500m 取 1 组；≥500m 取 2 组；≥1000 取 3 组，测 f_{cs}、f_{min}、C_v
	钻芯劈裂强度	每车道每 3km 钻取 1 个芯样，硬路肩为 1 个车道，测平均板厚 h	每车道每 3km 钻取 1 个芯样，硬路肩为 1 个车道，测平均板厚 h
2	板厚度	路面摊铺宽度内每 100m 左右各 2 处，连接摊铺每 100m 单边 1 处，参考芯样	路面摊铺宽度内每 100m 左右各 1 处，连接摊铺每 100m 单边 1 处，参考芯样
3	3m 直尺平整度	每半幅车道 100m，2 处 10 尺	每半幅车道 200m，2 处 10 尺
	动态平整度	所有车通连续检测	所有车道连续检测
4	抗滑构造深度	锚砂法：每幅 200m，2 处	锚砂法：每幅 200m，1 处
5	相邻板高差	尺测：每 200m 纵横缝 2 条，每条 3 处	尺测：每 200m 纵横缝 2 条，每条 2 处
6	连接摊铺纵缝高差	尺测：每 200m 纵向工作缝，每条 3 处，每处间隔 2m 3 尺，共 9 尺	尺测：每 200m 纵向工作缝，每条 2 处，每处间隔 2m 3 尺，共 9 尺
7	接缝顺直度	20m 拉线测：每 200m，6 条	20m 拉线测：每 200m，4 条
8	中心平面偏位	经纬仪：每 200m，6 点	经纬仪：每 200m，4 点
9	路面宽度	尺侧：每 200m，6 处	尺侧：每 200m，4 处
10	纵断高程	水准仪：每 200m，6 点	水准仪：每 200m，4 点
11	横坡度	水准仪：每 200m，6 个断面	水准仪：每 200m，4 个断面
12	断板率	数断板面板块占总块数比例	数断板面板块占总块数比例
13	脱皮裂纹露石缺边掉角	量实际面积，并计算与总面积比	量实际面积，并计算与总面积比
14	路缘石顺直度和高度	20m 拉线测：每 200m，4 处	20m 拉线测：每 200m，2 处
15	灌缝饱满度	尺测：每 200m 接缝测 6 处	尺测：每 200m 接缝测 4 处
16	切缝深度	尺测：每 200m，6 处	尺测：每 200m，4 处
17	胀缝表面缺陷	每条观察填缝及啃边断角	每条观察填缝及啃边断角
18	胀缝板连浆	每条胀缝板安装时测量	每条胀缝板安装时测量
	胀缝板倾料	尺测：每块胀缝板得条两侧	尺测：每块胀缝板得条两侧
	胀缝板考曲和位移	尺测：每块胀缝板每条 3 处	尺测：每块胀缝板每条 3 处
19	传力杆偏斜	钢筋保护层仪：每车道 4 根	钢筋保护层仪：每车道 3 根

注：①路面钻芯劈裂强度应换算为实际面板弯拉强度进行质量评定。②表中 f_{cs} 为合格判定平均弯拉强度(MPa)；f_{min} 为最小弯拉强度；C_v 为统计变异系数。

表 6.22 各级公路混凝土路面铺筑质量要求

项次	检查项目		允许值	
			高速公路、一级公路	其他公路
1	弯拉强度①/MPa		100%符合规范《公路水泥混凝土路面施工技术细则》(JTG/T F30—2014)的规定	
2	板厚度/mm		代表值≥-5，极值≥-10，C_V值符合设计规定	
3	平整度	σ/mm	≤1.2	≤2.0
		IRI/(m/km)	≤2.0	≤3.2
		3m 直尺最大间隙 h/mm	≤3(合格率应≥90%)	≤5(合格率应≥90%)
4	抗滑构造深度/mm	一般路段	0.70~1.10	0.50~0.90
		特殊路段②	0.80~1.20	0.60~1.00
5	相邻板高差/mm		≤2	≤3
6	连接摊铺纵缝高差/mm		平均值≤3；极值≤5	平均值≤5；极值≤7
7	接缝顺直度/mm		≤10	
8	中线平面偏位/mm		≤20	
9	路面宽度/mm		≤±20	
10	纵断高程/mm		±10	±15
11	横坡度/%		±0.15	±0.25
12	断板率/%		≤0.2	≤0.4
13	脱皮印痕裂纹露石缺边掉角/%		≤0.2	≤0.3
14	路缘石顺直度和高度/mm		≤20	≤20
15	灌缝饱满度/mm		≤2	≤3
16	切缝深度/mm		≥50	≥50
17	胀缝表面缺陷		不应有	不宜有
18	胀缝板连装/mm		≤20	≤30
	胀缝板倾斜/mm		≤20	≤25
	胀缝板弯曲和位移/mm		≤10	≤15
19	传力杆偏斜/mm		≤10	≤13

注：①表中 σ 为平整度仪测定的标准差；*IRI*(International Roughness Index)为国际平整度指数；h 为 3m 直尺与面层的最大间隙；C_v为统计变异系数。②路面钻芯劈裂强度应换算为实际面板弯拉强度进行质量评定。③特殊路段指高速公路、一级公路的立交、平交、变速车道等处，以及其他公路的急弯、陡坡、交叉口或集镇附近。

2. 施工质量标准

施工单位的质检结果应按表 6.22 的规定，以 1km 为单位进行整理。混凝土路面完工后，施工单位应提交全线检测结果、施工总结报告及全部原始记录等齐全资料，以《公路工程质量检验评定标准 第一册 土建工程》(JTG F80/1—2017)为依据，申请交工验收。

(1) 基本要求

① 基层质量必须符合规定要求，并应进行弯沉测定，验算的基层整体模量应满足设计要求。

② 水泥强度、物理性能和化学成分应符合国家标准及有关规范的规定。

③ 粗细集料、水、外掺剂及接缝填缝料应符合设计和施工规范要求。

④ 施工配合比应根据现场测定水泥的实际强度进行计算，并经试验选择采用最佳配合比。

⑤ 接缝的位置、规格、尺寸及传力杆、拉力杆的设置应符合设计要求。

⑥ 路面拉毛或机具压槽等抗滑措施，其构造深度应符合施工规范要求。

⑦ 面层与其他构造物相接应平顺，检查井井盖顶面高程应高于周边路面 1~3mm。雨水口高程按设计比路面低 5~8mm，路面边缘无积水现象。

⑧ 混凝土路面铺筑后按施工规范要求养生。

(2) 实测项目

水泥混凝土面层交工验收阶段的检查项目、检查频度、质量要求或允许偏差等见表 6.23。

表 6.23 水泥混凝土面层实测项目

项次	检查项目		规定值或允许偏差		检查方法和频率
			高速公路 一级公路	其他公路	
1△	弯拉强度/MPa		在合格标准内		按附录 C 检查
2△	板厚度/mm	代表值	-5		按附录 H 检查每 200m 测 2 点
		合格值	-10		
		极值	-15		
3	平整度①	σ/mm	≤1.32	≤2.0	平整度仪：全线每车道连续检测，每 100m 计算 *IRI*
		IRI/(m/km)	≤2.2	≤3.3	
		最大间隙 *h*/mm	3	5	3m 直尺，每半幅车道每 200m 测两处 * 5 尺
4	抗滑构造深度/mm	一般路段	0.7~1.1	0.5~1.0	铺砂法：每 200m 测 1 处
		特殊路段②	0.8~1.2	0.6~1.1	
5	横向力系数 *SFC*	一般路段	≥50	—	按附录 L 检查：每 200m 测 1 点
		特殊路段②	≥55	≤3	
6	相邻板高差/mm		≤2	≤2	尺量：胀缝每条测 2 点；纵，横缝每 200m 抽查 2 条，每条测 2 点
7	纵，横顺直度/mm		≤10		纵缝 20m 拉线尺量每 200m 测 4 处；横缝沿板宽拉线尺量；每 200m 测 4 条
8	中线平面偏位/mm		±20		全站仪：每 200m 测 2 点
9	路面宽度/mm		±20		尺量：每 200m 测 4 点

续表

项次	检查项目	规定值或允许偏差		检查方法和频率
		高速公路 一级公路	其他公路	
10	纵断高程/mm	±10	±15	水准仪：每200m测2个断面
11	横坡/%	±0.15	±0.25	水准仪：每200m测2个断面
12	断板率/%③	≤0.2	≤0.4	目测：全部检查，数断板面板块数占总数比例

注：①表中 σ 为平整度仪测定的标准差；*IRI*(International Roughness Index)为国际平整度指数；*h* 为3m直尺与面层的最大间隙；*SFC*(Sideway Force Coefficient)为横向力系数。②特殊路段：高速公路，一级公路特殊路段包括立体交叉匝道，平面交叉口，弯道，变速车道，组合坡度不小于3%的坡度段，桥面，隧道路面及收费站广场等处；其他公路特殊路段包括设高超路段，组合坡度大于或等于4%坡度段，交叉口路段，桥面及上下坡段，隧道路面及集镇附近路段等处。③断板率中包含断角率，应统计车道与超车道面板，不计硬路肩板，不计入修复后的面板。④附录C、附录H、附录L指《公路工程质量检验评定标准 第一册 土建工程》(JTG F80/1—2017)中的附录。

(3) 外观鉴定

① 混凝土板的断裂块数，高速公路和一级公路不得超过评定路段混凝土板总块数的0.2%，其他公路不得超过0.4%。对于断裂板应采取适当措施予以处理。

② 混凝土板表面的脱皮、印痕、裂纹和缺边掉角等病害现象，对于高速公路和一级公路，有上述缺陷的面积不得超过受检面积的0.2%，其他公路不得超过0.3%。

③ 路面侧石直顺、曲线圆滑，不可越位20mm以上。

④接缝填筑饱满密实，不污染路面。

⑤ 胀缝不可有明显缺陷。

6.2 桥梁施工质量控制

6.2.1 桥梁施工质量控制方法与内容

1. 桥梁施工质量控制方法

为加强桥梁工程质量控制，预防质量缺陷发生，项目工程建设中，首先应该落实质量控制方法，确保每道工序质量合格，实现对质量问题的预防，推动桥梁工程建设顺利进行，避免出现裂缝、沉陷等缺陷。一般来说，施工过程中，应该落实以下质量控制方法。

(1) 基础施工质量控制方法

桥梁基础施工过程中，首先要重视现场勘查，根据质量控制目标和施工规范要求，选择合适的桥墩类型，确保桥墩直径合理，基础牢固，有效满足施工需要。基础施工中要保证原材料质量合格，完善方案设计，遵循工艺流程，实现对工程质量的严格控制。此外还要重视质量检测及养护维修，对桥梁基础施工中出现的质量问题及时修复，保证结构稳固可靠。

（2）钢筋工程质量控制方法

注重钢筋质量检测，保证钢筋质量合格，满足施工规范要求。重视钢筋防锈工作，提高保护层施工效果，确保厚度合理，有效防止钢筋锈蚀现象发生。要保证钢筋长度合格，满足桥梁工程施工需要。并根据规范要求进行绑扎，确保钢筋绑扎牢固可靠，为后续混凝土浇筑施工，提高桥梁施工效果奠定基础。重视钢筋施工现场巡视和检查，确保绑扎到位，质量合格，密度合理，为后续施工顺利进行创造条件。

（3）混凝土工程质量控制方法

加强水泥、粗细集料、钢筋、外加剂等原材料质量控制，确保质量合格，不合格的材料不能将其用于混凝土工程施工。根据施工规范要求，严格设计混凝土配合比，并做好混凝土搅拌工作，提高混凝土和易性与密实度。拌和完成后将混凝土运往施工现场，然后按要求浇筑。浇筑前安装模板，确保模板稳固可靠，衔接处密封到位，避免混凝土浇筑时出现渗漏现象。同时还要做好振捣施工，确保用力适中，振捣密实到位，提高混凝土浇筑效果。浇筑施工完成后覆盖土工布并洒水养护，洒水一般呈喷雾状形式，通常养护时间不得少于14d。当混凝土强度合格，养护任务完成，可以拆除施工模板。

（4）桥面工程质量控制方法

重视桥面质量控制，确保整个桥梁工程施工效果。选择合适的防水材料，保证桥面防水性能良好。做好桥面混凝土搭接施工，提高工程质量。从而有效预防渗水和漏水现象发生，增强桥面结构的稳定性与可靠性，使其更好地承受行车荷载，实现对工程质量的严格控制。

2. 桥梁施工质量控制内容

（1）桥梁施工过程中的线性控制

对于大跨度的桥梁，在施工过程中总会出现变形现象，而且也会受到其他因素的影响。在施工过程中，桥梁结构容易偏离最初预想的状态，因此，要使最终的实际标高和平面位置符合桥梁最初的设计标准，必须在桥梁施工的过程中采取控制措施。

桥梁施工过程中的线性控制主要包含平面性控制和竖向性控制。前者主要是对桥梁的平面进行控制，使其符合设计和规范的相关要求。平面控制对于直线桥梁来说比较容易，但是对于曲线桥梁来说难度比较大，因此，必须采取合适的方法进行结构分析。后者需要在梁上选取一定数量的测点，并对这些测点的标高进行控制，竖向控制也需要符合相关的设计要求。如果在竖向控制的过程中出现了较大的误差，会导致桥梁在合拢过程中出现很大的困难。如果桥梁的纵向产生起伏会使桥梁的桥面恒载超重，不但影响桥梁的外观，还会影响桥梁的质量。另外，在线性控制的过程中允许一定的误差。

（2）桥梁施工过程中的应力控制

桥梁在成桥后，其应力必须和最初设计的应力保持一致，这是桥梁施工最基本的要求，否则，会缩短桥梁的使用寿命。在实际的应力控制过程中，混凝土的拉应力和压应力都不能超过允许值，否则会使桥梁产生裂缝。当前对应力控制的精度还没有十分明确的规定，因此，要根据实际情况确定。

（3）桥梁施工过程中的稳定性控制

在桥梁结构的验算过程中，必须考虑桥梁的稳定性，而且桥梁跨径的增大、高强度材料的应用等都会使桥梁结构的刚度出现一定程度的下降，因此，更需要考虑桥梁结构的稳定程度。桥梁结构失稳主要是当外力增加到某一个程度时，桥梁的平衡状态会被打破，结构变形力度加大，最后失去结构功能。

因此，为了避免桥梁结构失稳现象的发生，必须保持桥梁结构的稳定性，以减少事故的发生。在施工过程中可以采用监测手段进行稳定性控制。

3. 桥梁施工质量控制的完善措施

（1）确保横隔板连接合理

横隔板连接处理是桥梁工程重要的施工环节，在实际的施工过程中，施工人员要保证桥梁横隔板的连接效果。在桥梁施工的过程中，有关工程技术人员要对横隔板等加以检查，保证横隔板位置满足施工要求，并要保证各个横隔板之间不存在缝隙，使得横隔板可以与钢筋实现良好的连接。横隔板浇筑施工开始之前，施工人员要确认支座位置是否正确，反复检查其位置，如果支座与横隔板的位置过大，超过正常范围，需要使用钢板来对梁与支座加以连接处理，保证梁具备较好的抗压能力，保持梁体的垂直性。

（2）合理选择施工材料

桥梁工程施工中，柱墩表面粗糙是极为常见的质量问题，造成此问题的原因是施工材料的应用不当。而柱墩表面粗糙直接影响了桥梁的外观，为有效解决此问题，桥梁工程施工期间应做好材料的质量控制工作，保证材料的使用符合工程施工的要求与标准，并应用高强度的钢板，保证桥面的平整性。在钢板的使用过程中，必须做好接缝处理，保证接缝位置良好的密封处理效果，避免混凝土浇筑等环节出现漏浆等问题，保证钢板的牢固性。在有关工程材料的选择上，应尽量保证隔离剂的质量与工程设计要求相一致，混凝土浇筑之前，要清理表面，隔离剂质量检测合格后，方可涂抹。另外，应尽量选用专用的混凝土，保证振捣的充分性，避免过振与漏振。

（3）混凝土的振捣应该遵循快进慢出的原则

桥梁工程施工中，混凝土振捣阶段必须对振捣时间加以科学把控，此时间的控制直接影响着桥梁工程施工效率。混凝土振捣要遵循快进慢出的原则，振捣期间要根据工程施工要求，科学控制振捣节奏，如果频率过快，就会导致混凝土中气泡的出现。外观上，人们往往只需要对桥梁工程进行简单修饰，保证桥梁的平整度达到施工要求。

（4）处理方法得当

混凝土振捣过程中，施工人员必须对桥面加以必要的找平，尤其是一些特殊的位置，如伸缩缝，必须保证拉伸的均匀性，避免用力不均匀所导致的混凝土裂缝。如果桥面伸缩缝位置存在不均匀问题，就会导致桥梁工程存在较大的安全隐患，车辆通行期间极易发生桥头跳车现象，会造成重大的生命财产损失。因此，在桥面工程施工结束以后，施工人员需要加强对伸缩缝位置的检查，保证该位置的平整性，保持车辆良好的通行状态。

6.2.2 桥梁施工质量控制手段

1. 桥梁检测技术

（1）荷载试验

通过桥梁荷载测试可以有效且直观地检测桥梁的整体承载力，检测移动车辆荷载作用下桥梁结构的动态增量，了解试验桥跨在活载作用下的动力响应和桥梁固有振动特性。在此过程中，需要将载重车辆放置于不同的位置，并对其产生的车辆荷载进行测试，检验在静力条件下，桥梁梁部每个截面的应力、挠度与变形情况，并通过有限元计算值与桥梁施工的具体情况获得的测验结果进行对比，对桥梁的承载能力以及桥梁结构做出有效的分析和评估。

（2）超声波检测

可以通过超声波对桥梁结构进行检测，判断其是否存在结构缺陷。主要利用超声波发生装置对桥梁检测部位发射超声波。超声波检测技术利用非金属超声波检测仪对桥梁结构发射超声波，根据示波器中显示的超声波在检测结构中传播的速度变化以及振幅变化判断该结构是否存在缺陷。该检测方式有很多优点，如操作安全简单，穿透力较强，可以穿透建筑的混凝土结构。

（3）地质雷达

地质雷达技术即采用探测雷达相关技术。采用地质雷达技术进行检测，精度高，而且检测方法和结果比较直观，并且该方法是一种无损检测方式，拥有高效、便捷的优势。该检测方法主要用于检测桥梁施工区域的地层特性，通过对地表层发射出高频电磁波，地表层收到高频电磁波后，会反射电磁波，测验人员可对得到的反射电磁波进行数据分析，进而对地质情况进行判断和分析，从而为桥梁的设计和施工提供可靠的地质资料，为保证桥梁的施工质量提供保障。

（4）射线检测技术

目前，射线检测技术是比较先进的检测技术，在该技术的操作过程中，需要提前在公路桥梁的检测位置放置声发射器，这种检测技术可以在建筑结构发生裂缝时发出不同的红外线，可以第一时间对桥梁的损伤程度进行判断，及时地对结构的安全状况作出预警，使工作人员及时了解建筑的质量情况。该检测方法可以相对全面地对桥梁进行检测。

2. 桥梁监控技术

（1）加强对施工材料监控

对工程材料质量的控制，可以采取以下措施：①加强施工单位采购人员的质量意识和责任感，对原料的质量进行严格的把控，确保购买的材料质量合格，并具备相关质量合格证明；②在项目开展前期，管理人员要对原材料进行严格的抽样检查，保证施工原料的各项性能满足工程需要；③原材料未经检验或验收不得进场或入库，外供材料要求出具相应的质量证明材料以及性能实验报告，并且进行抽样检验，检验合格并经监理人审批后，方可入库使用，贮存材料若超过技术规范规定的期限，需重新检验。

（2）加强对桥梁施工过程监控

加强桥梁工程的施工技术监控，可以采取以下措施：①施工前，要做好充分的准备，审核设计图，发现设计图与现场情况不符时，应及时上报监理工程师，会同有关单位及时处理，对局部受影响的结构采取针对性的补救方法及加固处理措施；②严格按照批准的施工方案进行施工，严禁蛮干、盲干，施工过程要详细做好各种检查记录、验收记录以及试验记录，并妥善保管记录材料；③加强桥梁结构质量管理。首先，施工单位应精确测量，准确进行放线定位，避免偏差。桥墩、桥台施工完成后，要根据工程的具体情况合理选择桥梁梁部施工技术；其次，因由于桥梁结构形式较多，施工工序、技术比较复杂，应采用先进的施工工艺，严格根据设计图进行施工；④强化道路部分与桥梁的连接。针对桥梁台背填土，需采取压实性和排水性较强的回填材料，如中砂、级配砂砾等，以保证压实度，有效降低台背填土沉降量。

（3）注重桥梁工程养护监控

桥梁工程通车运营后，为延长工程的使用寿命，保证工程质量，加强养护维修非常必要，因此，应制定并健全养护维修制度，合理安排养护维修人员进行养护工作，落实养护维修各项措施，按规范要求对桥梁工程开展巡视和检查，发现问题及时修复和处理，从而有效保障桥梁工程质量与施工效果。

6.2.3 桥梁施工质量通病与防治措施

1. 桥梁施工质量通病成因与防治措施

（1）混凝土坍落度不稳定

① 成因

主要表现为拌和物的坍落度有很大的起伏变化，已经超出允许的范围。出现这一现象的原因包括：搅拌装置水量控制不准确，实际加水量不满足要求；施工人员随意改变用水量；对砂石料的计量存在很大偏差；未严格按照实际情况对砂石料中的含水量进行调整。

② 防治措施

对加水量进行严格控制，当发现坍落度存在异常时，应先对砂石料含水量进行检测，确认是否符合相关要求。对搅拌设备的计量装置进行检查和校正，不可按照体积比进行混凝土的拌制。以现场的温湿度为依据，结合砂石料的含水量对实际加水量进行适当调整。

（2）混凝土试块试验结果不满足要求

① 成因

主要表现为相同批次试件的强度实测值与平均值都比设计要求的强度低；相同批次试件的最小实测强度比设计强度的85%低；相同批次试件中，若试件总组数为6~10组，则有超过2组的强度实测结果比设计要求低；若试件总组数为3~5组，则有超过1组的强度实测结果比设计要求低；若试件的总组数在3组以内，则每组试件的实测强度都比设计要求低。造成这一质量问题的主要原因包括：在配合比设计过程中，对混凝土强度考虑不足；在制作试件时存在一定缺陷，如没有严格按照规范的要求进行振捣、养生等；混凝土拌制生产质量较差。

② 防治措施

在配合比设计过程中，应考虑足够的安全储备。严格按照规定进行试件的制作，同时按照相同标准进行养护，避免暴晒与受冻。如果检查发现试件质量不合格，需要与处在标准养护条件下的混凝土试件进行对照，以此确定强度是否满足要求，当不满足要求时，对结构进行钻芯取样，以此确定真实的抗压强度，从而对灌注施工质量予以综合评价。

（3）蜂窝

① 成因

蜂窝主要表现为混凝土结构产生松散，表面的砂浆较少，以石子居多，而且在石子间产生蜂窝形状的小孔。造成这一质量问题的主要原因包括：配合比设计不当，拌和时对水泥、砂与石子等的计量不准确，导致石子过量而砂浆数量较少；搅拌时间不足，没有将混凝土拌和均匀，使其和易性较差，或振捣不充分；施工中混凝土的下料不当，如高度过大，没有采用串筒，导致石子集中，产生离析；混凝土没有按照要求进行分层下料，振捣不均匀，产生漏振与欠振；模板之间的拼缝没有堵严，导致水泥浆从此处漏失；钢筋布置过于密集，而所用石子的粒径很大，或混凝土的坍落度太小；墙根部、基础等没有稍作停顿直接对上层进行浇筑。

② 防治措施

根据设计要求，对混凝土的配合比进行严格控制，做到经常检查，保证计量结果的准确性，使混凝土的搅拌达到均匀，坍落度满足要求；当混凝土的实际下料高度大于 2m 时，必须采用串筒等辅助下料，避免离析；在下料时还应分层进行，每下好一层料进行一次振捣；施工前将模板之间的拼缝封堵严密，并在浇筑施工中随时检查确认模板的支撑是否稳定可靠；对于墙柱的根部，应在下层浇筑完毕后间隔一段时间再浇筑上部，以避免烂根等现象的发生。对于小蜂窝，将表面冲洗干净后，使用新拌制的水泥砂浆将其抹平，然后压实；对于大蜂窝，先将薄弱松散的部分凿除干净，冲洗后支模使用高一个等级的细石混凝土进行嵌填；对于很深的蜂窝，若清除比较困难，可采用埋设排气管或压浆管的方法进行封闭处理。

（4）麻面

① 成因

麻面主要表现为在混凝土的表面产生若干小麻点与凹坑，并形成粗糙的表面，而尚无漏筋。造成这一质量问题的主要原因包括：施工时所用模板的表面不光滑，或黏有杂物没有清洗干净，在拆模的过程中将混凝土碰伤；施工前没有对模板进行润湿，或润湿不彻底，浇筑后将混凝土中的水吸收，导致混凝土由于缺水而产生麻面；模板之间的拼缝不严密，产生漏浆；施工前没有涂抹隔离剂，或隔离剂的涂抹不够均匀；对混凝土的振捣不够密实，其中的气泡没有充分排出，滞留在模板的表面导致麻点产生。

② 防治措施

施工前认真清理模板，避免留下杂物；在混凝土浇筑前，需要对模板进行充分润湿；在模板之间的拼缝中使用腻子进行封堵；均匀涂抹一层隔离剂，保证涂抹均匀，避免漏涂；浇筑和振捣都应保持均匀，排除其中的所有气泡。当粉刷表面时，可暂时不做处理，而没有粉刷时，需要在麻面处进行洒水润湿，用新拌制而成的水泥砂浆对麻面处进行处理。

（5）孔洞

① 成因

孔洞主要表现为在结构内部出现很多空隙，或局部根本没有混凝土，导致内部钢筋外露。造成这一质量问题的主要原因包括：钢筋分布较密集处或存在预埋件与预留孔洞的部位，在下料时混凝土被挡住，没有浇筑和振捣充分，而直接进行上层施工；施工时混凝土已经产生离析现象，导致砂浆分离，石料大量堆积；在下料时数量过多，所用振捣器振动不充分，产生松散孔洞；在混凝土中有杂物掉入，将混凝土完全卡住。

② 防治措施

对于钢筋布置较为密集的部位，应采用细石混凝土进行灌注，并做好分层振捣，保证混凝土的密实性；在预留孔洞的部位，需要在两侧同时下料，避免漏振；当混凝土中有杂物时，应在施工前将其清理干净。针对已经产生的孔洞，先将其周围松散部分凿除，然后用压力水进行冲洗，将表面充分润湿后填筑相同等级的细石混凝土。

（6）露筋

① 成因

主要表现为结构构件的表面产生钢筋外露现象，造成这一质量问题的主要原因包括：在混凝土浇筑过程中，保护层垫块发生位移太小，导致钢筋和模板直接接触而产生露筋的现象；构件的截面尺寸太小，钢筋布置过于密集，使石子被卡在钢筋中间，导致水泥砂浆无法将钢筋的周围完全充满；施工中所用混凝土的配合比不满足要求，发生离析；在振捣过程中振捣棒和钢筋发生碰撞，导致钢筋发生位移，产生露筋；施工时木模没有浇水润湿，或在拆模过程中产生掉脚和漏筋。

② 防治措施

在混凝土浇筑施工过程中，必须确保钢筋所在位置的准确性；做好检查验收，当钢筋布置较为密集时，需要对石子的粒径进行调整，使混凝土具有良好和易性；当浇筑的高度超出 2m 时，需要使用溜槽等装置，避免离析。将表面漏筋部位冲洗干净以后，涂抹一层新的水泥砂浆，将漏筋处完全抹平。如果漏筋的深度很大，则凿除薄弱层与突出颗粒，将其清洗干净后，使用新的细石混凝土进行填筑和碾压。

2. 提高桥梁施工质量的措施

（1）建立健全质量管理体系

工程建设的推进离不开合理规范的管理体系的支持。结合相关理论和实践，建立一套完整有效的质量管理保证体系对整个道路桥梁建设项目至关重要，这是整个工程建设的质量目标方针。指导性工程质量手册和程序性文件能促进工程管理体系的完善，施工方案的合理编制能有效落实整个施工计划和处置措施。

① 加强施工过程中质量监督检查工作

在桥梁施工过程中，质量监管必不可少，这就需要相关施工企业强化对各环节的控制工作，最好从建设材料、施工设备等多个方面确保工程施工符合标准。除此之外，相关施工企业还需要安排专业的质量监管人员，以便更好地了解和记录桥梁施工情况、材料耗损情况以及设备使用情况等，便于后续维护工作的开展。同时，对桥梁施工数据给予准确把握，还可以确保施工设备处于良好运行状态，避免由于设备问题而出现的各种建设延期等问题，进而提高企业的整体经济效益和社会效益。在桥梁施工材料采购阶段，还需要使用质量较高、环保性较好的新型材料，对后期材料出现问题情况下也可以方便调换和补给。对于施工过程中的每一位建设人员来说，都需要加强对施工项目的重视程度，时刻遵循“质量第一”的原则，这样既可以有效降低桥梁使用阶段故障的发生率，而且还可以确保桥梁的整体质量和使用寿命。

② 做好施工质量的评价工作

在桥梁建设过程中，要按照要求做好各个环节的质量评价工作，对存在的问题及时进行分析并采取有效措施给予处理，进而确保桥梁施工的整体质量。施工质量评价涉及的内容比较多，如工程施工是否符合相关规范标准；施工过程是否存在质量缺陷；施工结果是否按照设计图纸进行；质量评定是否满足国家及有关行业技术标准；对工程档案进行完善的收集；并通过监督单位进行核备(定)。因此，相关人员要意识到质量评价工作在桥梁施工中的意义，并合理选择质量评价规范，只有这样才可以及时发现其中存在的问题，并对施工方案进行调整和优化，进而确保桥梁工程的整体施工质量。

③ 加强施工过程中的质量管理措施

对于桥梁项目建设的质量监督过程来说，其中包含着诸多的流程，但是其中重要一项就是对施工质量的有效监控。为了确保桥梁施工的整体质量，则需要施工企业强化对员工的教育和培训工作，使他们对桥梁施工过程及标准有个全面了解和掌握，并通过提升相关工作人员技术水平，使桥梁能够保质保量交付使用。对于桥梁项目建设的主要负责人来说，还需要积极承担起自己的责任，对桥梁施工的各个环节进行监督。避免更多事故的出现。

（2）合理应用桥梁施工技术，做好施工技术的改进措施

① 修复裂缝技术

经过大量研究，温度突变、混凝土收缩增加和钢筋锈蚀是造成桥梁混凝土裂缝的主要原因。在特定的操作过程中一旦出现裂纹，内部结构的腐蚀速率就会增加。因此，需要制定有效的处治措施。如果桥梁断裂小于 0. 2cm，可直接在表面填充环氧树脂抑制剂等特殊物质，每 5~10min 刷一次，使其自然干燥。如果断裂超过 0. 2cm，可采用压力排气等方法。常见的裂纹处理方法是表面修复处理，这是一种常见的维护方法。由于其成本低，因此受到施工人员的欢迎，并经常用于修复对承载力影响不大的深而平的裂缝。修补顺序是用环氧砂浆填充裂缝，铺设在沥青路面上后硬化，具有良好的防腐效果。然后，用玻璃纤维覆盖，可以有效修复裂缝，防止扩散。此外，树脂或泡沫水泥等胶凝材料在裂缝中的填充和封堵过程将对后续使用产生很大影响。应进行裂缝开挖，开挖后，将添加填充材料，以增加水密性并填充裂缝。

在明确道路桥梁可能存在的问题后，监理人员应及时处理道路桥梁问题，以保证工程的正常使用，减少安全事故的发生。在技术操作过程中，技术管理人员应定期检查路面和桥面，及时发现桥面和路面的裂缝。为了达到修补裂缝的目的，必须在裂缝消除后填充泡沫水泥或环氧溶液。此外，相关人员还可以使用压力灌浆处理路面和桥面裂缝，以提高道路和桥梁的稳定性。

② 钢材腐蚀处理技术

由于钢筋特别容易腐蚀，尤其是当它们与空气中的氧气接触时，容易发生化学反应，氧化后其刚度和耐久性显著降低。因此，对于钢筋锈蚀现象，必须注意混凝土质量的选择，科学使用混凝土外加剂可以有效提高混凝土质量。例如，通过设置混凝土的配合比，可以添加矿粉或类似矿渣的添加剂，以改善混凝土的渗透性。施工过程中，施工人员应按施工规范进行施工，防止安装不当造成裂缝和腐蚀。

③ 路桥不均匀沉降处理技术

路桥工程的不均匀沉降问题可以通过多种方式解决，以满足工程运营的需要。以排水技术改造为例，选择最佳的设计方案和处理措施，可以更好地切断地下水，及时将地下水排至其他位置，防止地下水渗入，大大提高路基结构的干燥度和稳定性。目前，国外采用

的土工格栅和钢结构施工技术效果明显。鉴于路桥地下沉陷严重，可直接在桥外侧粘贴涂料，使桥梁承载力处于最佳状态。在具体实施阶段，根据沉降的实际情况，选择最佳的抹灰养护、填筑、置换、固定、洒水等方法，以更好地消除不均匀沉降的影响，提高工程的整体性能。目前，可视化方法是道路桥梁检测中最常用的方法。从实证目视检查的角度来看，如果存在问题，可以进行后续测试。事实上，视觉测量方法是非常危险的，尤其是在测量过程中，这将不可避免地影响测试技术的准确性。例如，受专家和技术人员技术水平的限制，实验测量不可避免地受到影响。此外，试验中选择了不同的试验装置，试验结果也不同。对检测设备进行详细分析，以确保检测结果的准确性。

④ 道路桥梁养护技术

项目建成后，在投入使用的过程中往往会出现很多问题。比如非常容易出现路面裂缝，桥梁设施往往会面临更加复杂的自然环境。大量的雨水冲刷和高温日晒会导致路面出现一些大大小小的问题，对此，需要持续开展后续维护工作。一方面，相关工作人员要定期清理路面和桥面垃圾，避免杂物对交通安全的影响。另一方面，要做好路面和桥面设施的防护工作。

a. 实施初步处理工作　路基施工前期，要做好施工准备工作。主要内容是勘察基础环境，检查路基质量，完善施工方案。应清理路基施工区域，以避免石块、杂草和其他杂质降低路基土的强度，然后结合路基土层实际结构进行荷载力分析，根据道路工程实际使用类型和行车需求计算荷载需求，再结合路基实际质量进行路基处理改造。

b. 加强土工试验　土工试验的结果将直接反映基础本身的质量，同时为后期基础改造施工提供相关依据。在土工试验过程中，还必须考虑施工区域的地理特征、地下水位、水质、气候条件等。必须对影响基础的外部因素进行综合调整。在此过程中，有必要加强回填材料的质量审核。回填材料需选用排水性好、附着力强的土石料，石料的粒径需根据实际施工要求进行调整。在做好土质检测和回填分析后，还需要结合实际工程情况，选择路段进行路基改造试验。实验完成后，分阶段检测沉降，分析是否符合标准。在确保改造方案与实际情况一致后，可进行后续的大规模路基施工。

c. 提高压实质量　路基的压实度将直接影响后续路基的使用质量。因此，在路基施工过程中，应严格控制压实作业的强度，并根据不同的回填土和地基环境选择不同的压实参数。目前，我国采用的地基压实技术主要是重锤夯实和碾压。重锤夯实主要针对地区严重的路段进行基础改造。碾压是一种旨在重建整个地基的压实作业。压路机的速度需要控制在4km/h以下，碾压要从路基边缘向中心线逐渐进行。应坚持由轻到重、先慢后快的原则。在分层碾压过程中，要保证每层土结构的压实度相等，并符合标准。

⑤ 道路桥梁加固增强技术

加固增强技术的应用对解决目前道路桥梁工程的病害问题也起着非常重要的作用。加固增强技术主要是应对地基下降问题。通过加固增强技术，可以进一步提高工程结构的稳定性，有效解决地基下降问题。从实际施工情况来看，加固技术的主要操作方法有增大截面加固法、外包钢加固法、加压加固法、外部黏结钢加固法、支点加固法、化学注入加固法、水泥加固法等。工作人员需要根据工程沉降的实际情况选择适当的加固方法，提高工程的稳定性和安全性。

此外，在进行桥梁施工作业时，应该根据现场情况在保证施工进度的同时做好施工技术创新。施工技术的创新可以确保工程的质量和效率。而优化施工组织设计则是一种高效、简单、适用性广泛的施工技术。首先，结合设计图纸因地制宜地选取施工方法，并按照要求综合比选后进行施工；其次，应把控好施工工期，通过横道图、鱼骨图等方法保证各个工序的有效衔接；接下来对施工材料、运距综合考虑，在运距合理的情况下选用综合效益较好的料场；最后，需要对施工的组织平面进行分析布置，并在施工完成后恢复。

（3）提高监管人员整体素质

道路桥梁养护人员的素质对养护质量有着重要的影响，为了提高管理人员的工作能力，必须对道路监管人员进行适当的培训。国家应当设定期组织技术培训和有关考试，审查现有的规划团队，相应地认证道路维护人员，以确保道路安全，提高道路施工质量。国家还应设置专门的审计部门，审计人员必须持有相应的从业资格证书，对现有的建筑规划队伍进行审查，提高工程设计水平，规范工程建设，促进工程正常实施。同时，各部门要加强自律，不断学习，提高自身知识储备，不断充实自己，从而提高道路桥梁施工质量。

第7章　建设单位路桥工程项目管理

7.1　建设单位路桥工程项目管理概述

7.1.1　建设单位路桥工程项目管理的人员职责与内容

路桥工程项目建设管理是以路桥建设项目为主要对象，即要以路桥工程建设项目目标的实现为核心，根据路桥建设中的内在规律，从项目最开始的构想到最后建成通车，确保在建设中路桥工程项目在费用允许的条件下安全、保质保量地按时完成。从广义的角度上进行分析，路桥工程项目管理是指从项目的规划到最后交付使用、竣工验收等全过程的管理。从狭义的角度上进行分析，路桥工程项目管理是指路桥工程实施阶段的管理。在路桥工程具体实施的阶段，包含建设单位的项目管理、监理单位的项目管理和施工单位的项目管理。针对同一个路桥工程项目的管理，上述中所提到的每一方所涉及到的管理任务和目标都存在一定的差别，但是彼此之间又是相互制约和相互协作的，是通过经济合同的方式来体现它们之间的关系。

1. 建设单位路桥工程项目管理人员的职责

建设单位路桥工程项目管理人员的职责包括以下五点：

（1）对合同文件进行熟悉和管理，在路桥工程具体施工中，要针对合同的有关条款落实情况进行及时的跟进和督促，确保相关单位按照合同条款在规定的时间内完成，并对合同内相关人员、机械设备、建设材料等情况进行有效的监督和制约。如果在具体施工的过程中发现有违反合同的现象要给予一定的处罚。

（2）对路桥工程施工项目的质量进行管理，主要在开展质量管理工作中，定期对路桥工程施工质量进行检查，有效地促进施工单位各级人员质量保证意识，对施工中重点的部分和关键工序进行有效的监督、检查和验收，并做好详细的记录及管理台账工作，确保相关记录资料的真实性和有效性。

（3）要针对项目施工的进度进行跟踪、核查，确保施工的进度符合总工期的要求，结合在现场施工的具体情况，确保施工单位要按照规定的时间保质保量地完成。

（4）针对路桥工程项目的计量和支付工作进行有效的管理，严格审核工程进度和工程变更资料，确保在计量的过程中不会出现超计、漏计或者是重计的现象。

（5）及时向上级进行请示、汇报，不断地改进和完善管理体系和工作制度。

2. 建设单位路桥工程项目管理的内容

（1）项目的监督管理

在路桥工程项目管理的过程中，为了充分地发挥现场施工的监督管理作用，建设单位需要依据相关法律法规、技术规范、标准，建立质量保障体系，对路桥工程现场施工项目中各个参与方的质量责任进行监督落实，充分了解和掌握项目中各个环节的内容，并对各个技术问题进行探讨和研究，在具体实施的过程中也需要进一步地进行监控，确保质量体系科学有效。其次在现场施工的过程中要注重新技术和新工艺的运用，遇到工艺复杂、施工难度大的工程还需要组织相关的专家进行技术会审，严把质量关，在相关行政主管部门和行建设单位管部门的监督下，有效地完成路桥工程项目的质量目标。

（2）成本的控制管理

路桥工程施工成本控制管理工作的是从项目规划投资估算阶段直至到工程竣工交付使用，一直贯穿在项目实施的整个过程。在对施工成本进行控制的过程中，首先要以经济原则为主要的准则，对成本管理中人的因素进行有效的控制和管理，有效地实现全动态的管理方式。其次是在现场施工中，要针对关键因素进行有效的控制，对脱离成本目标较大的要展开有效的调查。最后还要对人的因素进行有效的管理，从领导到员工都需要具备一定的成本管理意识，只有重视意识的培养，才能充分的调动员工工作的主动性和积极性，将成本目标落实到现场施工以及路桥工程项目管理的每一个环节。

具体的措施如下：

① 按照合同对项目进度款进行批复，需要对施工方统计上报的工程量进行严格审查，定期和不定期抽查确定实际情况是否与上报情况相符。在工程结算阶段，根据期中结算汇总结果对施工方递交的结算书进行审核，确认是否存在多报、误报等情况。在工程量签证和隐蔽工程验收等工作中，由建设单位监管人员与监理方、施工方共同签证，对相关影像资料进行保留，当施工方提出索赔时可对索赔内容进行核实。

② 应加强施工管理，避免因施工方案不合理、质量控制不严格等因素造成的设计变更。推行“零变更”理念，当设计深度不足、工程实际与图纸不符，从而不得不进行变更时，应首先考虑优化原方案，减少工程量。在增加变更时建设单位应根据设计单位做出的预算进行分析，在确认功能实现情况的基础上提出优化设计方案，严格控制造价。

③ 有条件的建设单位可指派由工程管理人员和财务人员组成的审计组对施工的全过程进行跟踪审计，随时掌握和控制投资的变化。

（3）施工进度的管理

路桥工程施工进度影响因素多、规律性不强，需要根据各工点的施工进度进行灵活管理。项目施工前期受征地拆迁影响较大，需要建设单位和相关的部门进行有效的沟通协调，中后期主要取决于施工单位的管理水平，但建设单位也要依据监理方批复情况进行全面管控，发现施工进展偏离总工期，就需要及时展开调查，针对造成偏差因素协调监理单位共同督促施工单位进行合理纠偏。要充分考虑冬雨季对施工的影响，施工计划要适度超前，并严抓计划落实。在管理实践中，建设单位要根据前期调查进行管理规划编制，对项目实施期间可能遭遇的重大难题进行预判，通过编制预案和建立规范制度加强对施工方的约束。在关键工程控制期内，要重点审核施工方制订的进度计划，按审核后的进度计划对各项具体工作实施情况进行跟踪检查，根据实际进度和计划进度偏差，查找影响工期的因素，督促施工方从人员机械投入、施工组织、施工方案等方面入手，加快施工进度，保证能够在规定时间范围内完工。建设单位需要实时加强进度分析，通过积极与监理方和施工方协商，主动排忧解难，保证进度控制目标顺利实现。

（4）施工安全的管理

无论何时，安全一直都是人们关心的主要问题，那么在路桥工程建设的过程中，安全管理是其中的主要任务，这些管理关系着工作人员的安全问题。在项目实施阶段，必须要保证“安全第一”的原则，比如在实施项目之前，建设单位可以开展一些重要的讲座，给员工树立一些安全意识，让员工明白安全问题的重要性，尽量避免发生一些安全问题造成人员伤亡。在项目实施开展阶段，建设单位必须要实时监督工作人员的工作环境，确保工作人员在一个安全的环境下进行工作。在工作期间，定期召开安全生产调度会，组织对施工单位施工现场安全进行严格的检查。另外再进行一些奖惩力度，对遵循安全守则的员工进行奖励，反之进行惩罚，在多重环节的进行下，尽量去确保项目的顺利进行。

具体的措施如下：

① 坚持“三管三必须”以及“党政同责、一岗双责、齐抓共管、失职追责”的原则，由建设单位成立安全生产领导小组，负责对工程安全生产责任制度进行全面落实，督促各参建方逐级成立安全生产领导小组，完善安全生产责任清单。严格落实建设单位管理责任，压实监理方监督责任和施工方主体责任，形成一级抓一级、一级对一级负责的工作格局。

② 保证安全生产投入满足施工需求。推进“安全生产风险分级管控与隐患排查治理双重预防机制”建设，建立安全风险研判机制，落实风险分级管控措施，开展典型事故案例警示教育，强化从业人员安全培训及交底。推进安全生产信用体系建设、推进“科技兴安”，推进创建“平安工地”活动，强化应急管理、做好重点时节应急值守，督促各参建方按照制度要求落实现场安全生产检查等工作，确保各种安全隐患被及时发现和消除。

（5）施工质量的管理

要想保证项目管理的质量控制，路桥工程建设单位必须要考虑众多因素，不能因为一个小问题而导致更加严重的问题。首先承包商必须保证质量体系和施工质量计划的审查，在项目的开始阶段，要严格要求承包商是否建立质量保证体系，并且要有多项单位认证，如果没有这些保证，承包商就不能按时开展实施阶段，接下来再检查是否制定了明确的质量目标和计划，这些都不是多此一举的行为，而是为了确保项目是否能够顺利实施，质量控制是否全面并且合理。在实施项目阶段，也要安排技术人员的上岗培训，承包商对技术人员安排培训技术，在培训完成后对他们进行检查，如果合格就能够上岗工作，并且颁发证件，如果没有证件，就不能安排上岗，保证从源头上进行质量控制，避免一切问题的发生。前面两项都完成以后，我们要进行工程材料的质量控制，这个工程材料必须从选购上杜绝偷工减料的发生，众所周知，很多项目出现质量问题，都是因为在选购材料上没有选择更好地工程材料，建设单位可以安排一些监督人员对选购材料的承包商进行监督和检举，如果检举揭发，对检举的人员进行表扬并对承包商进行大力度的惩罚。最后建设单位必须经常深入工地以便了解一些实际的情况，实时掌握工程质量、安全动态这些问题，对安全事故及时进行汇报和处理，保证工作的顺利进行。通过这些环节，建设单位必须能够更加确保项目管理是安全的，并且定期进行评比，纠正那些不良的质量控制问题，从而保证不会发生一些其他的问题。

具体的措施如下：

① 运用“人、机、料、法、环”管理理论对施工过程展开分析，结合分项工程各自特点建立质量管理标准体系。以紧抓薄弱环节、防治质量通病、提升工程品质、完善沿线设施功能为重点，紧抓工程内在质量和外在品位两大核心要素。在日常巡查和专项检查的基础上，定期或不定期对施工作业点进行徒步逐点检查，对检查出的问题进行现场反馈，明确责任人、限时整改闭合销号，每季度进行综合考核评比，并进行奖罚通报。

② 始终将质量摆在项目管理的核心位置，大力推行“样板引路”，用样板带动整体工程品质的创建，注重质量教育培训工作，通过现场观摩、技术交流、会议培训等形式加强经验交流，清晰项目管理思路，明确项目管理目标，牢固树立全员质量意识，将质量“零缺陷”的理念始终贯穿于工程生产的全过程。

（6）施工合同的管理

在当今时代，合同已经成为保证人民群众利益的有效途径，因此，在路桥工程施工中的合同管理工作必须要做到位，因为一旦没有合同管理，项目管理就无法开启，工人就无法开工，所以说合同是项目管理的重要依据。这对项目管理人员就要严格要求，因为这关系着众多人员的利益，工作人员要能够理解和熟悉合同，同时要对合同进行深入并且彻底的研究，不能存在任何的漏洞，不然到时候就会出现危害一系列人员的利益的问题。所以建设单位要要求工作人员树立一种意识，不管任何项目，无论是大还是小，都应该及时签订合同，不能有丝毫的放松，并且不能因为项目小就不签订合同，这是工作人员的失职。合同要包含众多内容，从路桥工程开始的预算工资、施工时间、验收标准等项目都要有明确清晰的合同记录，从而来减少施工过程中不必要的纠纷麻烦，保证工程建设的顺利进行。要做好路桥工程项目合同档案的管理工作，对合同资料进行收集并及时做好记录，建立一个完善系统去管理合同资料，并对这些合同资料进行一个更加规范的查阅和使用。

7.1.2 建设单位在工程施工阶段质量管理的问题与对策

1. 目前建设单位在工程施工阶段质量管理中存在的问题

（1）建设单位对施工单位资质审查不严

根据国家相关法律、法规要求，在工程招标过程中，对施工单位的资质是有严格要求的，但在实际操作上，建设单位往往由于关系、感情、上级单位的行政命令等种种原因，往往对施工单位的资质审查流于形式，导致资质不够或者不具有相关资质的施工单位进入建筑市场，为施工过程中出现质量问题甚至质量事故埋下了隐患。

（2）建设单位对施工过程把关不严

很多建设单位认为工程质量、安全是监理单位和施工单位的事，因此只对工程建设投资较为重视，但对关乎工程质量的施工过程中的材料、工法和技术方案等监督不严或者根本不进行监督，尤其是有些建设单位工程管理人员从施工单位接受贿赂，因此对隐蔽工程的检查验收工作中对质量问题不敢管、不能管，竣工验收也不能严格按规定执行，致使大量的“豆腐渣”工程产生。

（3）建设单位盲目追求工期

国内的工程项目建设存在一个比较普遍的现象，为了领导人员的政绩，或者为了项目的及早运行投产，不遵守建设工程的基本规律，工期制定上不科学、不合理，任意压缩工程建设工期，在牺牲质量、安全的代价下追求工期，造成有的施工工序间没有合理的搭接过渡时间，经常造成较为严重的质量隐患和质量事故。

2. 建设单位在工程施工阶段的质量管理对策

(1) 严格审查施工单位资质

当前建筑市场施工单位鱼龙混杂，对施工单位的管理较为混乱，一些无相应资质的施工队伍通过挂靠等方式承接工程，是造成工程质量问题和质量事故频发的重要原因。因此，从工程招标开始，就必须坚持高标准严要求地选定施工单位，严格按要求审查、核实施工单位的资质和施工水平，严把施工资质审查关，确保施工单位从人员构成、机械设备、技术能力和作风素质上都过硬，以满足工程建设的需要。目前，在我国极为可行有效的办法仍是工程项目招投标制。

(2) 加强工程质量管理的相关制度建设

随着国家和部委对工程建设的重视程度越来越高，建设单位在工程建设中发挥的作用显得越来越重要，其在工程建设中扮演的角色也在逐渐发生改变，更加重视对工程质量的管理力度，但在质量管理过程中往往缺乏制度依据。因此，建设单位在项目开始前就应该着手制订和完善一系列与工程质量管理相关的质量管理体系、施工质量检查及验收制度、施工资料检查及验收制度等，确保质量管理工作的正常实施。同时，建设单位还应该监督和检查监理单位、施工单位的质量保证体系、质量管理制度的制订和落实情况，以便建设、监理、施工等参建单位的质量管理体系能够互相配合、相互补充，使建设工程质量得以不断提高。

(3) 加强对监理单位和监理人员的管理

建设单位委托监理单位对建设工程项目进行管理，就是为了保证对实施过程进行有效的控制，特别是通过监理单位的专业优势，对工程质量进行专业化、系统性、全方位的管理。因此，建设单位委托的监理单位必须具有相应的资质等级。监理单位的质量控制贯穿于施工准备、施工、竣工验收阶段，在工程监理单位确定后，建设单位应该明确监理单位的质量责任及相应权利，使监理工程师能够较好地履行监理合同所规定的全部职责，起到对工程质量有效控制的目的。在工程实施过程中，建设单位还要定期监督、检查监理单位的人员、装备以及工作内容的落实情况，同时，也要配合监理单位做好重点分部分项工程和关键部位质量通病的重点监控。这样，才能使监理单位较好地履行合同，达到对工程质量进行控制的目标。

(4) 加强工程资料的监督管理

建设单位现场代表不仅要做好施工中的协调工作，管理好工程实体质量，而且还要认真负责，严格依照相关法规、规范规定办理工程的隐蔽签字确认手续，认真检查和监督工程资料的真实性和准确性，此外还要严格监督检查试验室出具的试验、检验资料，尽量要求施工中做到检验单位现场取样，按要求规范施工质量检验报告的内容。建设单位要督促监理单位和施工单位，保证工程资料在建设工程质量评定中的权威性，杜绝潜在的质量隐患，这样才能全面提高建设工程质量。

(5) 重视建筑材料的质量管理

建筑材料的质量控制是建设工程质量管理的重要环节，是控制建筑工程质量的基础和决定因素，其质量优劣将直接关系到工程安全及使用功能，建筑材料的质量管理不只是施工单位管理的内容，更应该作为监理单位监理的重点和建设单位质量监督管理的重要环节。因此建设单位不仅要参与对建筑材料的了解，而且必须加强对建筑材料的管理和监督检查，坚持“先定、后供、严检查”的原则，首先确定建筑材料的性能、产地及质量标准，进场材料要进行严格的检查、检验与验收，验收合格方可用于工程建设，为建筑工程能够保证质量把好材质关。

(6) 加强工程竣工验收的管理

工程验收是指参与工程建设活动的各有关单位共同对检验批、分项、分部和单位工程进行抽样复验，并根据相关的工程建设规范、标准以书面的形式对工程质量是否达到合格要求做出确认。工程竣工验收是建设工程施工过程中的最后工序，更是建设工程项目进行质量控制的重要环节，因此，建设单位应积极认真组织竣工验收工作，使项目外观、质量各方面都作为合格的产品投入使用，发挥相应的社会和经济效益。竣工验收前，建设单位应编制详细的工程验收计划书，并邀请相关参建单位对工程实体质量和工程资料进行全面检查，对于检查过程中发现的问题及时处理，消灭存在的质量缺陷，为工程能够顺利通过竣工验收奠定坚实的基础。验收过程中，要严格执行工程验收规范，客观、公正地评定工程质量，使工程的质量等级准确地反映工程项目的质量。

7.2 建设单位在路桥工程项目管理中应用 BIM 技术

7.2.1 建设单位应用 BIM 技术的价值与条件

1. 建设单位应用 BIM 技术的价值

施工阶段是将图纸设计出的产品转化为实体的关键阶段，此阶段也是建设单位进行管理的最复杂的阶段，各参与方之间的协调围绕着建设单位展开，其项目管理的三大目标有质量、成本和进度，同时安全管理也不容忽视。BIM(Building Information Modeling，建筑信息模型)技术的应用对于完成这些目标具有重要的辅助作用，对建设单位的项目管理工作具有重要的意义，给其带来极为巨大的应用价值，分析如下：

在质量管控方面，传统的质量管理中，事先控制可以预先对导致项目出现风险的因素进行分析，衡量其风险的大小及对项目的影响，寻找风险应对措施积极地避免风险对项目造成的不良影响；事中管理在项目进行时，实施项目的实时监控，对出现的问题及时进行处理，采取最快速、最精准的措施将项目损失降至最低；事后控制，可以将此项目中出现的风险及应对方法凝练成经验成果，为后续类似项目的管理工作提供有效的借鉴。充分运用 PDCA(Plan、Do、Check、Action，计划、执行、检查、处理)循环模式进行项目管理，制定计划要合理，执行要准确准时，检查要恰时得当、有理有据，处置方法要按实际情况做到公正、规范。在 BIM 模型中，充分考虑可能出现的质量问题的难点，运用 BIM 技术对项目的实施方案、施工的具体环节等充分考虑，将影响项目质量的风险因素及时排除，尽量避免质量问题的出现。

在成本管控方面，BIM 技术的应用可以提高工程量计算的速率，简化造价管理流程，提高建设单位成本管理水平。由于 BIM 模型添加了材料的各种信息，因此可以实现单件材料的量价计算，提高了造价管理的准确性，将粗放的成本管理模式转化为精细化管理，同时可以实现多算对比分析，进行实时的成本监控。

在进度管控方面，项目能否按既定的时间完工，直接影响后续的经营等工作。BIM 模型可以实现预先碰撞检查，提前发现施工过程中出现的管线碰撞问题，减少返工的出现，一方面节约了时间，从另一方面减少了项目成本；运用施工模拟，可以直观形象地进行技术交底，从一定程度上提高了施工人员的技术水平，更直观地展现想要的结果，多个参与方共享 BIM 模型，提高了协调能力，沟通更为方便，减少了返工等问题，保证项目的顺利实施。

在安全管理及档案管理方面，BIM 支持移动终端采集现场信息和传输，建设单位能够实时了解项目的进展，作业人员及施工安全人员在现场的工作被实时记录，对于项目安全管理具有十分重要的意义。随着项目的实施，档案数据不断累积，档案管理难度增加，BIM 技术可实现档案的分类管理，提高档案管理能力。

部分项目 BIM 技术应用点如表 7.1 所示。

表 7.1　项目 BIM 应用点列举

	投标阶段	施工准备阶段	项目施工过程	项目结算运营
质量及安全管理		图纸错误排查 净高及碰撞检查	管线二次碰撞检查、施工过程模拟	
成本控制	清单工程量 不平衡报价	材料及产值计划	审核支付 资金及材料过程管理	减少漏项
进度管理		进度关联控制	进度监控 资源进度计划	
综合管理	辅助投标	现场场地布置	变更管理	档案及运维数据管理

BIM 技术运用信息化的管理手段，提高项目整体管理水平，很大程度上减少了变更及返工，可以预先进行模型的碰撞检查，解决传统的方法难以发现错误的问题，节约项目成本。从鲁班 BIM 进行的统计数据可知，运用 BIM 技术可以有效提升项目进度，约提高百分之十，很大程度上减少了因图纸问题而导致的返工，搭载可视化的管理手段，项目现场安全质量明显提升。

2. 建设单位应用 BIM 技术的条件

(1) 应用 BIM 技术的三个层次

BIM 是一个各参与方共享的数据化模型，用它实现项目管理，可以从三个层次来理解，由低到高分别为：BIM 信息层→BIM 建模→管理。

首先，BIM 需要大量的信息数据支撑，这些信息包括项目的全寿命周期的信息，不仅包括尺寸以及位置信息，也包含材料的种类、材质、生产厂家、数量、性能等各种信息，也不仅是一个参与方的信息，是各个参与方信息的集成。这些信息应该是完整、全面的，相互关联的；其次，需要完成 BIM 模型的建立，将项目涉及的各类信息有序组合，形成统一有机的整体，它的建立过程可以看作是一个信息的组织过程；最后才是管理层，运用一系列的 BIM 软件，将组建成的模型中需要实现某种功能，比如将各个构件按时间的顺序依次出现，就形成了施工的模拟，从而指导施工的功能，辅助建设单位更好地进行项目管理。

(2) BIM 技术应用条件

① BIM 团队的组建

BIM 技术对人员的要求极高，所以建设单位需要组建一支队伍来开展 BIM 工作，这是应用 BIM 技术的前提，一支基本的 BIM 团队组成如表 7.2 所示。

表 7.2 建设单位 BIM 团队的组成

团队角色	负责内容
项目经理	统筹协调 BIM 工作；BIM 方案制定与实施
现场商务经理	现场商务沟通及协调工作
BIM 技术总监	BIM 方案的具体实施安排，BIM 工作的质量把控
现场技术负责人	BIM 应用需求反馈、数据搜集、系统调试及日常维护等
BIM 土建工程师	BIM 土建建模，专业技术协调管理，涉及土建部分服务内容的实施和沟通
BIM 钢筋工程师	钢筋技术管理，涉及钢筋部分服务内容的实施与沟通
BIM 安装工程师	安装技术管理，涉及安装部分服务内容的实施与沟通

各专业的建模工程师需要熟练使用 BIM 相关软件，并能进行 BIM 应用，复杂的大型项目需要多名专业工程师进行协同工作，因此建设单位必须有充足的 BIM 人才资源，必要时可以聘请 BIM 咨询公司来进行 BIM 技术的展开。

② BIM 平台的搭建

应用 BIM 技术必须要有相应的软件平台，目前软件种类繁多，建设单位要根据自己的实际情况确定 BIM 的应用点，本着经济适用的原则，合理地进行 BIM 平台的搭建工作。软件主要有两大类，即建模所用的软件以及完成某项功能的技术软件。

③ 信息集成

建设单位在应用 BIM 技术时，要搜集各种项目实时信息，在模型的建立阶段要与设计单位协同工作，保证模型建立准确、无误，当出现设计变更时要进行及时的模型跟踪变更。在 BIM 技术的应用过程中，要与施工单位统一协调，实时获取项目的实际进度信息以及具体的施工情况，保证项目的进度与质量。

7.2.2 建设单位的 BIM 实施方案与实施策略

1. 制定 BIM 的实施规划

不管一个 BIM 项目是孤立的还是集成的，在真正落实之前便需要一个整体的战略规划，可以进一步促进 BIM 项目效益实现最大化。

BIM 项目规划需要依据建设项目特征、现阶段的技术发展水平、项目团队能力以及 BIM 实施成本等方面，选择一个性价比更高的方案，项目以及团队成员需要明确：

① 全体成员对 BIM 的实施目标都了解清楚；

② 对于 BIM 实施中的责任与角色，项目的参与方都清楚了解；

③ 提出有效实施 BIM 需求的其他资源以及能力；

④ 采购部门据此确定合同语言，有效确保参与方所需承担的责任明细；

⑤ 给衡量项目的进展提供基准。

在实施规划中主要包含以下四个部分：BIM 项目的目标、信息交换要求、流程、基础设施系统。典型的 BIM 项目实施规划内容及制定顺序如图 7.1 所示。

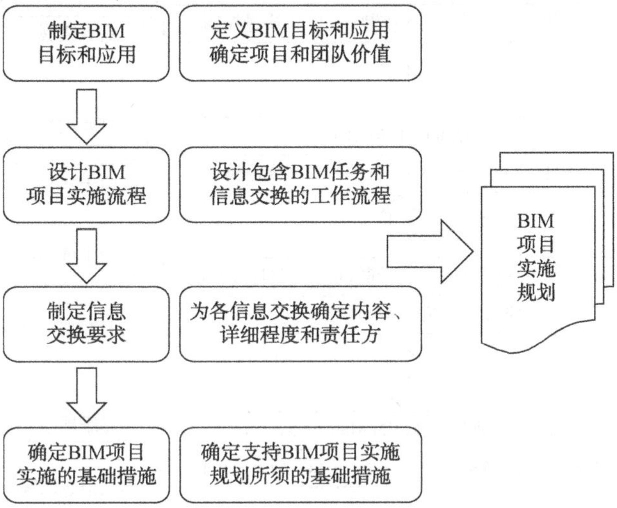

图 7.1　BIM 规划内容及制定顺序

其中：

① BIM 目标主要包括两个：项目目标和公司目标。其中项目目标包含缩短工期，提高现场生产效率，提高建造质量，给项目运营提供数据信息。公司目标包含建设单位通过样板项目，实现设计、施工以及运营间信息的交换。

通过应用 BIM 使目标得以实现，主要包含建立 BIM 设计模型、成本预算、4D 模拟以及空间管理等方面。利用 BIM 应用分析项目的利益贡献，进一步明确规划实施的 BIM 应用。

② 设计 BIM 实施流程，主要划分为整体流程以及详细流程。其中整体流程对不同 BIM 应用间的关系和顺序进行明确，让团队中的全体成员都了解自己的工作流程和与其他团队成员工作流程间存在的关系。详细流程对一个或多个参与方某一任务的流程进行描述。

③ 制定信息交换要求，尤其是各个参与方间的信息交换要求。在信息交换中，信息创建者与信息接收者间需要对其信息交换的内容全面了解。

④ 明确实施以上 BIM 规划需要哪些基础措施，例如质量控制程序、交付成果结构、沟通程序、合同语言以及技术架构等。以此来有效确保 BIM 模型以及施工实施的质量。需要在实施 BIM 之前制定 BIM 规划。BIM 规划制定团队成员主要包括：建设单位、施工总包与分包方、设计单位、物业管理单位、重要供应商等。在 BIM 规划中，建设单位是最重要的

团队负责人，如果参与各方缺乏 BIM 实施经验，则可以选择委托给 BIM 咨询顾问公司去进行 BIM 实施规划的制定。

2. 建设单位 BIM 应用的体系框架

建设单位和项目参与各方，在 BIM 统一平台上相互协同与沟通，完成各自的工作任务。为明确各方任务和技术职责，可将各方应用 BIM 的功能和职责制成 BIM 应用体系框架，如图 7.2 所示。

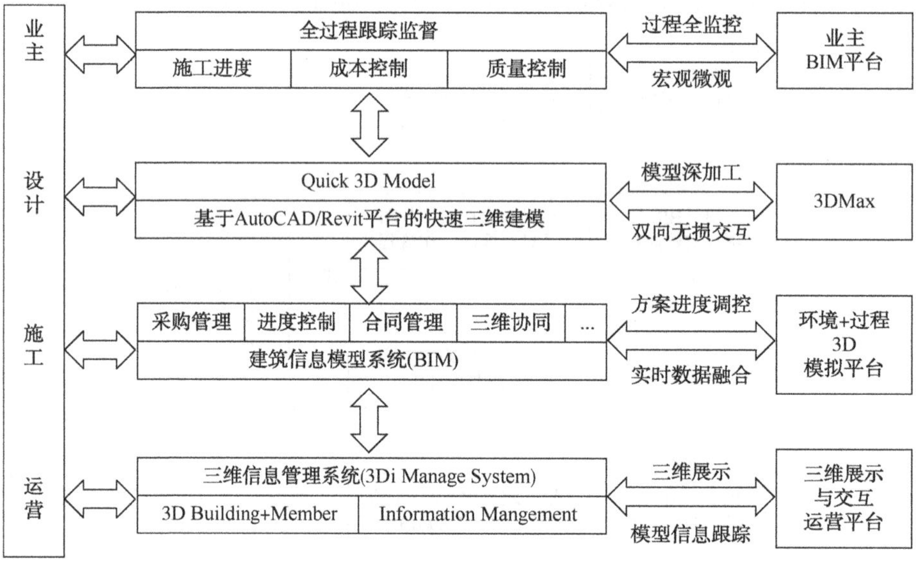

图 7.2　BIM 应用体系框架

最终，建设单位通过独立的 BIM 平台入口，对建设工程的进度、成本和质量进行全过程的跟踪与监控。

3. 建设单位 BIM 实施的操作流程

虽然 BIM 的实施流程一般都是由 BIM 顾问和 BIM 中心负责制定的，但这并不意味着建设单位可以置身事外。相反，建设单位对 BIM 实施操作流程的理解程度，将直接显示出建设单位的项目管理水平。

根据对 BIM 的实施应用要求，一般需要开发两个层次的 BIM 流程。第一层次为总体流程，需要对建设项目各个 BIM 应用间存在的关系进行显示，以及在进行建设时重要信息的交换路径以及要求。

需要对以上所有特定 BIM 应用的具体工作顺序进行显示，例如各个过程的责任方和参考信息内容，以及在所有过程中创建与共享信息的交换路径以及要求。

（1）BIM 实施总体流程

创建 BIM 总体流程的工作主要有：

① 将选择的 BIM 应用放入总体流程中，部分 BIM 应用或许在整体流程中不止出现一次，例如在项目的所有阶段中都需要设计建模等。

② 依据建设项目的发展阶段，在总体流程中安排 BIM 应用的顺序。

③ 给所有的 BIM 过程都定义一个或多个责任方，规划团队应该深入分析该任务合适用哪个参与方去进行，定义该参与方为责任方。上游 BIM 应用转出会对下游 BIM 应用造成影响，如果上游 BIM 应用没有产生其下游 BIM 应用所需的信息，那么便应该由这个 BIM 应用的责任方去进行创建。在什么时候由哪个参与方创建信息主要取决于 BIM 规划团队。

④ 总体流程主要包含过程内部、过程之间和成员之间的关键信息交换内容，以及从一个参与方传递信息给另一个参与方。总体流程要反映出建筑全过程的 BIM 应用内容和信息交换路径，根据项目实际情况和 BIM 的应用程度，流程也可繁可简。

(2) BIM 实施详细流程

详细流程所包含的信息主要有以下三类：

① 参考信息　一个 BIM 应用在执行的过程中需要的公司内部以及外部的信息资源。

② 进程信息　一个 BIM 应用在构建过程中所需的活动。

③ 信息交换　一个进程会产生 BIM 交付成果，成为后续进程的主要资源。

一个详细流程的创建主要包含下面几个步骤：

① 将 BIM 应用一层一层分解成一组进程。

② 对进程间的关系进行定义，明确各个进程的前置及后置进程，一些进程的前置进程和后置可能不止一个。

③ 生成具有以下信息的详细流程图：

a. 参考信息　明确执行 BIM 应用的信息资源，包括气象数据、价格数据库以及产品数据等。但一般可以符号标注待查或不标注。

b. 信息交换　全部内部以及外部交换的信息。

c. 责任方　明确各个进程的责任方。

④ 在流程的重要决策点设置决策框　决策框相当于计算机程序中的条件转移语句，对 BIM 执行结果进行判断，然后决定改变流程的路径。

实际应用中不免会对详细流程进行改进、标注、审核等，都需要保留记录，项目完成后，比较实际应用流程以及计划流程，以此来对流程进行改进，给后续项目的 BIM 应用奠定基础。

根据 BIM 施工模拟和实际施工 BIM 实施的需求，可以有两种 BIM 实施流程，前一种针对 BIM 的施工模拟，称为模拟 BIM 系统实施流程；后一种用于实际施工，称为实时 BIM 系统实施流程。

4. BIM 团队架构、职责与协同

建设项目应用 BIM，应成立专门的 BIM 团队，由建设单位雇用的 BIM 顾问或咨询团队作为项目的 BIM 主管。在项目进行的各个阶段，BIM 主管分别与各阶段 BIM 团队的负责人保持密切的联系。

(1) 人员架构与职责

BIM 项目的团队人员架构关系与职责如图 7.3 所示。

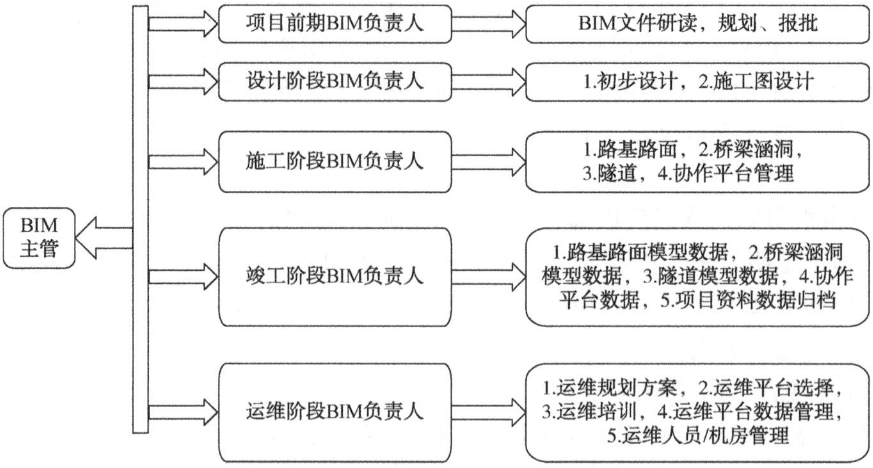

图 7.3　BIM 团队人员架构关系与职责

(2) BIM 典型内容中各方的责任与协同

建筑项目建造中一些 BIM 应用的典型内容，需要多方承载完成，或多方参与协同完成，并且各方的责任与作用，对于不同的应用内容，也是各不相同的。这些必须应用的 BIM 内容的实施责任与协同关系，也必须在建设单位的 BIM 实施方案中体现，总结归纳如表 7.3 所示。

表 7.3　BIM 典型内容中各方的责任与协同

BIM 内容	相关单位				
	BIM 中心	业主	设计	施工	运营
冲突碰撞检查	组织，实施	参与	自查，指导	参与，指导	参与
BIM 应用模拟	实施		参与，指导		实施
成本管理控制	实施	参与，指导	参与	组织，实施	实施
施工现场平面布置分析	实施	参与		指导，实施	实施
四维施工模拟	实施	参与，指导	参与	组织，实施	实施
设施和资产管理	参与	参与			组织，实施

(3) BIM 团队人员的工作模式

有两种模式可供选择，一种为工作集模式，另一种为链接工作模式。

工作集模式通过中心文件模型，建立起 BIM 团队人员的沟通和协同关系，信息完全透明，每个成员可选择与己相关的信息同步进行工作，但对成员的信息获取和选择、上传信息的能力要求较高。

链接工作模式采用同互相与己密切相关的人员进行沟通，信息易得，对人员获取信息的能力要求不高，但由于信息不全面，难免会出现设计和建模冲突。并且，这种单线的上下家关系，也会造成不必要的等待，使工期耽搁。

(4) 建设单位基于 BIM 的施工管理

基于 BIM 的施工管理其实是一个很大的课题，相关的学位论文就有很多。有人归整出来BIM在施工管理中有十大应用，甚至更多，下文只简单介绍一下质量管理。

BIM的质量管理可有两重意义：一是提前进行施工方案、施工工艺的模拟和动态演示，比较出能够优化建设质量(包括工期和成本)的施工方案和工艺，遵照执行。二是质量检查员能随时标注施工质量瑕疵到BIM施工模型，便于快速采取整改或采取补救措施。这些问题和整改内容存档后，也能为日后的建筑维护、维修提供参考。建设单位借助于BIM施工管理平台，主动参与项目的施工质量管理，能够更好地维护建设单位的利益。

5. 建设单位的BIM实施策略

建设单位为了做好BIM项目。除了前述的管理体系模式，规划、实施方案和技术操作等之外，还要有一些相应的实施策略，才能顺利地贯彻BIM实施计划，和润滑实施过程中的各个环节，利于调动各方对BIM的执行，实现利益的共赢。针对建设单位BIM的实施策略问题，可有如下应对措施：

(1) 签订激励合同条款

建设单位和BIM设计单位签署合同，能够增加激励款项，让BIM设计单位能够积极配合工作。建设单位对行为变量进行检测，对BIM设计实行奖惩制度，这样能够刺激与引导BIM设计单位选取最有利于建设单位的方案。设计对于施工需求的满足度越高，应用就越顺畅。需要利益的驱使才能够打破以往的方式，仅仅通过要求设计单位与施工单位提升BIM成本或者是牺牲利益无法有效促进BIM的实施与利用。建设单位能够通过对BIM设计单位进行现金嘉奖的奖励方式来激励BIM设计单位，在BIM设计单位对BIM模型进行设计的时候，选取有利于建设单位后期施工还有运营管理的设计方案，对BIM设计单位进行肯定并实行奖励制度。

(2) 鼓励BIM设计单位做施工图深化

当前普遍存在设计院在完成概念设计还有初步设计后，设计成果不能够直接应用到实际施工过程中，还需要进行深化后才能落实的情况。施工单位在拿到设计方案后需要对图纸进行评估，完善并且将其转变成施工语言后才能够实施。这一现象在大型工程中尤为显著。BIM模型设计也经常会出现这种情况，设计单位在提交设计产品的时候需要施工单位反复劳动进行二次深化以及对施工图进行转化，这样会导致工程周期延长，降低工程实施效率。所以，在设计前，应当在合同中明确规定BIM设计单位的设计成果需要满足施工单位的要求，避免出现反复劳动的现象，最大程度地让施工单位节省大量成本和劳动力。作为回报，建设单位可适当上浮设计费用。

(3) 增添BIM实施保障措施费

安全文明施工费等费用组成中应该增添专门的BIM实施保障费用，并且把其当作成本费用支出计入总建设安装工程费用当中，定期支付，但要确保不得挪作BIM以外的用途。建设单位能够按照施工单位的BIM实施现状，考虑是否需要对费用进行审核。BIM提供专项费用的支持能够极大程度地提升施工单位开展BIM技术的积极性，能够有效借鉴监理制度中的监督制度，对施工单位BIM的实施进行检查和约束。

(4) 设立BIM实施专项奖

建设单位可将BIM实施支出费用的一部分留存，设置成BIM专项奖励资金，表彰设计单位和施工单位BIM实施的有成就者，激励设计单位和施工各方的协同。可以根据各阶段

BIM 建模成果的丰富度和应用功能的完整度，以及 BIM 管理和执行的严谨度来发放 BIM 专项奖励资金。对施工单位设置施工类奖项，来促进施工单位积极采用 BIM 技术规范施工。如果发现施工单位不大采用 BIM 技术，能够视情况扣除奖金，或者是延迟款项的发送来对其进行约束，确保 BIM 技术能够有效落实到施工过程中。

(5) 促使设计单位和施工单位建立直接合同关系

在以往的建造工程中，设计单位和施工单位不仅是合作伙伴，同时也是竞争对象。建设单位在地位上应该能够主导施工单位和 BIM 设计单位构建直接的合同关系，促进设计和施工携手并进。施工时期即是 BIM 推广的关键时期，也是目前 BIM 的合作和协同应用的薄弱时期。在以往工程管理方式中，设计单位和施工单位没有直接约束关系，各自作为独立的个体，没有形成有效的合作与约束关系，所以，导致信息与资源无法进行有效的共享。

为了促进 BIM 技术的推广应用，应当对我国的建筑业合作形式加以改进，构建全新的合同条件以便实现各参与方的整合，实现建设团队的一体化。施工单位通过合同回购的形式能够得到许多信息还有功能齐全的设计单位 BIM 模型设计成果，这样能够节省一笔由于 BIM 设计深化还有施工图深化而产生的成本。就项目的整个生命周期而言，施工单位只是短暂的 BIM 技术使用者，等到项目结束之后，运营管理单位才是真正发挥还有利用 BIM 技术的一方。所以，施工单位若投入大量的人力与财力来深化自建 BIM 信息模型，投入大量的资金，而获得成效是极低的。

因此，施工单位直接与 BIM 设计生产单位构建买卖关系，这样既能够使设计单位在建模的时候深化到施工层面，还能够提升工作效率。除此之外，BIM 设计生产单位还能够要求在施工阶段对 BIM 应用进行协助和数据维护，给 BIM 在施工时期提供有力的支持，让项目能够实现预期的效果。

(6) 寻求政府的支持和引导

最后，建设单位应当寻找并且有效利用自身的优点与名誉效应，争取得到政府的支持。BIM 作为建筑业新型的操作形式与管理形式，需要在权威机构的指导下有序地发展。但是由于欠缺成功的案例、没有形成统一的标准的时候，优先利用这项技术能够得到显著的效果，但是承担的风险也是极大的。在实际的发展过程中，若缺乏政府指导，建筑企业不愿意承担风险打破现有的生产与管理形式。所以，建设单位在决定应用 BIM 之后，要与相关的政府职能部门取得联系，争取在政策上获得政府的优惠与倾斜。还要利用政府的支持和影响力，利用主流媒体的宣传扩散作用，获得市场的认可，招引优势设计和建设单位企业，汇聚优势资源参与项目的建设。

借政府推行建筑业信息化这股强劲的东风，建设单位在应用 BIM 时，相信会得到政府和外界的支持和资源优选。随着 IT(Internet Technology，互联网技术)技术的发展和业界对 BIM 研究的不断深入，BIM 技术的推广应用已是势在必行。

第8章　建设单位高速公路建设管理

8.1　建设单位高速公路项目管理

8.1.1　建设单位高速公路项目管理创新手段

1. 革新质量管理手段

(1) 创新质量管理体制，改变质量监督手段

事前主动预防和监督工程质量，对关键控制性工程提前提出预案，全过程跟踪并实施远程监控系统，实行"监理日常全面控制，代表处日巡查制、工程处周检查、公司月检查"四级联动的质量控制制度，凡发现违规施工的，立即停工整改，达到要求后方能复工。

(2) 明确质量管理新职责，落实质量管理责任

按相关法律和法规要求，明确各单位的质量责任人及其具体管理责任，做到管理职责分明并相互配合、监督，特别进一步明确监理及监理试验室的质量责任，工序上质量责任由监理单位负责、原材料质量控制和相关试验的质量责任由监理试验室负责，以有效地避免工作过程"推诿"及出现质量问题后职责不明、无人负责的问题。

(3) 提高质量管理科技含量，引进新材料、新工艺，实行质量信息化管理

① 为提高工程建设管理的科技化、信息化及效率化，在传统质量管理手段的基础上，建立并实施工程质量检测管理信息监控系统，包含试验检测人员监控管理系统、压力机数据监控及采集系统、预应力智能张拉与压浆数据监控及采集系统、公路工程试验辅助管理系统、公路工程质量评定信息系统、重点工程现场(重要大桥、隧道等关键控制性工程及梁场、拌和站、路面热拌场、工地试验室、压力机、预应力智能张拉与压浆等关键施工场地及关键设备)实时监控系统等5个子系统等进行监控，实现现场管理远程性与实时性，以便及时动态地掌握工程质量。

② 引进轻质混凝土对"三背(桥台台背、涵台涵背、挡墙墙背)"进行回填，可避免回填材料选择不佳、压实度不足等影响"三背"回填质量的现象，有利于最大限度控制"三背跳车"。

③ 引进锚杆、锚索长度检测技术，对锚杆、锚索的抗拔力及长度进行双控，更有利于控制边坡防护、隧道初期支护工程质量。

④ 引进预应力智能张拉及压浆控制系统，不受人为、环境因素影响，杜绝数据造假，真实记录张拉及压浆过程，掌握质量状况，做到质量责任永久追溯；根据现场实际情况须对压浆进行专项检测。

(4) 制定原材料准入制度，切实加强过程抽检

组织制定材料的准入制度，特别是大宗材料，明确各类材料供应厂家生产能力及数量、

材料标准及要求等，只有符合规范和材料准入制度要求的材料，才准进入施工场地。

应加强材料进场后的抽检，特别对需外委检测外加剂、支座、土工格栅、隧道防水板、止水带(条)等材料，应按规范规定的频率和现场实际情况进行随机抽检(盲样抽检)，并要求建设单位、监理单位、监理试验室、施工单位各派一人进行全过程地参与抽查、送检。

(5) 加强对特殊路基路段的监测及检测

为确保深挖路堑高边坡、高填路堤、陡坡路堤、顺层边坡、软土路基等特殊路基的稳定，掌控其动态施工情况，应对上述路段进行监控量测；必要时可开展深部位移、锚杆(索)长度及应力等方面的监测或检测。

(6) 加强质量控制关键点的控制，必要实行分期计量

① 路基

a. 岩质边坡光面爆破施工质量控制　炮眼残留率应不低于85%，为控制其施工质量，在计量时可先支付给对应施工单位50%的费用，剩余50%待其整理平整达到规范要求后再予以支付。

b. “三背回填”施工质量控制　应采取“同步填筑”，即每施工完一模砌体后随即回填压实砂砾石等透水性材料，做到基本同时施工，由下向上进行逐层填筑；对于狭小地形段落，压实设备无法压实的，可将其改为浆砌片卵石或引进先进技术如“采用轻质混凝土回填”等，高度最多控制在涵洞盖板的顶面或桥台搭板底面标高；若未按此方法施工的，仅支付相应涵洞、挡墙或桥台回填费用的50%，剩余50%用于处理后期质量隐患。

c. 填植生袋施工质量控制　对填植生袋的框架梁生态防护，在按要求码砌后，应采取人工洒水的方式对其进行沉降，确保不再变形后，再进行挂网喷播。

② 桥梁

a. 梁板钢筋加工控制　钢筋骨架应在高架移动棚内加工制作，采用钢筋骨架定位架有效保证钢筋的间距。

b. 梁板养护控制　应设置自动喷淋养护设备，采用喷淋养生；冬季气温较低时，应采用蒸汽养生。

c. 质量检测　桩基委托有资质的检测单位对其进行声波检测；梁板除按传统的回弹检测强度、荷载试验外，还应配备钢筋检测仪，检测钢筋混凝土成品中的钢筋间距、保护层厚度等，动态地控制钢筋混凝土质量。

③ 隧道

a. 动态设计与施工　认真开展地质素描、超前地质预报和监控测量工作，及时整理分析各类地质、监测资料，准确判定掌子面围岩级别及不良地质情况，健全信息反馈机制，及时调整施工方案，合理修订设计支护参数。

b. 隧道开挖爆破控制　精确钻爆，光面爆破应遵循“多打眼、打好眼、少装药、装好药”的原则，严禁欠挖，特别是拱脚、拱墙以上1m范围内；减小超挖，超挖部分严禁用岩渣回填或用木板、石棉瓦、包装袋、片石等作为受喷面，必须用混凝土回填密实。

c. 委托有资质的检测机构对隧道重点环节质量进行检测

锚杆检测指标　在挂防水板之前，对隧道锚杆长度、数量、注浆饱满度进行检测，检测频率不低于锚杆数量的3%。

初期支护检测指标　按拱顶、拱腰、边墙脚5条线对初期支护厚度、钢支撑间距、背后是否存在空洞等进行检测。

二衬检测指标　按拱顶、拱腰、边墙脚5条线对二衬厚度、密实度、二衬与初期支护之间是否存在空洞情况进行检测。

④ 路面

a. 水稳层水泥剂量控制　目前水稳层设计多为骨架密实性结构，对水泥用量控制较严，要求水泥稳定碎石拌和时不得随意加大或减少水泥剂量，宜为4%~5%。

b. 路面平整度的控制　为更好地控制路面平整度，根据现场经验，水稳层、沥青混凝土下面层及桥隧中面层应采取钢丝绳方法，其余沥青混凝土面层应采取走平衡梁法控制平整度；必要时应委托有资质的检测单位采用平整度检测仪控制路面平整度。

c. 路面厚度的控制　路面厚度作为路面质量控制的关键指标，为更好地控制路面厚度，委托有资质的检测单位采用雷达等先进设备对路面厚度进行检测。

⑤ 混凝土挡墙外观质量控制

为提高混凝土挡墙外观质量，将可视范围的外露面改为预制块安装或镶面，结构尺寸可参照长×宽×厚(50cm×25cm×25cm)，镶面砌筑成“工”字缝并“一丁一顺”安装。

2. 革新安全监管手段

(1) 印发安全宣传画册及安全生产管理笔记本，提高从业人员的安全生产责任意识编制并印发《施工安全宣传画册》《安全生产管理笔记本》等，从“以人为本、预防为主”的角度出发，着力提高从业人员的安全意识、安全操作技能和自我保护意识。

(2) 实行交通管制，减少安全事故的发生

联合地方政府发布实行交通管制公告，严禁一切社会车辆驶入施工区域，对施工管理用车实行“车辆通行证”进出施工场地，做到“一车一证、车证相符”，以有效地避免社会车辆驶入施工场地而发生安全事故。

(3) 完善安全费用管理制度，严格安全生产费用监管

编制安全费用支付管理办法，明确安全费用使用、管理的程序、职责及权限，规范安全生产费用的使用范围、计量支付(细化项目支付清单)、财务管理、现场验收等行为，以有效地避免安全生产费投入不到位的问题，确保安全生产费及时足额使用。

(4) 实行安装视频监控，建立信息化管理平台

为提高科技为安全生产工作服务的水平和能力，应在重点工程现场(重要大桥、隧道、高边坡等关键控制性工程及梁场、拌和站、路面热拌场)安装远程视频监控系统，打破人员到场检查的单一局面，实现视频监控和日常检查的有机联动，提高在线监测率，加快违规生产处理速度，有效地遏制施工参与者的违规行为。

3. 革新进度管理手段

(1) 因地制宜，合理划分路基土建施工标段大小

通常影响高速公路建设总体进度的关键是路基土建工程的进度，为有效避免因路基土建施工单位现场施工组织不力而影响工程建设进展的问题，可因地制宜，适当减小合同段的大小，按路线长度3~4.5km、合同金额约1.5亿~2亿元划分路基土建施工标段，将路线长度及合同金额分别减小约2~3km、0.5亿~1亿元，更有利施工单位的现场施工组织，为

有力加快工程进度提供前期保障。

(2) 科学设置加快建设合同新条款，保障工程进度

① 建立专项奖励基金，奖罚并举

建立额度为合同净价2%的奖励基金(建设单位和施工单位各承担一半)，用于绩效考核，奖优罚劣，以有力促进施工单位对人员、设备及资金的投入的积极性和主动性。

② 专项单列，统一组织实施

对施工便道(便桥)、施工电力等影响工程建设进度的外部条件，合同清单中暂列部分资金，进场后建设单位加强协调，明确建设标准，统一组织实施，限期完成，为全面开工建设创造前提条件，既可避免承包人不报或少报此项费用造成该项工作无法推进的问题，又可避免建设标准达不到要求的问题。

③ 合理调整施工任务，确保总体进度可控

在招标文件明确规定，各标段的施工任务为动态任务，建设单位可根据进度完成情况动态调整“对剩余较多或不积极组织实施的，将组织突击队或强制性分包给表现比较好的合同段组织实施，超出费用由对应合同段承担”，确保不影响总体目标任务的完成。

(3) 科学分解任务，更新考核办法，严格奖惩兑现

① 科学分解，节点控制，措施得力

结合合同工期、上级最新指示以及现场实际，科学合理分解产值、形象进度等目标任务，将其分解落实到月、工点，确定关键控制性工程、工程交验、线外工程、复耕、环(水)保等完成时间节点、保证措施及奖惩金额，此规定可有力地督促施工单位加大投入、落实保证措施，能较好解决工程交验、线外工程、复耕等工作不能及时、同步开展的问题。

② 更新产值统计方法，跟踪督查，奖惩都硬

为准确摸清工程进展情况，避免统计数据弄虚作假，可将产值统计由传统的施工单位上报、监理单位及建设单位审核制改为从计量支付报表中直接提取，因其涉及工程款具体支付金额，数据来源较为真实、准确；并根据统计产值及时跟踪督查目标任务完成情况，严格奖惩兑现，对进度滞后的指标调整分解，再督查，如此反复，既能准确地掌握进度信息，及时采取调整措施，确保工程进度可控，又能督促施工单位加快计量，确保资金有效周转，进一步促进工程进展。

(4) 引进新技术、新工艺，促进工程进度

引进新技术、新技术，强力突破控制性工程路段，形成全路段、多环节、大规模加快建设局面。

(5) 加快资金周转，保证材料、人员、设备有序投入，推动工程进度

① 严格规定计量变更报送与审查时限，做到快审快办

要求各承包人按规定时限报送计量、变更资料，否则，按时间课以相应违约金并由项目经理、总工和承办人员承担部分；计量、变更各级管理人员审查时限均不得超过3天；有效地解决计量、变更不能及时上报，久拖不决，影响资金周转的问题。为加快计量，避免各级人员在审查过程存在修改较大，造成采用传统的纸质报表反复修改而影响资金拨付的问题，引进先进的计量软件系统，控制过程计量不超过原合同与变更清单总量、核查计量过程中的简单计算错误，动态查看各级人员审查时间，也可有效避免相关单位吃拿卡要

的问题。

② 采取其他非常规手段，缓解资金压力

非承包人原因影响计量，如较大变更审批的问题、上级政策性调整问题等，可适当缓扣材料预付款并实行暂计量，在工程建设关键时期，可对材料款实行委托支付，材料调差由原合同规定的按季度调整改为“按月调差、按季度修正”，并结合工程进度完成情况，适当返还超额履约保证金，用于施工现场管理上。

③ 加大资金监管力度，确保项目资金不得挪用

在项目建设期间，实行财务处、工程处和建设单位代表处等 3 个部门共同监管现场资金使用情况，确保该项目的每一笔资金都能用在该工地上，避免资金挪用。

(6) 及早实施线外工程，确保与主体工程同步完成

为避免各种社会矛盾在通车时集中反映，宜将线外工程均交由对应主线工程施工单位组织实施，与主体工程同要求、同进度；并对其实行专项考核，极大调动施工单位的积极性，满足当地老百姓生产生活的需要，并要求在建设完毕时及时与地方政府完成交接。

(7) 在征地拆迁、劳动竞赛等外部环境和激励措施方面保证工程进度

① 征地拆迁迈出新步伐

提出“无障碍施工”的协调模式，建立“四级联动、现场办公”征拆协调工作机制，采取“工程服务零距离、排除矛盾零障碍、问题处理零拖延”的工作方式，实现“和谐拆迁、顺畅施工”，基本做到无障碍施工，为加快建设提供基础保障。

② 劳动竞赛掀起工程建设新高潮

以工程建设为载体，开展劳动竞赛活动，统一思想，深化认识，掀起比精细、比节约、比环境、比安全的劳动竞赛新高潮；通过开展竞赛考评以及奖励，增强各施工、监理单位“比、学、赶、帮、超”的工作激情，促进工程加快建设。

4. 革新投资控制管理手段

(1) 严格实行变更方案会审制及费用审查咨询制

① 变更方案会审制

为控制投资，特别是从设计变更严格控制，要求小于 100 万元的设计变更，由设计单位、施工单位、监理单位及建设单位等共同查看现场并召开专题会议，从合同、规范、现场实际及上级要求等多层次、多角度研究变更方案合理性与可行性，必要时邀请行业内的相关专家参与讨论，确保每增加 1 份投资，均能给建设管理带来一定效益；对大于 100 万元的设计变更，按上级规定的审查、审批程序执行。此规定可有效避免现场随意变更、1 个人说了算、变更理由不充分的情况。

② 费用审查咨询制

对变更费用有争议且影响差异比较大的，委托两家有资质的造价咨询平行对相关费用进行审查，确保费用列支与支付合理。

(2) 明确设计变更报送时限

要求在明确设计方案、下达立项或新增单价后，30 日内完善对应工程的变更立项或变更令，否则将按每推迟 1 天，课以 2000~3000 元的违约金；凡变更发生后超过 3 个月、全部覆盖且无法核查，若因承包人自身原因，将一律不予以受理，设计变更的最后报送时限

为合同工期结束后3个月。此规定有效避免变更签署不及时甚至工程建设完毕后1~2年还在签署的现象。

（3）对隐蔽工程实行建设单位、监理单位、施工单位三方共同收方计量与变更

所有的隐蔽工程在实施前、实施过程中、覆盖前，建设单位应要求施工单位提前通知建设单位(代表处、工程处)、总监办、驻地办一起进行现场收方对其工程量进行确认，并加盖总监办公章一式三份，作为计量、变更时附件(盖章的原件)，若工程量超过原变更立项的10%，需重新立项。此规定可有效避免施工单位或监理单位弄虚作假、偷工减料的不良行为，最为直接地控制项目建设的总体。

（4）重视过程记录，有效控制索赔引起的投资增加

每月定期通报索赔情况，留下文字记录，避免后期依据无从查起或不全而引起相关争议，凡对通报无争议或有异议未及时提出的，一律不予认可；此规定可较好地控制因索赔引起的投资增加，同时也避免后期无法预计索赔引起的投资。

5. 革新竣工资料编制管理手段

（1）配备专职人员，组织专家定期评比

要求各单位在开工建设时就配备经验丰富的专业竣(交)工资料编制人员，并组织省内竣(交)工编制专家定期对其工作开展情况进行综合评比，督促及时开展评定工作；此规定可有效避免各单位对竣(交)资料编制不重视、过程中编制工作开展不及时的问题。

（2）更新竣工资料编码规则，加快推进编制工作

将传统的竣工拉通按自然编码顺序编页更新为“先按各章节独立按自然编码顺序编页，再加一目录统一说明”，此规定可有效避免因某一章节或某一份变更未办理完毕而不能及时对整个竣工文件进行编页归档的问题。

（3）设定控制条件，按时提交资料

为保证竣工资料和竣工结算的即时跟进完成，重新设定质保金的退还条件，在提交建设单位认可的竣工资料和竣工结算后，方能申请退还质量保证金的第一个2.5%；此规定将竣工资料作为质量保证金退还的一个限制条件，更有效推动竣工资料编制工作。

6. 革新监理管理手段

（1）从严考评，控制费用支付，调动监理积极性

从合同、进度、质量、安全、环保、文明施工、竣(交)工资料编制、计量变更审查、报告审查等方面进行综合考评，将监理费用的前80%与综合考评情况挂钩支付：得分≥90分，全额支付(≥95分，奖励当期计量金额的1%)；得分小于85~90分，暂扣当期计量金额的1%，在总体目标任务按要求完成的情况下予以支付暂扣部分；得分<85分，课以当期计量金额2%的违约金；剩余的20%监理费(含合同规定的5%保留金)，分交工评定资料(3%)、交工验收(2.5%)、现场移交(3%)、过程变更审批(3%)、竣工资料(3%)、竣工结算(3%)、竣工验收(2.5%)等环节完成后按比例控制支付。此规定能大大调动监理工作的主动性、积极性，也能为推动后期扫尾的每项工作打下基础。

（2）集中审签内业资料，提高工作效率

将每周一、三、五定为监理工程师审签工程内业资料的时间，此举有助于建设单位发现问题及时纠偏，避免因事后代签出现过程监管不力和个别监理人员“吃拿卡要”的现象，

为竣工资料的编制质量打下基础。

8.1.2 建设单位高速公路工程质量管理

1. 建设单位高速公路工程质量管理存在的主要问题

(1) 质量管理机制体制不健全

质量管理是对确定达到质量要求所必需的职能和活动的管理，质量管理机制体制是管理的核心。部分项目管理机制体制不健全，监控不力；有些项目质量管理制度不够完善，缺乏管理依据；有些项目组织管理不严，缺乏逐级管理、监督、检查、指导体系，使管理机构形同虚设；有些项目建立了质量管理制度，但没有建立一种长效机制，对建设中反复出现的质量问题不能够常抓不懈。

(2) 质量管理队伍的水平参差不齐

项目管理人员管理水平不高，工程技术人员技术力量薄弱，质量监督人员不专业，有的是不太懂，发现不了问题，有的能发现问题但不懂如何解决；监理人员的专业水平及职业道德有限，与施工单位长期接触过程中，难以保持原则与立场，因此在施工监管过程中没有恪尽职守；施工单位质量管理人员不稳定、随意调遣，有些单位甚至没有专门的质量管理人员。

(3) 质量管理过程意识有待加强

高速公路工程项目的建设单位多数为国家或集体，存在一些对承包商管理不严格，制定的各类质量管理办法落实不坚决、不彻底的现象，难以确保施工质量；或者由于自身直接干预，造成高速公路工程项目管理工作名存实亡，使承包商思想懈怠、有机可乘；或者由于合同管理不严格，在高速公路项目实施过程中，往往出现工程项目一包再包现象，直接造成施工队伍的资质、能力素质与招标文件严重不符；或者由于建设单位的监督意识不强，甚至盲目指挥监理工作，导致监理的职责没能落实到位，没有真正发挥监控与管理作用，质量控制更无从谈起；或者为了项目工期抑或为了节约成本，项目的建设单位对施工过程中存在的质量问题采取侥幸心理，企图蒙混过关。以上种种，都说明现阶段高速公路项目的建设单位质量意识有待加强，这些不稳定因素势必影响高速公路施工质量，给高速公路建设带来不必要的质量隐患。

2. 建设单位高速公路工程质量管理措施

(1) 建立健全质量管理体系

高速公路工程质量管理应遵循“企业自检、社会监理、建设单位管理、政府监督”四级质量保证体系，按“施工企业自检—监理抽检—建设单位检查—政府监督”的程序操作；同时，在现场完善设计方面应严守“质量第一，安全第一”的原则，严格把好工程质量关。各从业单位建立健全质量管理体系，各从业单位项目经理、总监理工程师为各自辖区的质量管理第一责任人，设专职质检工程师，各从业单位质量管理部门以及人员均受建设单位检查和政府质量监督部门的监督。实行四级质量保证体系同时，项目施工质量必须接受公众的监督，树立社会监督公示牌，自觉接受公众监督。作为定期质量检查，建设单位同时将质量检查纳入各从业单位的年度履约检查的范围，建设单位也在项目实施期间依据不同时期的重点监控目标开展各种专项质量检查。组织各从业单位相应开展定期或不定期的质量检查和专项质量治理。专职质量管理工程师和相关人员，除参加定期检查外，要不定期地随时深入施工现场进行检查。各种检查和自检，都要有检查记录，汇集保存归入技术档案。

(2) 稳定质量管理体系

目前国家及地方政府列入规划的项目与日俱增，高速公路项目发展迅速，各开工项目需要的设计、监理、施工等单位从业人员缺少，但各单位在招投标过程中，均以最高人员配置组建质量保证体系人员，目的是获得招标项目的中标资格，虽然国家及地方政府部门制定一系列的管理办法，但是面对高速发展的高速公路行业存在诸多问题，往往从业人员兼职项目多，人员变更频繁，不能有效保证质保体系人员的稳定，也削弱了些许项目的质量管理力量。针对以上问题，项目建设单位应加强合同人员检查力度，严格审批变更人员，重视合同人员履约，确保质保体系及人员稳定。设计、监理、施工单位按照投标承诺进场质保体系人员，确需变更的按照工程建设单位制定的招标文件规定的主要管理人员和技术人员最低要求的人员职位、资格等要求办理调整、增派、变更人员手续，未经批准的人员不得从事相应岗位工作。监理机构需加强自身履约力度，确保监理人员的稳定性，确保专监对各专业的对口管理，保证各体系与承包人各体系能真正对接，正常运作，有效运转。承包人、监理机构均应做好动态人员管理台账，避免发生主要技术管理人员因工作调动而未办理相关审批手续就从事相关岗位工作的违约行为。真正建立长效、稳定的质保体系，才是解决项目质量问题的有效途径，事事有人管，事事有人抓，确保将工程质量隐患消除在萌芽阶段。

(3) 强化人员责任意识

项目质量管理从业人员选派工作责任心强，坚持原则并有丰富的技术水平和施工经验，身体健康，适合现场工作的人员担任。建设单位领导和质量管理部门，组织专、兼职质量管理人员学习国家有关技术政策和制度，积极钻研业务，不断提高政治思想和技术业务水平。在施工到关键部位时，由项目技术负责人和专职质量检查员到现场进行指挥和技术指导。同时鼓励各从业单位对全体职工开展全面质量管理和保证工程质量的宣传教育工作，推行在职教育，并保证员工每年均能接受在职学习和各种技能培训的机会，提高员工的总体技术水平。通过在职教育也使职工牢固地树立“百年大计，质量第一”的思想、“质量责任终身制”的责任感，增强谁施工谁负责质量的主人翁责任感。

(4) 积极推行全面质量管理，成立 QC 小组

积极推行全面质量管理，成立重点工程或施工有较大难度的分部分项工程 QC(Quality Control，质量控制)小组，建立健全全面质量管理机构。QC 小组成员由建设单位、设计单位、监理单位、施工单位四方共同派员，QC 小组组长由建设单位担任。为使小组成员对 QC 小组活动的程序、方法、常用的统计工具以及其他科学方法能有较为详尽的了解，聘请有关专家为 QC 小组顾问，为 QC 小组提供强有力的技术支持。

(5) 建立项目现场质量管理制度体系

施工现场工程质量管理严格按照施工规范要求层层落实，保证每道工序的施工质量符合验收标准。坚持做到每道工序、每个分项、分部工程施工质量自检自查，严格执行“三检”制度；不符合要求的不处理好，决不进行下道工序的施工，实行“质量一票否决”制。现场质量管理制度体系包括：施工图会审及现场核对优化制度；技术交底制度；首件认可及样板工程制度；开(批复)工报告审批制度；工程原材料核备制度以及工程材料、设备、

半成品质量验收复核制度；检测结果复核制度；施工记录制度；隐蔽工程检查签证制度；三检(自检、互检、专检)制度；专职巡视监理工程师和专业监理工程师制度；工程质量报告制度；工程的重点的部位和关键工序旁站制度；中间和最终产品质量验收制度；缺陷责任期与保修期的质量控制制度；工程质量事故报告制度、工程质量抢险预案和处理制度；质量事故处理制度；工程质量的责任追究制度；质量责任登记制度；建立工程质量保证金制度；业绩信誉和“黑名单”档案制度等一系列管理制度。

（6）重视施工过程监控

质量管理体系的能否正常运转与项目建设质量息息相关，施工过程监控就显得尤为重要，许多工程质量问题是在施工的过程监控中发现的。由于现阶段承包商项目管理能力还有待提高，承包商派驻现场的管理人员目前还没有达到大型施工企业技术、质量和安全负责人的实际业务水平，也达不到建设单位现场管理人员的技术水平，个别承包商为降低成本或者在地方队伍强力介入情况下，施工单位的施工能力可能较差，整个质量管理体系从上到下有弱化趋势。要做好现场检查，建设单位必须派驻现场管理人员或委派监理进行现场监控管理。现场管理人员在施工现场督促施工人员按规范施工，并随时抽查一些项目，要在施工现场发现问题并解决问题，让高速公路工程质量事故消除在萌芽状态中，这样也可以减少经济损失。现场管理人员还应在现场给施工人员做正确操作的示范，遇到质量难题，现场管理人员要同 QC 小组人员一起研究解决。

（7）建立工程质量回访制度

施工单位在建设期间取得中间交工证书后，建设单位应组织相应单位进行检查，对有质量隐患的路段、部位经整改后，还需组织设计、监理、施工等相关单位及人员进行回访检查。在交工前，各施工单位取得总监理工程师签发的交工初验通知后，向建设单位提交工程交工验收报告，同时应向建设单位出具“工程质量保修书”。根据合同约定的保修期限和保修责任，在质保期内由施工单位派员进行质量回访，及时反馈建设单位的质量投诉，并接受监理单位对质量问题责任的裁定。

（8）开展试验检测数据、施工数据打假专项治理活动

施工技术资料是施工过程的质量记录、交工项目的成果性文件，反映着工程实体质量、进度、费用和有关管理方面的信息，具有一定的可追溯性。虚假资料，不能真实反映工程的客观实际，可能遮盖工程质量隐患，给国家和人民财产造成巨大损失。因此要求各从业单位自觉开展数据打假专项整治活动，建设单位采取综合检查、专项抽检和盲样比对试验等工作方式，依据国家相关管理规定及履约信用评价管理办法，加大对相关单位及人员出具虚假报告、编造虚假数据等行为的监管力度，进一步规范和完善本项目工程试验检测工作，为质量管理工作打好基础。

（9）强调施工现场监理方式

工程承包人应按照工序质量要求自检，驻地办抽检，总监办巡检，建设单位质量管理部门主要进行不定期的质量巡查。驻地办抽检程度、管理的好坏直接影响项目质量，因此项目的建设单位规定驻地办现场质量监理应按以下方式进行：

① 旁站监理

现场监理人员应在各施工点监督施工，对于重点工序及隐蔽工程全过程均需采取旁站

监理(如预应力张拉、混凝土浇筑、灌注桩的浇筑、基底的处理、喷射混凝土试验工程施工、锚杆安装及注浆等)。如出现质量问题，要及时报告上一级监理工程师，以便得到及时处理，同时在旁站过程中做好现场监理日志，对于合同执行出现异常情况时，还应填写现场监理工程师日报表。各级监理人员将施工中的情况和主要问题及时记录于监理日志中，并存档备查。

② 工程所用材料和试验设备的检验

所有用于工程的材料承包人需填写工程材料报验单经过试验合格，并经现场监理人员批准后方可使用，其规格、质量必须符合技术规范要求。原则上，工地材料试验先由承包人进行，但须有现场监理试验人员在场，试验记录报表有现场监理试验人员签字认可方能有效。同时试验监理人员还应按规范规定的频率进行抽检，合格后方可使用。

③ 现场测量

现场测量包括几何尺寸、高程、平面位置、位移等项目测量。现场测量工作由承包人进行，监理工程师旁站监督。另外监理工程师必须以不低于规范规定、合同要求的频率进行抽测，其测量记录必须有监理人员签字确认方可有效。

④ 施工质量的抽样检验

抽样检验由驻地办试验室和工地试验室对关键工序完成的质量按规范规定的频率进行检验。现场监理人员应及时通知驻地办试验室和要求工地试验室人员抽取试验用的样品。

8.2 建设单位高速公路项目建设期风险评价

8.2.1 建设单位高速公路项目建设期风险指标体系与评价模型构建

1. 建设单位高速公路项目建设期风险指标体系

高速公路建设项目受社会环境因素影响大，建设期长，投资巨大，技术复杂，所以风险因素众多。有些风险因素对目标的实现影响不大，而有些则可能是灾难性的。因此，有必要对高速公路建设项目在建设期面临的风险因素进行识别，并构建完备的风险评价体系，帮助建设单位有效分析风险源，从而采取恰当的风险管理措施。

(1) 建设单位高速公路项目建设期风险指标体系构建原则

① 系统性

风险评价指标选取关键在于评价目的和出发点，指标体系应涵盖为达到风险评价目的所需的基本内容，能反映评估对象所面临的完备风险信息，应围绕评价目的分层次构建，从而全面反映综合情况，从中抓住主要因素，保证评价的全面性和可信度。

② 代表性

风险指标应选取能很好地反映风险评估对象某方面特性的关键指标，而不要不论轻重、不分粗细罗列评价对象的所有指标。重要方面的指标可设置得密些、细些，次要方面的指标可设置得稀些、粗些。精练的风险指标可减少评价时间和成本，使风险评价活动易于开展。

③ 独立性

选取的每一个评价指标应内涵清晰、相对独立，相互之间不存在因果关系。各风险指标之间具有明显的差异性，也就是具有较为显著的独立性。

④ 可行性

风险指标应符合客观实际水平，有稳定的数据来源，易于操作，即具有可测性。评价指标含义要明确，数据要规范，口径要一致，资料收集要简便易行。

⑤ 灵敏性

风险指标应能对风险的细微变化有较为明确的反映，且容易度量。

(2) 建设单位高速公路项目建设期风险指标体系构建

根据上述风险评价指标体系构建原则，构建建设单位高速公路项目建设期风险指标体系，如图 8.1 所示。

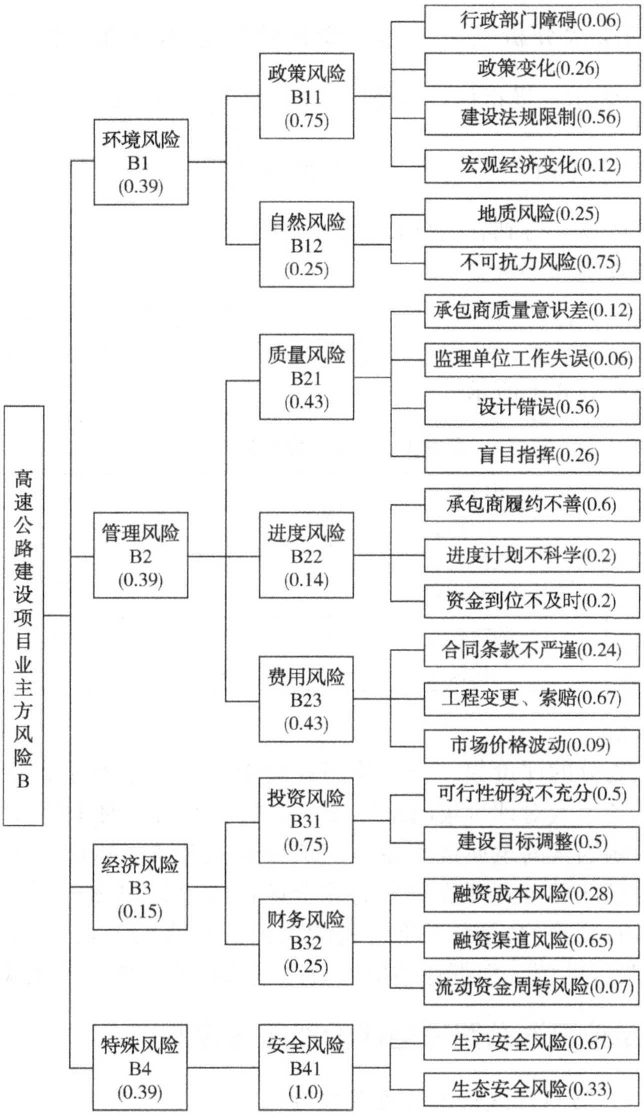

图 8.1 建设单位高速公路项目建设期风险指标体系

注：表中数字为指标对应的权重。

2. 建设单位高速公路项目建设期风险模糊综合评价数学模型

虽然人类不断致力于风险的量化，但在大多数情况下，风险量的大小往往是定性而难以量化，尤其是公路工程涉及的面较广、变化频繁，风险量化更加困难。而模糊综合评价法可借助模糊数学的相关概念，将难以量化的风险因素进行合理量化。

模糊综合评价法的基本原理：根据评价主体的评价目的、评价精度要求和评价客体对应评价目的所表现的特征，确定评价客体的影响因素集和评价集，其中评价目的是模糊综合评价中的决定性因素；然后采用适当的方法确定评价对象各影响因素的权重并得到各影响因素集各自对评价集的隶属度向量，将隶属度向量整合后构造模糊评价矩阵；最后把模糊评价矩阵与确定的影响因素权重向量进行模糊运算并作归一化处理，得到模糊综合评价结果。

（1）权重系数的确定

采用较为客观的层次分析法对上述风险评价指标体系进行权重赋值。设 $A=(A_1, A_2, \cdots, A_k, \cdots, A_n)$ 表示一级指标权重集，且满足 $\sum_{k=1}^{n} A_k=1$；二级指标权重集 $A_k=(A_{k1}, A_{k2}, \cdots, A_{ki}, \cdots, A_{km})(k=1, 2, \cdots, n)$，且满足 $\sum_{i=1}^{m} A_{ki}=1$；三级指标的权重集也按照同样的方法得到。经过运算，得到各指标权重值(如图 8.1 所示)。

（2）建立评价因素集和评价集

设评价指标集 $U=\{U_1, U_2, \cdots, U_i, \cdots, U_m\}$，$U_i$ 表示评价对象的 i 种风险影响因素。评价等级 $V=\{V_1, V_2, \cdots, V_i, \cdots, V_n\}$。然后将高速公路建设风险划分为 5 个等级，其评价基准及评价值范围如表 8.1 所示。

表 8.1　风险等级评价基准

风险等级	风险水平	评价值	赋值 C
Ⅰ级	风险极小	0.0~0.1	0.05
Ⅱ级	风险较小	0.1~0.3	0.20
Ⅲ级	风险中等	0.3~0.5	0.40
Ⅳ级	风险较大	0.5~0.7	0.60
Ⅴ级	风险极大	0.7~1.0	0.85

（3）模糊综合评价

根据评价目的及划分的评价集，对评价因素集中每个因素对于评价集的隶属程度分别做出评判，即可得到各因素对评价集的隶属度。设第 i 个因素对于评价集的隶属度集为 r_i，则整合同层次上各影响因素的隶属度集就可组成评价矩阵 R。运用权重向量 A 将不同影响因素进行模糊综合变换即可得到评价对象的综合评价结果向量 $B=A*R$，其中 $*$ 称为模糊变换。再通过 $S=B*C$ 变换(C 是各风险等级的赋值，其值见表 8.1，常用的 $*$ 变换为加权法)即可得到项目风险评估值，根据评估值所属区间即可确定项目的风险等级。

8.2.2　建设单位高速公路项目建设期风险控制

1. 建设单位高速公路项目建设期风险预控对策

（1）完善高速公路建设期方面的体制法规和规定

我国有些高速公路的体制法规是从计划经济环境下延续而来的，虽然当时推动了高速公路建设的发展，但现在已难以适用于市场经济环境下的高速公路的发展。为了使高速公路能在良好的法律环境中顺利建设，必须建立健全适应社会主义市场经济体制和现代高速公路建设发展的法律法规体系。完善的法律法规体系可以消除高速公路建设过程中的各种障碍，降低风险，为高速公路的顺利建设创造良好的体制环境。

（2）强化风险管理意识和健全风险防范机制

建设单位应高度重视风险，强化风险预警管理意识，增强抗风险的能力。要有从风险预警到风险紧急处理的系统概念，建立多层次、多视角的风险防范管理体系。一方面要加强风险的分析、预测，建立风险预警系统，做好风险的预控工作；另一方面，当风险发生之后，要做好风险的规避转移等，化解、分散风险，把风险降低到最低程度。

（3）选择承包商和供应商之前应对其进行多方面的考察

承包商和供应商作为高速公路建设过程中的参与者，与高速公路是否可以顺利建设有直接的利害关系。选择承包商和供应商之前应对其进行多方面、多角度的考察，如：其公司的技术水平、资金状况、管理能力等，同时建设单位还应加强对其的监督和引导。

（4）加强对承包商使用项目资金的管理

通过对项目资金流动过程的分析，可知资金管理的失控更多地发生在承包商身上。要确保资金高效使用和正常周转，就必须加强对承包商使用项目资金的管理。根据交通运输部《交通基本建设资金监督管理办法》（交财发〔2009〕782号）的规定，实行全程资金银行跟踪监管制度，由建设单位、承包商、承包商的开户银行三方共同签订《过程资金管理协议书》，明确规定承包商使用项目资金的行为受建设单位监督，建设单位与承包商共同授权开户银行对专户资金的支付结算进行检查，对不符合规定的付款，银行有权拒绝办理。

（5）充分掌握资金到位的信息并实施有效控制

与投资方建立良好的合作关系，实现双方资源和优势的整合，提高项目及双方的收益，对资金的运作至关重要。首先对可能的投资方进行评价，选择合适的投资方；然后通过各种合作方式，使双方形成战略伙伴关系；再对各投资方进行管理，采用各手段以实施有效控制。

（6）提高各参与方或人的质量和安全意识以减少风险

高速公路项目建设的质量管理是一个复杂的系统，而且很重要，应该明确质量目标和质量责任。高速公路项目的建设期参与方较多，他们各自的利益与工程质量有很多关系，所以各参与方应树立强烈的风险意识和危机意识，以人为本，提高质量意识，经过全体领导层、管理层和施工工作层的共同努力，才能有效地防范质量风险。尤其是建设单位，应事先策划，严格按国家规定的基本建设程序办事，建立完善的质量管理体系。

（7）采用先进技术和加强人才培养以提高质量

技术失误或错误直接严重地影响了高速公路项目建设的质量，所以应谨慎对待技术类风险，加强项目的质量控制。相对于高速公路建设先进的国家，目前我国高速公路建设的技术比较落后，高端人才也严重缺乏。针对这些问题，应通过各种有效途径，采取一系列措施，以采用各类先进的技术，如信息管理技术等，并培养一批精技术、懂经营、善管理、会领导的高素质人才。

（8）采用金融工具进行财务风险控制

高速公路建设周期长，期间有许多不确定的事件发生，如通货膨胀，可引起利率、汇率等的变动，股市的波动，导致建设单位投资各方面情况的不确定性。可采用金融工具，如期权等，进行财务风险的控制。

(9) 积极推行保险制度以合理转移风险

建设单位应通过工程保险将风险全部或部分转移给保险公司，如建筑工程一切险、安装工程一切险、建筑工程第三者责任险、职工意外伤害险、施工机械设备险、各种自然风险等。由于施工周期长，各种情况复杂，建设单位不应心存侥幸不投保或不按规定期限投保，因小失大。即使投了保，建设单位仍要经常识别和监视潜在的风险，加强预防措施，防止风险的发生。

表 8.2 列出了建设单位高速公路项目建设期各风险因素的相应的预控对策，但只是较为概括性的，在实际的应用过程中，还应根据高速公路建设过程的具体情况对其进行调整。

表 8.2 建设单位高速公路项目建设期风险分类预控对策表

风险种类	风险因素	预控对策
人为风险	主管部门的专制或障碍行为	建设前得到主管部门的许诺；主管部门应严格规范自身行为，不断提高自身素质
	建设体制法规不合理	不断积累技术以适应高速公路建设期方面的各种体制法规和规定
	承包人缺乏合作诚意	选择承包商之前应对其进行多方面的考察，选择信誉度高的承包商
	进度计划不严谨	实施动态进度计划监控，并对其进行修正
	材料供应商履约不力	应与信誉好、材料质量高、价格低的供应商合作
	资金到位不及时	充分掌握资金到位的信息，特别是流动资金，进而对其进行有效控制
	监理工程师失职	聘用经验丰富的监理工程师；强化监理制约手段，提高监理工程师质量意识，明确制定其质量目标和质量责任
	设计错误	加强人才的培养或采用先进技术，尽量避免设计等技术类错误；实行设计招标制
	工程变更	严格按国家相关规定进行工程建设，需变更时应与监理、承包商协商达成一致后再进行更改
	盲目赶超工期	与承包商签订合同前强调"时间"这一概念，且要求监理做好对建设工期的控制；也可购买工期保险
	施工管理不严格	规范业主自身对现场施工的管理，并督促监理做好现场施工的控制、协调和管理
	安全设施不合要求	配足安全建设设施，并采取一定的安全措施，如安全帽
	安全意识淡薄	通过宣传教育等方式提高各参与方的安全意识
经济风险	宏观形势不利	收集、分析宏观形势变化信息以期能利用其不利方面
	通货膨胀或紧缩	采用金融或其衍生工具进行风险控制
	合作方退出引起的资金短缺	协调好与合作方的关系，及时沟通，避免发生冲突
	流动资金周转困难	与承包商签订协议书，加强对承包商使用项目资金管理
	市场价格变化	掌握要素市场；要有远见，对项目建设过程中使用的原材料等严格监控
	市场需求不确定性	开工前做好市场调查和需求分析
自然风险	地理环境不利	合理进行运输等作业
	恶劣自然气候条件	调整项目建设顺序，避开雨期等
	恶劣现场条件	安排好水电气供应，加班给于一定的补贴

续表

风险种类	风险因素	预控对策
特殊风险	工程所在国家发生战争、叛乱等	政府承担；业主终止项目
	承包人雇员之外发生的骚动、暴乱	定期检查、了解施工周边环境以避免此类事情的发生

2. 建设单位高速公路项目建设期风险控制措施

通过对建设单位高速公路项目建设期风险的预警评价，风险管理者就对风险程度和潜在损失有了一定的了解和把握，在此基础上，当风险发生后，就应在众多的应对策略中选择行之有效的措施，力争使风险转化为机会或使风险所造成的负面效应降低到最低限度。常用的风险应对策略和措施有：风险规避、风险转移、风险缓解、风险自留和风险利用，以及这些策略的组合。

在高速公路项目建设期风险预警评价的基础上，建设单位采取了一系列相应的预控对策，但是并不一定能消除所有的潜在风险，当风险没有被及时减少或消除，并发生且会对项目建设产生影响时，建设单位还需要对其采取一定的控制措施，如表8.3所示。

表8.3 建设单位高速公路项目建设期风险控制措施表

风险因素	控制措施
主管部门的障碍行为	依托现有的优惠政策，争取当地政府的支持
建设体制法规不合理	风险主动自留，由风险基金弥补损失
承包商缺乏合作诚意	通过协商、调解等方式向承包商索赔
进度计划不严谨	根据建立的奖罚制度予以承包商适度罚款
材料供应商履约不力	工程担保，由担保人代偿损失；或依履约保函的规定转移风险
资金到位不及时	通过合同中的保护性条款将风险转移给承包商
监理工程师失职	依据投保的职业责任险向保险公司索赔
设计错误	工程保险，给项目建设造成的损失由保险公司负责赔偿
工程变更	风险自留，业主尽量不要更改工程计划
盲目赶超工期	风险转移，承包商向业主赔偿损失
施工管理不严	由承包商或分包商承担损失
安全建设设施不合要求	根据招标文件中的保险承诺向保险公司索赔
安全意识淡薄	由承包商承担，加强安全措施
宏观形势不利	风险自留，损失发生后从预备金中支出
通货膨胀、紧缩	利用利率等的变化可能带来的机遇，因势利导，采取措施，如：多国采购设备，多种货币付款
合作方退出引起的资金短缺	风险自留，或者寻求新的合作方
流动资金周转困难	风险自留，业主支付资金
市场价格变化	非保险风险转移，如：套汇交易，虽然没有机会获益，但可以避免风险损失
市场需求的不确定性	风险转移，利用合同中的转移责任条款将风险转移给其他方
恶劣自然气候、地理环境等	风险转移，由保险公司负责赔偿
工程所在国家发生战争、叛乱	停止项目建设，或者借助政府帮忙，减少损失
承包人雇员之外发生骚动、暴乱	业主承担损失，用预留的风险基金弥补

参 考 文 献

[1] 艾建杰，罗清波．公路工程施工技术[M]．重庆：重庆大学出版社，2020.

[2] 曹正川．桥梁施工控制方法及影响桥梁施工控制的因素分析[J]．交通世界，2018，No.459(09)：88-89.

[3] 柴建宾．业主方在公路工程实施阶段的项目管理研究[J]．工程技术研究，2021，6(04)：181-182.

[4] 常辉．新型生态沥青混凝土路面设计与施工技术分析[J]．交通世界，2022，No.604(10)：40-41.

[5] 陈国瑞．公路桥梁钻孔灌注桩施工技术[J]．交通世界，2023(09)：169-171.

[6] 陈万东．关于公路工程业主方实施阶段项目管理分析[J]．黑龙江交通科技，2021，44(05)：211-212.

[7] 邓强．桥梁施工常见的质量问题与防范措施[J]．甘肃科技，2022，38(14)11-13.

[8] 滴哩鲁他他 yr. 连续梁桥和连续刚构桥的主要区别[Z/OL]．问一问．2023-03-22[2023-08-15]．https：//wen. baidu. com/question/755367922039120412. html.

[9] 方诗圣，李海涛．道路桥梁工程施工技术(第2版)[M]．武汉：武汉大学出版社，2018.

[10] 冯永飞，邢向阳．高速公路建设项目业主方风险评价[J]．公路与汽运，2013，No.156(03)：245-248.

[11] 宫孟飞．桥梁施工控制方法[J]．工程建设与设计，2017，No.368(18)：83-85.

[12] 郭杰．公路路基工程挡土墙施工技术要点分析[J]．四川建材，2023，49(01)：97-98+131.

[13] 何红．沥青路面施工技术及质量控制[J]．工程建设与设计，2020，No.427(05)：250-251+254.

[14] 何立忠，齐怀展，闫燕红．磁通量法在索力检测中的应用[J]．天津市政工程，2008，78(04)：18-19.

[15] 黄兴兵．浅议高速公路项目业主质量管理措施[J]．西部交通科技，2013，No.70(05)：120-124.

[16] 交通部公路科学研究所．公路沥青路面施工技术规范：JTG F 40—2004[S]．北京：人民交通出版社，2005.

[17] 交通运输部公路科学研究院，武汉理工大学，山西路路佳科技有限公司，等．公路工程 路面基层稳定用水泥：JT/T 994—2015[S]．北京：人民交通出版社，2015.

[18] 交通运输部公路科学研究院．公路工程沥青及沥青混合料试验规程：JTG E20—2011[S]．北京：人民交通出版社，2011.

[19] 交通运输部公路科学研究院．公路工程质量检验评定标准 第一册 土建工程：JTG F80/1—2017[S]．北京：人民交通出版社，2017.

[20] 交通运输部公路科学研究院．公路路基路面现场测试规程：JTG 3450—2019[S]．北京：人民交通出版社，2019.

[21] 交通运输部公路科学研究院．公路路面基层施工技术细则：JTG/T F20—2015[S]．北京：人民交通出版社，2015.

[22] 交通运输部公路科学研究院．公路水泥混凝土路面施工技术细则：JTG/T F30—2014[S]．北京：人民交通出版社，2014.

[23] 交通运输部公路科学研究院．公路土工试验规程：JTG 3430—2020[S]．北京：人民交通出版社，2020.

[24] 李婉．高速公路项目业主建设期风险预警研究[D]．长沙理工大学，2009.

[25] 李旺．业主方对 BIM 技术实施的推动与应用研究[D]．大连理工大学，2018.

[26] 李希杰．高速公路桥梁高墩翻模施工技术要点[Z/OL]．河北省交通运输厅．2021-03-24[2023-08-15]．http：//jtt. hebei. gov. cn/jtyst/zl/xsjl/101614332331095. html.

[27] 梁伟坚．公路工程业主方实施中的项目管理[J]．人民交通，2020(05)：62-63.

[28] 刘贵蜀．箱型拱桥挂篮悬臂浇筑施工技术[J]．交通世界，2017(13)：126-127+133.

[29] 刘洪旺．桥梁施工质量检测与监控要点研究[J]．工程建设与设计，2018，No. 396(22)：227-228.

[30] 刘康照．高速公路工程水泥混凝土路面施工技术分析[J]．运输经理世界，2022，No. 666(20)：17-19.

[31] 卢佩霞，仝小芳．路基路面工程[M]．南京：南京大学出版社，2019.

[32] 罗春熙．公路工程中真空灌浆施工技术的应用研究[J]．四川水泥，2019(08)：31.

[33] 罗建华，付润生．桥梁施工技术[M]．成都：西南交通大学出版社，2011.

[34] 麻文燕，肖念婷，陈永峰．桥梁工程[M]．天津：天津科学技术出版社，2016.

[35] 朴志海，赵龙海，郑慧君．道路交通与路基路面工程[M]．重庆：重庆大学出版社，2020.

[36] 乔洪涛．高墩大跨连续刚构桥施工关键技术在百大特大桥的应用[D]．石家庄铁道大学，2016.

[37] 秦浩．桥梁施工质量问题分析与解决措施[J]．河南科技，2019，No. 688(26)99-101.

[38] 唐鹏，刘玉宝，张培辉．桥梁工程施工技术[M]．北京：中国水利水电出版社，2017.

[39] 王福龙．建设单位在工程施工阶段的质量管理[J]．企业技术开发，2012，31(14)81-82.

[40] 王广军，张世平，谢建明，等．浅谈业主在高速公路建设中的创新管理[J]．公路交通科技(应用技术版)，2014，10(02)215-219.

[41] 王学民，王以明．道路桥梁工程概论[M]．北京：中国水利水电出版社，2014.

[42] 魏跃裴．桥梁工程施工质量通病与防治技术研究[J]．交通世界，2020，No. 523，No. 524，No. 525(Z1)130-131.

[43] 伍俊．铁路工程中预制混凝土梁预应力智能张拉施工技术[J]．智能城市，2017，3(01)：189+216.

[44] 夏演．揭博高速跨线桥陡坡桥梁墩台施工工艺分析[J]．工程建设与设计，2022，No. 482(12)：162-164.

[45] 徐秀维，张爱芳．道路工程施工技术[M]．北京：化学工业出版社，2021.

[46] 颜景波．道路施工技术研究[M]．天津：天津科学技术出版社，2018.

[47] 杨鑫波．公路桥梁施工中真空灌浆技术分析[J]．科技经济市场，2017(09)：23-25.

[48] 于洪江，李明樾．道路工程施工技术[M]．重庆：重庆大学出版社，2021.

[49] 俞冬旺，桂国文，周丽霞．高速公路路基防排水设计和施工“微创新”[J]．青海交通科技，2021，33(01)：62-65.

[50] 张标．道路桥梁工程施工中的质量通病与防治措施[J]．中国厨卫，2022(7)67-69.

[51] 赵英豪．业主视角下 BIM 技术在项目施工过程中的应用研究[D]．青岛理工大学，2017.

[52] 郑明考．桥梁连续刚构悬臂浇筑施工技术要点[J]．交通世界，2022(35)：170-172.

[53] 郑霜杰．桥梁工程施工技术[M]．武汉：华中科技大学出版社，2018.

[54] 中国建筑科学研究院．混凝土结构工程施工质量验收规范：GB 50204—2015[S]．北京：中国建筑工业出版社，2015.

[55] 中华人民共和国水利部．土工合成材料应用技术规范：GB/T 50290—2014[S]．北京：中国计划出版社，2015.

[56] 中交第二公路勘察设计研究院有限公司．公路路基设计规范：JTG D30—2015[S]．北京：人民交通

出版社，2015.

[57] 中交公路规划设计院有限公司．公路钢结构桥梁设计规范：JTG D64—2015[S]．北京：人民交通出版社，2015.

[58] 中交公路规划设计院有限公司．公路水泥混凝土路面设计规范：JTG D40—2011[S]．北京：人民交通出版社，2011.

[59] 中交一公局集团有限公司．公路桥涵施工技术规范：JTG/T 3650—2020[S]．北京：人民交通出版社，2020.

后　记

近年来，我国公路与桥梁建设事业飞速发展，取得了举世瞩目的成就。我国由汽车时代到高速公路时代，仅仅用了20年的时间，同时桥梁建设也产生质的飞跃：跨江越河、开浪渡海的大桥用崭新的面貌出现在世人面前。截至2022年底，我国公路通车里程535.48万公里，其中高速公路17.73万公里，实现具备条件的乡镇和建制村全部通硬化路、通客车。同时，近几年公路桥梁的数量也呈直线上升趋势，截至2022年底，中国公路桥梁总数达103.32万座。

虽然我国在路桥工程上已取得值得庆贺的成就，但从技术上来说仍与发达国家存在较大的差距。因此，相关建设人员一定要全力对路桥工程技术进行创新发展，可从理论、技术、材料等多方面进行优化，把路桥工程与电子计算机技术有机融合，在工程保质保量的前提下，最大程度提升施工效率，深入推进路桥工程的突破和发展。

在这其中，质量问题是不容忽视的，要想保证路桥工程的施工质量，各方主体要通力合作，尽好自己的责任，对施工质量进行把控。首先，必须保证公路与桥梁施工中使用的原材料的质量合格；其次，要保证施工技术与水平；最后，要严格按照国家出台的相关法律法规与标准规范进行有效施工，严格控制好施工的质量与安全，建设质量合格的公路与桥梁基础设施，进而为我国的交通运输行业和经济发展保驾护航。

公路桥梁工程不仅对我国的交通方面有着很大的影响，也在国民经济上起着重要的作用，它与整个国家人民的出行状况以及经济发展等方面有着密切的关系，因此，相关建设人员要努力学习理论知识，创新桥梁工程的技术方式，保证建设工程施工的品质，提升施工效率，同时也要注重我国的生态环境保护，提倡绿色施工，不断促进我国路桥工程健康发展，促进我国建筑产业升级。